天草の豪商
石本平兵衛

1787-1843

河村哲夫

藤原書店

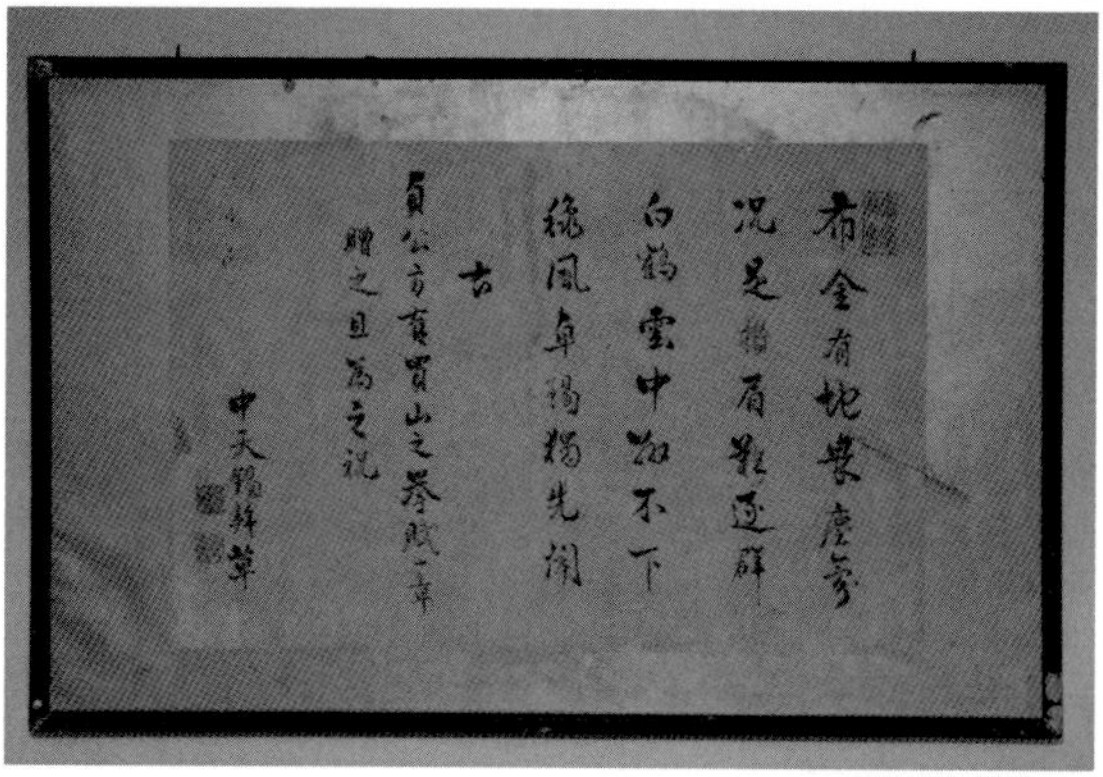

石本平兵衛の祖父にあたる、
儒学者・中村天錫による七言絶句の扁額

上・朱漆地文字福禄寿盃
左・朱漆地金蒔絵寿字文盃

ともに石本平兵衛が島津重豪から
賜ったもの

11代将軍家斉から石本平兵衛が拝領した
日本最古の和菓子「亥の子餅」

（本頁全て石本家・天草市本渡歴史民俗資料館提供）

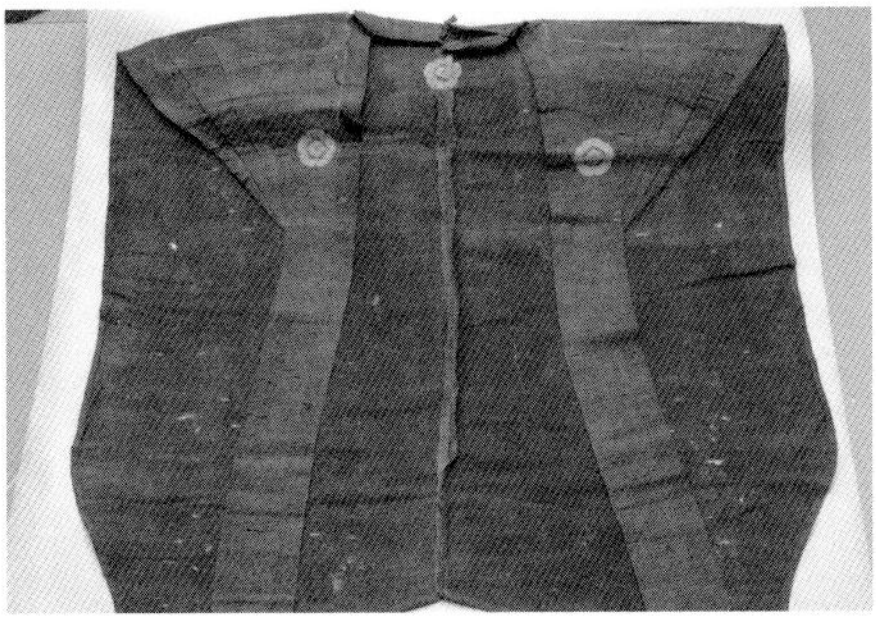

帯刀を許された石本平兵衛が
着用した裃

石本平兵衛が唐津藩より賜った唐津焼の茶碗

（本頁全て石本家・天草市立本渡歴史民俗資料館提供）

現在の石本家屋敷。
石垣は江戸時代のまま残されている。

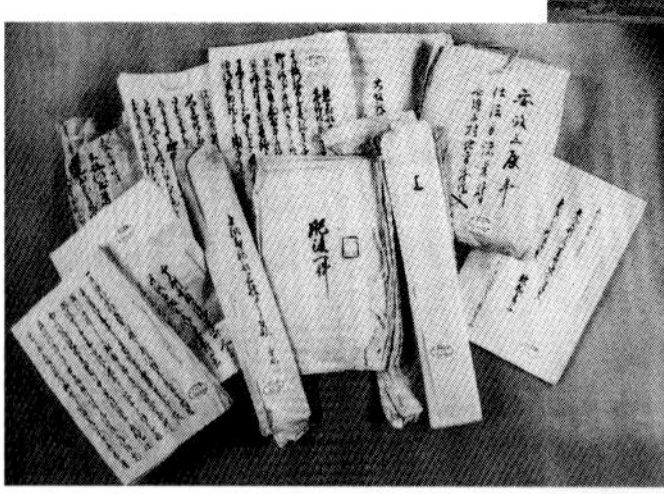

現在石本屋敷に残された唯一の蔵。
この蔵の中からおびただしい石本家文書が発見された。

芳證寺には石本家累代の墓があり、平兵衛の墓もある。

（本頁全て写真撮影・梶原誠太郎氏）

天草の豪商・石本平兵衛／目次

天草の豪商・石本平兵衛

一七八七—一八四三

装丁・作間順子

プロローグ

その栄光と挫折

高野長英（一八〇四―五〇）という人物がいる。

江戸後期の蘭学者で、幕府目付鳥居耀蔵（一七九六―一八七三）が仕組んだ「蛮社の獄」に巻き込まれ、天保十（一八三九）年五月に投獄された人物である。

長英が江戸小伝馬町の牢獄に入牢して三年余、天保十三（一八四二）年八月二十三日に、おなじ牢獄に一人の男が収監された。やはり、鳥居耀蔵が仕掛けた「長崎の獄」（高島秋帆事件）に巻き込まれ、長崎から唐丸駕籠に乗せられて、江戸まで運ばれてきた人物であった。

牢屋にぶち込まれたとき、その男は白髪頭を振り乱し、ひげも伸び放題で、立って歩くことができず、這って進んだ。衰弱がひどく、ときおり痙攣をおこしていた。

それでもシャバにいたときは律義者であったらしく、懸命に牢名主の方に這い寄っていった。そして、高野長英という牢名主に、ぶるぶる震える手で襟のなかから取り出した小判を献上した。

この人物こそ、これから述べようとする石本平兵衛（一七八七―一八四三）である。

投獄されたとき、石本平兵衛は五十六歳であった。息子の勝之丞も連座させられ、ともに江戸まで運ばれたが、過酷な長旅のため衰弱激しく、二カ月後の十月に三十六歳の若さで病死している。

翌年の三月には、高島秋帆（一七九八―一八六六）がやはり長崎から唐丸駕籠で護送され、小伝馬町の牢獄に収監されている。「高島流」とよばれる西洋兵術を編み出した人物で、前年の五月には幕府の命令によって、徳丸ヶ原（東京都板橋区高島平）の幕府練兵場で西洋式砲術の大演習を実施したばかりであった。幕府はその威力に驚き、秋帆に賞詞を授けるとともに、秋帆らが用いた大砲などを五百両で買い上げたほどである。

高島秋帆と石本平兵衛は、長崎における商売上のよきパートナーであった。二人はオランダから大量の兵器を輸入し、薩摩や佐賀など九州・西日本の諸藩に売りさばいていた。

鳥居耀蔵は、高島秋帆を追い落とすため、石本平兵衛父子を微罪で逮捕させ、唐丸駕籠という過酷極まりない乗り物に乗せて、一カ月かけて江戸に送還させた。それ自体が苛烈な拷問であった。

この当時の老中首座は、水野忠邦（みずのただくに）（一七九四―一八五一）であった。

石本平兵衛は、水野忠邦に対して唐津藩主時代から多額の献金をつづけていた。

唐津から浜松に移ったのち、水野忠邦は寺社奉行、大坂城代、京都所司代、西丸老中、本丸老中と順調に昇格していったが、石本平兵衛は常に水野忠邦を資金面で支えつづけた。

石本平兵衛は水野忠邦がただちに救出してくれるものと信じていた。ところが、水野忠邦からは何の音沙汰もない。それどころか、鳥居耀蔵らの厳しい尋問がつづくばかりである。ついに、石本平兵衛は水野忠邦から切り捨てられたことを悟った。

石本平兵衛は、翌年の天保十四（一八四三）年三月二十八日、五十七歳で獄死した。死ぬ間際、一般囚人から隔離されて揚屋（あがりや）に収監されていた石本平兵衛は、ひそかに財産目録の覚書を作成し、残った子供たちにすべての商売をやめるよう遺言を残した。

財産目録には、諸大名への貸付額二十万両、商人への貸付額二十万両、貿易用資金五十万両、国内用取引資金三十五万両、持ち船価格（朱印状権利金含む）二十五万両、製蝋工場三万両、造船所一万両、塩田二万両、大坂支店三十万両、長崎支店三十万両、江戸支店二十万両などと記載されていた。このほか、柳川、人吉、八代、京都などにも支店を設けており、江戸には約百軒の貸家も保有していた。天草には膨大な田畑を保有し、人吉、熊本、島原、柳川その他の地域に山林を保有していた。

遺産総額は約三百万両に達したが、最盛期には五百万両を超える資産を保有していたといわれる。江戸幕府の財政規模が三百五十万両ほどといわれているから、石本平兵衛が保有した資産のすさまじさがわかるであろう。一時期、三井、住友、鴻池に次ぐ四大財閥にまで昇り詰めた天下の大商人であった。

鳥居耀蔵の讒言を受け入れて石本平兵衛を切り捨てた水野忠邦も、まもなく鳥居耀蔵に裏切られた。腹心に裏切られた水野忠邦は、石本平兵衛の死後わずか半年で老中の座を追われた。翌年老中に返り咲いたものの、その翌年にはまた辞職している。

そして、高島秋帆や石本平兵衛らに対する「長崎の獄」などの責任を問われ、失意のうちに世を去っている。

明治・大正が過ぎ、太平洋戦争が終結して六年後の昭和二十六（一九五一）年八月三日、天草御領の石本家に九州大学の調査団が来訪した。

平兵衛の末裔である石本利彦氏が九州大学法学部に在学中、その母君のミサヲ氏が何かの折に、

「天草御領の石本家の土蔵に膨大な古文書が残されています」

と、九州大学教授の吉田道也氏に告げられたのがその発端であったという。

吉田道也氏はじめ宮本又次氏、秀村選三氏などの九州大学研究者が石本家の土蔵に立ち入ったが、

「その土蔵の二階一杯にぎっしりと詰まった文書の山にはちょっと手の出しようがなかった。あたかも天草における史料の宝庫に入ったとでもいいたかった」（宮本又次氏）

というような具合で、膨大な史料の山を前にして、一同途方に暮れるおもいであったという。

昭和二十八年、秀村選三氏や武野要子氏などによってふたたび現地調査がおこなわれた。

その後、約三万点余の「石本家文書」は九州大学に寄贈され、九州文化史研究所において調査・研究がおこなわれ、その成果は『九州文化史研究所紀要』のなかで逐次発表されている。また、平成十五年には、『九州文化史研究所所蔵古文書目録』（二十一―二十三）が発刊され、「石本家文書」全体の目録が整理されている。

九州大学における長年の調査・研究によっても、膨大な「石本家文書」の全貌を明らかにするには至っていない。

この間、昭和四十二年六月、五和町（現在の天草市）において、石本屋敷が町指定文化財に指定され、昭和五十五年には自費出版本ながら白倉忠明氏による『石本平兵衛傳』が出版されている。石本家の膨大な古文書を読み込み、しかも小説形式で石本平兵衛の生涯を描いた作品である。

白倉忠明氏は、明治四十（一九〇七）年に天草の御所浦で生まれ、太平洋木材マニラ支店長や二葉木材、

興亜ベニヤ、白洋産業、東海艦船工業、大阪合板工業、白倉忠商店など大阪を中心に勤務されたのち、浦上病院理事長や関西天草郷友会会長などを務められた人物である。

晩年は、ひたすら石本平兵衛の顕彰に力を注がれた。昭和五十七年四月には五和町教育委員会に働きかけて、石本屋敷内に顕彰碑を建てられている。

あわせて五和町教育委員会において「石本家文書」の刊行が進められ、『五和町史史料編（其の一）』（平成六年）と『五和町史資料編（その七）』（平成九年）が発刊されている。

※　※　※

石本平兵衛という人物は、江戸時代という身分制度を基本としたきわめて自由度の低い社会のなかで、その商才を存分に発揮し、さまざまな障壁を乗り越え、頂点を極めた稀有な人物であった。

彼の思想なり人生哲学をまとまった形で書き残したものはないが、それは武士のような形而上学的・観念的な哲学ではなく、農民のような刻苦勉励の哲学でもなく、職人のような技能熟練の哲学でもなかったはずである。それだけはわかる。

もちろん、商人であるかぎり、算盤勘定をベースとした現実的・打算的なものが基本にならざるをえないが、平兵衛の特質は、高らかな目標を掲げ、それにむかってひたすら前進しつづけたところにある。しかも、そのための戦略を練り、粘り強く、したたかに行動している。その柔軟で独創的な発想は、江戸期にはあまり見ないタイプの人間であったことだけは確かである。

ただし、現代の経営者たちと大きく異なるのは、江戸時代という制約だらけの世界でのし上がっていったことである。現代人がおなじ環境に投げ込まれたら、たちまち立ち往生するか、ノイローゼになるにちがいない。

石本平兵衛は、江戸時代というきわめて閉鎖的・固定的な社会のなかで、わずかばかりの隙を見つけて、それをビジネスチャンスにつなげていった。

江戸時代、江戸幕府を頂点とする支配体制の下、全国には藩という半独立国家が配置され、士農工商という身分制度を前提に、農民の年貢米に依存した重農主義体制を構築し、一方で、藩の運営や藩士・藩民の暮らしに必要な物資を調達するため、藩内の生産物を全国の流通の一大拠点である大坂に運んで貨幣と交換した。

藩と藩との関係はきわめて閉鎖的で、住民の直接的な相互交流も商取引も許されていなかった。ある藩で余剰生産物が生じても、それを近隣の藩に直接売り込むことはできないし、物資が欠乏しても、近隣の藩から直接調達することはできなかった。

このような状況をみて、石本平兵衛は、藩相互の直接取引をもくろんだのである。

そのため、藩の産物を取り扱うことができる御用商人資格を次々に獲得し、藩と藩との直接取引をおこない、膨大な利益を得ている。

また、長崎においてオランダ・中国との貿易の入札に参加できるのは、唐紅毛取引入札株（とうこうもうとりひきにゅうさつかぶ）を保有する特定の商人——本商人に限られていた。石本平兵衛は、これまたさまざまな手段を弄して、この特権的資格の獲得に成功している。

さらには、全国的な規模で大きな利益を獲得するため、石本平兵衛は幕府そのものに手を伸ばし、ついに勘定所御用達（かんじょうしょごようたし）という最大の特権も獲得している。

このような特権的商人の地位を獲得するには、途方もないエネルギーを要したはずである。その比類なきエネルギーの源泉は、いったいいかなるものであったのか。平兵衛はどこへ向かって進もうとしたのであろうか。その視線の遠い先に、彼はなにを見ていたのであろうか。

しかしながら、彼はそのことについて、なにも書き残してはいない。彼の歩みつづけた行動の軌跡が残されたのみである。もちろんそれは彼の心の軌跡でもあるが、その向かうべき方向——その志について、彼はなにも語らない。ひたすら前に進み、貪欲に商売を拡大していく。なにゆえ商売を大きくするのか。なにゆえ成長と拡大をめざすのか。

現代の経営者に尋ねても、

——商業・経済活動というものは、できるかぎり多くの人に商品とサービスを提供し、生活の豊かさを高めるものです。それはわかりきったことです。

と、不審な顔をされるかもしれない。

石本平兵衛があくなき成長と拡大を求めつづけたのも、案外そのようなものであったかもしれない。総合商社のような活動をおこなって、それこそ大砲からバターまで、人々が欲するさまざまな商品を取り扱った。

全国的な規模でそれをおこなえば、日本のすべての人が豊かになるであろう。このような大きな目標、あるいは理想を抱いていたからこそ、あれだけの大きなエネルギーを生み出したのではないか。

しかしながら、彼はみずからの人生哲学について、なにも書き残していない。

そのことを明らかにするのが、「時代ドキュメンタリー」ともいうべきこの著作の大きなテーマのひとつである。それはまた、平兵衛の栄光への軌跡でもある。

とはいえ、人というものはしょせん弱い生き物である。時に運命に翻弄され、どうにも立ちいかなくなる時がある。いかなる人であれ、苦難を避けることはできない。天下の豪商に昇り詰めた平兵衛が直面したのは、獄死という悲惨な運命であった。妖怪のごとき権力者に、その生涯は無惨に踏みにじられてしまった。そして、それまでのエネルギーに満ち満ちた彼の歩みも、その成功も、その名声も、すべてのものが葬られてしまう。この悲惨な没落にいたる過程については、まったくといっていいほど知られていない。

島津重豪（一七四五—一八三三）・調所笑左衛門（広郷。一七七六—一八四九）が実施した薩摩藩の財政改革、水野忠邦が主導した「天保の改革」、鳥居耀蔵が引き起こした「長崎の獄（高島秋帆事件）」などについて、多くの学術研究書が刊行されている。小説などでも、しばしば取り上げられている。

しかしながら、石本平兵衛のことに触れ、あるいは論じたものは、ほとんど皆無といっていい。もちろん九州大学において「石本家文書」の研究はつづけられてきたが、石本平兵衛個人についてのまとまった研究はまったくといっていいほどなされていない。商業資本家たる石本家、その雇用関係などについては相当緻密に研究されているが、石本平兵衛という個人に光を当てたものではない。平兵衛と薩摩藩や人吉藩との関係、幕府勘定所御用達になった経緯などを論じたものはあるが、あくまで部分に偏っており、平兵衛の全生涯を対象にしたものではない。したがって、石本平兵衛という人物に関する情報が、ほとんど発信されない結果となっている。

たとえば、一九六二年から一九六四年末までの三年間、『週刊朝日』に連載された松本清張の『天保図録』(文藝春秋、一九七三年)は時代小説の傑作と称せられているが、石本平兵衛のことは完全に漏れ落ちてしまっている。松本清張の広範緻密な調査はよく知られているが、収集した学術資料や研究書のなかに石本平兵衛に関する情報が欠落していたためである。

今回の著作は、石本平兵衛に関する情報を全体的に発信し、平兵衛という人物を日本史の正当なポジションに位置づけようとする試みである。石本平兵衛なる人物を、歴史の闇のなかから掘り起こし、それに光を当てようとする無謀ともいえる企てである。

一　商人への道

一七八七年から一八〇六年まで

天草御領

天草は、下島・上島・大矢野島など大小あわせて百二十余の島々からなり、有明海、不知火海、東シナ海に囲まれている。総面積は約一〇〇〇平方キロメートルで、壱岐・対馬よりはるかに広い。しかしながら、全島にわたり山地が多く、まとまった耕地が少ないため、面積の割には米の収穫が少ない土地柄である。

にもかかわらず、慶長六（一六〇一）年から天草を支配するようになった肥前唐津城主寺沢広高（一五九三—一六三三）は、石高四万二千石と二倍以上の過大見積りをおこない、これをもとに年貢を賦課したため、天草の百姓農民の疲弊することきわめて甚だしかった。

寛永十四（一六三七）年に勃発した「天草・島原の乱」に際して、天草地方から約一万二千人もの農民たちが反乱軍に加わったといわれるが、重税による生活苦から逃れるために参加した者も少なくなかった。

天草・島原の乱ののち、備中成羽（岡山県高梁市）の城主山崎家治（一五九四—一六四八）が天草の領主となったが、三年で讃岐丸亀藩（香川県丸亀市）に転封となった。これ以降、天草は幕府直轄領（いわゆる天領）となり、鈴木重成（一五八八—一六五三）が初代の代官として赴任した。重成は曹洞宗の僧侶となっていた兄の鈴木正三（一五七九—一六五五）を天草に招き、住民の教化に努め、天草復興に全力を注いだ。

鈴木重成は富岡城を拠点に天草地方を治めたが、四万二千石の石高を是正しないかぎり天草の百姓たちの生活を守ることはできないと考えた。鈴木重成は幕府に石高の見直しを何度も訴えたが、官僚たちの厚い壁にはばまれるばかりであった。思い余った鈴木重成は江戸に上り、嘆願書を提出したのち、承応二（一六五三）年十月十四日自刃して果てた。

鈴木重成の没後、養子の鈴木重辰（一六〇七―七〇）が代官となったが、重辰もまた再検地を訴えつづけ、万治二（一六五九）年再検地がおこなわれて、ようやく天草の石高が二万一千石に半減された。

天草の島民たちは、天草各地に「鈴木神社」を建て、鈴木重成を神として崇めた。

しかしながら、天草は基本的に漁業の島である。農業生産力にくらべてはるかに人口が多い。石高の半減措置によっても抜本的な救済策とはならず、こののちもしばしば大きな百姓一揆がおこった。

江戸後期における天草の総人口は、十万人余であった。天草の住民全体を養うためには、一人一年一石で計算すれば、十万石の米が必要となる。

ナマコ、アワビ、フカヒレなどの天草の海産物――乾物（俵物）は、長崎における中国への重要な輸出品目であり、その他の魚介類や鶏冠海苔なども天草の特産品として各地に販売され、天草経済はかろうじて維持されていたが、それでも総人口十万人をまかなうだけの米を調達することは困難であり、総人口の三割約三万人が生活困窮者――現代風にいえば、生活保護対象者であった。

いつ暴動や一揆がおきてもおかしくない。

天明八（一七八八）年に天草の統治を委任された島原藩は、このような事態を少しでも改善するため、窮民救済のための籾米備蓄十カ年計画――「貯穀法」を策定したが、たとえその計画が達成されたとしても、生活困窮者三万人の十四日分の食糧にすぎなかった。

このようななかで、天草全体の人口からいえばきわめて少数の「銀主」とよばれる金貸したちが、繁栄を謳歌するようになっていた。

銀主は金主ともいい、要するに金貸業――金融業のことである。

彼らは困窮した農民に融資し、大きな利益をあげていた。そのような銀主たちが集まった町が御領（天草市）であった。天草下島の北東部に位置している。

現在では、本渡が天草の政治経済の中心地になっているが、江戸時代における天草の商業の中心地は御領であった。

御領の町中には、田丸屋・池田寅四郎、筑後屋・野口文平治、池田屋・池田永蔵、山崎屋（野頭屋）・山崎新右衛門、国民屋・小山清四郎、三国屋（農穀屋）・宮崎定右衛門、河内屋・長野市兵衛、薩摩屋・中村豊兵衛などの銀主の店舗が軒を連ね、さまざまな商店が立ち並んでいた。

その御領の町の小高い丘の上に、石本屋敷があった。当主の名は石本勝之丞といい、石本家は、天草における最も有力な銀主であり、大地主であり、融資・両替などの金融業のほか、廻船業を営み、酒・醤油・油・蝋などの製造販売、塩・砂糖・タバコ・陶磁器・鉄・海産物、その他日用品・雑貨の販売もおこなっていた。

石本平兵衛は、天明七（一七八七）年五月五日にその御領の石本屋敷で生まれた。幼名は胤治という。

母の名は勢以（一七七二―九四）といった。勢以の父は、中村天錫（一七四四―八九）といい、「正倫社」という私塾を開いていた。勢以の母は梅といい、小山清兵衛の娘であった。

正倫社とは、宝暦十（一七六〇）年に佐伊津村出身の中村頤亭によって開かれた天草における最初の私塾である。

中村天錫は延享元（一七四四）年に大庄屋長岡家の長男として生まれ、十七歳で大庄屋見習に任じられ、長岡喜八郎と名乗っていたが、二十二歳の春、江戸勘定役の現地調査に同行した際、役人から侮蔑を受け、憤激のあまり家督を弟の五郎左衛門に譲り、学問の道に突き進んだ。中村頤亭や肥前の黄檗宗の大潮元皓（一六七六―一七六八）、福岡の亀井南冥（一七四三―一八一四）らに学び、その後長崎に出て中国語を学んだ。やがて、徂徠派の儒学者として、九州一円にその名を知られるようになり、二十三歳のときに薩摩加治木領主島津久徴（一七五二―一八〇九）に招かれて学を講じ、その年の八月には京都に上って諸家の門を叩き、十月帰郷して、明和五（一七六八）年御領村の銀主小山清兵衛らの支援を受けて、正倫社を再興し、第二代塾頭に就任したものであった。

石本平兵衛の幼名――胤治という名は、この中村天錫がつけたものである。

■石本家の由来■

石本家のもともとの出身地――いわゆる「本貫」は、壱岐である。

石本家の系図は、石本庄左衛門からはじまっている。天文十三（一五四四）年に壱岐で生まれた。

種子島に鉄砲が伝来した翌年のことである。

初代庄左衛門が生まれたころの壱岐は、松浦党の一族である波多氏に支配されていた。

松浦党とは、平安時代中期ごろから肥前国松浦地方（長崎県南松浦郡・北松浦郡・佐賀県東松浦郡・西松浦郡）の沿岸部に勢力を伸ばした海人族のことである。源という姓の下に一字の名をつけるのがならいであった。しばしば徒党を組んで海賊行為を働いたところから、「松浦の野蛮な族」というような蔑視の意味を込めて、「松浦党」とよばれた。

江戸時代に作成された平戸松浦家の家譜『松浦家世伝』によると、松浦久（生没年不詳）という人物が、延久元（一〇六九）年に摂津国渡辺荘（大阪市中央区）から九州に下り、北松浦半島北部の肥前下松浦郡（長崎県松浦市）に住み着いたのが松浦一族の始まりという。

源久の祖先は、嵯峨天皇の第八皇子として生まれ、のちに源姓を下賜された源融（八二二―八九五）といわれている。従一位左大臣を歴任し、京都の六条河原にあった河原院という大邸宅に住んで風流を楽しんだため、「河原左大臣」と称された。河原院は『源氏物語』の夕顔の巻の舞台とされた場所である。この源融から松浦党の始祖とされる源久までの系譜は、次のとおりである。

源融――源昇――源仕――源充――源綱――源授――源久

松浦党は、九州北西部の津々浦々に拠点をつくり、高麗や宋との貿易のため、対馬海峡や東シナ海を盛んに往来した。藤原定家（一一六二―一二四一）の『明月記』には、

「鎮西の兇党（松浦党と号す）数十艘の兵船を構え、高麗国の別島に行き、合戦して民家を滅亡させ、資材を掠め取る」

と記されており、松浦党は朝鮮半島沿岸で海賊行為をはたらく倭寇として描かれている。

松浦党の始祖の源久には、直、持、勝、聞、広、調という六人の息子がいたが、このうち、次男の持が上松浦郡の波多（唐津市北波多・伊万里市南波多）に移り、岸岳城（唐津市）を拠点にして康和四（一一〇二）年から波多姓を名乗るようになった。これが波多氏のはじまりである。

そして、文明四（一四七二）年十一月十八日、波多泰は数百隻の軍船で壱岐を襲い、壱岐松浦党に属する五氏――志佐・佐志・呼子・鴨打・塩津留氏を討って壱岐の支配権を奪取した。

壱岐を治めるようになった波多家は、波多泰から子の興、孫の盛へと継承されたが、波多盛が天文十一（一五四二）年に男子を残さずに死去すると、後継者として盛の三人の甥――隆・重・政のいずれかが有力視されていたなかで、盛の後室・新方（真芳）がいきなり娘の次男藤童丸（のちの波多親）を養子に迎えて世継ぎと決めてしまった。このため、盛の三人の甥を押す「家老派」と後室らに味方する「後室派」との間で熾烈な争いがはじまった。

この間、壱岐については城代として波多隆が支配し、城代の下には村々を統括する六人の地方役人――六人衆が置かれた。

このようなときに石本家の初代――庄左衛門は生まれたのである。庄左衛門は幼い時から父親に連れられて船に乗って漁に出かける毎日を送ったという。

ところが、弘治元（一五五五）年――庄左衛門十二歳のとき、城代の波多隆が六人衆によって殺害されるという事件が勃発した。その翌年には、兄隆に代わって壱岐に赴任した弟の波多重がふたたび六人衆に襲われて死亡した。壱岐の六人衆は、「後室派」と通じていたのであろう。

壱岐が政治的に混乱するなか、庄左衛門は少年時代を過ごし、二十歳を過ぎるころには壱岐を拠点に海運業をはじめた。壱岐と九州の間の船舶輸送を請け負い、日本の商品を船に積み込んで朝鮮に渡り、朝鮮で入手した商品を壱岐や九州で売りさばいた。

その後も波多家の内紛はつづき、永禄七（一五四四）年に家老の日高資が「後室派」によって毒殺されると、その子の日高喜は岸岳城を襲撃した。このため後室と藤童丸らは城を脱出して逃亡した。

永禄八（一五六五）年――庄左衛門二十二歳のとき、岸岳城の城主となった日高喜は、波多隆の末弟の波多政らと壱岐に渡り、六人衆を攻撃し、壱岐の支配権を奪還し、波多政が新たな城代となった。

ところが、永禄十二（一五六九）年、岸岳城を追われた藤童丸――あらため波多親は、肥前の龍造寺隆信（一五二九―八四）と島原の有馬義貞（一五二一―七七）の助けを借りて、岸岳城を攻撃した。

これを知った日高喜は、平戸の松浦隆信に援軍を求めた。

その要請に応じて、松浦隆信（一五二九―九九）は子の松浦鎮信（一五四九―一六一四）らを派遣したが、その間に岸岳城は陥落し、日高喜らは壱岐へ逃亡し、元亀元（一五七〇）年、亀尾城にいた波多政を急襲して殺害した。壱岐の支配権を奪取した日高喜は壱岐国守護を自称したが、その翌年の元亀二（一五七二）年には、壱岐の支配権を平戸の松浦隆信に献上した。松浦隆信は日高氏の娘を次男松浦信実の嫁とし、信実を壱岐の城代として赴任させた。

このようにして、壱岐は平戸松浦氏の支配下に置かれた。石本家初代庄左衛門三十歳のときである。長い動乱ののちに、やっとのことで壱岐に政治的な安定が訪れ、壱岐と平戸はおなじ松浦氏の領地として極めて緊密な関係になった。

このような状況をみて、庄左衛門はその拠点を壱岐から平戸に移した。天正四（一五七六）年――三十三歳のときである。

しかしながら、このころの平戸は、十四年前の永禄五（一五六二）年にポルトガル人が平戸を退去し、長崎を活動の拠点としていたため、かつての国際貿易港としての繁栄は大きく衰退していた。オランダ人が進出して平戸にふたたび活気がもどるのは、慶長十四（一六〇九）年のことである。

庄左衛門は平戸を拠点に、数年間は壱岐・対馬・朝鮮との間を往復して、貿易をおこなっていたが、やがて新たな国際貿易港として発展著しい長崎に拠点を移し、中国人やポルトガル人などと本格的な貿易をおこなうようになった。ポルトガル人の信用を受けるためか、クリスチャンとしての洗礼も受けている。庄左衛門が店を構えた場所は、長崎の大村町である。

文禄元（一五九二）年の「文禄の役」と慶長二（一五九七）年の「慶長の役」に際して、豊臣秀吉から異国渡海の朱印状を受け、九州と朝鮮との間で兵士や物資の輸送をおこなっている。このとき、豊後岡藩（大分県竹田市）の兵員輸送と物資の輸送を担当し、以来石本家は豊後岡藩の御用商人の資格を授けられている。

石本家の礎を築いた庄左衛門は、慶長三(一五九八)年に五十五歳で死去した。戒名は、釈了雲という。石本家二代目を継いだのは、子の新兵衛(一五六三―一六四四)である。「石本家系図」をみると、長崎石本家の初代とされ、「ころびきりしたん」と付記されている。家業も順調に発展し、家康・秀忠から引きつづき朱印状を受け、貿易船も保有し、寛永二(一六二五)年からは平戸町の乙名をつとめている。

長崎石本家第二代を継いだのは、庄左衛門(一五八七?―一六五一?)である。九郎右衛門(一五八八―)という弟がおり、やはり「ころびきりしたん」と付記されている。弟の九郎右衛門が外国貿易を担当していた。ところが、寛永十(一六三三)年にいわゆる「第一次鎖国令」が出され、庄左衛門・九郎右衛門兄弟は石本家所有の貿易船をすべて破却せざるを得ない事態に追い込まれた。

天草・島原の乱

徳川家康と秀忠によって徳川幕府の基礎がつくられ、三代将軍家光の世になって世の中が安泰となり、もはや戦国時代の争乱など遠い過去の話のように思えるようになったとき、寛永十四(一六三七)年、天草・島原で一大動乱が勃発した。

肥前島原(長崎県島原市)は有馬晴信(一五六七―一六一二)、肥後天草(熊本県天草郡)は小西行長(一五五五?―一六〇〇)というキリシタン大名の旧領であったこともあり、もともとキリスト教信仰の根強い土地柄であった。関ケ原の戦いで西軍にくみした小西行長は斬首され、有馬晴信は島原の本領は安堵されたものの、その後罪を受けて所領を没収された。このため、島原は大和二見城（奈良県五條市）の城主であった松倉重政（一五七四？—一六三〇）の所領となり、天草は唐津藩主寺沢堅高（一六〇九—四七）の飛地領とされた。

島原藩と唐津藩のキリシタン弾圧は熾烈を極めた。とりわけ、島原藩の松倉重政の嗣子の松倉勝家（一五九七—一六三六）によるキリシタン弾圧はすさまじく、改宗を拒む者には容赦なく極刑で臨み、普賢岳の噴火口へ投げ入れたりした。また、三年続きの凶作であったにもかかわらず、年貢を増やし、年貢を納めることのできない農民に対しては、水牢に入れ、あるいは蓑を着せて火をつけるなど、残虐な刑を科した。また、幕府に忠誠を示すため、江戸城構築の軍役に際して、四万二千石の石高にもかかわらず十万石相当の軍役を申し出て許され、農民たちの生活は困窮し、餓死者も続出した。

天草の実石高は二万石程度に過ぎず、四万二千石ですら過大見積もりであった。十万石の軍役といえば、農民たちに対する悲惨極まりない超過負担である。天草と島原では、キリシタンのみならず、農民も絶望的な窮地に追い詰められていた。

十月二十三日、島原領内の南有馬村で百姓の角蔵が北有馬村の百姓三吉らとともに、信者たちを自宅に集めて布教活動を行っていたところ、島原藩の同心松田兵衛門が部下を従えて踏み込み、角蔵と三吉ほか十数人の農民を逮捕し、角蔵と三吉を処刑した。

処刑された二人を弔うため、十月二十五日、キリシタン農民たちが有江村でキリスト教風の儀式を行っていたところ、ふたたび代官の林兵右衛門らが駆けつけ、祭壇を破壊し、信者たちの目の前でキリストの絵を燃やしたため、信者たちの怒りが爆発し、林兵右衛門を殺害してしまった。絶望した信者たちは直ちに一揆を宣言し、天草・島原に檄を飛ばした。反乱に加わる農民たちの数はまたたくまに増え、寺社を焼き、武器や食糧を略奪し、十月二十七日には唐津領の天草に暴動が飛び火し、天草・島原に住みついていた浪人たちも蜂起した。彼らは益田甚兵衛好次の子の益田四郎時貞を反乱軍の総大将とした。天草四郎と呼ばれることとなる、十七歳の美少年であった。

島原藩主松倉勝家はこの時江戸にいて留守であった。唐津藩主寺沢堅高は、天草富岡城代の三宅藤兵衛からの急報を受けて十一月五日に千五百人の援軍を派遣した。唐津軍は、本渡で一揆軍と戦ったが、一万二千人にまで膨れ上がった一揆軍によってうち破られて、三宅藤兵衛は戦死した。

一揆軍は富岡城に退却した唐津軍を包囲して攻撃したが、近隣諸藩大名の討伐軍が接近してきたため、十一月二十二日頃島原に撤退した。

一揆軍は島原に戻ると、もと有馬氏の居城・原城の外壁を修築し、堀を掘削し、食糧や武器を城内に運び入れた。そうして、最終的には三万人の男子と七千人の老人や婦女子など合わせて三万七千人が原城内に立て籠った。そのうち農民は二万三千人に達した。

三河深溝（ふこうず）藩（愛知県額田郡幸田町）の藩主板倉重昌（しげまさ）を正使、旗本石谷十蔵（いしたにじゅうぞう）を副使とする幕府討伐軍は、十二月八日に島原に到着し、翌九日には島原の松倉軍、佐賀の鍋島軍、久留米の有馬軍、柳川の立花軍、熊本の細川軍などが集結し、約四万の軍勢となった。

原城は一方が海、他の三方が浜地や沼田に囲まれた断崖の上に築かれた要害堅固な城である。三万七千人にのぼる一揆軍は、浪人たちの指揮の下、整然と守りを固めていた。

それに対し、討伐軍は短期決戦策を取り、十二月十日に島原松倉軍と佐賀鍋島軍に二方面から攻撃したが、一揆軍の激しい反撃を受けて撤退した。十二月二十日には柳川立花軍を先鋒に、佐賀鍋島軍一万五千人が夜襲をかけたが、これまた激しい反撃にあって撤退した。

討伐軍の苦戦を知って、幕府は正使・板倉重昌と副使・石谷十蔵の更迭を決定し、四十二歳の松平伊豆守信綱（のぶつな）を正使に、美濃大垣藩（岐阜県大垣市）藩主戸田氏鉄（うじかね）を副使に任命して島原へ派遣することとした。松平信綱は、嫡子松平輝綱（てるつな）以下千三百人の兵を率いて、十二月三日に江戸を出発した。

新たな正使が任命されたことを知って憤激した板倉重昌は、寛永十五（一六三八）年一月一日に総攻撃をかけ、手兵を率いて自ら城壁に取りついて突撃したが、胸を銃撃されて死亡した。享年五十一。石谷十蔵も重傷を負った。討伐軍は五千人近い死傷者を出し、攻撃は失敗に終わった。

一月四日に、討伐軍の正使となった松平信綱が島原に到着した。

松平信綱は実戦経験こそないが、「知恵伊豆」と称されるほど頭脳明晰な人物であった。彼は原城の要害堅固なのを見て、短期決戦策を放棄し、十二万人の軍勢で包囲網を敷き、長期戦に持ち込むこととした。

二月二十一日、一揆軍千数百人が筑前黒田軍、唐津寺沢軍、佐賀鍋島軍に夜襲をかけてきたが、わずかな食糧を奪っただけで城中に引き揚げた。一揆軍の夜襲は、食糧を争奪する目的であると見抜いた松平信綱は、一揆軍の死者の腹を割って調べさせると、胃袋の中身は海草や麦の葉だけである。松平信綱は総攻撃を決断した。

二月二十七日佐賀鍋島軍の攻撃によって戦いがはじまり、十二万人の大軍が原城に突撃していった。その日の攻撃で二の丸、三の丸、出丸が陥落し、翌日早朝には本丸が陥落し、天草四郎は細川軍の陣佐佐衛門（じんのさえもん）によって討ち取られた。午前十時頃までには、原城に籠城していた三万万七千人のほとんどの者が殺害された。

幕府の戦後処理は厳しく、捕虜となった老若男女を含めてすべて斬罪とし、一揆の原因となった島原藩主松倉勝家に対して改易のうえ斬罪、唐津藩主寺沢堅高に対しては天草領の没収という処分を下した。寺沢堅高はこの裁定を不服として後に自害した。

以上が、「天草・島原の乱」の経緯である。寛永十四（一六三七）年十月二十五日から寛永十五（一六三八）年二月二十八日までの空前絶後の大一揆であった。

■天草石本家の起こり■

前述したように、幕府による鎖国政策とキリシタン弾圧のなかで、長崎石本家は一時没落の危機に瀕したが、二代目の庄左衛門のころには持ち直していた。

しかしながら、外国貿易からの撤退を余儀なくされていた弟の九郎右衛門の家は極度に困窮していた。そういったなか、「天草・島原の乱」が勃発するや、次男の庄左衛門（―一六八九）と三男の治兵衛（―一七一二）は、ほとんどの住民が一揆に参加して閑散となった天草に移住したのである。石本家の記

録には、

「過年、家勢衰微つかまつり候儀見渡し、奮発つかまつり寛政十四年肥後国天草郡へ移住つかまつり家産建てられ子孫繁栄つかまつり……」

とある。

天草・島原地方の住居や農地は放棄され、僧侶や神官はじめ重病者や孤児などが残るのみであった。「天草・島原の乱」の終結後、幕府は激減した天草・島原地方の人口を増やすため、近隣諸藩あるいは中国・四国など西日本地方から移住者を募ったが、庄左衛門・治兵衛兄弟の行動をみると、乱発生直後に外部から入り込んだ移住者がいたことがわかる。

庄左衛門・治兵衛兄弟は、天草下島の御領村に住み着き、兄の庄左衛門は石本を名乗って農業に従事するかたわら質屋など金融業をはじめたが、弟の治兵衛は、御領村で次兵衛という酒屋の婿養子となった。そして、跡継ぎのいなかった兄庄左衛門を継いでふたたび石本を名乗るようになり、養子先の「酒屋」という屋号のまま酒の製造・販売を継続し、質屋を営なみ、酒米を仕入れるため船で有明海を行き来し、顧客の注文に応じて、塩や綿、たばこなどの日常生活品、肥前焼などの焼き物、馬・牛などの家畜などの販売をおこない、田畑の買収も進めた。

この人物が、天草石本家の初代とされる石本治兵衛(ちへえ)である。

天草石本家第二代は、おなじく治兵衛（？—一七七二）という。幼名は平八郎といい、御領村野口平左衛門の長男として生まれ、天草石本家に養子として迎えられた人物である。

三代目を継いだのは、勝之丞護治（幼名治三郎、隠居名平兵衛）である。享保七（一七二二）年に生まれている。二代目から三代目にかけて、石本家の経営はさらに拡大していった。

延享期（一七四四—四七）には、貸付が増え、確実に資産は増大し、宝暦期（一七五五—六三）に入ると、貸付とともに、櫨、生蝋、菜種、砂糖なども取り扱い、明和期（一七六四—七一）になると、金融業を拡大し、個人へ融資のみならず、村を相手とした融資などにも積極的に応じた。

御領の丘の上に建てられた石本屋敷には、貸付・質業・銀銭両替などの金融部門、生蝋・酒造などの製造部門とともに、廻船業や塩田や田畑などを統括する管理部門が置かれ、御領の町中にある店舗では、酒や醤油、ろうそくなどの日用品や鯨油・海鼠・干し鰯などの海産物の販売がおこなわれた。

すでに述べたように、この評伝の主人公である石本平兵衛の幼名は、胤治という。

父親の第四代石本勝之丞は、宝暦十一（一七六一）年に生まれている。幼名は兼次郎といい、諱は兼誦といった。勝之丞は、はじめ御領村の金子庄兵衛の娘を妻にしていたが、その妻がシュンという幼い一人娘を残して、天明三（一七八三）年に病没した。このため、天明六年二十六歳のときに、勝之丞は御領村大庄屋長岡喜八郎——すなわち「正倫社」第二代塾頭中村天錫の娘勢以と再婚したのである。結婚当時、勢以は十五歳の乙女であった。

勢以は、翌年の天明七（一七八七）年に胤治を生み、二年後の寛政元（一七八九）年には長女の都恵（つえ）を生んだ。

ただし、「石本家系図」をみると、胤治には二歳年上の栄政（ひでまさ）という兄がいたことになっている。しかも、勝之丞は天明八年に島原の千々石（ちぢわ）村の永田善作の娘ノブとの間に、熊四郎という子をつくっている。勝之丞は妾を囲っていたのである。したがって、胤治少年の家族構成は、父勝之丞、母勢以、祖父平兵衛夫妻、実妹都恵、異母姉シュンの六人家族のほかに、異母兄弟の栄政と熊四郎がいたということになる。

このような複雑な家庭環境をかかえながらも、胤治の父・天草石本家四代目の時代には、石本家の経営はさらに拡大していった。安永期（一七七二―八〇）には、本家の貸付先として柳川、久留米、島原などの藩名がみえ、いわゆる大名貸しがはじまっている。また、「松坂屋（まつさかや）」という屋号で知られるようになった。

柳川・久留米・熊本・島原・佐賀など有明海沿岸地域との取引のほか、長崎、下関、尾道、玉島、大坂など広範囲の取引が拡大し、各地の特産品や越前・越後の米、薩摩鉄・薩摩紙などの商品も取り扱った。さらに、天草郡内の田畑からの小作収入や金融業による利益も増加しつづけた。

胤治――第五代石本平兵衛の本格的登場を前にして、石本家はあたかも現代の総合商社とでもいうような、多角的・広域的な商業活動にむけて大きな一歩をすでに踏み出していたのである。

胤治——平兵衛は、幼いときから神童とよばれていた。

胤治が三歳のときに祖父中村天錫が四十六歳で死去したが、そのあとを継いで「正倫社」は山崎進五郎という師範代が塾生の教育をおこなっていた。

寛政二（一七九〇）年、胤治四歳のとき、その山崎進五郎が胤治の神童ぶりを聞きつけ、母勢以に正倫社に入門するようすすめた。通常は六歳からであるが、四歳で特別に入学を許したいということである。胤治の神童ぶりを直接確かめようとしたのであろう。

山崎師範代は、四歳の胤治に対し試問をおこなった。いきなり『論語』を取り出して、最初のページを読み上げ、胤治に復唱を命じたのである。すると、胤治はすらすらとよどみなく復唱した。驚いた山崎師範代は、一気に数ページつづけて読み上げ、胤治に復唱を命じたところ、これまた胤治はよどみなく復唱した。山崎師範代は驚愕し、さっそく入門を許可し、こののち十歳までの五年あまり、『論語』をはじめ中国の代表的な古典や『古事記』などの日本の古典についても教えたという。もちろん、この時代の教育は素読が中心で、ひたすら書物を口に出して読むばかりである。しかしながら、何度もくりかえし素読をおこなううちに、次第に意味もわかるようになる。体で覚える。字もひたすら書いて覚え、算盤についても、足し算から引き算、掛け算、割り算へと難易度が高められ、和算も学ぶ。度量衡についても、しっかりと叩き込まれる。

山崎師範代は、

「学問の道に進んでも、当代一流の学者になるであろう」

と、太鼓判を押したという。

「実学」についても、みっちりと鍛えられた。船に乗せられて、干満、方位、天候、風の読み方などを学び、幼いころから石本家の帳場に座って、金・銀・銅貨などの複雑な換算や商品相場の動向などについても学んだ。

「四月ハルゴ（春蚕）、五月麦刈り、六月田植え、七月タンクサトリ（田の草取り）、八月ナツゴ（夏蚕）、九月アキゴ（秋蚕）、十月稲刈り・芋掘り・バンシュウサン（晩秋蚕）、十一月麦植え」などという天草地方の作物循環についても、胤治は軽々と覚えた。しかも江戸時代は、基本的に「職」と「住」が近接している。身近なところに、人間生活に必要な職業がすべて揃っている。胤治は村中や町中で遊びながら、多くの人々に触れあい、多くのことを学んだ。こうして、胤治は四歳のときから英才教育を施され、その神童ぶりをいかんなく発揮した。

石本家の経営も、第四代勝之丞の商才によって、さらに大きく飛躍していた。家庭的には複雑であったものの、「御領小町」と称された美貌の若い母親――勢以に育てられ、多くの従業員や女中に囲まれて、胤治は幸福な幼児期を過ごした。

ところが、幼児から少年になったころ、胤治は相次いで大きな災難に見舞われた。

■島原大変■

寛政三（一七九一）年十月八日に、はっきりとした前兆があった。

島原半島西部の小浜付近を中心に、かなり大きな地震がおきた。天草でも大きく揺れた。

これがいわゆる前駆地震のはじまりであった。

その日から毎日のように地震がおこり、一日三、四回かならず大地が大きく揺れた。

雲仙にそびえる奥山（普賢岳（ふげんだけ））からは、多くの噴煙が立ちのぼっていた。

十一月十日からさらに強さを増した。島原の前山（眉山）の斜面が一部崩落し、雲仙の西麓でも山崩れがおこり、番小屋の老夫婦が巻き込まれて死んだ。

寛政四（一七九二）年になり、胤治は六歳の正月を迎えた。

あいかわらず地震は頻発しているが、やはり馴れというものか、島原地方では例年どおり正月行事がつづいた。ところが、正月気分がさめた一月十八日の夜、突然普賢岳が噴火をはじめた。

島原藩の役人たちが山に登って調査したところ、普賢社の前が約三十間（約五五メートル）ほど陥没し、二つの湯穴から泥土が噴き出し、二町（約二〇〇メートル）ばかり流れ落ちていた。噴き出した噴煙によって砂礫と灰砂が飛び散り、麓まで数里にわたって一面白い雪をかぶったような光景となった。

一月二十一日になると、噴煙はやや衰えたものの、鳴動が従前の倍ほどの大きさになった。

恐るべき何かが、はじまろうとしていた。

普賢岳の最初の噴火から十五日すぎた二月四日、島原三会村の穴迫谷（あなさこ）近くの「ひわのばち」とよばれる斜面で崖崩れがおき、大量の土砂が滑落した。

二月六日朝には穴迫谷付近の鳴動がますます激しくなり、湯穴から大量の泥砂が噴き出した。

二月九日夜になると穴迫谷の湯穴から噴火がはじまり、その火炎が空に立ちのぼり、溶岩流とともに、火風（火砕流）と山潮（土石流）が発生した。谷間にはえていた草木はことごとく焼け、焼けた岩石が山から崩れ落ちた。
二、三日小康状態となることはあったが、ふたたび激しい活動がはじまり、いつ果てるともしれない火山活動がつづいた。
二月十九日になると、蜂窪（はちのくぼ）が震動し、噴煙を発した。

閏二月三日には、蜂窪から二町（約二〇〇メートル）ほど西の飯洞岩が震動して、ここからも噴煙を発した。

三月一日午後四時にはこれまでなかったほどの大地震が起きた。夜になって、ますます地震は激しくなり、地震のたびに奥山（普賢岳）と前山（眉山）が崩れ落ちた。その音のすさまじさは、天地を揺るがし、天草はもちろん、遠く筑後柳川方面や肥後熊本方面にまで達するほどであった。

いよいよ、破局的な災害が起ころうとしていた。

にもかかわらず、人間の馴れというものは恐ろしく、春の陽気が強まるにつれて、千本木や櫓木山あたりに登山して、噴火活動を眺める見物人が増えた。男女群れをなし、なかには駕籠を雇って訪れる者もいた。

島原藩庁は三月十三日になって登山を禁止したが、一家の戸主にかぎっては認めた。それでも、禁を犯して山に登る者が少なくない。しかも、見物人が多くなると、噴火活動がさかんになるので、見物人たちは大喜びするありさまであった。

「雲仙の山々は最も高い霊山である。婦女の月の汚れを憎んで山の霊が荒れるのだ」

というような、まことしやかなうわさも流れ、これを真に受けた島原藩の役人たちは、立札を立てて女人の登山を禁じた。

また閏二月十四日には、山の霊を鎮めるため、一乗院と覚王院の僧侶たちが、穴迫谷近くの比賀多良山に壇を築き、七昼夜にわたって真言密教の祈祷をおこない、藩内のすべての神社仏閣もまたいっせいに安穏祈願のための祈祷をおこなった。

にもかかわらず、雲仙の噴火活動はやまない。

それどころか、三月一日につづき翌日の二日にも大きな地震が起こり、島原城下では建物損傷などの被害が続出した。

「前山（眉山）の火口に頭に三本の角をはやした鬼が棲みつき、昼間は暴れて山を噴火させ、夜になると島原城下におりてきてうろつきまわっているそうだ」

などの風説が流れた。

この当時の島原藩主は、松平忠恕（ただひろ）（一七四二―九二）という。まじめな人柄ではあるが、若いころ、ある老人から、「終生、労苦を免れることができないだろう」と予言されたという情けない逸話が残されている。

もと下野国宇都宮藩の藩主であったが、頻発する天災や百姓一揆に苦しめられて藩財政が極度に逼迫した。このため、松平忠恕は島原への転封を幕府に願い出て、安永三（一七七四）年、藩士とその家族三千三百八十五人をひきつれ、意気揚々と島原に赴任した。移転経費にあてるため、大坂の商人から四万両もの大金を借り入れたが、気候温暖で産物豊かな島原へ移転すれば、楽々と返済できるはずであった。

ところが、期待に反して、島原に入部して十八年の間、暴風雨や旱魃、飢饉などの天災にみまわれ、藩の財政はまったく好転しない。そこへ今回の未曾有の大災害である。

松平忠恕は大地震が頻発するようになっても、島原城にとどまりつづけていた。

藩士たちには厳しい警戒体制を取らせる一方、領内の巡視を強化し、領民に対しさまざまな布告を発しては警戒をよびかけた。幕府に対しても、怠りなく災害報告を送りつづけた。

三月一日午後四時ごろの大地震によって雲仙と前山の一部が崩落したときも、城内にとどまり、藩主の安否を気づかって続々と登城してきた藩士たちにねぎらいの言葉をかけつづけた。

城下の人々は、家のなかにじっとしていることができず、道路に出て、ひたすら夜が明けるのを待った。

忠恕もまた極度の不安に襲われていたが、夜半になって災害に関する布告を出させ、防災・避難の心得について再度領民の注意をうながした。

翌二日もまた前夜につづき大きな地震があり、三日はややおさまったものの、城下のあちこちに地割れができた。忠恕はふたたび幕府への公式報告書をとりまとめさせた。

九日には、前山にある東西六十間（約一〇〇メートル）南北百二十間（約二〇〇メートル）の楠木平という小山が東の方へ一〇〇メートルほど移動した。

十四日には、忠恕の二男息女が島原城をでて、山田村庄屋宅へ避難した。

二十九日に、忠恕もまた相津（あいつ）村（長崎県雲仙市）へ一時避難した。

大地震が頻発しながらも、どうにか三月がすぎ、四月を迎えた。

寛政四年四月一日——西暦でいえば一七九二年五月二十一日、この日の天気は終日曇りであった。地震がややおさまったようであったため、忠恕は城にもどり、島原城下の多くの人々も帰宅していた。午後六時ごろというから薄暮の時間である。そして、これまでにない大きな地震が二度発生し、普賢岳が噴火したのである。島原城下町の背後にそびえる前山が突然崩壊した。

前山の山頂には、天狗岳と七面山とよばれる二つの溶岩ドームがそびえていたが、そのうち天狗岳が一気に崩落したのである。幅約一キロメートル、四億立方メートルにのぼる土砂が、人家や田畑を埋めつくし、海にむかって崩れ落ちていった。この衝撃によって、波高一〇〜二五メートルの巨大な津波が発生した。大きく鎌首をもたげた津波は、対岸の肥後や天草を直撃した。

前山の崩落によって土砂に埋まった島原十八か村に、追い打ちをかけるように津波の返し波が襲った。津波の襲来は三度におよんだ。

島原城下は壊滅的な打撃を受けたが、生き残った島原藩士たちは、次々に三の丸にかけつけた。

島原城下は外郭と内郭に分かれていた。外郭は東西百九十間半（約三五〇メートル）、南北六百六十間（約一二〇〇メートル）の長方形をしており、塀と七個の城門で外部と区画されていた。

内郭は外郭の南方にあり、堀に囲まれて、北から三の丸・二の丸・本丸の郭に分かれていた。そのうち本丸はさらに堀に囲まれ、中央には五層の天守閣がそびえていた。

藩主一族の邸宅は、三の丸にあった。三の丸には諸役所も置かれていた。忠恕は、かけつけた藩士たちに領内の調査を命じた。藩士たちが城下を調べると、生き残った者は全員泥まみれで、恐怖におののきながら口々に大きな洪水に襲われたことを告げた。

被害状況の全貌は、朝にならなければつかみようがなかった。忠恕と家臣たちは、一睡もできぬまま夜をすごした。

夜が明けると、前山の形が大きく変わっていた。天狗岳が消失していたのである。前山の半分が崩落して絶壁となり、ふもとの部落はすべて土砂深く埋まっていた。城下も土砂につぶされ、おびただしい死者が転がっている。吾妻（雲仙市）から南有馬周辺まで一面土砂に埋まっていた。海上には、大小五十九にのぼる島々――九十九島が出現していた。

――高楼浪に浮き、翡簾水に映じ、絃歌の声は昼夜に徹す。

と詠われた島原の美港が無惨に潰滅していた。

藩庁では、大手門と田町門、三の丸外の三カ所に養生所を設け、大鍋で膏薬をつくり、町医者をかき集めて、けが人の治療にあたった。

島原における被害は、被害田畑三百七十八町、流失家屋三千三百四十七戸、流死者九千六百四十人、負傷者七百七人、流死牛馬四百九十六匹であった。島原城下にかぎっていえば、住人七千人中生き残った者は千人足らずであり、まさに壊滅的な被害を受けた。津波の直撃をうけた対岸の肥後熊本領の被害もまた甚大で、宇土郡・玉名郡を中心に流死人四千六百五十三人、負傷者八百十一人、被害家屋二千二百五十二戸にのぼった。

島原に隣接した肥前佐賀藩においても、流死者二人、行方不明者十五人、負傷者二十三人、流失家屋二十八戸、流失船十二隻の被害が発生し、筑後柳川藩においても詳細は不明であるが、甚大な被害を受けたらしく、

「島原温泉岳崩壊し、海嘯起こり領内被害多し」

と柳川藩年表に記されている。

有明海沿岸すべての死者は、約二万人という甚大な被害であった。現代であれば、この数倍の死者が出たはずである。

この寛政の大地震は、「島原雲仙崩れ」あるいは「温泉崩れ」ともよばれたが、大津波の被害を受けた肥後の人々は、「島原大変、肥後迷惑」とよんだ。

この「島原大変」がおきた四月一日以降も、普賢岳の噴火と地震がつづいた。

被害の拡大を恐れた忠怨は、翌日の二日午前十時に三の丸の邸宅を出て、守山村（長崎県雲仙市）の庄屋宅に身を移した。このとき、馬廻役の川井治太夫（じだゆう）は、

「幕府からお預かりした城郭を捨て去って、ただおのれの身の安全をはかれば、かならずや幕府から問責を受けるでありましょう」

としきりに忠怨を諫めたが、忠怨はそれを無視して立ち去ってしまった。

復旧作業もつづけられていた。四月三日に各村から人夫を徴発し、獄中の囚人なども使って、土砂を掘り起こして遺体を収容した。しかしながら、気候温暖な時期でもあり、遺体はすでに腐乱し、強烈な異臭を発していた。掘り起こした遺体は浄源寺や安養寺などに穴を掘って埋葬したが、ほとんどの遺体は地中に放置するしかなかった。

守山村に移った忠怨は、五日に書状を送って、三の丸役所の移転と家中の者に対する避難を命じた。忠怨は藩士・領民にこれ以上の被害者を出したくなかった。

しかしながら、この藩主じきじきの命令に対して、「城を放棄するのは武門の恥」と死を賭して城にとどまることを願う藩士が少なくなかった。なかには、連署のうえ重臣に血判状で請願する藩士もいた。

このため、六日には忠怨はふたたび書状を送って、島原城下からの避難を命じた。

藩公じきじきの催促である。やむなく重臣たちは島原城に留守居の城代や番頭など一隊を配置した

だけで、役所を三会村（島原市）に移し、家中の者たちを北方の村々に避難させた。

四月八日、藩公の避難命令にもかかわらず桜門を守っていた馬廻役の川井治太夫が、割腹自殺して果てた。

未曾有の大災害にくわえて、藩士の命を賭した抵抗である。心労と睡眠不足で、忠恕の神経が参ってきた。

四月十九日には守山村から馬に乗って島原城下に訪れ、被害状況を検分してまわった。家屋は流出し、土砂で埋まっている。見るかげもなく荒れ果てた城下を見た忠恕は、悄然として大手門までもどり、がっくりとうなだれて床几に腰をおろした。大勢の藩士が見守るなか、忠恕は背を丸めて涙を流しつづけた。

忠恕はその日のうちに避難先の守山村にもどったが、心身ともに疲れ果て、翌二十日にわかに病の床につき、二十二日には症状も重くなり、二十七日の深夜午前三時にこの世を去った。しかしながら、これは重臣たちによる表向きの発表であり、実際のところは、割腹自殺を遂げたといわれている。享年五十一。


六月にはふたたび普賢岳が噴火し、七月まで地震が頻発したものの、それ以降は活動が弱まってきた。

天草から郡の代表者たちが、島原前藩主の死を悼むため、島原に渡海した。松田唯雄氏の『天草近代年譜』[1]には、「六月十二日、郡中惣代、その他の面々、お悔み言上のため島原表へ渡海す」とあり、天草の有力者たちにまじって、「御領村銀主松坂屋勝之丞」が島原へ渡ったことが記されている。

勝之丞は、地震で痛んだ石本家の屋敷を建て替えることとした。

――石一個運んでくれれば、米一俵あたえる。

ということで人夫を募集したところ、仕事にあぶれた天草の男たちが岩山から石垣用の大石を運んできて、米一俵をもらって大喜びで帰ったという。また、浜から木材を運ぶ場合にも破格の賃金を払って日雇いの男たちを喜ばせた。勝之丞なりの失業対策事業をおこなったのであろう。

この当時、石本家は天草八十六か村のうち四十八か村にわたって山林、水田、畑などを所有し、そのうち水田については一千町を超えていた。その豊富な資金力によって、難民のためにさまざまな支援をおこなった。このため、島原藩の災害復旧工事なども請け負うことができ、人吉藩、佐賀藩、熊本藩、諫早藩などの有明海に面した諸藩の産物を大量に仕入れて島原にまわしたため、おもいもかけず大きな利潤を得ることができた。

「島原大変」によって、結果的に松坂屋・石本家は、さらなる成長を遂げたのである。

また、勝之丞は石本家の経営基盤を固めるため、もう一つ大きな手を打っている。「石本家家譜」によると、寛政五（一七九三）年に、

「長崎平戸町乙名石本家と天草石本家と本末関係を確認し合い、以後両家は連携して働く」

とあるとおり、長崎本家と親戚の確認をおこなっているのである。この当時の長崎石本家の当主は石

本幸四郎といい、屋号は「阿部屋」といった。石本幸四郎は長年平戸町の乙名をつとめ、また町乙名を統括する年寄役も歴任するなど、長崎では顔役の一人であった。

長崎石本家との連携によって、資金不足の悩みから解放され、思い切り商売を拡大することができるようになった。

この年の秋には、新しい石本屋敷が完成した。当時としては珍しい総檜造り三階建ての建物で、屋敷のまわりには石垣が築かれ、屋敷内には作業用・貯蔵用として十二棟の蔵がつくられた。その年の九月十日、天草地方に大きな台風がきたが、堅固につくられた建物はびくともしなかった。

■長崎留学■

胤治少年――石本平兵衛が六歳で体験した「島原大変」が、その精神構造にどのような影響をあたえたかはむろん知るよしもないが、八歳で直面した母勢以の死が深い痕跡を残したことは疑いない。

母勢以は寛政六（一七九四）年十一月五日、二十三歳という若さで病死した。戒名は「顕真院釈繁室昌大姉」。葬儀は東禅寺で盛大にとりおこなわれた。

さらに、思いもよらぬことがおきた。平兵衛の異母兄弟が石本屋敷に同居するようになったのである。すでに述べたとおり、父の勝之丞は、島原にノブという女を妾として囲い、栄政と熊四郎という二人の男の子をもうけていた。勝之丞は二人を引き取って、石本家で面倒をみるようになったのである。

石本家の家族構成が、実に複雑なことになった。この当時胤治は八歳で、栄政は二歳年上の十歳、弟の熊四郎は一歳年下の七歳であった。このほか、実妹の都恵と異母姉のシュンもいた。くわえて、勝之丞が寛政八（一七九六）年正月早々に再婚したのである。相手は島原城下の村屋善作の娘で、於延（おえん）といった。三度目の結婚であった。

天草では食事のときに座る場所が決められており、母の座る場所は「チャネンザ（茶飲座）」といわれる。その場所には当然のごとく継母が座り、胤治少年は、母を亡くしたやるせない寂しさを感じたであろう。

十歳になった胤治が、父勝之丞に付き添われ、石本家の持ち船に乗って天草から長崎にむけて出発したのは、寛政八年三月はじめの桜満開の時期であった。

胤治は五年あまり正倫社に通い、中国や日本の代表的な古典を読破し、書も上達し、算盤も暗算ができるくらい上達していたが、父勝之丞の方針によって、長崎に留学させられることになったのである。

寛政年間――十八世紀末における長崎の人口は約三万人で、九州第一の都市であった。

長崎は天領――幕府直轄地として、江戸から派遣された長崎奉行によって統治される建前となっている。長崎奉行は旗本のなかから任命され、十万石大名の格式で処遇された。『通航一覧』に、「長崎奉行は他国と違い、交易のことを専要にして、その余のことは枝葉のごとし」とあるとおり、長崎奉行の最大の職責は、海外貿易の円滑な遂行にあった。

正徳五（一七一五）年のいわゆる「正徳新令」により長崎奉行の定員が三名から二名に減らされ、一年交替で一人は江戸在勤、一人が長崎赴任とされた。これに伴い、江戸町にあった「西奉行所」は「西御役所」と改められ、長崎奉行所は立山町の「立山奉行所」一カ所に統合された。西御役所は長崎奉行が職を解かれて江戸にもどるまでの滞在場所としてもちいられるほか、出島のすぐそばにあるところから、外国人の応接所としても利用された。ちなみに、安政二（一八五五）年、幕府によって西御役所に海軍伝習所が開設されたことはよく知られている。勝海舟はじめ幕府・諸藩の伝習生が、オランダ海軍大尉ペルス・ライケンなどから、航海・造船・砲術などの教育を受けた。また、安政四年には医学伝習所も開設されている。現在長崎県庁の敷地の一部となっており、県庁玄関横には記念の石碑が建てられている。また、立山奉行所跡地には長崎歴史文化博物館が建てられ、立山奉行所の一部が復元されている。

長崎奉行は、遠国奉行のなかでは最もうまみのあるポストで、高額な役料にくわえ、貿易品の転売益や長崎商人らからの献金、オランダ商館からの贈り物、諸藩からの付け届けなどによって、長崎在勤一年で莫大な財産を築くことができた。したがって、赴任する長崎奉行のほとんどが、大過なく任期をすごし、できるだけ蓄財して江戸に帰ろうとする。

長崎の政治経済の実質的な統治権は、地元の人間——地役人によって占められる「長崎代官所」と「長崎会所」に掌握されていた。

長崎代官所は、立山奉行所近くの勝山町にあった。そのトップが長崎代官である。元文四（一七三九）年以降、高木作右衛門家の世襲とされている。長崎代官はむろん職階的には長崎奉行の下位の職であるが、一方で幕府勘定奉行の指揮命令も受けた。長崎や天草など幕府直轄地（天領）の租税公課をつかさどり、貿易品の検査、民事裁判、蔵倉庫の管理、寺社の管理などもおこなった。長崎代官所には、元締二人、手付・手代八人、書役二人、侍三人が配属され、元締と手代は幕府勘定奉行が任命し、手代以下は長崎代官が任命した。

長崎代官所の下に「長崎会所」がある。元禄十一（一六九八）年につくられた。この長崎会所こそ、長崎における最も重要な組織である。

長崎会所は長崎を統治する行政組織でもあり、外国貿易をおこなう日本唯一の貿易センターでもあった。跡地は、現在県警本部の公舎敷地となっている。

長崎の人口の約一割を占める約二千人の地役人が勤務していた。トップは頭取とよばれ、町年寄のなかから選ばれた。

町年寄は、高島二家、高木家、後藤家、薬師寺家、福田二家、久松二家の九家によって世襲されていた。町年寄は長崎会所の役人を指揮命令するとともに、各町の乙名を通じて地域住民を支配した。

長崎会所は約五百坪の広大な敷地で、一部二階建ての建物があり、東側と北側には一番から十番までの荷物蔵があった。中国・オランダから輸入された品々は、すべて長崎会所で入札される。長崎会所は長崎貿易によって得た莫大な利益の一部を運上金として幕府に上納し、一部を長崎の住民に分配した。この分配金は、「長崎地下配分金」とよばれ、自宅に住んでいる者への分配金は「箇所銀」とよばれ、借家・長屋に住んでいる者への分配金は「竈（かまど）銀」とよばれた。多いときには、年間七万両におよんだといわれるから、長崎の住民にとっては大きな恩恵であった。

このように、長崎では貿易で得た利潤が毛細血管のように長崎住民にゆきわたる仕掛けが施されている。場合によっては、一軒の家で本商人として貿易品の入札に参加して利益を得、長崎代官所の役人として給与をもらい、長崎住民として分配金をもらうことができた。

貿易品の荷捌きや梱包、輸送などにも多くの人夫がいるため、天草など近隣諸国からも出稼ぎの労働者が流れ込み、長崎では総人口に占める借家人の比率も高かった。また、長崎では商人の自治組織によって統治されるため、士農工商による身分差別も、ほかの地域にくらべればはるかに緩やかであった。このような自由闊達な風土が、現代の独特の長崎文化のなかにも脈々と継承されている。

胤治の身元保証人は、石本本家第八代当主の石本幸四郎（一七五五—一八二〇）であった。石本幸四郎はこのとき四十二歳。妻は長崎会所吟味役江上（えがみ）熊之丞（くまのじょう）の娘で、荘五郎、安平治、勝三郎、武平という四人の息子と一人の娘がいた。長男の荘五郎（一七八〇—一八三四）は胤治より七歳年上の十七歳であった。

胤治は、三畳の間と土間があるだけの——いわゆる九尺二間の長屋で暮らすことになった。水汲みから炊事、掃除、洗濯、買い物など、すべてのことを一人でやらなければならない。いまの大人でも、たちまち根を上げるであろう。胤治はその力を、すでに十歳で会得していたのである。

胤治は、長崎会所の書記見習として働くことになったが、これは長崎代官高木作右衛門の特別のはからいによるものであった。天草にある富岡役所は長崎代官所のいわば出先機関であり、ときおり高木作右衛門は天草を巡視することがあった。父勝之丞と高木作右衛門は、懇意の仲であった。


こうして胤治の長崎留学がはじまった。勤務場所は、出島のなかにある通詞部屋である。そこに詰めるオランダ通詞の雑用係であった。仕事のかたわら、胤治はオランダ語の勉強をはじめた。三月がすぎ、四月、五月と進むと、単語の量もかなり増え、オランダ語が急速に進歩したらしい。わずか三カ月で日常会話に不自由しなくなったと伝えられている。

夕方にはかならず豆腐屋に立ち寄って、好物の豆腐を買ったらしい。子供にとって一個では大きすぎるため、かならず半分に切ってもらった。このため、「半丁の石本」とあだ名されたという。

長崎の一人暮らしのなかで、胤治――石本平兵衛の才能が着実に育っていった。


このころ、オランダはヨーロッパ諸国のなかで衰退していた。海上の覇権はイギリスに奪われ、一七四〇年から一七四八年にかけて、マリア・テレサのオーストリア王位継承をめぐる「オーストリア継承戦争」に巻き込まれ、フランス軍の侵攻を受けて国力が疲弊した。フランス啓蒙思想の影響を受けた「民主派（デモクラーテン）」の活動が活発になり、一七八〇年の「第四次英蘭戦争」の敗北後、「愛国党（パトリオッテン）」が勢力を拡大し、公然と武力革命を唱えるようになった。オランダの総督ウィレム五世はプロイセンの支援を受けて反撃に転じ、革命勢力を一時制圧することができたが、一七八九年にフランス革命が勃発し、「愛国党」はフランス軍とともにオランダへ侵攻し、一七九五年、オランダは敗北し、総督ウィレム五世はイギリスに亡命した。革命勢力によって「バタビア共和国」が樹立され、オランダは事実上フランスの属国となったのである。

胤治が十歳で出島勤務をはじめたのは、オランダがフランスに併呑された翌年——寛政八（一七九六）年のことである。

この年、オランダ船は一隻も長崎に来航しなかった。オランダ本国と途絶状態となったバタビア総督府は、日本向けの船舶や貿易品の確保・調達ができなくなっていたのである。

この当時のオランダ商館長は、ヘースベルト・ヘンミーといった。アフリカ大陸南端の喜望峰出身で、オランダのユトレヒトで教育を受け、寛政四（一七九二）年に前任のヘンドリック・キャスパー・ロンベルフにかわって赴任した人物である。オランダ商館長として、すでに四年近い年月を狭い出島ですごしていた。

出島は、中島川河口にある扇形の人工島である。長崎の人々は、「おらんだ屋敷」とよんだ。周囲に塀がつくられ、その長さは扇の外側（南側）が十一八間（約二一五メートル）、内側（北側）が九十六間（約一七四メートル）、東西幅は三十五間（約六四メートル）で、外周の長さ二百八十六間余（約五二〇メートル）、総面積は約三千九百六十九坪（約一万三一〇〇平方メートル）である。ちょっとした公共ホール程度の広さでしかない。ここに住んだオランダ人たちは、自虐的に「国立の監獄」とよんだ。

狭い出島に閉じ込められ、いつ本国に帰れるかわからない。年齢も五十歳をこえ、決して若くはない。オランダ商館長ヘースベルト・ヘンミーは、一日に何度もカピタン部屋の屋上につくられた物見台にのぼって、後任の商館長の乗った船が現われるのを待ちつづけたという。

寛政十（一七九八）年、ヘンミー商館長は二度目の江戸参府に出発した。将軍に拝謁したのち帰途についたが、四月二十四日に遠州掛川宿（静岡県）で急死した。その直後から、オランダ商館における公金横領と薩摩藩との密貿易の露見を恐れた服毒自殺というような噂が流れた。

ヘンミー商館長の身辺捜査がおこなわれ、オランダ小通詞末席名村恵助の名が浮かび上がった。八月末日、長崎奉行所の役人たちが今籠町の名村恵助宅に踏み込み、桜町の牢獄に拘禁し、厳しい取り調べをおこなった。たまらず、名村恵助はヘンミー商館長と薩摩藩との密貿易の件と長崎奉行所の情報漏洩について自白した。

長崎奉行所は名村恵助に極刑を申し渡した。十二月二十五日、名村恵助は裸馬に乗せられて市中を引き回されたのち、出島の門前で磔の刑に処せられた。

多くの長崎市民がこの処刑のようすを見物したが、十二歳になった胤治もまた、群集にまじってこの凄惨な光景を見ていたはずである。

胤治は、十歳の春から十五歳の春まで長崎で暮らした。寛政八（一七九六）年から享和元（一八〇一）年までの五年間である。長崎において十九世紀を迎えているわけである。出島のオランダ通詞詰所で雑用係の仕事をしながらオランダ語を学び、時にはオランダ商館長や商館員たちとも交わり、唐人屋敷にも出入りして中国人とも接触した。長崎市内の私塾にも通い、長崎会所における貿易品の入札現場にも立会い、幕府の法令や通貨鑑定学なども学んだという。

もちろん、石本本家にもしばしば出入りし、長崎における商売の仕方も学んだ。同年代の長崎人とも交わった。

平兵衛がのちに天下の豪商としてのしあがってくる下地は、長崎留学時代につくられたことは疑いない。とりわけ注目すべきは、江戸時代における厳重な鎖国体制のなかで、天草出身の少年がひとりストローで飲むようにして西洋文明を吸収しつづけたことである。当時の日本においては、まさしく奇跡的な事件であったといえよう。

胤治——石本平兵衛のダイナミックで数奇な人生は、このとき約束されたといっても過言ではない。

■百姓相続方仕法■

すでに述べたように、天草の総人口は十万人余であるにもかかわらず、天草の石高は二万一千石にすぎなかった。総人口の三割約三万人が生活困窮者で、常に暴動や一揆の危険をはらんでいた。困窮した農民たちは不作などで生活に困窮すると、田畑を担保に銀主から金を借りる。それによって一時的には救われるが、やがて度重なる不作や重い利息負担によって返済不能に陥り、質に入れた田畑が銀主のものになる。困窮した農民たちは、寛政年間（一七八九―）になると富岡役所に対して、集団で救済を訴えるようになった。

この当時、富岡役所には島原藩から派遣された役人たちが詰めていた。農民たちの度重なる陳情を受けて、役人たちは天草郡内の大庄屋・庄屋に命じて、農民と銀主たちを和解させようとしたが、うまくいかない。

このため、富岡役所は寛政五（一七九三）年一月に、銀主たちに貸付金利息の引き下げと小作料の減額を命じた。この措置は、農民たちの負担の軽減を図ることにおいては画期的な内容であったが、農民たちが最も望んだ田畑の返還についてはまったく触れられていなかった。

その年の五月、一町田（いっちょうだ）村や大江村など天草各地で百姓一揆がおこり、鎮圧に手を焼いた大庄屋たちは、翌年富岡役所に陳情をおこなった。うちつづく暴動に頭を悩ませていたところに、大庄屋たちからの嘆願書の提出である。富岡役所は長崎奉行所と江戸の勘定奉行に対して、新しい法令の制定を要請した。この結果、寛政八（一七九六）年三月「百姓相続方仕法（ひゃくしょうあいつづきかたしほう）」が公布され、九月に施行された。平兵衛が、十歳で長崎に留学したその年のことである。この「百姓相続方仕法」の内容は、次の六つに要約される。

一、過去五十三年間に銀主に渡った田畑・山林・家屋敷は、今後二十年間、元金で買い戻すことができる。
二、借金は元金のみを年賦で償還すれば足り、利息を支払う必要はない。
三、過去の未払い小作料は打ち切りとし、以後十五年間の小作料は半額とする。
四、収穫された米を地主と小作人が折半する「作半」の慣行を中止し、今後十五年間、地主は二割五分、小作人は七割五分の配分とする。
五、幕府禁制の田畑永代売買を禁止し、債務者は契約後十カ年間の買戻権を保有する。
六、今後十五年間、銀主の自作高を十石に制限し、それを超えた田畑は小作人に耕作させる。

すべての条項が農民たちに有利な内容であった。二十年間の時限立法であったが、のちに若干の見直し修正がおこなわれて十年延長され、こののち三十年にわたって天草の農民保護の基本法となった。松坂屋・石本家においても、これまで農民たちに積極的に融資をおこない、広大な田畑を集積していた。

服藤弘司(はらふじひろし)氏の「石本家と寛政八年の百姓相続方仕法[2]」には、

「石本家は延享元年以来、五十四カ年に約三百五十回にわたり、一万余貫の金額を費やし、およそ三十四町におよぶ田畑を集積した」

と書かれており、天草の農民が特に困窮した天明年間(一七八一―八八)以降に土地集積が進んだことが明らかにされている。これらの土地が、今後二十年間元本での買い戻しの対象とされたのである。

銭一万余貫といえば、約二千五百両にのぼる。

また、この時点における松坂屋・石本家の貸付金残高は、二八二件、銭千九百四十七貫五百八十匁（約四百八十七両）であったという。利率は一割五分のものが大半であるが、一割や一割二分のものもあり、高利でもせいぜい一割八分、二割までくらいで、二割以上の利率は見あたらないという。服藤弘司氏は、前掲の論文において、

「したがって、石本家に関する限り、当時幕府の定める最高一割五分を多少上回ることもあったとはいえ、暴利高利を貪ったとはいい得ない」

と書かれている。石本家は、良心的な融資をおこなっていたわけである。

石本家が放棄した利息分は一〇七件、四百五十九貫六百八十五匁五分（約百十五両）であったという。全体の約二五パーセントが放棄されたことになる。

この特例法は天草の農民たちから「この上なき御仕法なり」と大歓迎されたが、銀主たちは、「言語道断の御仕法」と非難した。

このようななかで、胤治の父勝之丞は積極的に債権放棄に応じ、寛政九（一七九七）年、「百姓相続方仕法」に積極的に協力した「奇特の行為」により、勝之丞は島原藩主松平忠憑（ただより）（一七七一―一八一九）から、銀子三枚（二・一五両）と金二百疋（〇・五両）を下賜され、寛政十年六月五日には、天草郡内の大庄屋、庄屋、銀主らとともに富岡役所に招かれ、幕府から褒章の伝達をうけている。

■商人への道■

享和元（一八〇一）年二月のある日、十五歳になった胤治は出島勤めを辞めることを決意した。出島勤務も五年となり、長崎貿易や長崎における商売の仕方などについても、学ぶべきものは学んだという気持ちがあったからである。

三月になって胤治は一人住まいの長屋を引き払い、石本家の持ち船に便乗して天草にむかい、御領の石本屋敷において父勝之丞と対面し、家業を継ぎ、そのための長崎支店の設置とみずからの責任者への登用を申し入れた。

胤治の突然の申し出に、驚愕しつつも喜んだ勝之丞は、

「いくら才覚があっても、十五歳では世間の信用は得られぬ。もうしばらく待て。二、三年、長崎駐在の茂久平の下で修行せよ。それまでは勝手に商いをしてはならぬ」

と告げたという。

胤治は、一カ月あまり、御領に滞在した。その間、父勝之丞は胤治に松坂屋の経営状況について説明したが、その詳細な取引内容について十五歳の胤治はいとも軽々と理解したという。

胤治は類まれな記憶力を有し、長崎では西洋の会計学なども学んでいる。しかも、ずば抜けた計算能力を備えていた。池田浩堂氏の「石本平兵衛略傳」[3]には、

「古老の伝えるところによれば、石本平兵衛は幼児のころから非凡なる能力の持ち主で、三、四人の従業員を一堂に集めて、別々の用件を同時に口述筆記させ、また、四、五人が計算するとき、そば

に座って計数の呼び声を聞いて暗算し、従業員たちよりも速くかつ正確に計算した」と書かれている。

胤治が、やがて松坂屋・石本家第五代当主を襲名し、日本における一大財閥にのし上がっていく過程で、現代の総合商社にも劣らぬ広範・多岐にわたる商取引をおこない、常に財務内容を熟知したうえで行動していたことからみて、頭のなかでは相当高度な財務の分析をおこなっていたとみるべきである。ひょっとすれば、これこそが胤治の天賦の才というべきかもしれない。

このころ、だれがつくったか、天草では次のような歌が唄われていた。

島で徳者は大島様よ
御領じゃ石本勝之丞様
富岡町では大坂屋
島子で池田屋、三木屋さん
西へ廻れば牛深の
助七様の家作りは
あじな大工の作りかけ
海の中までかけ出して
夜昼酒盛絶え間なく

それで身上は栄えます

天草や島原では、「銀主」は「徳者」ともよばれていた。

「御領の石本勝之丞」とはむろん平兵衛の父のことであり、「大島様」とは御領村大島の小山清四郎、「富岡町の大坂屋」とは大坂屋吉郎兵衛、「島子の池田屋」とは大島子村の池田屋林太夫、「三木屋」とは三木屋種蔵、「牛深の助七」とは浦田助七のことである。いずれも天草の有力銀主たちであった。

そのなかでも、松坂屋・石本家は絶頂期にむけて着実に成長をつづけていた。

四月十五日、胤治は父勝之丞とともに櫓漕ぎ船に乗って、島原の有家港にむけて出発した。

有家村（南島原町）は、島原半島南東部に位置し、有明海に臨むスロープ状の台地にある。「天草・島原の乱」に際して、有家村の住民――七百七十軒・四、五百四十五人全員が参加して原城に籠城し、残らず討ち死にしてしまった。このため有家村は無人の郷となり、幕府は九州諸藩や四国の小豆島などからの移民によって村の復興をはかった。その後順調に回復し、「島原大変」による被害も軽微で、この当時総計一万三千人余の大きな村に発展していた。

平兵衛は長崎に出張する前に、有家の銀主本多重亜（市右衛門）の屋敷を訪ねた。

本多屋敷は、港から須川沿いに十町（約一キロメートル）ほど上ったところにあり、長さ一町（約一〇〇メートル）ほどの白壁に四方を囲まれた二階建ての大きな建物であった。

この屋敷で、胤治はのちに妻となる本多重亜の娘和歌と出会った。この当時十二歳。その美少女ぶりは島原中の評判で、「島原小町」と称されていた。幼いときから家庭教師をつけられ、学問・諸芸全般の素養も身につけていた。

このとき二人は、互いに好意を抱いて別れたという。

長崎に着いた勝之丞と胤治は、阿部屋・長崎本家石本幸四郎宅を訪れた。石本幸四郎は息子の荘五郎・富松とともに二人を迎え、すぐに奥座敷に案内した。その場で勝之丞は、胤治を家督相続人に指名したことを報告し、商売の修行のため、阿部屋の一角の借用を申し出ると、石本幸四郎は即座に了解した。

石本本家——阿部屋は、近ごろ商品取引よりも銀貸業に重点を置いて商売をしていたため、店舗の無駄が気になっていたのである。

長崎の石本本家は、長崎で最も古い商家の一つとして、長崎のみならず大坂、堺においても絶大な信用を得ている。いずれ外国貿易で商売を拡大しようと狙っている胤治にとって、本家に寄生しながら国内で広域の販売網を整備することのメリットは途方もなく大きい。

胤治が諸藤四郎左衛門（もろふじしろうざえもん）なる人物から家屋・店舗・土蔵を譲り受け、平戸町大村に松坂屋長崎店を開設したのは、文政元（一八一八）年三月のことであるから、天草分家・松坂屋は、こののち十七年にわたって本家の阿部屋に寄生して商売を拡大していったことになる。

両家の連携についてあらためて確認し合い、胤治は長崎本家を拠点に商売人の腕を伸ばしていった。茶碗薬（ちゃわんやく）、薬、鮫（さめ）、大黄（だいおう）、山帰来（さんきらい）、象牙（ぞうげ）、犀角（さいかく）、龍脳（りゅうのう）、染藍（そめあい）、苧（カラムシ）、畳表（たたみおもて）、蝋（ろう）、傘、茶などの商品を取り扱ったが、長崎に五年も暮らしていたこともあり、会所の役人方や長崎町人などをはじめ、オランダ通詞、唐通事など大層多くの知己に恵まれ、またたく間に情報ネットワークを長崎中に張りめぐらし、長崎会所や奉行所のなかでのちょっとした動き——法令改正やや人事の動向——大坂や江戸などの物価の変動や商品の需給バランスなどについても、いち早くキャッチすることができるようになり、当然のことながら、年は若いながらも胤治はずば抜けた商才を発揮するようになった。

このように、胤治は十六歳——すなわち享和二（一八〇二）年の春から、長崎と天草を往来しつつ、本格的な商人の道を歩むようになった。

このころの長崎貿易に関する動きについて述べると、享和二年にオランダ船の来航が年一隻から大船一隻または小船二隻と改められている。これはオランダ本国の混乱により大船の調達が困難となり、小さな外国船を傭船して日本に派遣するケースが増大したためである。

翌年の享和三（一八〇三）年七月六日には、ボルティイモア船籍のアメリカ傭船レベッカ号（船長はジェイムズ・ディール）が長崎へ来航し、荷倉役ヘンドリック・ズーフ（一七七七—一八三五）の商館長昇格の報をもたらした。あわせて簿記役のヤン・ピーテル・ポヘットが商務員補から簿記役に昇進した。

七月八日にはアメリカ船ナガサキ号が長崎に来航し、アメリカ人ウィリアム・ロバート・スチュアートが貿易を求めたが幕府は拒絶。

七月二十四日にはフレデリック・オブ・ベンガル号が長崎に来航し、イギリス人ジェイムズ・トリーがおなじく貿易を求めるが幕府は拒絶。

そして、十一月十四日に前任のワルデナール商館長の帰任とともに、ヘンドリック・ズーフが、長崎オランダ商館長に就任した。ズーフはこののち十五年間商館長をつとめることとなる。


年が改まり、文化元(一八〇四)年胤治は十八歳となり、この年家督を継ぎ、第五代石本勝之丞を襲名した。したがって、これより以降は、胤治を「勝之丞」、父の勝之丞を「平兵衛」とよぶことにしたい。

家督を継ぐということは、石本家の当主として財産を継承したということである。このとき胤治――改め第五代勝之丞は、石本家保有のすべての田畑山野、塩浜、貸付債権、金銀銭、保有現金すべてを継承した。

この年、父の勝之丞――改め平兵衛はまだ四十四歳であり、もちろん隠居するには若すぎる。家督の勝之丞の名で取引する場合もあれば、隠居の平兵衛の名で取引する場合もあった。むしろ重要案件については平兵衛名で契約することも多く、隠居の平兵衛がいわば松坂屋全体を統括する会長で、勝之丞は部門ごとの事業を統括する社長のような役割分担となった。しかもさらに部門を細分化し、腹違いの平八郎・熊四郎兄弟にも元締めとして一定の権限と責任があたえられた。松坂屋の経営規模がかなり大きくなったため、権限と責任を分散しながら運営する体制を整えたのである。

さらには、この襲名にあわせるようにして、勝之丞は島原本多家の和歌と正式に婚約している。婚儀の具体的な日取りについては、御領村大庄屋の長岡五郎左衛門はじめ御領村銀主の井上文治右衛門、池田永蔵、野口実平、池田富助や城河原銀主の松山本蔵ら親戚筋と後刻協議したうえで本多家に通知することとされた。

両家だけの結納の宴がはじまったが、その途中で父平兵衛は石本家の系図の要旨を記載した書き付けを本多重亜に渡した。平兵衛の説明を受けた本多重亜も、本多家の系図を書き記したものを石本家にさしだした。

本多家はもと周防の国毛利元就の末裔で、初代本多太郎剛左衛門尉近秀がはじめて九州肥後に下り、豊臣秀吉の朝鮮出兵の際、小西行長の配下として朝鮮に渡り、その後加藤家に仕え、天草島原の乱ののち肥後から島原の有家村に移住して、代々庄屋を命じられ、本多重亜は第十三代本多家の当主であった。

このとき、勝之丞は十八歳。和歌は十六歳。いずれにしても年若い二人の婚約であった。

■レザノフ事件■

この年の七月上旬、オランダのマリア・スザンナ号とヘジナ・アントネット号の二隻が長崎へ来航するなど、オランダ貿易および中国貿易も順調に回復して、長崎経済に明るい展望が見えはじめたとき、日本の鎖国政策の根幹を揺るがすような大事件が勃発した。

九月六日に、ロシア使節ニコライ・ペトロビッチ・レザノフ（一七六四―一八〇七）が戦艦ナデジュダ号に乗って、突然長崎に来航したのである。

レザノフはロシア皇帝アレクサンドル一世の命を受け、日本に通商を求めるために来航したのであった。交渉を有利に運ぶため、寛政六（一七九四）年にアリューシャン列島の小島に漂着した仙台藩石巻の廻船若宮丸の乗組員四人をつれてきていた。ロシアに漂着したとき乗組員は十六名であったが、そのうち三名は護送先のイルクーツクなどで病死。残り十三名のうち帰国を望んだ四名――津太夫、儀平、左平、太十郎が日本に送還されたのである。

この当時の長崎奉行肥田頼常（ひだよりつね）は、佐賀藩や福岡藩など北部九州諸藩に命じて厳重な警備体制を敷くとともに、江戸へ急使を派遣した。

六週間後、肥田長崎奉行は病気治療という名目でレザノフの上陸を許し、梅ケ崎の宿舎をあてがったが、敷地の広さはわずか「長さ百歩、幅四十歩」ほどで、周囲には竹垣を張りめぐらし、外出も禁止し、番所を設けて厳しく警戒した。

長崎奉行所から報告を受けた幕府は、目付の遠山景晋（かげみち）（一七五二―一八三七）を長崎に派遣した。この当時四十一歳。その子が、娯楽時代劇などで有名な「遠山の金さん」――遠山金四郎景元（かげもと）（一七九三―一八五五）である。

長崎に赴任した遠山景晋は、レザノフに対し、漂流民の受け入れは受諾したが、通商申し入れを拒絶し、長崎からの退去を求めた。

一方で、長崎滞在中の食糧や生活用品を無償で提供するとともに、ナデジュダ号の修理費用を日本側で負担し、退去の際には必要な食糧や薪炭を提供することを確約した。

若宮丸の乗組員四名は日本側に引き渡されたのち石巻に帰還したが、帰国途中、江戸で蘭学者大槻玄沢（一七五七—一八二七）からロシアでの生活や航海の模様を尋ねられ、この記録はのちに『環海異聞』としてまとめられている。

結局、レザノフはまともな交渉もできぬまま、長崎において「名誉ある捕虜」としての待遇を受けたにすぎなかった。「ナデジュダ」という船名は、ロシア語で「希望」を意味する。希望を打ち砕かれたレザノフは、翌年の三月十九日長崎を出航した。艦長のクルーゼンシュテルンは、

「かくて未来永劫に日本とロシアとの交際は断たれたのである」

と、『世界周航記』に書き記している。

ヨーロッパの動乱によってオランダ貿易が不振をきわめていたこともあり、長崎の商人やオランダ通詞のなかには、ロシアに門戸を開くことに理解をしめす者も少なくなかった。レザノフ自身、

「わたしが知るかぎりでは、日本の民衆はロシアとの貿易を望んでおり、今回の貿易拒否に対して大きな不満を抱いている」

と書き残している。

ひたすら忍耐を要するだけの日本側との交渉に懲りたレザノフは、幕府の固陋な連中を覚醒させる

ためには、武力に訴えるほかないと考え、やがてそれを行動にうつした。二年後の文化三年（一八〇六）九月十日、フボストフ艦長率いるロシアのユノナ号が樺太アニワ湾内のクシュンコタン（久春古丹）——のちの大泊（おおどまり）に侵入し、松前藩の番所などを襲撃するという事件がおきたが、これはレザノフの発した樺太・エトロフ島襲撃命令によるものであった。

レザノフの長崎来航は、ある意味では日本とロシアの不幸な出会いとなったが、味方になるべき人物を敵にまわした幕府の失策といえるかもしれない。

日本においても、レザノフに対する幕府の応接を批判する声も少なくなかった。日本最初の西洋画家司馬江漢（一七四七—一八一八）も、

「ロシア使者を半年間長崎に留めて上陸も許さず、そのうえ回答の仕方もはなはだ失礼で、ロシアは北方の辺鄙な国とはいっても、大国で属国もはなはだ多い。夷狄扱いするのは非礼というべきである。レザノフはロシア国王の使者である。王はわが国の王と異なるところはない。礼というものは人の道の基本である。これは例えていえば、正装した相手に裸で応対するようなものである。彼らはわれわれを禽獣のようにおもうであろう。ああ、嘆かわしいことよ」（『春波楼筆記』）

と書き記し、『解体新書』を著した杉田玄白（一七三三—一八一七）も、

「はるばる贈物を持参した使者をむなしく立ち去らせたことは、夷狄とはいえ大国に対して非礼である」（『野叟独語』）

と記している。ロシアの新規参入を警戒し、さまざまな妨害工作をおこなったオランダ商館長のズー

フですら、

「強大なロシア皇帝から派遣された大使が、六カ月も回答を待たなければならないということがあっていいのだろうか」

（『日本回想録』）

と疑問を呈しているほどである。

勝之丞もまた、ロシアとの通商交渉の進展を大いに期待していたはずであるが、このころ勝之丞の身辺をめぐる動きが急に慌しくなっていた。島原本多家の和歌との婚儀がまとまり、商売のほうも拡大の一途をたどり、忙しいことこのうえない。それでも先代の平兵衛は、天草の難民救済をしきりに勧めた。

「石本家文書」に、幕府勘定奉行の柳生主膳守久通（一七四五―一八二八）から石本平兵衛に伝達された文化三年二月六日付けの感状が収録されている。

「右の者は多年心がけよろしく、天草郡の村々が危難のおり、食料調達のために御預所へ丁銭三千貫文を差し出したのは奇特である。よって銀七枚を下賜してその行為を賞する」

これは一つの例であるが、このほか石本家には幕府勘定奉行や長崎奉行などから与えられたおびただしい感状が残されている。勝之丞はもとより基本的に無駄な出費を嫌う男であったが、地元天草における難民救済のための出費については、父の教えにしたがって生涯惜しむことはなかった。

いずれにしろ、この年――文化三年における勝之丞の身辺は、多忙そのものであった。

ところが、和歌との結婚も間近に控え、商売もことのほか順調に進んでいた文化三（一八〇六）年——八月十日の夜から翌日十一日未明にかけて、石本屋敷の土蔵が破られるという事件が発生したのである。

二　盗難一件

一八〇六年から一八一四年まで

■石本家の土蔵破り事件■

石本家の土蔵破り事件に関するおびただしい史料が九州大学に寄贈された「石本家文書」に残されているが、吉田道也氏の「石本家略史」[4]には、

「この盗難事件とは何だろうか」

と書かれ、九州大学などにおける長年の研究によっても、この事件の全容は明らかになっていない。

これから述べるのは、この「盗難一件」の真相である。

八月十日の夜は雨風が強かったため、翌日蔵を開けるまで誰も気づかなかったらしい。朝、当番の者が土蔵の鍵を開けて大騒ぎとなった。犯人は縄梯子をかけて土蔵の屋根に登り、瓦を外して屋根から忍び込み、銭箱だけを盗み出していた。複数犯の仕業にちがいなかった。

報告を受けた平兵衛と勝之丞は、ただちに現場の土蔵におもむき、銭九十五貫文が盗難されたことを確認した。

石本家では、住み込みで働く奉公人のことを「テイコさん」とよぶ。「定雇」あるいは「定居」と書かれる。文化三年のこの当時、男性では、藤右衛門、千作、清四郎、丈右衛門、了八、女性では、かや、ゆき、きん、よし、みん、おやす、などのテイコさんがいた。そのテイコさんたちのなかから、「惣八」というという容疑者が浮かび上がった。

惣八とは、御領村の百姓の倅で、素行が悪く、仕事もせず、博打ばかりしている若者である。最近、惣八が荒河内村（あらかわち）の清八に盗みを誘われたことを自慢していたという。

盗難事件の前日に、惣八の家で清八を目撃したという情報ももたらされた。狭い村であるから、テイコさんたちはちょっとした異変にも敏感である。

平兵衛は、男たちに惣八をつれてくるよう命じた。平兵衛も勝之丞も奉公人たちとおなじく惣八を犯人の一人と確信した。

惣八が罪を認め、盗んだ金を返すならば穏便に済まそう、と考えて気軽に命じたのであったが、この判断が結果的に石本家の大きな災難となり、ついには勝之丞の生涯を大きく狂わせることになったのである。

平兵衛は、盗難事件の発生を告げるため、長岡五郎左衛門のもとに男たちを走らせた。長岡五郎左衛門とは、御領村の大庄屋で、すでに述べたとおり、長岡家は、勝之丞の母勢以の実家であった。勝之丞は、当然のことながら、御領村を統括する大庄屋に連絡したのである。

あわせて、池田寅之助、山崎喜内、久蔵、瀧次など村の年寄役に連絡を取ったところ、久蔵と瀧次の二人は年貢米の集荷で多忙なため、池田寅之助と山崎喜内の二人がやってきた。

金子光之丞、山崎幾之丞、野口文平治、井上文治右衛門など親戚の者たちも集まってきた。

金子光之丞とは、御領村居住の元村年寄で、勝之丞の実妹都恵と結婚している人物である。したがって、金子光之丞は、勝之丞にとって義理の弟にあたる。

山崎幾之丞とは、山崎屋という御領村居住の銀主で、これまた勝之丞の異母姉シュンと結婚していた。したがって、山崎幾之丞は、勝之丞にとって義理の兄にあたる。

野口文平治とは、筑後屋という御領村居住の銀主で、石本家とは先祖をおなじくする家柄であった。すなわち、石本家第二代治兵衛は野口家から養子として迎えられた人物である。

井上文治右衛門とは、御領村居住で父平兵衛の妹シュンの夫である。したがって、井上文治右衛門は、勝之丞にとって伯父にあたる。


上記の者たちが石本屋敷に集まってきた。このとき、大庄屋の長岡五郎左衛門が富岡役所に連絡して、役人の取り調べを依頼すればたいした事件にはならなかったはずである。

長岡五郎左衛門は寛延二（一七四九）年六月生まれであるから、このとき五十八歳。長岡五郎左衛門はみずから事件を解決しようとした。

清八、吉次郎、恵七ら三人も、すでに石本家の手代たちと村の若衆によって、惣八の家に監禁されていた。

長岡五郎左衛門は、石本屋敷において、惣八、清八、吉次郎、恵七に対する取り調べをおこなった。

しかしながら、四人いずれも容疑を否認した。

そのたびに、金子光之丞と池田寅之助、山崎喜内の三人が棒で叩きまわした。

このようにして、数日間取り調べがつづいたが、取り調べるほうも、取り調べを受けるほうも疲労困憊してきた。

ついに、惣八が荒河地村の清八から勧誘を受けて土蔵の金を盗み、龍左衛門なる人物の屋敷に金を運び込んだことを自供した。

この龍左衛門という人物のことは、よくわからない。ただし、御領村に居住し、御領村内の貞右衛門、次左衛門、次平、千左衛門らの同族の者と力を合わせて、こののち数年にわたって長岡家・石本家と争ったところからみて、御領村ではかなりの有力者であったろう。

龍左衛門の苗字を「野口」とみられるのは、御領の郷土史家で天草御領野口本家の末裔でもある野口真道氏である。『天草近代年譜』[1]に出てくる「野口龍左衛門」ではないかとされる。いずれにせよ、惣八が龍左衛門という村の有力者の名前をあげたあたりから、この盗難事件に関する動きが深刻な問題となった。

ここにいたって、進退に窮した長岡五郎左衛門は盗難事件の顛末を富岡役所に届け出た。

驚いたのは富岡役所の役人たちである。

大庄屋というものは、各村の庄屋や年寄などと協力しながら、租税の割り当てや農産物・海産物の集出荷の采配、布告通達・報告等の下意上達など、基本的に百姓農民のことをつかさどる行政の補助的権限しか有していない。富岡役所の遠見番や山方役などの地役人の指揮を受けて、海防や山林の管理などの職務を担うこともあったが、それとてあくまでも補助的な職務であって、刑法犯の逮捕・捜査権などは付与されていなかった。

にもかかわらず、長岡大庄屋は何を血迷ったか、数日間被疑者を監禁したうえ、村人に命じて暴力をふるって取り調べをおこなったのである。重大な越権行為である。まして、誤認逮捕となれば、これは大変な問題である。越権行為に加えて、監禁罪、暴行罪、誣告罪に問われる恐れもある。しかも、首謀者に名指しされた龍左衛門とその親戚一同が、徹底的に争う姿勢をみせたのである。

龍左衛門は富岡役所に盗難事件の徹底究明を求める書面を提出すると、それに呼応するように、富岡役所に連行された惣八、清八、吉次郎、恵七も全面的に自供をひるがえした。

長岡大庄屋や村年寄らの勇み足であることは明白であった。富岡役所の役人たちは穏便に事を収めようとしたが、龍左衛門らは強硬姿勢を貫き、対応に苦慮した富岡役所は、ついに長崎奉行所に事の顛末を報告した。報告を受けた長崎奉行所としても、この問題を大きくするメリットは何もない。これまた、穏便に済ませようと努力した。

富岡役所から長崎奉行所に送致された惣八、清八、吉次郎、恵七の四人に対して簡単な事情聴取をおこなったのち、居所を明らかにすることを条件にすぐに釈放した。

ところが、龍左衛門らは、富岡役所と長崎奉行所あてに執拗に再吟味を要求しつづけた。

■勝之丞と和歌の婚儀■

盗難事件が発生したのは八月十日であったが、勝之丞と和歌の盛大な結婚式が天草で挙行されたのは、その二カ月後の十月五日である。

奇妙な災難に見舞われた石本家の運気を変えるため、父石本平兵衛がひねり出した派手な大技であったかもしれない。

文化三（一八〇六）年十月五日は、天草も島原も雲一つなく晴れわたり、有明・島原の海も青く澄みわたって、波も穏やかであった。

この日、天草の石本家と島原の本多家の盛大な婚儀がおこなわれた。新郎の石本勝之丞は二十歳、新婦の和歌は十七歳であった。

両家の婚儀は、島原・天草で大きな話題となり、海を渡ってくる豪勢な嫁入船を一目見ようと、多くの見物人が朝早くから馬場、沖田、浜田、一尾など海岸沿いの見晴らしのよい場所に集まっていた。島原有家港から天草御領までは約五里（二〇キロメートル）。八丁櫓で飛ばせば、二時間ほどで着く。

やがて、三十数隻の船団が天草に近づいてきた。

大漁旗を十数本も押し立てた先導船には、白鉢巻に紅白の襷をかけた大勢の若者たちが乗り込み、いっせいに櫓を漕いでいた。舳先には二人の若者が立ち、一人がほら貝を吹きならし、一人が御幣を振っている。

仲人は長崎代官高木作右衛門夫妻である。何百点にものぼる嫁入り道具には、すべて本多家の家紋を染め抜いた絹の布がかけられていた。おそらく、天草の人々がこれほどの嫁入り道具を見たのははじめてのことであったろう。

花嫁船につづくのは、若い女性ばかりが乗った女船であった。やがて、先導船がゆっくりと御領の港に入った。

先導船の若者がほら貝を吹き鳴らすと、三十数隻のそれぞれの舳先に若者が一人ずつ進みでて、いっせいに踊りはじめた。若者たちの音頭と船を漕ぐかけ声、ほら貝の音にあわせて、若者たちが踊りを披露しながら、港のなかを何周もまわった。この勇壮な行進は、むかし天草水軍が出陣に際して勝利を祈った儀式に由来するという。

やがて、船は一艘ずつ御領の港へ接近した。

御領の芳證寺の門前では、石本家の手代たちが村人たちに四斗樽の鏡酒をふるまった。御領の町全体がお祭り騒ぎであった。

港には、石本家によって臨時の桟橋がつくられていた。その桟橋から、高木代官夫妻とともに、花嫁姿の和歌が上陸した。

披露宴は一晩中つづけられた。九州諸藩の役人や取引先などからも多くの人々が招かれ、出席者は千人にも達したという。仮設の披露宴会場がつくられたというから、この当時としては、とんでもない豪華な披露宴であったといえよう。

結婚した翌年の文化四（一八〇七）年に、のちに第六代石本勝之丞を継ぐことになる長男の勝三郎が生まれた。

文化五年には、長女エツが生まれた。ちなみに、この娘は長じて御領村の銀主池田寅之助の妻となっている。

それはともかく、「盗難一件」のことである。

この事件は、下手をすると石本家の存亡に関わる大きな問題に発展する可能性が高まっていた。流れがどうにも芳しくないのである。

龍左衛門一派が強硬に再吟味を要求しつづけていることのほか、長崎奉行所内の役人たちのなかにも長岡五郎左衛門らの行過ぎた捜査を懲罰すべきとする声が高まりつつあった。最終的には長崎奉行の判断であるが、担当の役人たちの起案によって判決内容がほぼ決まるといっていい。

違法な取り調べに関しては、判例もある。おそらく、長岡五郎左衛門は大庄屋職を罷免され、村年寄や親戚の者たちも罪を免れることはできないであろう。

問題は、平兵衛と勝之丞の罪状である。

盗難の被害者であり、取り調べのために場所を提供しただけである。結果的に長岡大庄屋の取り調べが違法であったが、平兵衛と勝之丞自身違法行為をおこなうという認識はまったくなかった。これについては、先例はないようであるが、長岡五郎左衛門や村年寄たちが罪を受ければ、連座は免れない。

ただし、龍左衛門らが訴訟を取り下げれば話は早い。和解して円満に解決すれば、長岡大庄屋以下全員が罪を受けることもなく、平兵衛と勝之丞も訴追されることはない。

そのためには、多少の散財もやむを得ない手段であった。平兵衛は、ひそかに蓄えた手元金のほか、本家勘定に属する金銀から多額の賄賂を高木代官はもとより、おもだった役人たちに配った。

長崎奉行所のみならず、富岡役所の役人たちに対しても、心証をよくするためにしばしば饗応し、相応の金品を贈った。

ところが、この盗難事件は簡単には解決しなかったのである。その結果、平兵衛がばらまいた金は膨大な額にのぼり、このおもわぬ出費が松坂屋・石本家の経営の大きな足かせとなったのである。

この「盗難一件」に関しては、九州大学の「九州文化史研究所」で編纂された『石本家文書目録』[5]にも、「石本家は二つの大きな事件を抱え、それが石本家の経営の足かせになった。その一つは文化四年公金の紛失事件である。この事件が村方を二分し、容易に解決しなかった。一旦決着したものが再吟味、さらにその訴訟費用をめぐって村財政への返済訴訟が起こるなど決着が長引いた」と書かれている。

盗難事件に関して、「公金」とする根拠は明らかではないが、いずれにせよ石本家に残された「盗難一件」に関わる多くの文書を見ると、この盗難事件が石本家の経営に対して大きな影響をあたえたことがわかる。

■フェートン号事件■

文化五（一八〇八）年八月、長崎においてふたたび日本の鎖国体制を揺るがすような大事件が勃発した。「フェートン号事件」とよばれるものである。

八月十五日の正午過ぎ、フェートン号がオランダ国旗を掲げて長崎に入港した。この時点では、日本側もオランダ商館員たちも、まさかイギリスの船であるとはおもっていなかった。

オランダは自前で船を調達することが困難な状況となり、享和二（一八〇二）年、文化元（一八〇四）年、文化二（一八〇五）年にかろうじてオランダ船を長崎へ派遣することができたが、それ以外の年にはアメリカやデンマークなどの船舶を臨時に雇い、オランダ船として長崎に派遣するのが常態となっていた。

例年であれば六月ごろに入港するはずの傭船が、文化五年のこの年には、七月を過ぎても入港していなかった。

オランダ商館員にとっては、待ちに待ったオランダ船の入港である。時期外れではあったが、日本側、オランダ側とも入港した船がオランダ船だと信じて疑わなかった。オランダ商館長ヘンドリック・ズーフもまた、

「我々の船の到着時期は過ぎていたが、バタビアの周辺に敵の船がいたため、船の出帆が遅れたのだろうと考えた」

と『日本回想録』[6]に書き記している。

オランダ船入港の知らせに、長崎奉行松平図書頭康英（やすひで）（一七六三―一八〇八）は、慣例にしたがって入港手続きをおこなわせることにした。

長崎奉行所の検使二人とオランダ商館員二名、オランダ通詞三名らが三隻の小舟でオランダ船に接

近した。

検使は長崎奉行手附出役の菅谷保次郎と上川傳右衛門、オランダ商館員は簿記役のデュルク・ホーゼマンと商務員補のヘリット・スヒンメル、オランダ通詞は吉雄、猪股、植村であった。オランダ商館長ヘンドリック・ズーフは、

「この日わたしは非常に気分が悪かったが、大きな好奇心と不安に駆られて、わたしがこの時住んでいた家から庭園にいった」

と書いている。時期はずれの入港ということで、一抹の不安も感じていたらしい。

午後三時ごろ、オランダ船はオランダ国旗を掲げた出島の方向にむかって進み、高鉾島――イギリス人はパーペンバーグ島と書いている――の近くに錨をおろして停泊した。

オランダ商館員のホーゼマンとスヒンメルの乗った舟を先頭に、オランダ船に近づいていった。

午後五時三十分ごろであったらしい。

すると、オランダ船から小舟が下ろされ、その舟がオランダ商館員の舟に接近してきた。そして、将校らしき男が、オランダ商館員たちにオランダ語で自分たちの舟に移動するよう呼びかけた。それに対してデュルク・ホーゼマンは後続の日本の検使船の来訪を待つように告げると、いきなり小舟の漕ぎ手たちは英語で叫び、隠し持っていたサーベルを抜いてオランダ商館員の舟に乗り移り、デュルク・ホーゼマンとヘリット・スヒンメルの二人を捕らえて、本船に連れ去った。

この間、吉雄、猪股、植村ら三人のオランダ通詞は、海に飛び込んで検使の舟に逃れた。

検使たちは、突然の事態に驚愕してしばらくフェートン号のそばにいたが、どうすることもできない。どこの国の船か確認できぬまま、岸壁に引き返した。

二人の検使の報告を聞いた長崎奉行松平康英は、烈火のごとく怒った。

そして、佐賀藩の聞役（長崎駐在員）を呼び寄せ、佐賀藩に対し出兵を命じ、薩摩、肥前、肥後、筑前、長門、対馬、平戸、大村、久留米、柳川、小倉など十四藩に対しても、それぞれの藩の聞役を通して派兵を命じた。

松平康英はまた、オランダ商館長ヘンドリック・ズーフに使者を送り、来航した船がオランダ船かどうか、また二人のオランダ人を釈放する見込みについて質問をした。

それに対してヘンドリック・ズーフは、

「おそらくイギリス船でしょう。船の指揮官に二人のオランダ人は軍人ではなく民間人であることを私の名で通知し、釈放を要求すればおそらく釈放されるでしょう」

と答えた。

オランダ人を捕らえたフェートン号は、その後出島に接近したため、午後七時ごろヘンドリック・ズーフ以下オランダ商館員たちは長崎奉行所に避難した。

フェートン号はカロネード砲を搭載したランチ（大型ボート）と艀、ボートを下ろし、兵士たちを乗せて、午後九時半近くまで長崎川と長崎港内の探索をおこなった。十五日の満月の夜であったから、探索に適している。しかしながら、彼らは中国のジャンク船三隻を見つけただけであった。

長崎奉行所では、奉行の松平康英が鎧冑を身につけて指揮を取っていた。

夜中の十二時ごろ、フェートン号に拉致されているホーゼマンとスヒンメルの手紙がオランダ小通詞の末永甚左衛門によって奉行所に届けられた。その手紙には、

「ベンガルからの船で、船長の名はペリューといいます。水・食糧を求めています」

と書かれていた。この手紙を読んだヘンドリック・ズーフは、松平康英の了解を得て、ペリュー船長に宛てて、

「拘束されているオランダ人二人を解放するなら、私の名誉にかけて長崎奉行から水と食糧を恵与されることを保証する」

と書き送った。

フェートン号の船長は、正式にはグリットウッド・ペリューといい、一七八九年生まれというから、このとき十九歳の若者であった。東南アジア方面でオランダ植民地への攻撃やオランダ艦船の捕獲などで戦果をあげ、海軍大佐に昇格したばかりであった。

翌十六日になると、フェートン号に公然とイギリス国旗が掲げられた。

長崎の警護区域は、大きく外目（そとめ）（長崎港外）と内目（うちめ）（長崎港内）に区分される。

外目には、白崎、高鉾島、長刀岩、陰尾の四カ所に台場がつくられ、内目には、太田尾、女神、神崎の三カ所に台場がつくられていた。

いずれも承応二（一六五二）年に平戸藩によってつくられた台場で、以来約百十余年間一度も使用されず、砲台の修理もまったくおこなわれなかった。

しかるに、前年の文化四（一八〇七）年にロシア人によるエトロフ島襲撃事件が発生したため、同年十二月「ロシア船打払令」が発布され、長崎においても「ロシア船取扱法」が定められ、ロシア船入港のときの新しい警備体制が定められた。

この新法では平戸藩によってつくられた上記の七カ所の台場——「古台場」のほかに、内目に新たに七カ所の台場——「備場」を設け、その守備について長崎代官高木作右衛門や町年寄薬師寺久左衛門、高木清右衛門、高島四郎兵衛（しろべえ）などの長崎の地役人に委ねられた。

また、長刀岩、女神、神崎、高鉾、陰尾の古台場に隣接して、「新台場」が増設された。

ところが、フェートン号が入港したときには、「古台場」「新台場」とも一人も守備兵がいなかった。

長崎の警備は、寛永十八（一六四二）年以来、筑前福岡藩と肥前佐賀藩が一年交代で担当することとされていた。この年の当番は肥前佐賀藩であった。

通常であれば、西泊番所と戸町番所の二カ所に佐賀藩の兵士千人が詰める。このため、両番所は、「千人番所」ともよばれた。

ところが、この年はオランダ船来航の見込みもなかったことから、大半の藩士たちが佐賀へ引き揚げており、警備に従事していたのは、五十名足らずの人員であった。『天草近代年譜』[1]には、

「毎年六月ごろ来着するはずのオランダ船が、七月を過ぎても長崎に入港しないので、長崎奉行松

平図書頭康英は海上の見張番を撤去し、諸番所の人数をも減じ、出島商館長のズーフにオランダ船が入港しない理由書を提出させた」

とあり、長崎奉行松平康英の指示によって警備体制を大幅に緩和していたことが明らかにされている。

とはいえ、佐賀藩が本来の人員で警備していたとしても、イギリス船に対して攻撃できたかどうかは疑問である。日本側の武器といえば弓矢や火縄銃などの旧態依然とした装備で、大砲はあっても固定式で、砲身を自在に動かして、移動する船舶に対して照準を合わせることは不可能であった。イギリス軍艦の最新鋭の大砲や銃に太刀打ちできるはずもない。佐賀藩はじめ九州諸藩の出兵には日数を要するであろう。ヘンドリック・ズーフは、その回想録に、

「長崎に十分な数の兵士が到着していないので、イギリス船を黙って出港させたほうがいいと考えます」

と意見を述べたと書いている。松平康英はやむなく武力攻撃を断念したが、このときのようすについてヘンドリック・ズーフは、

「このとき奉行は言いようのないほど落胆したので仰天した。彼はおそらく近づきつつある運命を予感したのである」

と書いている。

長崎奉行松平康英は、すでに死を覚悟していた。

十六日十二時半ごろフェートン号からヘンドリック・ズーフに一通の手紙が届けられた。拘束され

ているスヒンメルからの手紙で、

「食糧が船積みされるならば、我々はただちに解放されるはずです。船長はそれ以上必要とするものはないといっています」

とあった。

午後四時になると、フェートン号からボートがおろされ、簿記役のホーゼマン一人が釈放された。ホーゼマンは、日本側から食糧などを受け取ってフェートン号にもどるよう指示を受けていた。

イギリス側の要求に応じて、日本側からホーゼマンとともに食糧や水などの引渡しがおこなわれた。『通航一覧』、『フェートン号航海日誌』などによると、「食用牛四頭、水四樽、薪少量、山羊数匹、野菜若干及び鶏十羽、梨百」がイギリス側に恵与されたという。

夜九時になって、オランダ人二名が解放された。

十七日早朝には、前日のイギリス側の要求どおり、水五艘、薪二艘、芋二籠（二百斤）、梨三十、煙草若干が船に運び込まれた。

そして、イギリス側は、日本に対しては敵意がないこと、食糧・水などの補給に感謝する旨を伝え、十一時四十五分に錨を上げ、十二時ちょうどに長崎港を出港した。

その夜、長崎奉行松平康英は、部下の上条徳右衛門を呼んで、無念の涙を流し、その後小宴を催したのち、一人になって五カ条の謝罪状をしたためた。そして、その夜四つ――すなわち午後十時に、

出島に面した西御役所のなかで自刃して果てた。『通航一覧』には、

「西役所の居間の先、鎮守の手前、生垣の際に毛氈を敷き、臍下一文字に薄く引き、鍔元まで喉を刺し通し、あっぱれのご生害なり」

と書かれている。享年四十一。

ちなみに、松平康英の墓は長崎市の大音寺にあり、長崎の人々によって諏訪神社内に「図書明神」として祀られた。一般には「康平社」とよばれている。

佐賀藩では、十一月藩主を継いだばかりの第九代藩主鍋島斉直（一七八〇―一八三九）は、幕府から長崎警備の失態を責められ、江戸で百日間の蟄居（謹慎処分）を受けた。

家老の深堀豊前と鍋島主水、聞役の英藤右衛門、物頭の鍋島河内、平田半太夫、淵崎九十九及び筒頭の川上甚左衛門の七人が切腹させられ、組頭十名が家禄を没収された。

なお、長崎奉行所においても翌年の文化六（一八〇九）年二月に処分がおこなわれ、支配勘定中村継次郎、長崎奉行手附出役の菅谷保次郎と上川傳右衛門ほか四名は役職を解かれて押込を申し付けられたほか、二十数名も押込を申し付けられた。

一方で、支配勘定人見藤左衛門と御普請役荒堀五兵衛ら四名は長崎奉行松平康英の指示に応じて迅速に出役し、格別の尽力をおこなったとして褒詞が下され、遠見番嘉悦忠兵衛には銀一枚、萬屋町船頭ほかに鳥目（銭）十五貫文、水主十名に五十貫目が下賜された。

いずれにしても、「フェートン号事件」は日本の鎖国体制の脆弱性と西洋列強の近代兵器の優位性を如実にしめす結果となった。

幕府はレザノフ来航以来、警備体制の強化をはかったつもりであったが、フェートン号の来襲に対してまったく無力であったことに大きな衝撃を受けた。

このため、あらためて長崎の警備体制の強化をはかることとした。

すでに述べたとおり、内目には、太田尾、女神、神崎の三カ所の台場があったが、新たに七カ所の台場を設け、地役人が受け持つことになった。

外目の白崎、高鉾島、長刀岩、陰尾の四カ所の台場に隣接して新たな台場を増設した。

このほか、野母崎と小瀬戸の遠見番所に大砲を設置した。

十二月には、幕府は熊本藩に対し、番船二隻によって常時長崎港内を巡視するよう命じた。番船による巡視は、天明二年以来廃止されていたが、それを復活したのである。

これを受けて、熊本藩は藩兵を長崎へ派遣し、外国船の不法侵入際して港の出入り口を封鎖するため、番船による鉄鎖布設の演習をおこなうなど、長崎港警備に対する並々ならぬ決意をしめした。

このように、幕府は長崎奉行所や九州諸藩などと連携を取りながら、長崎の警備体制を強化し、大砲を備えつける台場を拡張し、数多くの大砲を鋳造して台場に設置したが、もともと日本の大砲は西洋の大砲にくらべると、はるかに性能が劣っている。

外国の進んだ兵器と対抗するためには、これらの装備を一新する必要があった。天保年間に、「西洋列強に対抗し、日本国土を防衛するため、日本の兵制を西洋式の兵制に改めなければならない」と、根本的な兵制改革を提唱し、それを大胆に実践したのは、高島四郎太夫(のちの秋帆)という人物である。大村町の乙名で町年寄の高島四郎兵衛の三男として寛政十(一七九八)年に生まれているから、フェートン号が来襲した文化五年当時、数えの十一歳であった。このとき石本勝之丞は二十二歳であるから、二人の年齢差は十一歳ということになる。ということは、勝之丞の長崎留学時代に生まれたことになる。

このように、高島四郎太夫は三男として生まれたが、長男が夭折し、次男の碩次郎が町年寄の久松家を継いだため、高島家の跡取りとなった。

高島四郎太夫に最も大きな影響をあたえたのは、父の四郎兵衛といわれている。

文化元(一八〇四)年、レザノフが長崎に来て六カ月滞在していたとき、四郎兵衛は町年寄の一人として、ロシア人に食糧を供給し、船舶修理の材料などを調達する役目をあたえられた。また、文化四(一八〇七)年から台場の増設が行われ、父の四郎兵衛が出島内に設置された砲台の責任者に任ぜられたことは、四郎太夫が西洋というものに目覚める大きなきっかけとなった。しかも、十歳になった四郎太夫は、父に連れられてしばしば出島に出入りしたのである。

町年寄や会所調役等の長崎における顔役たちですら、出島への出入りは特別の理由がないかぎり許されなかった。オランダ通詞でさえ、当番日以外は出島に立ち入ることはできなかった。

それにひきかえ、出島内に設置された台場を高島家が管理していたため、四郎太夫は割と自由に出島に立ち入ることが認められ、オランダ人と直接接触することができた。

年若くして出島に出入りしたのは、勝之丞とておなじである。勝之丞は十歳から十五歳まで、長崎に留学し、出島で勤務している。

石本勝之丞と高島四郎太夫二人の出会いは、ある意味では必然的な運命であったということができよう。

前述したように、岩瀬道郷など七カ所の台場については、地役人が受け持つこととされたが、彼らは本来商人であって、兵法についてはまったく素養がない。このため、幕府は地役人に対する研修をおこなうこととし、荻野流砲術師範の坂本孫之進を長崎に派遣した。

坂本孫之進は文化八（一八一一）年まで長崎に滞在したが、その間高島四郎兵衛は彼から熱心に砲術を学び、坂本孫之進が江戸にもどったのちには荻野流の師範役となり、教授の門を開いた。

坂本天山が創始した荻野流砲術は、当時の日本においては最も進歩した砲術であったという。砲台と砲身を自在に動かすことのできる「周発台（しゅうはつだい）」とよばれる装置は、その原理においてヨーロッパにおける砲架とおなじといわれているが、その応用限度は百目筒——軽砲——に限られたもので、船防御用としては余りに無力なものであったため、高島四郎兵衛は西洋の兵術と兵器そのものに研究の重点を移していった。

ずっとのちのことであるが、高島四郎太夫も父四郎兵衛を継いで荻野流師範役となるとともに、西洋兵術の研究を深めていった。

■松坂屋の拡大■

このようにして文化五年が暮れ、文化六（一八〇九）年になった。

勝之丞二十三歳、和歌二十歳、長男の勝三郎三歳、長女のエツ二歳。ついでながら、父の平兵衛は四十九歳、祖父の治兵衛は八十八歳になった。

この年、天草において異国船の侵入に対する防備体制の強化が進められている。

富岡、高浜、魚貫崎は烽火台が置かれていたが、ほとんど機能していなかった。このため、一月二十日に長崎であげた烽火を野母崎から樺島へリレーし、さらに富岡、高浜、魚貫崎（おにきざき）の烽火台に連絡する実験をおこなったが、失敗に終わった。

二月二十日には、海上で異国船に遭遇したときの対応について布告がおこなわれた。

「海上で異国船を見かけた場合、唐紅毛船はもちろん異国船はなおさらのこと、見かけ次第漕ぎ離れ、決して近寄るべからず」（『天草近代年譜』[1]）

というもので、これは漁船など日本の船が、しばしば異国船に無警戒に接近してトラブルに巻き込まれることを防ぐものであった。

四月十一日に、富岡、高浜、魚貫崎の烽火台との連携について再度実験をおこなったが、「今度は通知遅れのため、ついに実行に至らず、またまた失敗なり」というような結果になった。

四月二十二日と二十四日には長崎港の台場において、訓練のため大砲などの試射がおこなわれた。

六月五日には富岡役所の警護のため、島原藩から奉行天野弥藤治、物頭神谷七右衛門、改役人西田市右衛門、代官小野田喜八郎、山奉行稲田大作、物書奥村戸弥太など総勢四十人余が船で渡り、本陣の鎮道寺（苓北町）に駐屯した。また、近習目付青木九郎兵衛、取次神崎丹右衛門ら十三人は、天草西海岸の警備状況を検分するため牛深村までの村々を巡回した。

六月二十日には島原藩の出兵を受けて、新たに役所や屯所の緊急普請がおこなわれることとなり、天草中の大工や大鋸、日雇いなどの雇用、材木類の調達などに多額を要することから、天草郡の大庄屋と庄屋は、臨時の負担金三十貫目を拠出することを申し合わせた。

一方で、天草においては疱瘡（天然痘）が大流行している。天然痘ウイルスによる伝染病で、高熱を発したのち全身に発疹が膿疱化し、やがて死亡する。まれに助かる者もいて、しかも不思議なことに二度と天然痘にかからなかった。

八月になって志岐村で疱瘡が大流行した。このため富岡の小野田代官をはじめ町年寄、町庄屋などが志岐村に出張して防疫に努めたが、九月になっても勢いは衰えず、志岐村の大庄屋平井為五郎は家族をつれて隣村に避難したほどである。

十月になっても志岐村の疱瘡の流行はおさまらない。

富岡町に伝染するのではないかと、会所詰めの大庄屋、庄屋など戦々恐々として執務にも身が入ら

ない。彼らは会所詰めの役人を通して、富岡役所に、
「やがて年貢米の集荷もはじまる時期なのに会所詰めの者がもし疱瘡にかかったら混乱し、予想外の失態をしでかす恐れがあります。この際、会所詰めの大庄屋、庄屋、筆者、蔵番にいたるまで、かつて疱瘡にかかった者たちと交替していただきたい。また、年貢米を運ぶ村々の船乗りや人足たちも同様にお願いしたい」
と陳情した。

このような状況のなかで、勝之丞は長崎難民救済のため籾千俵を贈り、長崎代官高木作右衛門から褒詞を授与され、また天草郡中凶作のため肥後相良藩から薩摩芋五十貫を買い入れて窮民救済にあてたという記録が残されている。

勝之丞は家督を継ぎ、松坂屋の新しい経営者になっても、父平兵衛の教えを忠実に守り、商業活動で得た利潤の一部を地域に還元している。このことは、松坂屋の運営が順調で、地域貢献できる体力を備えていたことをしめしている。

勝之丞は長崎の阿部屋のなかに松坂屋の営業拠点を置いて、急速に商売の規模と範囲を広げていた。勝之丞の手法は、大坂、中国、四国、九州などの各地の物価動向と需給バランスを綿密に調査・分析して行動に移すことに特徴があった。

九州では人吉、八代、島原、柳川などの有明海沿岸地域や唐津、博多などの玄界灘地域から鹿児島や日向などの特産物を買い取り、長崎で唐人に売りさばき、あるいは大坂などにまわして利潤を得た。

ある地域では余剰であっても、別の地域では不足している。ある地域では安くても、別の地域では高い。そういった物価と需給バランスを地域ごとに見きわめ、迅速に商品を動かすことが勝之丞の商売の基本であった。

松坂屋の経営体制は、年若い勝之丞を平兵衛がいわば会長として補佐し、平八郎と熊四郎が重役として経営に参画する同族経営方式を取り、これら経営陣を支える番頭や手代、船頭には優秀な人材を集めた。

松坂屋の経営規模は創立以来常に拡大をつづけてきたが、勝之丞の代になってひときわ急激な拡大をつづけていた。

ただし、「盗難一件」に関しては、龍左衛門一派が富岡役所に徹底した調査の要望を繰り返しており、村年寄たちの調停工作にもかかわらず、膠着状態がつづいていた。

しかしながら、長崎奉行所では「フェートン号事件」騒ぎが収まるにつれて、未処理案件の調査が進められていた。盗難一件についても調査が進められているらしく、長岡五郎左衛門と石本家による違法調査を糾弾すべきだと意見も高まっているというような情報も聞こえてきた。

このころになると、平兵衛と勝之丞は危機感を強めていた。

平兵衛と勝之丞は万が一に備えて、御領村石本屋敷の前面の土地に、平八郎と熊四郎の分家のための新宅を建設することとした。

これが文化六年末のことである。

文化七（一八一〇）年になった。勝之丞二十四歳。

志岐村で猛威を奮っていた疱瘡が、年末あたりからついに富岡町を巻き込んで流行しはじめた。富岡町から避難する者が続出したが、そのことで疱瘡が天草各地に拡大する危険性が増大した。御領ではまだ疱瘡患者は出ていなかったが、少しでも異常を感じた場合は外出を控えるよう村年寄から通達があった。

石本家においては、平兵衛と勝之丞は前年末の打ち合わせにしたがい、一月四日に平八郎本人を石本屋敷の奥座敷によんで、分家の申し渡しをおこなった。ただし、熊四郎の分家については保留した。熊四郎には、野口家から養子に貰いたいという話がきていたからである。

平兵衛の祖父、したがって勝之丞、平八郎、熊四郎の曽祖父の石本家第二代石本治兵衛はこの野口家から養子にきた人物であった。この当時の野口家の当主は文平治といい、男の跡取りに恵まれていなかった。

二月になると志岐村の疱瘡も終焉し、三月になると富岡町の疱瘡は終焉した。村人たちは氏神に詣でて、祓いの神事をおこなった。

三月五日から八日まで天草郡一帯は大雨に襲われ、田畑の被害が甚大で、とりわけ苗代田が大きな被害を受けた。

勝之丞と和歌の夫婦仲は相変わらず円満で、この年次女のジツを生んだ。長じてのち御領村山崎織助の妻になるが、長男の勝三郎は四歳になり、長女のエツも三歳になって、いよいよ石本家はにぎやかになった。

この年、石本家ではめでたいことがつづいている。新宅の完成、ジツの誕生にくわえて、父の平兵衛が再婚したのである。相手は御領村大島の小山礼左衛門の娘で、順という女性であった。これで四度目の結婚である。三度目の妻於延は、文化五年五月十三日に病没していた。

このように、石本家ではこの年、おめでたいことがつづいたが、やはりいいことばかりはつづかない。八月二十三日になって、勝之丞の祖母のジツが死去した。年齢は伝わっていない。祖父の治兵衛がこの年八十九歳であり、後妻でもあったから、八十歳前後であったろうか。生家は御領村の野口家であり、「石本家系図」では「御領村神官野口伊予守より出る」と書かれている。法名は「唯心院釈真顔実相大姉」であった。

ちなみに、この年の九月十二日に幕府測量方の伊能忠敬（一七四五―一八一八）一行十八人が宇土の三角から富岡へ渡り、十一月十二日までの五十三日間、天草の測量をおこなっている。

伊能忠敬は延享二（一七四五）年生まれであるから、このとき六十六歳。

この間、天草を代表して伊能忠敬に随行して、一行の世話をしたのは、上田宜珍（よしうず）という五十六歳の人物である。三十五歳のときから高浜村の庄屋を務めている。幼いころから聡明な人物として知られ、熊本藩時習館教授の藪孤山（やぶこざん）に儒学を学び、本居宣長の弟子に国学を学んだという。

天草は平地が少なく産物に乏しい島であるが、高浜村は良質な陶石を産する。この陶石を活用して新しい産業を興そうとしたのが、先代の上田伝五衛門である。

しかしながら、磁器製造というものは、一つのシステム産業である。製造から流通・販売に至る過程すべてを構築しなければならない。最も大きな課題は、伊万里焼や有田焼に負けない陶磁器の生産であった。このため、父伝五衛門は長年にわたり腐心したが、思うような成果を上げることはできなかった。

跡を継いだ上田宣珍は、平戸焼の陶工を招くなどさらに努力を重ねて技術力を高め、伊能忠敬が来島したころには、「高浜焼き」として一定の評価を得られるようになっていた。まだまだ小規模な流通ではあるが、専門の窯元も数軒生まれ、村に活気が生まれている。上田宣珍は若い陶工たちやその家族たちに大いに慕われていた。

また、五年前の文化二年に、高浜村、大江村、今富村、崎津村でおきた大規模な隠れキリシタン発覚事件に際し、上田宣珍は富岡役所や島原藩などに懸命の工作活動をおこない、穏便に収めることができたため、農民たちにもよく慕われている。

このように、上田宣珍は学問にも関心が深く、村民に慕われていた人物である。

上田宣珍は、伊能忠敬の来島を知って小躍りして喜び、富岡役所に陳情し、世話役として随行し、身辺の世話をしながら、測量技術について質問を繰り返した。

五十六歳にもなって目を輝かせて質問する上田宣珍に対して、伊能忠敬も好意を抱いたのであろう。その質問の一つひとつに対して、丁寧に答えたという。

この結果、上田宣珍は相当高度な測量術を習得することができたらしい。のちに高浜村で大火があったが、その復興に際して伊能忠敬から学んだ測量術を大いに生かし、精密な測量図を作成して、整然とした復興整備をおこなったという。

■天草の不穏な空気■

文化八（一八一一）年になった。勝之丞二十五歳。

「石本家年譜」[8]によると、この年、

「御領村大火に際し救助した褒美として金二百疋、晒一疋を島原藩主松平主殿頭より下賜される。江戸難民に米一千石を贈り、幕府から賞詞を賜る。島原の難民救済のため丁銭五千貫を贈り、島原藩主から感謝を受ける。長崎難民へも丁銭六千貫を贈る」

などの記事があり、石本家の家訓ともいうべき方針にしたがって、勝之丞が積極的に社会貢献をおこなっていることがわかる。文化九（一八一二）年の記事にも、

「天草全島に対して難儀者の救済金として丁銭五千貫を贈り、長崎の高木代官から賞詞の伝達を受け、江戸の幕府勘定奉行から賞詞を受ける」

とある。

勝之丞がこれらの美挙を繰り返したのは、実は天草郡の農民たちが不穏な動きを強めたことに敏感に反応したものであった。

寛政八（一七九六）年に「百姓相続方仕法」が施行されたことはすでに述べたが、この法令は、天草の農民たちに貸し付けた貸付金の　部を銀主が強制的に放棄させられる徳政令であった。二十年間の時限立法で制定された法令であった。文化八（一八一一）年の段階で残り四年の終期になっており、この存続をめぐってこのころから議論が湧き起こっていた。

「百姓相続方仕法」の根幹的内容は、延享元（一七四四）年から寛政七（一七九五）年までの五十二年の間に銀主の手に渡った田畑・山林・家屋敷などを元金でもって買い戻すことができるということにある。

ところが、「買い戻し済みのものは半分にも満たない状況」（『天草近代年譜[1]』）であった。いや、それどころか銀主への土地集積がますます進んでいたのである。

服藤弘司氏の「石本家と寛政八年の『百姓相続方仕法[2]』」にも、

「我々は石本家の史料を検討することにより、仕法終了時においても、なお請戻し（買戻し）の行われなかった田畑が数多存することを知りうるのみならず、仕法発布当時をはるかに上回る膨大なる田畑の所有者となっていたこと、換言すれば、百姓は仕法の実施により寛政八年以前に失った田畑を請戻しえなかったのみか、仕法発布当時所有していた田畑まで仕法期間中に喪失してしまったという事態をうかがい知ることができる」

「石本家に関するかぎり、仕法の規定により買い戻されて喪失した田畑よりも、仕法発布後集積した田畑が一層大であったため、仕法の実施にもかかわらず、ますます石本家の所有田畑は増加した」と書かれている。農民が困窮し、銀主たちから資金を借り入れているかぎり、いつまでたっても担保に供した土地を買い戻すことができない。こういった意味で、「百姓相続方仕法」の実効性については疑問符が付されるが、この法令が存続するかぎり買い戻しが可能であり、農民は目標を持って生活できる。また、法令としての実効性はともかくとして、農民保護の精神を貫いている「百姓相続方仕法」の存在そのものが、天草の農民たちの精神的支柱であった。

大庄屋・庄屋たちは頻繁に協議をおこない、文化八年七月には収穫された米を地主と小作人が折半する「作半」の慣行を中止し、文化七年までの十五年間、地主は二割五分、小作人は七割五分の割合で分配させるという「百姓相続方仕法」の規定について、地主四割、小作人六割とすることを申し合わせた。なお、この申し合わせは文化八年かぎりであったが、こののち十六年間延長されている。

これらの緊急措置によって、天草の農民たちの不穏な動きは一時的に和らいだものの、絶対的な食糧不足という構造的な社会不安までは払拭することはできず、天草郡内の農民たちが小作料の減額と庄屋等の減員を要求して騒ぎ、島原へ直訴した。

天草の不穏な空気を察知した幕府は、島原藩による天草統治を解除し、長崎代官の管轄下に置くことに決定した。『天草近代年譜』[1]によると、十二月九日、

「天草支配替えの内命が勘定奉行牧野備前守から島原藩江戸留守居へ達せられ、おって支配決定ま

で残務を見るべく命ぜらる」

とある。

天草には不穏な空気が漂っていたが、こういうなかにあっても、石本家としては順調に推移しており、文化九（一八一二）年、和歌が次男の勘十郎を生んでいる。長じてのち長崎森家の養子となり、森郊之助（いくのすけ）、その後欽三郎（きんざぶろう）と名乗り、長崎宿老役に就任した人物である。

むろん順調に推移しているとはいっても、「盗難一件」に関して龍左衛門一派はさかんに富岡役所と長崎奉行所に陳情を繰り返していた。長崎奉行所の役人たちが、富岡役所の役人をよんで事情聴取をおこなっているといううわさも流れていた。

長崎代官高木作右衛門とはかねてから昵懇の仲であり、この点では有利であったが、あくまで地役人であり、幕府から派遣された長崎奉行所の役人たちに対する影響力はほとんどない。

石本家にとって、来年が正念場の年になることは、間違いなかった。

■長崎犯科帳■

文化十（一八一三）年になってすぐ、勝之丞の弟熊四郎が、野口文平治の婿養子となった。

二月二十八日に天草の統治権が長崎代官所に移管された。

五月二十五日には長崎代官高木作右衛門は元締の上野昌兵衛、牛島民蔵など総勢十七名とともに茂木から富岡に渡り、翌日から天草郡内を巡視した。

六月二十七日、肥前佐賀藩所領の深堀と野母の遠見番所から異国船到来との報が長崎に伝えられた。出島のオランダ人たちは狂喜したが、来航したのはイギリス船であった。

オランダ商館乗っ取りのため、前長崎オランダ商館長ウィレム・ワルデナールを乗せて来航したのであったが、オランダ商館長ズーフは、断固拒絶して追い返した。

七月には中国船が口之津の早崎に漂着し、空船のため長崎奉行の指示により島原藩が焼却するという事件がおこったが、そのほかは特段のできごともなく石本家においては、平穏無事な時が流れていた。

ところが、七月十八日になって長崎奉行所と富岡役所は、「盗賊一件」に関していきなり行動に出た。関係者一同を一斉に検挙し、身柄を拘束したのである。

勝之丞は長崎で逮捕された。平兵衛も富岡役所によびだされて逮捕された。

長崎県立図書館に「犯科帳」という百四十五冊の古文書が保管されている。一般には「長崎犯科帳」とよばれる。寛文六(一六六六)年から慶応三(一八六七)年までの二百年間の長崎奉行所の判決記録集である。元長崎県立長崎図書館長の森永種夫氏の尽力により、全十一冊にまとめて刊行されたのは、昭和三十六年のことであった。

驚くべきことに、そのなかに石本勝之丞に対する判決文が収録されているのである。先に紹介した御領の郷土史家野口真道氏が発見された。

天草郡御領村勝之丞

酉七月十八日手鎖郷宿預け、戌正月六日内済申談ため帰村の儀願い出につき、日数二十日手鎖のまま帰村。同三月二十四日内済整わざる旨にて罷出につき、元の通り郷宿預け、同五月二十日入牢、同八月二十三日居村払い

右の者所持の土蔵屋根を破り、銭九十五貫文を盗まれたとき、同村の惣八を疑い、その方宅へ呼び寄せ、大庄屋長岡五郎左衛門へ届け出たところ、長岡五郎左衛門は惣八、清八、吉治郎、恵七を親類で元年寄の光之丞、親類で年寄の喜内、寅之助が手荒な取り調べを行ったときに立会い、惣八のほか三名の者どもが無実であることを申し立てたにもかかわらず、恵七より同村の龍左衛門へ盗んだ銭を預けたなど疑い、村役人に任せるべき惣八ほか三名を数日間監禁した。これらは百姓の身分をわきまえず、まさに法外の不届きな行為であるので、居村払いを申し付ける。

しかるべき先例がないため、寛政七年卯正月二十三日大村領浦上村大井手源次郎の例に拠る。

おなじく「長崎犯科帳」には、このほかの関係者一同の判決文も収録されている。

御領村大庄屋の長岡五郎左衛門は、大庄屋職を解かれ、五十日間の謹慎処分を受けた。

勝之丞の妹都恵の婿金子光之丞は、三十日間の手鎖処分を受けた。

山崎幾之丞と野口文平治、礼助、井上文治右衛門は、過料三貫文と七日間の謹慎処分を受けた。

池田寅之助と山崎喜内、次兵衛の三人は取り調べ中に病死した。

以上が石本側の判決である。窃盗の被疑者とされた惣八、清八、吉次郎、恵七及び龍左衛門らに対する判決文も「長崎犯科帳」に収録されている。

窃盗犯と疑われた惣八と清八、吉次郎はいずれも急度叱り——すなわち譴責処分、恵七は市中郷中払——すなわち天草郷からの追放処分であった。首謀者とされた龍左衛門、同人親類貞右衛門、同次左衛門、同次平、同千左衛門らはいずれも構いなし——すなわち無罪とされた。

「長崎犯科帳」に収録されたこれらの判決文を総括すると、石本側が敗訴し、龍左衛門側が勝訴したことがわかる。なかでも、勝之丞に対する処分が他に比べてひときわ重いことが注目される。しかも、奇妙なことに、「長崎犯科帳」のなかに平兵衛の名が見えない。

実は、勝之丞の父平兵衛は、すでに死去していたのである。

この当時、天草では疱瘡（天然痘）が大流行していた。富岡役所において身柄を拘束された平兵衛は、勝之丞が拘束されている長崎に送られたが、文化十一（一八一四）年一月七日に示談のために仮釈放されると、翌日の八日未明に長崎から天草御領にむかった。この間の経緯について、勝之丞自身が書き残した「文化十一戌正月二十四日　父君御亡後拙者執計記　勝之丞控」という文書が残されている。

この記録によると、

「父君は釈放願いを出して、（文化十一年）一月六日に許可を受け、八日未明に長崎を出発し、茂木から乗船されたところ、風波烈しく、いったん海上に出たものの茂木に引き返した。そのとき熱や嘔吐などの症状がでたが、特にひどいということはなかったので、九日に船で御吹方に着かれたところ、長崎表で疱瘡が流行しているので、村方に上陸することができなかった。このため、宝徳丸に乗り移り、港内で船を住居にしていたところ、だんだん熱が上がり、頭痛がひどくなってきた。十一日には疱瘡の兆候が現れ、島原に渡ろうとしたが、逆風が強くて渡海できず、山小屋を手配したが、そもそも山小屋というものは不潔なものと決まっている。このため、風波を押して十二日に口之津に渡海され、辰巳屋の別宅で養生された。宿元から医師の内藤元英老のほか、富岡の太兵衛殿、野口勝左衛門殿、佐伊津村の佐那右衛門、太作倅の吉左衛門、惣吉およびその妻おふく、都合七人が付き添ってお世話をした」

天然痘は、天然痘ウイルスが気道粘膜に侵入することによって発病する。したがって、人から人へ直接感染する。

天草御領で船から下りようとしたが、すでに顔に斑点が現われていたため、村役人たちに上陸を反対され、石本家の持ち船の宝徳丸に乗りかえ、船の矢倉のなかで宿泊し、十二日に風波を押して口之津に渡り、辰巳屋の隠宅——南家に身を寄せている。

辰巳屋の当主は、南喜惣治（みなみきそじ）という。明和八（一七七一）年生まれであるから、このとき四十四歳。島原藩を代表する商人で、藩からは乙名役格としての処遇を受けている。先代を継承して最も難工事といわれた口之津の大屋新田の干拓工事に取り組み、寛政十（一七九八）年に完成させた人物である。このとき松坂屋・石本家は辰巳屋を全面的に支援し、実質的な共同施工者としてこの難工事を完成することができた。以来、石本家と南家の関係は以前にもまして緊密になり、石本平兵衛と南喜惣治は兄弟分のつきあいをしていた。

このようなことで、平兵衛ら辰巳屋の南喜惣治を頼って口之津へ渡海したのである。

しかしながら、平兵衛の容態は悪化する一方である。つづけて勝之丞は記す。

「二月十三日に長崎に火悟蔵が飛船で知らせてくれたので、拙者もまた父君同様帰村の許可がでていたため、その夜長崎を出発し、十四日未明に茂木より乗船し、加津佐まで乗りつけ、四つ半に口之津に到着して父君に会うことができた。養生のようすは報告のとおりで、本物の疱瘡ではなく、元気な様子で、十三日目（二月二十日）は風呂にも入れると医師の七条萬庵老が説明したが、一向に症状が好転せず、結局十三日目には風呂に入ることもできなかった。医師の七条萬庵どのの見立てでは疱瘡ではないといい、二十日ごろには風呂にも入れると医師がいうが、一向によくならない。高齢のために回復が遅れており、やがて快方に向かうであろうといわれたが、もともと不馴れな病気のため、そのようなことであろうとおもっていたところ、次第に容態が悪くなり、ついには疱瘡が体の半分を超え、釈放後十六日目の二十三日の夜八つ（午前二時）（つまり二月二十四日）に亡くなられた」

死の間際、平兵衛は勝之丞にむかって、

「勝之丞、よく聞け。これからの商売は貿易だ。大富豪というのは、必ず唐人貿易と南蛮貿易をやっている。富を築くうえで、最も重要なのは、通商交易である」

と言い残したという。享年五十四。手鎖をつけたままの勝之丞は、父に取りすがって泣くこともできず、ただ号泣するばかりであった。

つづけて、勝之丞は葬儀の次第を書いている。

「取調べ中の身でもあるから、ご遺体を宿元に置いたままというわけにはいかず、規則によって奉行所へ届けなければならない。このため、二十四日九つ半に口之津から乗船し、その日の夕方茂木へ到着し、ただちに太兵衛殿を長崎に派遣したところ、天草郡の郷宿の白石伸右衛門殿――改め首尾平殿から大変お世話いただき、親戚の石本幸四郎殿父子も大層心配なされ、幸四郎殿より奉行所の許可を得たうえで、子息の荘五郎殿が翌二十五日四つ時に風雨を厭わず、御遺体を出迎えるため茂木においでなされた。

七つ時、長崎上筑後町の西派真宗西勝寺（さいしょうじ）の座敷に御遺体を運び入れ、拙者は表向きお上を憚る身なので、夜になって長崎に入り、その夜は西勝寺でお伽をした。

翌二十六日九つ時、西御役所付きの御検使掛種田平四郎と尾形勝太夫殿が西勝寺においでになり、御遺体を確認のうえ手鎖を外されたので、八つ時に入棺し、暮れに葬儀をはじめたが、拙者は遠慮して内焼香だけをおこない、表向きは荘五郎殿子息巳之助殿と荘五郎殿の甥にあたる大津山善八郎殿お二人に、拙者と平八郎二人の代理として焼香してもらった。墓所は荘五郎殿の菩提寺法華宗本蓮寺（ほんれんじ）で、境内に墓地を求めて葬った。葬儀のほかさまざまなことを石本幸四郎殿と白石伸右衛門殿（改め首尾平殿）に世話をしていただき、万事滞りなく終わることができた。石本家最大の危難といえる時に、従来と変わらず弔問に訪れた人々に感謝し、頂戴した香典の一件一件について、丁重に記帳した」

手鎖のまま葬儀を終えた勝之丞は、天草へ渡り、そのまま二カ月間石本屋敷に滞在した。このころ、勝之丞の祖父治兵衛は健在で、和歌は身重であった。お腹のなかにいたのは、この年生まれることになる四男の寛吾である。長じて松坂屋柳川支店の責任者となった人物である。

勝之丞と和歌の間には、すでに長男の勝三郎(八歳)、長女エツ(七歳)、次女ジツ(五歳)、次男勘十郎(三歳)、辰之進(二歳)の五人の子供がいた。

富岡役所から派遣された役人たちは、勝之丞の手鎖を緩めたうえ富岡役所に引き揚げたので、勝之丞はわりと自由に行動することができた。

一月二十六日に父平兵衛の葬儀を済ませた勝之丞は、三月二十四日に再び長崎の郷宿に預けられ、五月八日に長崎の桜町牢に収監された。妹婿の金子光之丞もまた前年の十二月二十一日から一時釈放されて御領村に帰っていたが、四月二日に呼び出しを受け、再び郷宿に預けられ、勝之丞とおなじく五月八日に桜町牢に収監された。

勝之丞と光之丞は、桜町牢のおなじ獄舎に収監された。

■新たな飛躍のはじまり■

三カ月間の刑期を終え、八月二十三日に桜町の牢獄から釈放されたが、その十日後の九月三日に書かれた勝之丞の書簡が残されている。「五カ所宿老合見加役その他出牢後の商売方」というタイトルである。

あて先は不明であるが、天草御領で松坂屋の経営を代行していた腹違いの兄平八郎に送った書簡であろう。

内容は多岐にわたっており、この当時の勝之丞の置かれた状況や彼の思考スタイル、心境にいたるまで、実によくわかる資料となっている。

この書簡のなかには、長崎に着任したばかりの遠山景晋の名もみえる。勝之丞は人名を略して「―印(じるし)」と記載する癖があるが、遠山金四郎を「金印」と書いている。長崎奉行遠山景晋も、通称では金四郎とよばれていた。

勝之丞の書簡によると、この年の二月十七日に長崎本家の石本幸四郎が長崎会所によって「五カ所宿老合見」という新設の役職に任命され、中国・オランダ貿易品の入札・搬送時に立会することとされたが、それに対して唐紅毛取引入札株を有する本商人――五カ所宿老らから反対意見がだされて紛糾していたようである。このため、石本幸四郎は釈放されたばかりの勝之丞に対して、情報の収集と今後の対応などについて相談したらしい。それを受けて勝之丞は、徳園と斉藤という人物を通じ、直接「金印」に働きかけ、情報を取ろうとしている。

これは驚くべきことといわなければならない。長崎奉行所の管轄である桜町牢を出所したばかりの人間が、長崎奉行と直結するルートを保持しているからである。

勝之丞は、すでに長崎における独自の人的ネットワークを張りめぐらしていたとみえる。

いずれにしても、この書簡をみると、幕府、長崎会所、五カ所宿老、大商人、中小零細商人などのそれぞれの立場について、実に明快に論述されており、勝之丞の情報分析・処理能力の高さをしめしている。

さらにこの書簡によると、居村払いを命じられた勝之丞は、当面佐伊津村の祐七という人物の隠居用の家を仮住まいとすることに決める一方で、新しい屋敷――佐伊津新宅の建設用地を物色していることがわかる。

こののち天草における勝之丞の活動拠点となる佐伊津新宅の建設は、文化十一年のこの年に着手され、二年後の文化十三年十一月に完成している。

海岸から十五町（約一・五キロメートル）ほどにある石本家の持ち山を造成し、有明海を一望できる絶景の場所に三階建ての建物がつくられた。

約二万坪という広大な敷地で、天草産の石――島子石の石垣で囲まれ、遠くから見ると、まるで城のようであったという。

敷地内には広大な庭園がつくられ、池には裏山から水路が引かれた。南側の表門は南蛮製の鉄の扉で、門の両脇には警護をかねた従業員用の長屋がつくられ、母屋のまわりには五棟の土蔵がつくられた。母屋の敷地は五百坪、建坪は三百坪で、三階建てであった。内部には書院づくりの部屋と大広間もあり、応接間には中国製の分厚い天津織――ダンツ――が敷かれ、イタリア製の大理石のテーブルに金銀で飾られた応接セットなども置かれたという。壁には黒檀や紫檀の飾り棚も備えつけられていた。

居村払いの鬱憤を晴らすかのように、贅の限りを尽くした建物であった。大工は京都の宮大工を招き、材木は人吉産のヒノキを選んだという。

文化十一年は、父を亡くし、みずからは長崎桜町の牢に収監されるなど、勝之丞にとってはまさに危難の年であった。

くわえて、その年の十一月二十三日には、祖父の治兵衛が没した。九十三歳という高齢であり、眠るがごとき大往生であった。法名は「泰徳院釈教春居士」。

この間、妻の和歌は、三年つづけて六人目の子供――四男の寛吾を生んだ。

天草御領においては、居村払いを受けた勝之丞に代わって、兄の平八郎と野口家の養子となった弟の熊四郎が松坂屋の商売を継続していた。

勝之丞は松坂屋の事業全体を統括することにしたが、佐伊津新宅が完成するまでは、やはり実質的な事業の拠点は長崎に置かざるを得なかった。

とはいえ、長崎の石本本家・阿部屋の軒先を借りて商売をおこなうことについては、何かと支障がではじめていた。

勝之丞と石本本家との関係は他家もうらやむほど親密なものであったが、そうであるがゆえに無用の摩擦を生じるわけにはいかなかった。勝之丞は、独立した松坂屋の店舗を長崎に開くことにした。

勝之丞が長崎本家の石本幸四郎にそう打ち明けたところ、たちまち了承してくれた。幸四郎は勝之丞の才覚を誰よりも認めていた。

本家の了解を得た勝之丞は、平戸町や大村町あたりの一等地に的をしぼって店舗を探しはじめた。

このころの松坂屋は、「盗難一件」の後遺症によって、経営全般にさまざまな悪影響がでており、財務内容も悪化していた。

「唐紅毛取引入札株」（中国・オランダ貿易の入札資格）取得の根回しも、もう一歩というところで頓挫していた。

ここ数年オランダ船は一隻も入航せず、中国貿易しかおこなわれていなかったが、松坂屋は大坂商人の伊勢屋と堺商人の高砂屋の名義を借りて入札に参加していた。しかしながら、その手続きが煩雑で、名義料負担も馬鹿にならない。このため、勝之丞は「唐紅毛取引入札株」の取得にむけた根回しを再開することにした。

また、勝之丞は経営全般について総点検をおこない、事業を整理しつつ、当面の利益を着実に確保する方針を打ち出した。

松坂屋の商取引のエリアは、天草・久留米・熊本・佐賀・島原・長崎・唐津・博多・下関・玉島、尾道、大坂など九州・西日本地域である。

勝之丞は西日本・九州地域の需給バランスを緻密に分析し、九州で安く仕入れた商品を瀬戸内海・大坂に運んで高値で売りつけ、帰りの船には九州の需要に合うようなさまざまな商品を満載して九州で売りさばいた。

江戸期において、船をもちいて物資の供給地と消費地（需要地）との広域的商取引をおこなうことを「廻船業」という。

松坂屋の持船は、十二隻である。そのうち、廻船業をおこなう主力船――いわゆる千石船は、順徳丸、幸徳丸、来福丸、宝徳丸、大徳丸の五隻で、勝之丞の直接的な指揮下に置かれていた。もともと米千石を積載できる船を千石船と称したが、いつのころからか、大型の弁才船のことを千石船とよぶようになっていた。弁才船とは、江戸期における代表的な和船の型式で、船底材の先に船首材をつけ、後ろに幅広の戸立てをつけ、三段の外板などを組み合わせ、四角帆一枚を用いるものである。帆走性能に優れ、操作のための乗組員も少数で済む。

このころ松坂屋が保有していた主力船の積載容量は、乗組員の数などからみて、いずれも千石未満の規模であったようである。

たとえば、幸徳丸は五百石積十八反帆の弁才船であった。船の長さは二十二間（約四〇メートル）、肩幅十三間（約二四メートル）の中型船で、船頭以下、賄一人、水主七人と炊一人、計十人の乗組員が乗り込んでいた。

賄とは、帳簿の記帳や仕切書の発行、金銭の出納など船にかかわる事務全般をつかさどる、いわば事務局長のような役職である。

水主とは、一般の乗組員のことで、炊とは、炊事・雑用全般を受け持つ見習のことである。数年間修行したのちに、はじめて一人前の水主とみなされる。

以上の持船のほか、物資を運搬するための運搬船として、須徳丸、中飛丸、小飛丸などの中小の船船を保有していた。

これらの松坂屋の船は、天草の伝統的な「間切り航法」によって、風上にむかってほぼまっすぐ進むことができる。オランダ船からヒントを得て、補助用の小さな帆を用いていたともいわれる。

勝之丞はこのような持船を駆使し、ときには傭船を調達しながら、商品を迅速かつ効率的に流通させ、着実に利益を累増させていった。

文化十一年は石本家にとって悲劇の年であったが、勝之丞が自在にその商才を発揮できる環境が整ったという面においては、新たな飛躍の年のはじまりであったともいえよう。

三　躍進

一八一四年から一八一九年まで

■唐津藩主水野忠邦■

文化十一（一八一四）年のこの年、勝之丞のもとに思いもかけぬ客が来訪した。

その客とは、唐津藩の勘定奉行吉村弥左衛門という人物であった。

石本本家・阿部屋の奥座敷で応対すると、吉村弥左衛門は横柄な口調ながらも、唐津藩の財政窮乏について縷々説明をしたうえで、勝之丞に対して資金融資もしくは年貢米五万石の買い上げを申し入れた。初対面での短兵急な申し出である。勝之丞は、瞬時に反応した。現代風にいえば、

――ビジネスチャンスの到来！

というようなものであったろう。これまで唐津商人との個別の取引はあったが、唐津藩そのものとの取引はまったくなかった。

勝之丞はただちに早駕籠を雇い、吉村弥左衛門とともに唐津へむかった。そして、勝之丞は唐津城において若き藩主――水野忠邦とはじめて対面した。このとき勝之丞二十八歳、水野忠邦二十一歳。

勝之丞の運命を決定づけた出会いであった。

戦国時代、三河刈谷（かりや）城（愛知県刈谷市）を拠点とする水野忠政という織田方の武将は、それまで対立していた松平広忠なる武将に、和睦の印として娘のお大（伝通院）を嫁がせた。これが大きな幸運を引き寄せた。お大から生まれた子は竹千代といい、のちに天下を平定した。――すなわち徳川家康である。

このことによって、水野家は徳川家の「御外戚」——家康の生母の実家という格別の家柄として、譜代大名に列せられることになった。

水野忠政の子は忠守といい、孫は忠元といった。水野家は、この忠元を初代とする。忠元は二代将軍徳川秀忠に仕え、老中に昇進した。

その子の第二代忠善の時代に、三河岡崎藩主となった。岡崎は、名古屋の尾張徳川家の押さえとして、戦略上きわめて重要な位置を占めている。

第三代忠春、第四代忠盈（ただみつ）を経て、第五代を継いだのは、忠盈の弟忠之である。同族で旗本の水野忠近の養子にだされていたが、忠盈の死後呼びもどされ、岡崎藩主となった。忠之は昇進をつづけ、享保二(一七一七)年九月に老中に昇りつめた。八代将軍徳川吉宗の時代である。忠之は享保七（一七二二）年には幕府財政を所管する勝手掛老中に任命され、いわゆる「享保の改革」の推進役の一人となった。

しかしながら、飢饉や米価の暴落などのために、幕府の財政はふたたび悪化し、享保十五（一七三〇）年六月に忠之は老中職を解かれた。

第六代は忠輝といい、第七代は忠辰（ただとき）といった。そして、宝暦十二(一七六二)年九月、第八代忠任（ただとう）のとき、岡崎から唐津への転封を命じられたのである。

岡崎の水野氏は唐津へ移り、唐津の土井氏は古河へ移り、古河の松平氏は岡崎に移る。いわゆる「三方領地替」である。松平氏の西丸老中への昇進と土井氏の寺社奉行への昇進を見すえての措置といわれ、水野氏の唐津移転はその穴埋めのための人事であった。このころ水野家では藩政運営をめぐって内紛が生じており、それが幕府に聞こえて懲罰を受けたらしい。

唐津藩は長崎に近いため、長崎奉行を補佐して異国船警固にあたる責任があり、このため唐津藩主は幕府の要職につくことはできないこととされていた。かつて老中をだした由緒ある水野家にとって、これは屈辱的な左遷人事であった。

しかも、岡崎から唐津への移動には、莫大な経費がかかる。金策に苦しんだ水野家は大坂の豪商から一万両を借り入れして急場をしのいだ。

水野家の財政は岡崎時代から悪化していたが、唐津からの参勤交代経費の増加によって、毎年五千両もの赤字が累増されていく。

第八代忠任は節倹令を布告し、領民に対する徴税を強化したが、明和八（一七七一）年七月に「明和の大一揆」が勃発し、藩政改革はあえなく頓挫してしまった。

跡を継いだ第九代忠鼎（ただかね）は、三十年にわたり藩主を務めたが、藩財政は悪化するばかりであった。しかも、安永八（一七七九）年に奏者番（そうじゃばん）を拝命し、それはそれで水野家にとっては久方ぶりの栄誉であったが、そのために出費が増え、藩財政はさらに悪化した。

このため、忠鼎は二本松大炊（にほんまつおおい）を勝手方家老に登用し、藩政改革の全権を委ねたが、期待した成果をあげることができなかった。

文化二（一八〇五）年忠鼎は隠居し、忠光が三十五歳で唐津藩主となった。

藩主となった忠光は忠鼎と異なり、気性の激しい人物であった。

文化三年に唐津に初入部するや、直接藩政に関与する姿勢をしめした。それに対して二本松大炊は、家老たちの評議による藩政運営の継続を強く主張して対立したが、忠光はそれを突っぱね、二本松大炊を罷免した。

しかしながら、藩財政は一向に好転しない。かねて病弱でもあり、また藩政改革に疲れ果てた忠光は、藩主に就任して七年後の文化九（一八一二）年八月、四十二歳の若さで隠居し、十九歳の水野忠邦に放り投げるように家督を譲った。

こうして、唐津藩主水野忠邦が誕生したのである。


水野忠邦は寛政六（一七九四）年生まれであるから、平兵衛より七歳年下である。

父忠光と恂（じゅん）という側室の間に生まれた。その前年、正室の勝子が嫡男の芳丸を生んでいた。本来であれば他家に養子に出されるか、部屋住みのまま生涯を終える運命であったが、芳丸が四歳で病没したため、忠邦に跡取りの座が転がり込んできたのである。

忠邦が唐津に初入部のため江戸を出発したのは、文化十一（一八一四）年三月十五日のことである。二十一歳であった。このころ父の忠光は重病の床についていた。

忠邦が江戸を出発して二週間後、三月末日に忠光は死去した。大坂で父の死を知ったものの、忠邦はそのまま唐津にむかった。江戸に引き返せば、膨大な出費を伴う。水野家にそのような余裕はなかった。

唐津に着任した忠邦が着手したのは、藩士の家禄の縮減である。藩主としての衣服料五百両とお手元金三百両があったが、これについても大幅に節減し、それを藩庫にまわした。役所の諸経費も極力節減し、藩士一同に対して経費の節約と風紀の向上を命じた。

それでも、唐津藩の財政は惨憺たる状況であった。

大坂の住友などの豪商から膨大な借金をしているため、この返済期限が容赦なく到来する。このままでは、この年の暮れの返済も困難であろう。

藩士たちは長い窮乏生活のなかで、将来への希望をまったくなくしていた。

とにかく秋に収穫した年貢米を売りさばくことが先決であった。しかしながら、従来どおり大坂の商人に委ねれば、結局において過去の債務と相殺されるだけで、入手できる現金はわずかでしかない。

はたして、九州という辺鄙な場所にそのような商人がいるのか。

水野忠邦は自分のアイデアに確信を持てぬまま、勘定奉行の吉村弥左衛門を呼び出し、そこではじめて天草の石本勝之丞という新進気鋭の商人のことを知ったのである。

さっそく吉村弥左衛門を長崎に派遣したところ、打てば響くように、石本勝之丞が唐津にやってきた。

唐津城の謁見の間で、水野忠邦と石本勝之丞は対面した。その場で、勝之丞は唐津藩の年貢米五万石の引き受けを確約した。唐津藩から提示された米価は法外なものであったが、唐津藩に参入できれば、いくらでも利益は出る。

破格の申し出をおこなって契約を獲得し、長い時間をかけて利益を回収していくやり方は現代の商法でもよくあることである。勝之丞は唐津藩に食い込むため、平然と先行投資をおこなったのである。

■水野忠邦の野望■

文化十二(一八一五)年になっても、日照りなどによって天草の食糧事情は好転しなかった。勝之丞は、この年もまた、天草の窮民のために支援をおこなっている。「石本家年譜」[8]には、

「御領村、益田村、佐伊津村、広瀬村、湯船原村の作柄が悪く、難渋の百姓が年貢銀に差し支え、夫食の手当てもないので、年貢銀を皆済させ、夫食の手当ても致させ救済した」

とある。

五月には阿蘇山が噴火し、天草では七月のはじめには大雨が降りつづいたものの、七月下旬からはまったく雨が降らなくなり、村々では雨乞いの儀式などがおこなわれた。ところが八月中旬になると一転して大雨が降りつづき、農作物に甚大な影響をあたえた。

いつまでたっても天草の農民の暮し向きは好転しない。窮乏した農民たちに高利の金を貸し付けて暴利を貪る銀主らを取り締まるため「高利貸取締令」が公布されたが、まったく効果はなかった。むろん、銀主の一人である勝之丞も天草の農民たちの求めに応じて積極的に融資をおこない、田畑を質物として受け取ったが、法令の定めるとおりほぼ年利一割で融資をおこなったので、このときもまた松坂屋が農民たちの怨嗟の対象となることはなかった。

十月七日になって、大庄屋を罷免された長岡五郎左衛門が六十七歳で死去した。法名は「実相庵法眼慈海包含居士」。略歴には、「寛延二（一七四九）年六月二日に生まれ、明和七年二月苗字御免、寛政八年九月十一日帯刀御免」とあるが、文化三年の盗賊一件の不手際によって大庄屋役を罷免され、その後死ぬまで家督の五郎三郎への大庄屋役の承継に奔走していた。しかしながら、五郎三郎は大庄屋見習のままで、大庄屋への復活はいまだ実現していなかった。

この当時、長崎のオランダ貿易は不振を極めていた。オランダ船は文化六（一八〇九）年以来、文化十二年のこの年までの六年間、一隻も来航していなかった。出島のオランダ商館にはズーフ商館長以下六名のオランダ人が滞在するだけであったが、彼らは交易品が到着しないために窮乏し、長崎奉行所や長崎会所の援助によって生活を維持するのが精一杯であった。

このようななか、ズーフ商館長は暇つぶしのためもあって、吉雄権之助らオランダ通詞らとともに「蘭日辞書」の編纂作業をつづけていた。この「蘭日辞書」はこの翌年に完成して幕府に献上されたが、ズーフ商館長にちなんで『ズーフ・ハルマ』とよばれる。

長崎には九州諸藩の蔵屋敷があり、長崎駐在員のことを「聞役（ききやく）」といった。「聞番（ききばん）」ともいう。福岡藩・柳川藩の蔵屋敷は浦五嶋町にあり、佐賀藩・熊本藩・平戸藩・島原藩は大黒町、対馬藩は築町、小倉藩・長州藩は新町、薩摩藩・久留米藩・五島藩は西浜町、唐津藩は東中町、大村藩は西中町にそれぞれ蔵屋敷を構えていた。

薩摩藩といえば、五年前の文化七年から、長崎において琉球産物の販売を許されている。

もともと薩摩藩は、慶長十四（一六〇九）年の島津家久による琉球征服以来、幕府公認の琉球貿易をおこなっていた。薩摩の支配を受けていたものの、形式上は琉球王朝が継承され、徳川幕府に対して慶賀使と恩謝使を派遣し、中国清朝からは冊封使を受け、福州へ船を出して朝貢貿易をつづけていた。

薩摩はこのような琉球の両属性を利用して、琉球を通じて唐人貿易をおこなっていた。

薩摩としてはこれらの交易品を日本国内で自由に販売したかったが、徳川幕府によって厳しく制限されていた。輸入された唐物は、あくまで薩摩藩内の消費にまわすべきものとされ、他国への売りさばきは禁止されていた。

例外的に元禄二（一六八九）年以来、白糸と紗綾（さや）の二品にかぎって藩外での販売を許されたが、薩摩藩は不満を持ちつづけていた。

枠を拡大して他の物産についても販売をおこなえば、大きな利潤を獲得できることは明らかである。

薩摩藩は幕府に対して枠拡大の要望をおこなったが、先例を簡単に変える幕府ではない。

他方で薩摩の密貿易は、公然たる秘密であった。

幕府は再三にわたって薩摩藩に警告をおこない、しばしば薩摩の密貿易の被疑者を摘発しようとしたが、薩摩藩はさまざまな手段を弄して捜査を妨害した。

それどころか、享和二（一八〇二）年と文化四（一八〇七）年に二品以外の貿易を幕府に陳情した。幕府はそのつど却下したが、薩摩藩はあきらめず、唐物八品目——薄紙・五色唐紙・鉛・羊毛織・丹通・緞子・猩燕脂・花紺青——の販売について、一年でわずか四十貫分の取引で、期間も三カ年の期間限定での試験販売でさしつかえない、長崎会所には手数料も支払うし、もし問題があれば三年のうち中途でとりやめても構わない、これは薩摩の私利を計るものではなく、あくまでも琉球国を救済するためである、などと粘っこく幕府の役人をかき口説いたらしい。

幕府内では薩摩藩の口説き文句を信用する者はほとんどいなかったが、「琉球国の救済」という大義名分がおもわぬ効果を発揮した。

琉球の人民が困窮し、外国に蹂躙されれば、日本本国も危険である、したがって、国益にも合致する、というような意見が幕閣内で大勢を占めるようになった。

この結果、薩摩藩は唐物八品目の販売許可を獲得することができたが、長崎会所の厳格な入札システムのなかで販売することについては、痛しかゆしの結果であった。薩摩藩としては、幕府の許可を隠れ蓑にして、公然と大量の唐物を国内で流通させて、大きな利潤をあげることが究極の狙いであった。自由に販売することができなければ、何のために幕府の許可を得たかわからない。

しかしながら、幕府としては安定した国家体制を維持するため、薩摩藩によって輸入された唐物が国内に流通し、薩摩藩を利することになるのを極度に警戒していた。長崎会所としても、薩摩藩の密輸入品の流通によって商品価格が暴落することがしばしばあり、商品経済市場の安定という面からみても、薩摩藩を長崎会所の支配下に置いておくことはきわめて重要であった。

いずれにしろ、薩摩藩は次の手を模索しているらしく、長崎駐在の聞役と薩摩から出張してきた藩の役人たちがしばしば会合をおこなっているという。

勝之丞は唐津藩の水野忠邦と会見して、唐津藩政のなかに食い込むことができたが、一方で薩摩と琉球の豊富な資源と唐人貿易の利権に対してもかねてから大いに関心を持っていた。しかしながら、長崎会所で取り扱うことのできる琉球唐物の規模もわずかで、品質も悪く、いまのところうまみはない。ただし、状況が変われば大きな商売ができるかもしれないと考えていた。

この年の十一月十五日、水野忠邦が二十二歳という若さで、幕府の奏者番に任命された。

奏者番とは、大名・旗本などが将軍にお目見えする際などに取り次ぎをおこない、姓名・階級勲位などを奏上し、将軍への贈上品の披露や将軍からの下賜品を伝達する役職で、政治的な権限はほとんどなかったが、寺社奉行と並んで、幕閣内で昇進するためには一度は経験すべき役職とされていた。

むろん、勝之丞から受けた献金などを元手に、種々画策した結果であったろう。

ただし、奏者番に就任しても、家臣のなかから小姓役など定められた役職者を任命しなければならず、当然のことながら出費がかさむ。

奏者番という儀礼的な役職には、幕閣や諸大名に顔が売れるということのほかは、経済的なメリットは何一つなかった。

しかも唐津藩の財政はますます悪化していた。藩士の家禄を縮減するなど、藩の赤字幅を縮減するための努力をおこなったが、貧乏に耐えかねて、唐津藩から出奔する藩士もいた。

重臣たちは、水野忠邦にこれ以上の昇進をあきらめるよう迫った。とりわけ強硬に主張したのは、家老の二本松大炊である。このとき五十八歳。彼は重臣らによる合議制の体制を好み、増税と節約を基本にする伝統的保守派であった。

二本松大炊は、藩士の士気を高めるため、先に実施した家禄の縮減を元にもどすことが急務の課題であると主張した。

それでも、水野忠邦は幕閣内での昇進をあきらめるつもりはなかった。老中になって天下の政治を担うという大きな志を捨てるわけにはいかなかった。水野忠邦は重臣らに相談することなく、ひそかに江戸屋敷の手の者と連絡を交わしながら、昇進のためのさまざまな運動をつづけた。唐津城内での生活資金をぎりぎりまで抑えて運動資金を捻出し、ひそかに江戸屋敷に送金した。

ただし、唐津藩の財政逼迫に対処するため、農民に重税を課し、増産を奨励するという点においては、水野忠邦と二本松大炊ら重臣と間で意見は一致していた。

水野忠邦は、唐津藩の特産品である唐津焼を増産し、その販売収入を増やすための方策を勝之丞に依頼した。

唐津焼は、古くから「一楽二萩三唐津」として、その質朴さと独特の渋みは、茶道の世界で高い評価を受けている。松浦党に属する岸岳(きしだけ)城主の波多氏の庇護のもと、食器や甕などの日用雑貨を焼いたことにはじまるといわれているが、すでにこのころから地理的に近い朝鮮半島の影響を受けて、「割竹式登窯」を使用していた。

豊臣秀吉の朝鮮出兵に際し、鍋島、島津、立花などの諸大名は多くの朝鮮陶工たちを連れ帰ったが、唐津焼においても、朝鮮陶工の技法を取り入れ、「叩き作り」や足を使う「蹴りロクロ」が伝統的な技法となった。

江戸時代の初期には、唐津藩のみならず佐賀藩でも焼かれたが、窯元の乱立と薪の濫伐などによって生産が停滞し、さらには有田焼の磁器に押されて、多くの窯元が衰退し、一般への流通は絶えて、幕府への献上品など唐津藩公用の贈答品をつくる「御用窯」が残るのみであった。

有田焼もまた、朝鮮の陶工李参平が起こしたもので、当初は唐津焼の窯を利用して磁器の試し焼きをおこなっていたが、有田の泉山で見つかった良質の陶石を用いるようになって、飛躍的に品質が高まり、流通規模も拡大した。

江戸時代の有田焼は、一般的には「古伊万里」と称されるが、江戸初期には中国製品をまねた絵柄を施して、長崎から輸出されるようになり、十七世紀後半に生産がはじまったいわゆる柿右衛門様式――白色地に赤を主調とした絵画的な図柄の磁器は、最高級品として長崎から輸出された。

こうして十七世紀後半から十八世紀にかけて最盛期を迎えた有田焼であったが、中国における明末清初期の大動乱が沈静化し、景徳鎮（江西省）での磁器生産が回復するにつれて厳しい価格競争に晒されることとなり、また、幕府が正徳五（一七一五）年に「正徳新令」を制定して貿易の総量規制をおこなったことから、重量・体積の大きい陶磁器類が交易品目から外されることが多くなり、最終的には宝暦七（一七五七）年にオランダ東インド会社との取引が停止され、以降は日本国内向けの製品としてのみ生産されていた。

水野忠邦は唐津焼の窯元を増やし、品質を高めて国内での流通を増やし、長崎における貿易品として、中国・オランダへ輸出しようと考えたのである。

勝之丞は唐津焼の復興のため、陶工たちを励ましてさまざまな工夫をおこない、長崎において本格的な取引を開始したのは、このときから三年後のことであり、水野忠邦が浜松に移った後のことであったという。

とにもかくにも、水野忠邦は幕府の中枢で政治的権力を存分に奮うことのできる役職――老中こそ譜代大名としての自分にふさわしい究極の役職と考えていた。この役職を得るためには、なりふり構わぬ工作をおこなうつもりであった。

知恵も学問もあり家格もある。水野忠邦には大いなる自負心があった。水野家初代の水野忠元、第五代水野忠之が老中に昇りつめたという確かな前例がある。

幕府の大老、老中、勘定奉行などの要職は、もとより外様大名は就任することができない。譜代大名であっても、藩政上深刻な問題を抱え、財政上あまりにも窮迫していれば、藩主としての資質に問題ありとされ、幕府の重要な役職に就くことはできない。

水野忠邦にとって、最大の障壁は金である。幕府の要職を得るためには、金をばらまかねばならない。この当時、賄賂のやり取りは半ば常識であった。

もちろん、職務に関して賄賂を収受することはれっきとした犯罪行為ではあったが、中元、歳暮、年始などの時候のあいさつや病気見舞い、出産祝いなどに事寄せておこなわれる贈答品のやりとりなどは、「武家諸法度」にも「簡略たるべし」とされているのみで、どこまでが簡略かどうかについて外形的に見分けることはできない。しかも、一定の役職者が部下や出入りの商人などから金品を贈られることは、「役得」として社会的に許された行為であった。

本人または使いの者が堂々と相手方の家の玄関先まで持参し、金品や目録を差し出すと、応対した取次の者も当たり前のように受領し主人に報告する。

千両箱であっても、偽装を施せば通常の贈答品と見分けはつかない。贈賄側と収賄側が結託すれば、金品の受け渡しの方法はいくらでもあった。

この当時、目付になるには千両、長崎奉行になるには二千両が相場といわれており、老中ともなると一万両を超える運動費が必要といわれていた。

ところが、奏者番に就任するために資金を使い果たしてしまい、今後幕府のなかで昇進し、老中職を獲得するために必要な莫大な運動費を捻出することは、唐津藩財政の危機的状況からみてほとんど不可能であった。

水野忠邦は前途に広がる洋々たる未来が、金銭という世俗的なものによって閉ざされてしまうことが耐えられなかった。

その年の暮れ、水野忠邦は十数名の供を引き連れて長崎を訪れた。連絡を受けた勝之丞は、石本幸四郎・荘五郎父子に委細を話し、水野忠邦一行の出迎えのための準備をおこなった。

準備万端整ったところへ、侍十数名に警護されて水野忠邦一行が阿部屋に到着した。六万石とはいえ、れっきとした譜代大名である。しかも、水野忠邦は英明の藩主として聞こえていた。駕籠からおりた水野忠邦は、堂々とした態度で阿部屋の暖簾をくぐった。

勝之丞らは水野忠邦を奥の応接間に案内した。勝之丞とともに、本家の石本幸四郎・荘五郎親子も平伏してあいさつした。一通りあいさつが終わると、水野忠邦は人払いを命じ、勝之丞と二人だけになり、老中首座の松平信明（のぶあきら）（一七六三―一八一七）から出府要請が届いたことを打ち明けた。

松平信明は「寛政の改革」を指揮した松平定信（一七五三―一八二九）の信頼厚かった人物である。松平定信は、徳川吉宗（一六八四―一七五一）の「享保の改革」を理想に、天明七（一七八七）年から寛政五（一七九三）年にかけて幕政改革をおこない、田沼意次（一七一九―八八）の進めた重商主義政策から重農主義政策に転換し、統制経済、質素倹約、思想統制などの厳しい統制政策を推し進めたが、そのため民衆の反発を買って退陣に追い込まれた。しかしながら、松平信明らは松平定信の緊縮路線を継承し、「寛政の遺老」として幕府のなかで隠然たる地位を保持しつづけていた。

松平信明の出府要請は、水野忠邦の昇進に関して何らかの沙汰が下される可能性をしめしている。とすれば、多額の運動費が必要となる。

水野忠邦は資金提供を依頼するため長崎を訪問したのであった。このとき水野忠邦は、資金提供の見返りに、「幕府勘定所御用達」という餌を投げたという。幕府の御用商人のことであり、大坂の鴻池や三井、住友など全国でも名だたる大商人でなければ就任することはできなかった。常識的に考えれば、天草・長崎の地方商人がそのような大看板を掲げることは不可能であったが、水野忠邦は本気で老中を狙っている野心家であった。資金さえ融通してやれば、水野忠邦の昇格する確率は非常に高い。そうすれば、松坂屋も幕府の莫大な利権を獲得できるにちがいなかった。

ここにおいて、両者の利害が一致した。

こののち水野忠邦の要請に対して、勝之丞がどれほどの金額を融資したのかつまびらかではないが、このののちの両者の緊密な関係を考えると、かなりの額にのぼったことだけはまちがいない。

■「大楠新田」の開発■

文化十三（一八一六）年になった。勝之丞三十歳。

この年、勝之丞は天草郡大浦村、楠甫（くすぼ）村地先干潟約六十町歩の干拓工事――「大楠新田」の開発に着手している。

天草上島の北東部にあり、有明海に面し、楠甫川の河口から海岸部にかけて広大な低湿地が広がっている。現在の行政区域は、熊本県天草市である。

勝之丞にとって、干拓工事もまた商売の柱の一つである。耕地面積の狭い天草では、海を田畑に変えてしまう干拓工事を待望する声は根強いものがあるが、資金確保の難しさのゆえに話だけで終わることが多い。

ところが、勝之丞のやり口は、村への資金融資の話からはじまる。村は最大の課題である資金調達を、石本家の融資によって楽々と解消することができる。融資には元利償還の義務が伴うが、造成された干拓地から得られる米で償還すればいい。

しかも、松坂屋・石本家の干拓工事は、オランダ式の最新鋭の土木技術を応用している。勝之丞が長崎で学び、それをもとに表之十（おもてのじゅう）という工事責任者が技術開発した工法であった。同業者の間では、「石本式工法」ともよばれている。

完成後には、村に融資した資金について、村から長期的に無理なく回収することができた。

これまでも「島原大変」による復旧工事や口之津の干拓工事など、島原で多くの実績をあげ、大楠地域においてもかつて「本郷古新田」の開発に成功していたが、今回の大楠新田開発は、かつてないほどの大規模な干拓工事であった。深泥の潟地であるため、難工事となることが予想されたが、これまでに蓄積した技術力で克服できるであろう。

勝之丞は、松坂屋の総力をあげて大楠新田工事に挑戦することとした。

このころの松坂屋の商売は順調に拡大をつづけていた。いや、秀村選三氏の「石本家の経営形態に関する一考察」[7]によれば、文化後年——すなわち、文化年間の後半には、「石本家の経営は順調な発展を示したというより、むしろ異常な膨張をなしていたと考えられる」というように、急激な成長をつづけていたのである。

その原動力が、勝之丞であることはいうまでもない。

この年の十一月、三年前に着工した佐伊津村の新宅が、やっとのことで完成した。

石本家の人々および松坂屋の従業員たちは、「佐伊津新宅」とよんだ。

海岸から十五町(約一・五キロメートル)くらいの小高い丘の上にあり、有明海を一望できる絶景の場所にあった。広大な日本式庭園もつくり、裏山から水路を引いて池に通した。南側に南蛮製の鉄扉で表門をつくり、その脇には警護をかねて下男長屋をつくった。裏門は北側で、水路を跨いで石橋をかけた。

敷地全体としては約二万坪あり、天草産の石——島子石の石垣で囲った。遠くから見ると、まるで城のようである。木材は肥後の人吉藩より払い下げを受けた桧の大木で、節のないものを選別したうえで、木挽たちが毎日八寸角に挽いて木材をつくった。大黒柱は二尺角の大木である。

大工・左官などの職人は、すべて京都から招いた。大工はむろん腕のいい宮大工で、江戸の大名の上屋敷を真似た設計であった。

母屋の敷地は五百坪(一六〇〇平方メートル)、建坪は三百坪で、二階建ての母屋のなかには書院づくりの部屋と大広間もあり、欄間は桐の大木でつくられ、凝った彫刻が施されていた。応接間には、中国製の分厚い天津織――ダンツーが敷かれ、イタリア製の大理石のテーブルに金銀で飾られた応接セットがあり、壁には黒檀や紫檀の飾り棚も備えられていた。五棟の土蔵にはおびただしい中国商品、南蛮商品が納められていた。

居村払いを受けて佐伊津村にやむなく移転せざるをえなくなったため、心機一転、金に糸目をつけずに広大な新宅をつくったものの、あまりにも豪華すぎて、これはこれで物議をかもすかもしれない、と勝之丞は少しばかり後悔したほどである。

このため、完成した日は兄弟姉妹や親戚など内輪の者だけをよんで、質素な新築祝いをおこない、村人たちへの披露宴はとりやめた。

このころ、御領村の石本本家で勝之丞の長男勝三郎の後見人という形で経営の一翼を担っていた兄の平八郎が病床に伏してしまい、本家の運営に支障が出始めていた。

文化十四（一八一七）年一月、勝之丞は病床の平八郎と弟の熊四郎に相談して、松坂屋の元締や手代たちに次のような方針をしめした。

元締は支配人または番頭のことで、手代とは番頭に準じる従業員のことである。この当時の元締・手代について、「石本家文書」のなかの「家内取締書」（文化十四年）に名簿があり、太兵衛、利兵衛、誠五郎、卯三郎、長蔵、須次、益次郎などがいたことが記されている。

「石本家は近年難渋いたしており、毎年出費がかさみ、このままでは松坂屋の永続は困難である。このため、諸事倹約いたし、貸方・年季買入地の新規買入れを禁止し、山林は立木売方見合わせ、従来の商売（生蝋、晒蝋、綿、酒造、醤油、店売品、廻船）以外の新規の計画を見合わせることを通達する」

本家における無用なコストを削減し、新規の貸付や土地の買入れ、山林の売却、継続事業のみおこない、新規事業をとりやめることとした。

こののちも兄の平八郎の病気は回復しない。本家の業績がますます悪化した。このため、この年の七月、勝之丞は追加的な措置を通達した。

「この十年出費多く、文化十四年御領村の本宅が閉鎖状態に陥ったため、極力出費を抑制し、商売は各出店でおこなっているが、無用の出費について六月中取り調べをおこなったところ、本家で商品生産、取引、廻船などの多角的な商売に無用の経費がかかっていることがわかった。このため、本宅では商売を一切とりやめるつもりである。また、平八郎全快までは本家の業務は誠五郎に任せることとする」

「本家無商売の原則」といわれるものであるが、これは平八郎の病気によって御領本宅が機能不全に陥ったため、本家の商売を縮小し、佐伊津新宅の機能強化を図ったものであった。

つづいて、勝之丞は松坂屋の所掌を定めた。

まず、御領村の本家については、年貢の取り立てなどにしぼり、本家所有の船舶についても運搬船として使用させるだけで、廻船業を営むことを禁止した。

それに引き換え、佐伊津新宅の勝之丞の所掌については大幅に拡充した。貿易・商取引の中心地である長崎と島原や球磨など広域的な商取引全般を所管し、当面の懸案である大楠新田の開発を指揮し、綿売買の統括、松坂屋の主力船である大徳丸・新小飛丸による廻船業の采配など、松坂屋の中枢的業務をつかさどることとし、勝之丞を補佐する者を増員した。また、櫨の生産について、その分野に精通した熊四郎に担当させ、山林や土地の買入れについて抑制する方針を打ち出すとともに、佐伊津新宅に独自の融資権限を持たせた。

そして、松坂屋全体の決算について、毎年一月十日までに集約することとし、各部門の担当が責任をもって業務を遂行すべきこととした。

この勝之丞の通達は、本家（平八郎・勝三郎）、御領新宅（熊四郎）、長崎出店（勝之丞・石本本家）との役割分担および部門ごとの責任体制を明確にしつつ、佐伊津新宅に本社機能を集中しようとするものであった。

このように、御領本家の権限を縮小し、松坂屋の経営権を佐伊津新宅の平兵衛に集中させ、長崎においては長崎支店の開設と中国・オランダ貿易への参入に向けた動きを加速させていたが、そのような平兵衛を終始支援しつづけたのは、長崎石本本家であった。

この長崎石本本家は、代々豊後岡藩の御用商人を務めている。

岡藩の初代藩主中川秀成（一五七〇―一六一二）は、もと播州三木（兵庫県三木市）四万石の城主であった。

文禄元（一五九二）年の「文禄の役」に際し、中川秀成は手兵を率いて播州から出陣したが、そのとき朝鮮との海上輸送を担ったのが、壱岐を拠点にしていた石本家先祖の石本庄左衛門（了雲）であった。

文禄三（一五九四）年二月、中川秀成は秀吉から岡城の城主に任じられた。志賀一族が、二百六十年にわたり拠点としていた城である。石高は六万六千石であった。

着任した中川秀成は、岡城を西のほうに移し、天神山の一角を整備して新たに城を築いた。これが現在の本丸跡である。

慶長二（一五九七）年の「慶長の役」に際して、中川秀成はふたたび朝鮮への出兵を命じられ、千五百人の兵を率いて岡城から出陣したが、このとき海上輸送の任に当たったのは、やはり石本庄左衛門であった。

やがて江戸時代になり、石本庄左衛門・新兵衛父子は壱岐から平戸に拠点を移し、さらに長崎に拠点を移したが、そのことを伝え聞いた中川秀成は、朝鮮出兵時の働きに報いるため毎年玄米四十俵を石本家に支給し、あわせて長崎における岡藩の用向きを請け負わせた。

正保四（一六四七）年長崎にポルトガル船二隻が来航したときには、出兵した岡藩の家老中川藤兵衛は石本家を本陣とした。石本家では、その三年前に当主の新兵衛が死去し、跡取りの庄左衛門はまだ幼かったため、新兵衛の妻妙清が采配をふるって世話をしたという。この功績によって、玄米四十俵が加増された。

このように、長崎石本本家と岡藩との関係は二百年の長きにおよび、岡藩において石本家の当主は藩主へのお目見えが許される特別の家柄であった。

ところが、長崎石本本家の石本幸四郎・荘五郎父子は、今後の阿部屋の経営方針として金融業に重点を置き、商取引の分野は縮小して、岡藩における特権的地位を勝之丞に譲り渡すことにしたのである。みずから商売をするより、勝之丞に資金を融資してその利息や手数料などを得たほうがはるかに安定的・効率的である。

幸四郎・荘五郎父子は、勝之丞の才能を信頼していた。

岡藩の領域は、大野郡・直入郡・大分郡の広大な区域であり、木材をはじめ産物も豊かである。勝之丞は、石本本家の申し出を喜んで受けた。

「石本家文書」の「豊州中川様江御館入蒙仰一件書留」によると、勝之丞が岡藩の御用商人に任じられたのは、文化十四年四月のことである。

勝之丞は、長崎を訪れた岡藩の役人から辞令を受け、「御紋上下一具」を拝領した。

そののち、勝之丞は長崎から天草にもどり、船で有明海を渡り、筑後川を久留米までさかのぼり、そこから陸路岡城にむかい、時の藩主中川久貴(ひさたか)(一七八七―一八二四)の謁見を受けている。

勝之丞は筑後川河口の若津に物資を保管するための土蔵も確保し、そこを拠点に近隣の佐賀藩・久留米藩・柳川藩との取引も拡大させた。

そのようなとき、二隻のオランダ船が長崎に来航した。七月三日のことである。文化六（一八〇九）年以来、実に八年ぶりの来航であった。

孤立したオランダ商館を守りつづけてきたのは、商館長のヘンドリック・ズーフであった。享和二（一八〇二）年に着任して以来、十四年が経過していた。着任したとき、二十三歳であったが、すでに四十歳になっていた。

長崎寄合町の遊女園生（そのお）となじみになり、おもんという女児をもうけ、その後おなじく寄合町の遊女瓜生野（うりうの）との間に丈吉（じょうきち）という男児をもうけていた。ズーフは丈吉に道富（ドウフ）という苗字をあたえ、「ミチトミ」とよんだ。

ズーフは長期におよぶ長崎滞在中、日本社会のなかに深い根をおろしていたものの、オランダ船の来訪を知って、狂ったように喜んだ。

長崎に来航したオランダ船に乗っていた次期オランダ商館長は、文化六（一八〇九）年から文化九（一八一二）年までの四年間、長崎のオランダ商館でズーフのもと荷倉役として勤務していたヤン・コック・ブロンホフ（一七七九―一八五三）という人物である。

ズーフは、日本との貿易を継続するため、五年前にブロンホフをジャワに派遣し、当時ジャワを支配していたイギリスのラッフルズ副総督と交渉させたが、ラッフルズはブロンホフを捕らえてイギリスに送還してしまった。

一七九五（寛政七）年にフランスの革命軍がオランダに侵入し、フランスによって併合され、東インド植民地（ジャワ島）もイギリスの支配下に入り、オランダの三色旗が掲揚されているのは、長崎の出島だけとなっていた。

ところが、一八一三（文化十）年ナポレオンが「ライプチヒの戦い」で敗北すると、イギリスに亡命中のウィレム五世（一七四八―一八〇六）の王子がオランダに帰国して王位につきウィレム一世（一七七二―一八四三）と称した。

一八一四（文化十一）年ナポレオンはエルバ島に流され、ロンドン条約に基づき、ジャワ島など旧オランダ植民地がオランダに返還された。

一八一五（文化十二）年にナポレオンがエルバ島を脱出し、一時パリを占拠したが、やがて「ワーテルローの戦い」で大敗し、再びセント・ヘレナト島に流された。ウィーン会議においてオランダの主権回復が確定し、バタビアの支配権についてもオランダが取り戻した。

このような状況のなかで、イギリスに送還されていたブロンホフも、オランダに帰還することができた。ブロンホフは、国王ウィレム一世に長崎の救援を要請した。

ウィレム一世は、長崎オランダ商館を守ったズーフにオランダ獅子騎士勲章を授与することを決定し、ズーフの後任としてブロンホフを任命して長崎に派遣したのである。ブロンホフにとって、五年ぶりの日本訪問であった。

新館長に昇格したブロンホフは、意気揚々と長崎に赴任した。いや、張り切りすぎたというべきか、彼は妻子と乳母、女中を同伴し、随行の舵手も妻を伴っていた。

妻の名はチチア・ベルフスマといい、このとき三十一歳。子はヨハンネス・コック・ブロンホフ、二歳。乳母はペレトセネルラ・ミュンツ、二十三歳。女中はマラティ、三十三歳。舵手の妻はヤコウバ・ヒイキ、十九歳であった。

もちろん、幕府は異国の女性と子供の入国を厳禁している。

当時の長崎奉行は、金沢大蔵少輔（かなざわおおくらしょうすけ）という人物である。彼は国法に基づきブロンホフの妻たちの上陸を禁じようとしたが、それに対してズーフは、

「かつて国姓爺・鄭成功が台湾を攻略したとき多数のオランダ人の婦女子が長崎に逃れ、そのとき出島への上陸が許されたはずです」

と古い先例をもちだした。長崎奉行は、

「彼らは避難してきたのであり、今回は自分の意志できている。先例にはならない。しかしながら貴下の要望とその先例を幕府に取り次ぐことにいたそう」

と答え、暫定的に出島への上陸を許可した。

ブロンホフは長崎奉行に対して妻子の長期滞在を求める嘆願書を提出し、ズーフもまた幕府に対して同様の嘆願書を提出した。

この間、異国の女性が来日したという噂が広まり、出島近くの波止場に大勢の見物人が集まる日々がつづいた。長崎の人々にとって、はじめて見る外国の女性である。石崎融思（ゆうし）（一七六八―一八四六）などの絵師たちが描いた異国女性の絵は、飛ぶように売れた。

長崎の町は、まるでお祭りである。

■分家と権限集中■

勝之丞は「唐紅毛取引入札株」取得のため、さまざまな手を使って攻勢をかけていたが、いまだまったく見込みが立っていなかった。店舗用地の取得もまったくメドが立っていなかった。このままではオランダ貿易の利を大坂などの大商人にさらわれてしまう。

くわえて、水野忠邦はふたたび猟官運動を再開したらしく、唐津藩聞役の小林大登がしばしば献金の依頼に訪れた。

中途でとりやめると、これまで投資した金が無駄になる。しかしながら、千両単位で献金をつづけると、さすがに資金繰りがきつくなってくる。長崎で店舗を構えるための資金も備えていなければならない。高額の献金は、兄の平八郎と弟の熊四郎との関係においては微妙なところがあった。

兄と弟の二人にそれなりの財産を分与し、今後の商売のあり方についても明確にすべきではないかとおもうようになっていた。

「盗難一件」に関してどのような処分を受けるかわからなかったこともあり、危険分散のため、父の時代から、松坂屋・石本家の取引に関して、勝之丞のほか平八郎や熊四郎、長男の勝三郎などを名義人として契約をおこなう場合が少なくなかった。のちのち事情を知らない者が見れば、平八郎や熊四郎個人の債権とおもうにちがいなかった。

当事者が健在であるかぎりは問題ないが、子の代、孫の代になれば争いの種になる。勝之丞は、この名義人の整理と分家に伴う財産分与を一体的にどのように整理すべきか、思案を重ねていた。

その年の八月、考えをまとめた勝之丞は、ついに平八郎の分家を実施することにした。実施にあたって、志岐組大庄屋と御領組大庄屋後見兼務の平井為五郎の助言を求めるとともに、石本本家の石本幸四郎改め新兵衛・荘五郎父子の立会を要請した。平井為五郎が御領組大庄屋後見とされたのは、長岡家を継いだ長岡五郎三郎がいまだ大庄屋見習に据え置かれていたからである。

分家の内容等については、「石本家文書」の「分配極方之事」や「譲状之事」という文書によって知ることができる。

これによると、文化元年に勝之丞が相続した財産が分配の対象とされ、先祖伝来の「本家別段備銀」と文化二年以降に増加した財産――「増加財産」は分配の対象からはずしていることがわかる。「本家別段備銀」とは、いまでいえば財団法人の「基本財産」ないし株式会社などの「資本金」というようなものと考えればわかりやすいであろう。これを分配の対象からはずすのは、ある意味では当然のことである。

文化元年当時「本家別段備銀」は、総額七万六千六百四十六貫余（約二万両）であった。ところが、文化十四年当時、現金では二千六百三十一貫余（約七百両）、貸付金は二万八千貫（約七千三百両）で、その内訳は一般貸付金六千貫（千五百両）と長崎表への融通額二万二千貫（五千八百両）であった。在庫商品は六千六百貫（約千七百両）で、三万九千四百十五貫余（約一万両）が不足していた。

秀村選三氏は、「石本家の経営形態に関する一考察」[7]のなかで、

「文化十二年に勝之丞は本家別段備銀中より相当の金額を融通・投資しており、これによって文政元年までの四カ年間に利銭約千八百貫（諸失費を除き約千六百貫余）を得、右は本家資産に算入されたのであるが、それは本家別段備銀の投資に基づくものであるから、当然別段備銀に組み入れられるべきで、本家が使用すべきでなかったにかかわらず本家において融通し、土地などを買入れしていた模様である。しかるに、去る文政元年長崎において多大の損失を蒙り、このため文化十二年に特に長崎融通額として別段備銀の中から引き分けた元銀の大半を失うにいたった。かかる経過——長崎、ことに長崎貿易への投資、その利子または利潤率の高率、しかも一挙に元銀の大半を損失するごとき事情——は石本家の冒険的商人的性格を端的に表現しているように思われる」


と書いておられるが、文化十二年から十四年にかけての長崎における膨大な出費と本家別段備銀の不足額を合わせた約一万五千両のほとんどは、おそらく水野忠邦に対する献金に充てられたとみるべきであろう。また、文政元年の長崎における多大な損失とは、のちに述べるように、長崎支店の店舗・屋敷・土蔵の買収に伴う経費とみるべきであろう。

なお、この本家別段備銀の不足額について、「大楠新田」を開発したのち籾米千俵分の田畑を本家に所属させ、そのうちから年々一定額を別途積み立てて積み戻すこととした。

次に、文化二年以降に増加した財産——「増加財産」についても、分配の対象外とされている。「増

加財産」は、勝之丞が努力して増やした財産である。したがって、勝之丞はこの財産について分配の対象からはずしたわけである。相続財産を運用して得た利益であるから、当然相続財産に組み入れられるべきだ、という論法もなりたつが、勝之丞はあえて分配の対象からはずしたのである。文化十四年当時「増加財産」の評価額は、一千八百八十六貫余（約五百両）であった。

文化元年に勝之丞が相続し、分配の対象とされた財産の内訳は、御領村ほか田小作料が籾米で七百石、畑小作料が銭換算で二万六千四百六十貫余（約七千両）、カライモ三万斤、塩浜代（一斗五升入り）約二万八千俵、貸付金・現金等一千三十七貫余（約二百六十両余）であった。

これを別途申し合わせた「譲状」によって、田小作料・畑小作料・カライモについては本家が八割五分、平八郎分家が一割五分、塩浜代については本家が九割、平八郎分家が一割、貸付金・現金等については本家が七割五分、平八郎分家が二割五分とされた。かつ、将来野口家に養子にいった熊四郎にも平八郎と同率で分家することとし、それまでの間本家が管理することとされた。したがって、本家と分家の最終的な分配率は、田小作料・畑小作料・カライモについては本家が七割、分家が三割、塩浜代については本家が八割、分家が二割、貸付金・現金等については本家が五割、分家が五割とされた。

これが今回の取り決めのいわば本体部分であるが、このほか「新宅の母」への孝養をあらためて申し合わせた。「新宅の母」とは、先代の後妻である順（じゅん）のことで、御領村大島の小山家出身であったため、「大島新宅」で暮らしていた。石本家の兄弟たちは、父の死後も、義理の母によく尽くしていた。

このほか、分家の分際、本家との協力、先祖崇拝、家督相続などについても申し合わせている。

分家は家禄が少なく、才能はあっても経験未熟な者が相続すると危ういので、分家においては二十五歳以上の者に相続させることとされ、もし家督を継ぐべき長男がその器でないときは、その者に男子が出生するまでの間その弟に本家後見のもと暫定的に家督を継がせ、弟がいない場合は本家に引き上げ、しかるべき者に相続させることとされた。

また、分家の財産は譲状で分配を受けた財産を家督相続人以外に分配することが禁止され、分配を受けた以上の増加分についての分配は自由とされた。

なお、石本姓を名乗り末代まで分家と唱えることのできるのは、基本的に本家、平八郎家、熊四郎の三家かぎりとし、特に必要がある場合には別途協議することとされた。

石本家のすべての者に対して、あらためて遊興芸能を禁止し、そして、

「これまで石本家においては分家したことはなく、本家に災難などがあった場合に備えて、先代までは書付類や帳簿のなかに形式上・名義上一族の者から調達したように記帳していたが、これは緊急の場合に備えるための便宜的な措置であったので、今後はこれを取りやめ、詳細については今回書面により取り決めたとおりであるから、もし古い書付などにそのような記載があっても、今後は無効とする」

とされた。これは、前述したように、先代のときから松坂屋・石本家の取引に関して、勝之丞のほか、平八郎や熊四郎、長男の勝三郎などを名義人として契約をおこなう場合が少なくなかったため、これを整理したものである。

本家の家督を継ぐべき長男は、才能はなくても、まじめであれば相続させ弟たちに協力させて石本家を運営し、才能はあってもふまじめな場合は、分家の者たちが何度か諫めて直らないときは、分家一同は当主の地位を剥奪し、次男に本家を相続させ、長男に嫡子が生まれたときに引き渡し、万一出生しなかった場合は、次男に相続したままとすることとされた。

このように、長年の懸案であった石本家の財産関係をやっとのことで整理することができた。しかも、文化元年当時の相続財産に限定して配分をおこない、その後膨張した財産を除外することができたのである。長男勝三郎が相続した本家財産は目減りしたが、長崎と佐伊津村に別途ひそかに蓄えた金は相続財産の数倍に達するであろう。勝之丞の経営権が強化されたことが何より大きかった。

次の懸案は、独立した長崎店の設置と唐紅毛取引入札株の取得である。

家産の整理はいわば足元の整理であるが、「長崎店の設置」と「唐紅毛取引入札株」はいわばセットで、将来への飛躍を約束してくれるものである。

このようなことから、勝之丞は長崎店舗用地を物色していたが、ついにそれにふさわしい物件が見つかったのである。あとは、相手方との交渉である。

松坂屋・石本家の将来は、この新店舗の取得にかかっている。

■水野忠邦の昇進■

ところで、水野忠邦のことである。

幕府の奏者番となった水野忠邦は、次の目標を「転封」に切り換え、猛烈な運動を展開していた。幕閣には将軍世子家慶の側用人となっている沼津藩主の水野忠成（一七六二—一八三四）という人物がいた。水野忠邦とは、もとをたどれば同族である。その水野忠成が文化十四年八月老中格に昇進したのである。これによって、いきなり水野忠邦の前途が開けた。

翌月の九月十日には寺社奉行の発令を受け、十四日には念願どおり唐津から遠州浜松への国替えを命じられた。これに伴い、唐津には陸奥棚倉の小笠原長昌（一七九六—一八二三）が移り、棚倉へは浜松の井上正甫（一七七五—一八五八）が移ることになった。「三方領地替え」である。

寒冷な棚倉から温暖豊沢な唐津へ転任する小笠原長昌は、率直に喜んだ。しかしながら、浜松から棚倉へ移された井上正甫にとっては、屈辱的な左遷人事であった。

実は、井上正甫は大失態を犯していたのである。前年の春、信州高遠藩（長野県伊那市）の藩主内藤氏の別荘に招かれたとき、酔って近くの農家に押し入り、その家の女房を犯している最中に、帰ってきた夫に見つかり、さんざん殴りつけられてしまうというぶざまな事件をおこしていた。

水野忠成はさっそくこの事件を蒸し返し、棚倉へ移封させたのである。

浜松への転封を命じられた水野忠邦は大いに喜んだが、藩士たちにとってはなんの利益もない。浜松藩と唐津藩の公式の石高はいずれも六万石であったが、産物に恵まれた唐津藩の実高は、二十万石といわれていた。浜松への引越しの費用も膨大なものになるであろう。家老の二本松大炊ほか重臣たちは、こぞって浜松移転に反対したが、水野忠邦は昇進に伴う俸禄などの増や参勤交代経費五千両の減、唐津藩と同石高の確保など、みずからに有利な数字を並べ立てて、まったく聞く耳を持たない。ついに、二本松大炊は自殺して果てた。それでも、水野忠邦の決意は微動だにしない。移転のための準備は粛々とつづけられた。

唐津藩の藩士たちが浜松城に移ったのは、文政元（一八一八）年六月二十三日のことであった。

水野忠成が八月老中格に昇進し、九月には水野忠邦が奏者番にくわえて寺社奉行に任じられ、浜松城に転封されたことなどについて、勝之丞は聞役の小林大登から逐一報告を受けた。

八月に石本家の相続財産を整理し、ようやく長崎支店の候補地も見つかり、本格的な交渉に入る矢先であった。

水野忠成が老中格に昇進しただけでも大きな幸運であるのに、水野忠邦の将来が大きく開かれたのである。

勝之丞は心から安堵したはずである。「本家別段備銀」にかなり手をつけ莫大な損失を計上していたが、少なくとも捨て金になる恐れはなくなった。老中と寺社奉行を味方につければ、途方もない利権を獲得することができるはずであった。水野忠邦は「幕府御勘定所御用達」を内約していたが、それがいきなり現実味を帯びてきたのである。そのほかにも、幕府直轄の天領地たる長崎や天草などで、さまざまな利権を獲得できるはずであった。

七月三日来航したオランダ船は、十月二十八日に長崎を離れることになった。

その船には、通算十八年も長崎に滞在した前オランダ商館長のヘンドリック・ズーフも乗船することになっていた。長崎会所の役人やオランダ通詞、町乙名、町人たちはズーフに別れを告げるため、続々と出島を訪れた。

すでに述べたように、ヘンドリック・ズーフには、寄合町の遊女園生との間にできたおもんという女児と遊女瓜生野との間にできた道富丈吉という男児がいた。おもんは文化八年に死亡していたため、丈吉についてはできることならオランダへ連れて帰りたかったが、混血児の出国は禁止されていた。

ズーフは日本を去るにあたって、丈吉の将来だけが気がかりであった。

ズーフは長崎奉行所に嘆願書を提出し、丈吉が成長したとき長崎会所の役人として採用してほしいと願った。

「むろん、役人としての給料もわたくしが準備いたします。白砂糖三百籠を提供いたしますので、その売り払い代金の利息で充当していただきたい」

と申し出た。白砂糖三百籠といえば、約二千両にもなる大金である。

嘆願書は、長崎会所を経て長崎奉行遠山金四郎景晋に上げられた。

遠山奉行は幕府の了解を得たうえで、丈吉が成人したのちには長崎会所の役人として採用し、給与として毎年四百両を支払うことを確約した。

ズーフ帰国後、長崎奉行は約束どおり文政四年、十四歳になった道富丈吉を長崎会所の唐物目利役として採用したが、惜しむべきことに、三年後の文政七年一月十八日に病死している。新しいオランダ商館長のブロンホフが連れてきた妻子および乳母、女中らの日本滞在について、幕府は容赦なく拒絶した。

フラウ・アハタ号とカントン号の二隻のオランダ船は、文化十四年十一月三日、ヘンドリック・ズーフとブロンホフの妻子らを乗せてバタビアにむけて出航した。

■幸運の風■

文政元(一八一八)年になった。勝之丞はこの年三十二歳になり、この年三女のタヤが生まれている。長じて、天草郡島子村益田瑞右衛門の妻となった女性である。この当時、妻の和歌は二十九歳で、長男勝三郎十二歳、長女エツ十一歳、次女ジツ九歳、次男勘十郎七歳、三男辰之進六歳、四男寛吾五歳であった。

このうち、次男の勘十郎は文化九(一八一二)年長崎宿老役を世襲する森家に養子にいき、森郊之助、のち欽三郎と名乗った。また、三男の辰之進は、のち兼次郎と名乗り、天保三(一八三二)年長崎支店の店長となって、天保四(一八三三)年長崎石本本家の石本荘五郎の次女いとを娶り、天保八(一八三七)年一月に兄勘十郎改め欽三郎が死去したため、森家の養子になっている。

このような動きをみれば、勝之丞は分家によって石本家の財産が細ることを防ぐため、養子という制度を積極的に活用したことがわかる。

三月になって、勝之丞はついに長年の懸案であった長崎支店用地を取得した。

「石本家文書」の「別段銀勘定帳」のなかに、文化十五（文政元）年三月二十九日に諸藤四郎左衛門なる人物から、平戸町と大村町にまたがる土地・建物を銀九貫目（約百五十両）で取得したという記録が残されている。

「寅三月二十九日、銀九貫目で家屋・店舗・土蔵代銀として諸藤四郎左衛門より譲り受け。表のほうへ五間二尺五寸入り土蔵限り、土蔵建地大村町の内に入り込み、大村町の内屋舗。ただし、明地一個取り、土蔵一軒、三間に二間半。建家一軒表へ五間入り、五間半。

右は平戸町大村町の両町の役方へ届け済み、永々銀請け御備方届け相済み、表向きの名前は石本辰之進と書き上げ、この方へ出店と決め、松坂屋と改める」

建物・店舗は五間半と五間で二十七・五坪、土蔵は三間と二間半の七坪であった。

形式上の名義人は、石本本家の次男安平治改め辰之進であった。これは佐伊津村に居村払いになった勝之丞の名義にすることにははばかりがあったためであろう。

そして、銀百十八貫三百二十六匁余（約二千両）を資本に長崎出店を独立させ、長崎松坂屋とし、店長は勝之丞として、年貢その他商品の捌き方、市場、幕府および各藩諸役人との用談、外国貿易に当った。

開店当時、阿部屋からの引受品ならびに店有品として、染藍、畳表、苧、蝋、傘、茶などがあり、さらに翌年の文政二年「延売書出控」によると長崎支店の取引先として紺屋、畳屋などがみられ、いわゆる仲買商を営んでいたことがわかる。

このようにして、勝之丞は長崎の中心地に店舗を構えることができたが、こののち平戸町と大村町の隣接地を少しずつ買い増していったらしく、最盛期には土蔵十五棟、店舗の間口三十間、奥行六十間の長崎一の店を構えたといわれる。

長崎支店開店当時は十人足らずの店員であったが、営業規模の拡大とともに店員の数も増え、これまた最盛期には、手代、小僧、丁稚など五十五人が働いていたという。

このころから勝之丞のもとには、次々に幸運が舞い込んでくる。

長崎支店用地の取得に際し、長崎代官高木作右衛門の口添えを得たこともあり、勝之丞がお礼のため代官屋敷に参上すると、高木作右衛門から富岡役所の掛屋役の内示を受けたのである。

富岡役所の掛屋役というのは、天草で収穫される米二万一千石の集荷と売りさばきを請け負う役職であった。現在、富岡町の松屋長右衛門という銀主が掛屋役に就任していた。

高木作右衛門は松屋長右衛門を更迭し、その後任として勝之丞と小山清四郎の二人を掛屋役に任命するという。

小山清四郎と一年交替というのはやや意外であったが、掛屋役に内定したことは望外の喜びであった。小山清四郎は、御領村において国民屋という店舗をかまえた銀主仲間で、気心の知れた人物である。願ったり叶ったりの人選であった。

掛屋役は、集荷された天草郡の米穀を定められた額で売りさばいて、代官所に代金を納入すれば足りる。定められた額を納めれば、そのうちから一定の手数料をもらえるし、予定価格以上に売れれば、超えた額は掛屋役の役得となる。精勤すれば、それなりの報酬を受ける。

ところが、干ばつなどの影響で年貢米が予定どおり集荷できず、未納高が三千石にも上り、しかも松屋長右衛門はそれを埋めることができなかったという。

掛屋役に就任する条件としては、過去の累積損失分三千石を精算する必要があるが、先行投資とおもえば、どうということはない。勝之丞は即座に未納額の一括精算を申し出た。

ただし、かつて居村払いを受けた身であり、名義人は十二歳の息子勝三郎とせざるをえない。

長崎支店についても、石本本家の辰之進名義にしていたが、掛屋役といえば公儀の役職である。勝之丞名義で引き受けるわけにはいかない。まことに居村払いの影響は大きかった。

微罪とはいえ、罪は罪である。とはいえ、自分の力ではどうすることもできない。時間をかけて赦免を待つしか方法はなかった。

いずれにしても、勝三郎名義で掛屋役を引き受けたとしても、松坂屋を実質的に経営しているのは勝之丞であったので、特段の問題はなかった。『天草近代年譜』[1]の文政元年三月の条には、

「掛屋役更迭、富岡町松屋長右衛門辞退し、後任として富岡町以外の他村の銀主のなかからはじめて任命され、御領村大島清四郎、同村松坂屋（石本勝三郎）の両人が隔年勤務となった」

とある。

長崎支店の用地および建物を取得したのは三月であったが、改装工事などをおこなったため、実際に開店したのはこの年の十一月であった。

支店開設にあたり、勝之丞は長崎石本本家・阿部屋と申し合わせをおこなった。文化十五年寅年「別段銀勘定帳」の「長崎出店引合」によると、

「寅十一月より商売については当方がおこない、貸付については平戸町の本家でおこなうことに決めた」

とあり、長崎支店開設を機に、松坂屋が商取引全般を担当し、阿部屋は金融だけをおこなうことになった。

すでに述べたとおり、長崎支店発足当時の資本金は銀百十八貫三百二十六匁九分三毛（約二千両）であったが、このほか貸付残高を千四百三十五貫（約二万四千両）分保有していたという。

長崎において店舗を構えるというのは、一流商人の証しである。勝之丞は長崎支店の開店にあたって、丸山町の料亭で盛大な披露宴をおこなった。

招待客は九州のすべての大名で、松平島原藩主、鍋島佐賀藩主、立花柳川藩主をはじめ藩主名代として家老級が出席したという。

肥後の人吉藩からは、勘定奉行の田代善右衛門（一七八二―一八四一）なる人物が出席した。

人吉藩は、代々相良氏が治めている。勝之丞は木材の仕入れなどで人吉を訪れることが少なくなかったが、田代善右衛門とは初対面であった。

天明二（一七八二）年生まれであるから、このとき三十七歳。勝之丞より五歳年上であった。家禄は百五十石であるから、下級藩士に属する。それでいて勘定奉行を務めているというから、人吉では群を抜いた秀才なのであろう。

田代善右衛門は十八歳のとき学問修行をおこなうため江戸に上り、細井平洲（一七二八―一八〇一）の嚶鳴館で学び、その後筑後久留米藩の樺島石梁（一七五四―一八二七）に学び、人吉に帰ったのちは家塾を開いて藩士の教育をおこなっていた。田代善右衛門は人吉を代表する学者でもあった。

それでいて、人吉藩では槍隊将に任じられているといい、文武両面に秀でた人物であった。

田代善右衛門という人吉藩を代表する人材と知り合ったことで、勝之丞は人吉藩政に食い込む大きなきっかけを手にしたのである。

人吉地方との取引は、父平兵衛のころから急速に拡大し、正式の支店ではなかったが、人吉産の木材を仕入れるため、道田七助なる手代のほか数名を常駐させていた。

人吉藩の領域は、球磨郡、日向国児湯郡米良谷と東臼杵郡椎葉山一帯であるため、多彩な山の幸に恵まれており、表高二万二千百石に対し、実高は五万三千石といわれていた。人吉の産物は、球磨川から八代海に面した八代や佐敷などに搬送され、そこで販売された。

勝之丞も八代の港に専用の木場を所有し、松坂屋の従業員を常駐させていた。人吉駐在の道田七助らが買い付けた木材を集荷し、あるいは人吉から運ばれた木材を買い集めた。

この際、上・中・下の選別を厳しくおこない、高値で売れる上材と中材は石本家の持ち船で大坂や江戸に輸送し、下材については九州各地の材木屋や造船所に販売した。

人吉の特産品は、木材のほかカラムシ（苧）・桑・漆・茶・楮などである。とりわけ、カラムシは品質がよく、高値で売れるため、勝之丞はかねてから大きな関心を持っていた。しかしながら、人吉藩としてもカラムシは貴重な産物である。藩は専売品として厳しく統制し、指定された商人以外には取引を許さなかった。

カラムシとは、絹・綿・綾などとともに布や織物の原料となる植物である。多年生でイラクサ科に属し、山野の自生しており、高さ一メートル以上まで伸びる。「茎（カラ）を蒸して」皮を剥ぎ、繊維を取り出したところから「カラムシ」とよばれたらしい。

江戸時代、繊維の原料としては綿が主流であったが、カラムシは強度にすぐれていたため、魚網や綱（ロープ）などの原料として珍重されていた。とりわけ、平戸、五島、大村、唐津などの玄界灘に浮かぶ島々や沿岸部の捕鯨場においては、網で鯨を囲み、弓矢などで鯨を突き取りする「網取り捕鯨」が主流であったところから、鯨捕獲のための網として大量に取引された。そのなかでも、人吉産は「球磨カラムシ」とよばれて人気があり、したがって他産地の商品にくらべて価格も高かった。

カラムシはじめ人吉の産物すべてを一手に扱うことができれば、莫大な利益になるはずであった。

人吉藩も他藩と同様、財政が悪化し、文化元年には負債額は銀七百十貫（約一万二千両）であったものが、文化三年には銀千三百七十貫（約二万三千両）に累増し、藩主一族の生活費の圧縮、藩士俸禄の一部返上など経費全般の削減を図ったが、大坂商人からの借入額累計が千五百貫に達するなど、財政収支の改善を図ることはできなかった。

この状況に危機感を深めた田代善右衛門は、前年の文化十四年に、

「江戸屋敷の経費が藩財政を圧迫しております。このため、江戸屋敷の年間経費を七、八千両に抑え、かつ大坂商人からの借り入れを取りやめ、必要額は国許から送金することとし、江戸屋敷独自の借金をとりやめるべきであります」

という意見書を藩庁に提出し、今年になって、家老の菱刈典膳（ひしかりてんぜん）あてにふたたび意見書を提出し、

「農民の実態調査をおこなうとともに、新田開発と殖産振興に努めるべきであります」

と主張したという。

こういったこともあり、田代善右衛門が勘定奉行兼用人として、藩の財政改革に本格的に取り組みはじめたのが、この時期であった。前藩主相良頼徳（さがらよりのり）（一七七四—一八五六）もこの年隠居し、相良頼之（よりゆき）（一七九八—一八五〇）が新しい藩主に就任していた。

しかしながら、今年はふたたび深刻な飢饉に襲われ、肥後の領民たちはますます窮迫していた。

飢饉に襲われたのは、肥後ばかりではない。天草も同様であった。しかも、追い打ちをかけるように、大きな火災もあった。

記録によると、この年の十一月十日御領村の百姓佐七方より出火し、類焼八十六人が家財・漁具・農具・食糧すべてを焼失した。

もちろん、勝之丞は被災者のために救援物資を提供し、また、凶作で困窮する農民のために、佐伊津村へ米二十俵、一町田村のうち下田へ大麦二十俵、市瀬村へ大麦十俵、白木河内村へ大麦十俵、久留村へ大麦二十俵、平床村へ大麦二十俵、楠甫村へ大麦二十俵、須子村と教良木村へ大麦十五俵を贈った。

勝三郎の後見役として本家の経営を委ねていた平八郎は病床に伏したまま、なかなか快方にむかわない。昨年一月に本家の機能を大幅に縮小し、元締の誠五郎に実質的な采配を委ねていたが、本家としての機能はさらに低下してきた。

勝之丞は、「家内取引方手割」、「定禄割合定式」、「失費書き出し」などにより、松坂屋の組織体制や役割分担、権限配分の見直しなどをおこない、経費節減の徹底を訓示し、本家の実質的な所管を熊四郎に移すなどさまざまな試みをおこなったが、対症療法的な措置にとどまらざるをえなかった。

「石本家文書」の文政二（一八一九）年の資料によると、従来どおり本家には平八郎と勝三郎が居住するものの、家用はすべて誠五郎に委ね、御領新宅の権限を拡大し、本家所管の畑と塩浜料の取り立て、本家の日用品の調達、綿の仕入れなどについても、熊四郎に委ねることとした。

また、勝之丞は、球磨、長崎、島原の綿売りさばきを統括するとともに、大徳丸と新小飛船を所管し、本家の現金管理についても権限の度合いを強め、本家所管の順徳丸、中飛丸、小飛丸などについても、本家が使用しないときは熊四郎と勝之丞が必要に応じて使用できることとした。

文政二（一八一九）年一月七日、佐伊津村の沖に唐船二隻が漂着するという事件がおきた。勝之丞が居住する佐伊津新宅からも、はっきりと船影を確認することができた。富岡役所から大勢の役人たちも駆けつけ、舟に乗って中国船に接近して臨検をおこなったが、中国人たちは暗闇のなかをすすむうちに有明海に迷い込んだと主張するばかりで、やがて退去命令を受け、監視の船に囲まれて出航していった。昨年の冬にも一艘の中国船がやはり佐伊津沖に漂着したばかりであった。三隻とも密貿易船にちがいなかった。長崎から有明海・八代海を通って薩摩の川内（せんだい）などで荷物を積み、そのまま東シナ海へ抜けようとしたのであろう。内海を通ったほうがはるかに安全である。

しかしながら、こうも天草沖に漂着すると、勝之丞自身が疑われる可能性があった。間の悪いことに、このころ天草が薩摩藩預けになるというようなうわさが広まっていた。

確かに、薩摩藩が天草を支配することができるならば、新たな密貿易の拠点として大いに利用価値があるはずであった。『天草近代年譜』[1]には、

「昨年の冬以来、当郡が薩州領となるような風説が流布し、人心恐々、山林まで刈り倒した者もいた」

と書かれている。

商品の買占めなどによって品不足になり、そのうえ銭の流通も極端に少なくなったが、勝之丞は長崎に拠点を設けているため、資金と商品を安々と調達することができる。勝之丞はここでも法外の利

を得ることができた。
いまの勝之丞には、すべてが追い風になっている。

四　御用商人

一八一九年から一八二三年まで

■人吉藩の御用商人に■

文政二（一八一九）年三月、勝之丞は人吉藩の御用商人に指名された。

むろん田代善右衛門の尽力によるものであり、勝之丞は人吉藩の年貢米の売りさばきを任されることになった。

御用商人に指定される際、勝之丞は長崎支店の店舗・屋敷・土蔵を担保として提供している。これまた、「石本家文書」のなかに、「差上置申証文之事」――すなわち「証文の提出について」という文書があり、勝之丞は長崎支店という物的担保とともに、長崎本家の人的担保によって信用力を確保している。

このころ米価が下落傾向にあり、諸物価が相対的に高騰していたため、勝之丞としては、本音のところは、カラムシなど利益率の高い物産を取扱いたかったが、年貢米で実績を上げれば、おいおいほかの産物も取り扱うことができるはずであった。最終的には人吉藩において独占的地位を獲得することが目標であったが、勝之丞はとりあえず新規に参入できたことに満足していた。

人吉藩の産物は人気があり、とりわけ薩摩藩などが大いに関心を持っていた。勝之丞は八代などで取り引きすることも少なくなかったが、薩摩の商人たちが人吉産のカラムシなどをしばしば買い漁ることを知っていた。人吉の産物を独占的に取り扱うようになれば、薩摩藩との関係が開けるにちがいなかった。また、人吉藩を通じて、本藩である熊本藩にも参入できるかもしれなかった。天草の対岸――九州本土の中核部に位置する人吉に拠点を構築した意味はとてつもなく大きかった。この実績と信用を利用すれば、九州諸藩のなかに食い込む大きな力となるはずであった。

こういった順風満帆のときに、よく不慮の事故、災難に見舞われる。勝之丞もまたそうした気持ちで油断なく対処していたつもりであったが、四月になって突然富岡役所から呼び出しを受けた。引率者として、御領組大庄屋の長岡五郎三郎が指定されており、二人で恐る恐る富岡役所に参上したところ、勝之丞を誹る投げ文があったという。その内容は、

「勝之丞の佐伊津新宅にご禁制の抜け荷が保管されており、暮らしぶりもぜいたくで、あちこち手広く商売しているのはご禁制の品々を売りさばくためである。また、大楠新田の開発は、幕府の正式の許可なく行われている」

というものであるという。勝之丞は佐伊津村に帰ると、土蔵の隅々まで整理・整頓して富岡役所の検分に備えた。

翌日、富岡役所から三名の役人がきたが、案に相違して、短時間の形ばかりの調査で終了した。勝之丞は拍子抜けするおもいであったが、要するに富岡役所としては、勝之丞を潔白にするという結論が先にあって、投書に応じて調査したという実績をこしらえて、この問題が大きくなるのを防ごうとしたのであろう。

その証拠に、大楠新田の調査は、長崎代官高木作右衛門みずからおこなった。『天草近代年譜』[1]には、「閏四月十日、長崎代官高木作右衛門、郡中廻浦あり。この日肥後佐敷より樋嶋村着船、一泊。随行の供勢、手代二人、用人一人、侍四人、下輩十一人、都合十八人なり」とあり、「閏四月十二日、楠

甫諸村の〆切り場見分、大浦村蛤港に上陸」とある。

勝之丞は長男の勝三郎とともに現地を案内し、説明をおこなったが、高木作右衛門は居並ぶ農民や人夫らにむかって大いに激励し、長崎代官所公認の工事であることを告げて長崎に帰った。

五月になって、長男の勝三郎が長岡大庄屋のよびだしを受け、次のような訓告を受けた。

「家督を相続いたし、大楠新田などの開拓をおこなっているが、先般御代官の検分も終了し、この件について江戸表にも報告申し上げたところ、同人は近ごろ手広く活動し、万事やや身に過ぎた贅沢をしているとの噂がある。過失によって未完成に終わると、山師といわれかねない。商売を引き締め、日用の品々にも心を配り、余剰米は備蓄いたし、お上ご奉公に勤め、身代が永続するよう努めよ。この旨申し渡す。以上」

いわば「文書訓告処分」を受けたようなものである。これで投げ文騒ぎが落着した。


この年の六月、人吉藩の新しい藩主相良頼之が江戸から下って、はじめて人吉に入った。

藩財政が逼迫しているなかでの初入部であり、藩の重臣たちは経費全般の節減を図るとともに、初入部の儀式も大幅に簡素化し、「御入部万事御省略」という方針を打ち出した。

勝之丞も献上品を持参して人吉を訪問しようとしたが、これまた人吉藩から止められてしまった。

「相良家史料」の文政二年六月「大万覚帳」のなかに、

「天草の石本勝之丞はこの春以来、御備米方において年貢米の引き受けをおこなうようになったので、この節御祝いのため参上したいということであるが、これまた献上品を持参して訪問することがないよう御備米方から断るよう指示をいたしたので、太郎左衛門が帰る際に断りの手紙を依頼すること」

とある。

人吉藩がことさら勝之丞に対して心配りをしているように見えるのは、新しく参入した勝之丞への期待をあらわすものであろう。

文政三（一八二〇）年になり、この年五男の求麻八（くまはち）が生まれている。のち義明と名乗り、分家を継いで第二代石本平八郎を名乗った人物である。

勝之丞は次々に子宝に恵まれ、松坂屋・石本家の商売も順風満帆であったが、本家の平八郎の容態が悪化の一途をたどり、八月十三日に没した。病名は不明である。享年三十六。

先代の長男でありながら、庶子ということで家督を継げなかったが、勝之丞が佐伊津村に移ったのち、後見人として本家を守りつづけた。その勤勉で実直な人柄は、天草の人々や取引先の商人たちからも絶大な信用を受けていた。父の死後は勝之丞の共同経営者あるいは同志として松坂屋の屋台骨を支えてくれた。勝之丞は平八郎の枕元で男泣きに泣いたといわれる。法名は、「慈眼院釈蓮乗居士」。葬儀と四十九日の法要を済ませると、本家の後見は熊四郎に任せ、勝之丞はふたたび東奔西走する生活にもどった。

昨年から人吉藩の米を扱いはじめた勝之丞は、この年の春には、人吉産のカラムシも取り扱うようになっていた。

「石本家文書」のなかの「生苧精立諸記録」「苧一件諸差引帳」「求麻苧代諸差引帳」によると、人吉で購入したカラムシを八代の植柳の工場に運び、人吉で雇い入れた職人たちに加工させた製品を平戸など各地で売りさばくようになっていた。

十月はじめに勝之丞は人吉を訪れ、田代善右衛門と再会している。このとき勝之丞は、人吉藩の窮状を救うため、資金繰りのための資金として三千両の融資を申し出た。

最終的な目標は人吉藩の産物全体の一手引き受けであり、それまでは人吉藩に恩を売りつづけなければならない。田代善右衛門であれば、かならずや恩で報いてくれるはずであった。田代善右衛門は融資の申し出を了承し、詳細の取り決めについては勘定方の西治右衛門と協議するよう答えた。

勝之丞が会所で西治右衛門と会見すると、彼は五島藩の宇久島、有川の鯨組に売ったカラムシ、楮皮、櫨木、腕木などの未回収代金が銀五十七貫余にのぼっていることを告げ、この回収を勝之丞に依頼した。そして、勝之丞が人吉藩に対して、いつでも必要とする場合に三千両融資することの見返りとして、人吉藩は勝之丞に対して米一万俵と苧六万斤の永代買入れおよび蝋と木綿の一手永代買入れを許可した。なお、買い取り代金未納の場合は、融資額と相殺することとし、そのことを確約する一札を勝之丞が差し出すこととなった。

予想を超えた人吉藩の申し出であった。米とカラムシの一手買入れの権利こそ獲得できなかったが、蝋と木綿については一手永代買入れである。勝之丞は、ついに人吉藩の心臓部に楔を打ち込むことに成功したのである。

人吉から船で天草にもどるや、ただちに長崎にむかい、人吉藩から委託を受けた鯨組の滞納代金の回収に取りかかった。長崎代官高木作右衛門に相談すると、手代の福島六郎太を紹介された。法務関係に詳しく、長崎代官所における民事訴訟の専門家であった。

福島六郎太は五島藩の蔵屋敷への告訴を勧めた。正式に訴え出れば、五島藩としても放置するわけにはいかない。鯨組とて藩公認の組織である。藩の監督責任は免れない。藩としての面子もあり、何らかの調停案を出すはずであった。その調停案次第で長崎代官所に出訴すればいい。

勝之丞は福島六郎太の協力を得ながら、五島藩蔵屋敷に正式に訴え出るとともに、長崎代官所を通じて圧力をかけ、二年後にはほぼ延滞金の全額を回収した。

いずれにしても、勝之丞は人吉藩の利権を獲得し、それをさらに拡大するための実績づくりに邁進したのである。

なお、この年もまた勝之丞は、御領村へ大麦五十俵、塩四十俵、木綿古着百四十五枚を贈与し、大浦村へ大麦十五俵を贈与している。

勝之丞が確実に経営規模を急速に拡大しているなかにあっても、天草の生活困窮者は減少することはなかった。富裕層と貧困層の間には決定的な断層があったが、富裕層のなかでも一際群を抜いた勢いをしめしているのが勝之丞率いる松坂屋・石本家であった。勝之丞は絶頂期にむかって、さらなる飛躍を遂げようとしていた。

文政四（一八二一）年一月、勝之丞は佐伊津村から船に乗って八代にむかった。

八代は、肥後南部の球磨川河口にあり、八代海に面している。石高は三万石で、代々松井氏が治めている。松井氏は熊本藩主細川氏の別姓の長岡を下賜されたため、長岡氏とも称する。

この時代の松井家の当主は松井督之（ただゆき）（一七九六―一八四〇）といい、山城と号した。文政四年当時、二十五歳である。

勝之丞は八代との関係も深い。人吉で購入した産物などを八代に運び、そこから船に乗せて各地に輸送していた。そのため、勝之丞は八代城下にも松坂屋の出店を構え、植柳にはカラムシの加工場などを保有していた。また、薩摩商人たちも出入りするため、薩摩におもむくことなく薩摩商人との商談を進めることができた。勝之丞はカラムシや米、楮など人吉藩から引き取った産物のかなりの量を人吉で売りさばいた。

八代城は松江村につくられたため、松江城ともよばれるが、天守閣は寛文十二（一六七二）年の落雷により焼失し、その後再建されることはなかった。したがって、八代城主の松井家の人々は、本丸内の大書院と小書院――本丸御屋敷に居住していた。大書院が公邸で、小書院が私邸――奥とおもえばいい。大書院では藩の役人たちも仕事をしていた。むろん、勝之丞はこの本丸御屋敷にもしばしば出入りしていた。

松井氏は、熊本藩主が参勤交代で江戸へ上ったときは、城代家老として藩政全般について采配をふるい、藩産物の取引や年貢米の売りさばきなどについても具体的な指示をおこなった。このような絶大な権限を有する松井家に対して、勝之丞が目をつけないはずがない。時候のあいさつにはかならずみずから訪れ、当主の松井督之のみならず、奥方や近習などへの手土産も欠かすことはなかった。このときも、勝之丞は年賀のあいさつのため、八代を訪問したのである。

八代城は球磨川河口にある。すでに述べたとおり、勝之丞の母勢以は天草大庄屋長岡家から嫁いできていたが、この天草長岡家の先祖は細川ガラシャの次男で、大坂夏の陣（一六一五年）後天草に逃れて御領の村に住み着いた細川與五郎（興秋）という。熊本藩初代藩主細川忠利の兄と伝えられている。このようなこともあってか、松井督之は勝之丞に対して、出入りのお墨付きをあたえていた。

松井督之は、世上に通じたさっぱりとした人物であった。古城松井家四代賀之の次男として生まれたが、文化九（一八一二）年十七歳のときに松井家第八代徵之（あきゆき）（一七六六―一八二六）の養子となり、文化十三（一八一六）年二十一歳のときに徵之の娘と結婚し、松井家第九代当主を相続した人物であった。本来であれば、先代城主の松井徵之（あきゆき）の嫡男存之が家督を継ぐべきところであったが、文化七（一八一〇）年江戸参府の途中病死してしまった。しかも、残ったのはすべて娘ばかりであった。このため、婿養子として白羽の矢を立てられたのが分家筋の督之というわけであった。

松井督之の妻は、幸（一七九八―一八三二）という。このとき二十三歳。幸には、茂勢（一八〇四―三八）という十七歳の妹がいた。「八代小町」と称されるほどの美貌の姫君であった。

勝之丞が本丸のなかに入り、大書院の役人方に年賀のあいさつをおこない、小書院を訪れ、控えの間に通されて待っていると、奥方が女中をしたがえてやってきた。そして、勝之丞に茂勢の縁談について相談したのである。

奥方からの直々の依頼に驚いたものの、勝之丞はできるかぎり努力することを確約し、このことによって、またもや幸運を引き当てることになった。

■薩摩藩からの接触■

八代から人吉に向かい、そこで深江勝治郎なる薩摩の商人と会った。鹿児島下町に商店を構えている。人吉産のカラムシの販売交渉をおこなうためであった。すでに述べたように、松坂屋・石本家は文政二年の春から人吉産のカラムシを取り扱い、玄界灘方面の鯨組などに売りさばき、その取扱量も年々増加しているが、小口取引中心であるためにロスが大きい。大口の取引先を確保すれば、はるかに安定的な利益を確保することができる。

しかしながら、他国の商人が薩摩の領地に入ることはきわめて難しく、かねてから人吉と八代に出入りしている薩摩商人の深江勝治郎に売りつけようとしたのである。

勝之丞は薩摩産の黒砂糖やその他の商品を長崎のほか、鹿児島の深江勝治郎や市来の長谷川市右衛門、長谷川平左衛門、阿久根の藤本惣右衛門、勝目宗勝之丞などの薩摩商人から仕入れて、下関や瀬戸内・大坂方面にまわして販売していたが、これらはあくまで私的な取引にとどまり、薩摩藩本体との関係については、まったく手がかりさえつかめない状態がつづいていた。もちろん、勝之丞の最終的な目標――真の狙いは、薩摩の特産である黒砂糖などについての独占的な権利の取得であり、人吉藩や八代などとおなじく薩摩の御用商人となることであった。

人吉での商談をすませて天草に帰り、前年の決算をすませて、二月はじめに長崎にむかった。このとき、はじめて薩摩藩から接触があった。長崎駐在の薩摩藩聞役奥四郎なる人物が松坂屋長崎支店を訪れたのである。勝之丞にとっては待ちに待った薩摩からの接触であった。奥四郎の話では、長崎における産物の売り払いが、当初のもくろみに反し種々齟齬をきたしているため、新たな仕法が検討されているという。

薩摩藩は文化七年から長崎において琉球産物の販売を許されているが、長崎会所の監督の下、幕府からは品数を限定されていた。この品数限定については薩摩藩も了解していたが、長崎会所を通じて入札した販売代金が期限どおり納入されないことが問題であった。

このことは、薩摩藩の非でもある。薩摩藩は長崎に持ち込む琉球産物は全体の一部であり、相当な量が闇のルートでまわっていた。このため、長崎での取引は低調に推移し、取引が成立したとしても闇商品と競合してなかなか売れない。したがって、長崎会所で精算される薩摩藩の売却代金が延滞するケースが少なくなかった。この延滞売却代金のことを「出後れ銀」とよんだ。

長崎での取引が不振をきわめ、しかも藩の債務も累積し膨大な額に上り、大坂商人からの債務も累積し、藩財政は常に資金不足に陥っていた。これを打破するための、新しい仕法が藩内部で検討されているという。奥四郎はこのような藩の窮状を正直に説明した。

それに対して、勝之丞はいつでも三千両を融資する準備があることを告げた。

そして会見は終わったが、それっきり薩摩藩からの接触はなかった。

長崎には一カ月ほど滞在したが、二月二十八日になって、清国人が唐人屋敷前の番所を襲撃するという事件がおきた。近ごろ中国人が唐人屋敷を抜け出して、長崎市中を徘徊することが少なくなかった。その主たる目的は、町中で密かに取引をおこなうためである。長崎会所の役人たちのなかには、この闇取引の恩恵を受ける者もおり、本気で中国人を取り締まる意欲はなかった。

このような情報を得た幕府は、一昨年の六月以来大村藩に命じて唐人屋敷に対する監視を強化させていた。大村藩は唐人屋敷前に番所を設けるとともに、藩兵五十八人を配備して厳しい検問をおこなっていたが、中国人との間にいざこざが絶えなかった。

前年には数名の中国人が長崎奉行所に乱入するという事件がおこり、また九月には中国人とひそかに商売をおこなったという理由で、唐小通事末席の河間八兵衛が免職になるなど、不穏な動きがつづいていた。

ちなみに、河間八兵衛のこのときの不遇と怨みが、のちのち石本勝之丞が巻き込まれる「長崎の獄」

（高島秋帆事件）の遠因ともなる。

いずれにしろ、中国人が市中を徘徊して闇取引をおこない、一銭でも多く稼いで本国に持ち帰ろうとすることは問題であったが、騒乱を起こした中国人を厳罰に処して中国貿易の縮小という事態になれば、長崎経済は大きな影響を受けてしまう。

この騒乱事件もまた、うやむやのうちに処理されてしまった。

七月になって、長崎代官所から「諸色大問屋株制度（しょしきおおといやかぶせいど）」が公布された。

「郡内諸色雑貨小売商の人気次第に悪しきなり、他国胡乱の者と共謀し、似物または劣等品をもって愚昧の農民を欺き、高価に売りつける等、目に余るものあるにより、これが救仕法として諸色大問屋株を設定し、郡中四十名の銀主をして引負わしめ、来午正月よりこれを実施のこととなる。すなわち、右問屋は製造元より直仕入れして、郡中の小売業に請売らしめ、その間、抜仕入れ等の手段により、不正高価の物品を取次ぎ販売する余地なからしむるものにて、株元はそれぞれ運上を上納し、かつ郡内消費の余荷は代銀にて年々会所に納付すべく、もし今後なお不正品を取り扱う者を発見せば、それぞれ引き受け問屋よりこれを取り上げる約定なり。すなわち、大問屋人名左のごとし」

「諸色」とは「いろいろな品」、「問屋」とは「卸売業者」、「株」とは「専売特権」という意味である。

十七品目について、天草郡内の銀主四十名が大問屋に任命され、翌文政五年正月から実施されることになった。これらの大問屋は製造元から直接仕入れて小売業者に卸すこととされ、その利益のうちから一定額を代官所に納付するものとされた。このうち、実質的に石本勝之丞――松坂屋・石本家が引き受けたのは、太物、綿、苧（カラムシ）、油、蝋燭（ろうそく）、鬢付油（びんづけあぶら）の五品目であった。

太物を引き受けたのは、筑後屋熊四郎――すなわち、勝之丞の実弟野口熊四郎であった。太物（ふともの）とは、綿織物と麻織物のことである。絹織物は呉服といった。呉服は販売量が限られており、商売上は綿織物と麻織物がはるかに有利である。松坂屋は取扱量の多い綿織物と麻織物の専売権を取得している。原材料の綿と苧および油については、勝之丞の長男勝三郎名義で専売権を確保している。むろん、油もまた当時の生活必需品である。

蝋燭と鬢付油の専売権を取得した誠五郎は、松坂屋の元締であるから、これまた実質的にみて松坂屋の権利とみなしていいであろう。これらはもとより生活必需品である。松坂屋は蝋の生産もおこなっており、松坂屋としては、生産から販売までの権利を従来どおり確保したことになる。激務の合間をぬって、勝之丞が猛烈に根回しをおこなった結果であった。

それにもかかわらず、文政四年七月に公布されたこの「諸色大問屋株制度」は、文政六（一八二三）年四月四日に撤回されている。文政五年一月の施行の時からいえば、わずか一年二カ月後である。もともと、「労多くして、益少なし」と、長崎代官所内にも今回の措置について疑問視する声も少なくなかった。自家用として購入する者を取り締まることがそもそも困難であったからである。大問屋からの運上金も当初の見込みを大きく下回り、幕府にとって何の利益も生み出さなかった。早々に撤回のやむなきに至ったのも、当然のことであろう。

この年ふたたび疱瘡（天然痘）が天草で流行している。「石本家年譜」[8]には、「九月より大江村で疱瘡が流行し、極難の者たちが難渋におよんだので、勝之丞は米十五俵、丁銭十五貫文を贈って救済した」とある。

難民の救済と利益の地元還元は、勝之丞の信念となっている。どのように多忙なかにあっても、勝之丞は難民救済のための心配りを忘れることはなかった。

九月はじめ、薩摩藩聞役奥四郎の書状が長崎支店に届けられた。薩摩に戻っているらしい。奥四郎の書状によると、薩摩における新たな仕法について藩内の意見が分かれており、結論を得るのにまだ時間がかかるとのことであった。勝之丞の運上金の引き上げについても言及しており、勝之丞の申し出について厳しい検討がおこなわれているという。

九月二十三日付けの勝之丞の手紙にこのようなことが書かれている。あて先は小嶺内蔵右衛門と南喜惣治である。

薩州取組みの件については、当月初旬に書状が参り、私の存念よりも調達金が増額され、米の取扱いもできるかどうかわかりませんが、そのほかの産物については多く取り扱いできそうで、今月中旬までには、交渉役の人物を派遣するとのことです。いまだもって本当かどうかよくわかりませんが、これまた薩摩の出方を待ちたいとおもいます。

九月二十三日

石本勝之丞

小嶺内蔵右衛門様

南喜惣治様

南喜惣治は口之津の辰巳屋の主人で、松坂屋・石本家と親しい人物である。先代の石本平兵衛が疱瘡にかかったとき、南喜惣治の世話を受けたことについてはすでに述べた。商売の中心は水産加工物の製造販売であったが、文化年間天草の甘藷を取り寄せ、口之津で栽培させ、精糖業も営むようになっていた。南喜惣治は品質のよい薩摩産の甘藷をほしがっていたのであろう。

小嶺内蔵右衛門のことはよくわからないが、南喜惣治と連名のあて先とされていることから、おそらく島原藩の口之津詰所の役人であったろう。

この手紙を書いた時点において、勝之丞は薩摩藩の申し出を半表半裏（半信半疑）とおもっていたようである。

十月五日になって、勝之丞は長崎の高木代官屋敷を訪問している。ほかならぬ、八代長岡家茂勢の縁談の件であった。

実は高木作右衛門には、栄太郎という跡取りがいた。この年二十二歳。勝之丞は高木代官屋敷にしばしば出入りしているうちに、茂勢の縁談相手として栄太郎を推奨する気になったのである。

高木代官の同意を得て、八代に出張したときに八代城主の松井督之・幸夫妻に見合いを勧めたところ、二人とも大喜びで応諾した。勝之丞は三角港から船に乗って島原の口之津に上陸し、口之津からは早駕籠を仕立て、八代を出発して三日目に長崎に到着した。ただちに高木夫妻と会い、翌日の早朝には、高木栄太郎を連れて八代にむかった。陸路を多く使ったので、八代に着いたのは五日目の十月十一日であった。

八代城の本丸屋敷に到着を知らせると、明日午前中に来訪するようにとの返事である。その日は松坂屋八代支店に一泊し、翌日指定された時間に本丸御屋敷を訪問し、お見合いの末、無事縁談がととのった。披露宴は翌年の二月二十六日、長崎代官高木屋敷において挙行されることになった。

勝之丞は両家から媒酌人を務めるよう依頼された。再三にわたって勝之丞は固辞したが、両家とも頑として譲らない。やむなく媒酌人を引き受けたが、長崎代官と八代城主の双方から感謝される結果となった。

このころの勝之丞は、何をやっても幸運が転がり込んでくる。

この年の十一月二十八日、江戸勘定役佐藤五郎左衛門一行が、天草地方の干拓実施状況調査のため天草を訪れたときもそうであった。

一行は十一月十四日に長崎に到着し、三日間滞在して長崎代官所の概要説明を受けたのち、肥前佐賀、筑後柳川、三池湾、熊本をまわり、この日天草の登立に到着した。当初は天草地方におけるすべての干拓地を調査予定であったが、そうすると受け入れのために莫大な地元負担が生じる。このため、長崎代官所は丸山で宴会を催すなどして必死に説得工作をおこない、二カ所だけの調査とすることに成功した。

そのうちの一カ所として、松坂屋・石本家が施工している大矢野島の大楠新田干拓工事が選ばれたのである。

十一月二十九日早朝、佐藤五郎左衛門一行は大楠新田にやってきた。説明役は勝之丞である。段取りについては、あらかじめ長崎代官所と富岡役所の役人たちと綿密に打ち合わせをしていた。

松坂屋・石本家の干拓工事は、最新鋭の土木技術を応用している。現場責任者は、いつものとおり表之十である。

沖には松坂屋の大小の船が五十隻ほど停泊していた。

表之十はあらかじめ人夫たちに命じて、砂浜に麻の網を張りめぐらしていた。網の上方には突き出した大岩がある。そして、まずその大岩を、爆薬を使って爆破した。破砕された岩は、砂浜に張られた網のなかに転がった。有明海の干満の差は激しい。たちまち潮が満ちてきた。男たちが浜辺で作業をはじめ、網のあちこちに木材を結びつけた。

潮が満ちるにつれて、木材が浮きはじめた。木材に結ばれたロープは船につながれている。やがて、満潮になると、船が帆を一杯に膨らませて、ロープを引きはじめた。ゆっくりと木材が沖のほうへ移動していく。その下につるされた網は岩を抱えたまま引っ張られていく。沖のほうにむかっていった船団は途中で停泊し、一斉にロープを切り落とした。

ふたたび干潮となり、干上がった潟の先には、先ほどの破砕された岩が東側から延びている堤の先端に転がっていた。それが新たな堤防の基礎になるわけであった。

勝之丞は作業の間、図面で詳細な説明をおこなった。

仮設の現場小屋で佐藤五郎左衛門一行に茶を差し出しているとき、勝之丞は数名の者たちを小屋に招き入れた。富岡町の大坂屋吉郎兵衛、大島子村の池田屋林太夫、牛深村の万屋寅八および勝之丞の息子の勝三郎であった。いずれも天草の有力銀主である。『天草近代年譜』[1]によると、一同は、

「このたびの佐藤さまのご来島のご趣旨を尊び、手前ども銀主一同協議のうえ、江戸表へしかるべき増米を願い出たく、このため一同うち揃って参上した次第でございます」

といって平伏し、献米の願い出をおこなったという。

佐藤五郎左衛門一行はその日大楠村に宿泊し、勝之丞以下の銀主たちから豪勢な接待を受けて深酔いし、翌日二日酔いのまま肥後へむけて出発していった。

佐藤五郎左衛門は意外に実直な人物であったらしく、江戸へもどるや天草銀主たちの増米の願い出をあちこちで宣伝した。

勝之丞たちもむろん佐藤五郎左衛門への約束を守った。おなじく『天草近代年譜』[1]には、

「関東方面旱魃のため、勝之丞、勝三郎名で増米冥加納五百石積み二艘を差し出す」

とある。

勝之丞ら天草の銀主たちの行為は、江戸の勘定奉行の耳にも届いた。長崎代官所の役人から、

「近々賞詞を賜るであろう」

との知らせが届けられた。

勝之丞の幸運はつづいている。

この間、長崎支店を拠点に「唐紅毛取引入札株」の取得のための根回しをつづけていた。

「唐紅毛取引入札株」――すなわち、中国・オランダ貿易入札参加資格の取得のためには、長崎支店所在地の平戸町乙名の願い出により、長崎中の乙名たちの協議を経て、宿老に進達され、審査を受け、根証文（担保）を差し出す必要があった。

平戸町の乙名は、石本本家の石本荘五郎であり、これについてはまったく問題はない。最も重要なのは、ほかの町の乙名と宿老たちの意向であった。

「唐紅毛取引入札株」を取得した商人のことを、「本商人」という。

勝之丞は本商人の資格を取得するため、長崎支店を開設するなどさまざまな手を売ってきたが、長崎町宿老の森半右衛門、浜武駒之助、徳見庄八郎、林猪三太、森効之助らをはじめ町乙名たちが、ようやく松坂屋・石本家の本商人資格を認める方向に動きはじめたのである。

長崎代官高木作右衛門や石本本家の石本幸四郎・荘五郎父子の尽力もさることながら、長崎におけ

る取引の規模などからみて、もはや誰もが勝之丞の実力を無視できなくなっていたことをしめしている。

それでも、じっと待っているだけでは結論は得られない。勝之丞は集中的に最後の根回しをおこなった。勝之丞は金をばらまき、融資などの申し出には目をつぶって応じた。

この過程で、勝之丞は宿老の森効之助に次男で十一歳の勘十郎を養子に出す約束までした。養子になれば分家せずに一家を構えることができるし、宿老の家柄であるから、家格としても申し分ない。

唐紅毛取引入札株は、文政五（一八二二）年九月長崎支店の名義人である石本本家の石本辰之進の名で認められた。

文政五年九月十二日付けの「口上書」が残されている。

　唐紅毛の交易品が入札されたとき、私はこれまで五カ所商人のなかから懇意の者に依頼して買入れておりましたが、上方からの注文品と混じるために混乱して不行届きとなるので、今後は本名松坂屋辰之進名義で入札することをお許し下さいますようお願い申し上げます。もちろん根証文を差上げ、上納銀は所定の日までに遅滞なく御役場に納め、いささかも相違なきよう商売に精出す所存でございますので、願い出のとおり仰せ付け下されれば、まことに有り難き幸せに存じます。この段、書付によって願い奉ります。以上

文政五年九月十二日

平戸町　松坂屋辰之進

森半右衛門殿
浜武駒之助殿
徳見庄八郎殿
林　猪三太殿
森　匊之輔殿

この口上書には、平戸町乙名で石本本家の石本荘五郎の保証書が添付されている。

根証文（担保）として、島原隈田村の松坂屋熊八郎の名で銀七百貫が差し出されているが、驚くべきことに、西川藤十郎、弓削又助、曽田文左衛門、藤本文太夫ら島原藩勘定方役人の連名によって、長崎町宿老らに対し次のような保証がおこなわれている。

上納銀請負根証文のこと

一、銀七百貫目

島原隈田村　松坂屋熊八郎

右の者分家長崎平戸町松坂屋辰之進が唐紅毛物入札商売をいたすにつき、身元ならびに上納銀の納入について書面の銀高を確約したが、落札物の代金と上納金は定められた日に遅滞なく納入することはもちろん、難破船、火災その他の変事が生じても、いささかも相違ないよう納め、万一遅滞いたしたときは書面の銀高を備え置くので、本人の意向にかかわらず必ず全額納付させる。右のとおり相違なく、ここに一札差し出すものなり。

文政五年九月

松坂屋熊八郎とは、平兵衛の五男の球磨八のことで、この当時わずか三歳にすぎない。この三歳の童子が島原隈田村に本家を構え、その分家が長崎支店の石本辰之進であるように擬制されている。平兵衛は居村払いを受けた罪人であり、どうしても表には出ることのできない身であった。このため、平兵衛は表面上の名義人として、石本本家の辰之進と五男の熊八郎（球磨八）の名を用いたのである。

この根証文は、島原藩が保証したということに意味がある。勝之丞は明らかに島原藩と共謀している。このことを裏づける資料が残されている。この年の四月島原藩の曾田文左衛門が記したものである。

覚

一、天草御領村石本勝之丞は根証文の申請をはじめておこなうため、昨年の冬から長崎に滞在し、あれこれ尽力いたしております。五百貫目の件についても同人は尽力いたし、どうにか下準備もできて、近々一番割り当ての上納が終われば、正式に願書を提出する準備を整え、おおよそ実現の見込みが立ったところです。

この根証文の件については勝之丞の親の代からの懸案で、先年にも実現のため尽力いたし、うまくいっていましたが、手違いが生じて断念し、時期を待って願い出ることにしていたところです。

勝之丞は俵物の取扱いについては利益を上げることを第一義に、旧恩を忘れず一方ならず尽力し、かつ利益を確保する見込みが立ったため、五百貫目の申請が認められたならば、勝之丞は自分自身の根証文の申請をおこないたい意向のように思えたので、ゆっくりと本音で話し合ったところ、「お国許（島原藩）の申請をお勧め申し上げたのに、自分が申請してはどうかと思って差控えておりました」と本心を打ち明けました。

根証文についてはほかの商人たちも申請するような動きもあると聞いておりますので、「決して遠慮する必要はない」と申したところ、「そうでありましたら、幸い次男（三男の誤り。筆者注）の辰之進がゆくゆく唐紅毛商売をするつもりで幼少のころから長崎で暮らしておりますので、三男（次男の誤り。筆者注）勘十郎と隈田村本多万之助の名義で申請し、五百貫目ほどをお国許（島原藩）の名義で願い出ていただければ、次男の辰之進に唐紅毛商売をさせたいと思います。下準備はすべて私どもがいたしますので、申請をさせていただくならば、ご恩に報いるため、御囲いの根証文の件についても、将来にわたり一生懸命お世話させていただき、島原の御為になるよう微力を尽くし、毎年かならず利益が出るようにいたします。そのための考えもありますので、近々長崎においでいただいたときに申し上げたいと存じます」と申しました。

わが藩の根証文の件は、ひとえに同人（勝之丞）の尽力により実現できたことでありますから、勝之丞の思いも実現させてやりたいと思います。もちろん、この申請の件も同人が自分自身で動きますので、面倒なことはありません。

ついては、三男勘十郎が島原に住んでいるようなふりをして申請の名義人となり、手続きを進めたいと存じます。

四月　曾田文左衛門

この文書によると、勝之丞は島原藩の唐紅毛取引入札株取得に必要な五百貫の根証文（担保）の設定について尽力しているようである。その見込みが立ったところで、島原藩の勘定方役人の曾田文左衛門は、勝之丞の唐紅毛取引入札株取得への悲願を知り、それを支援するため藩の上層部に伺いを立てている。

この文書のなかでは、島原藩が提供すべき根証文の額は銀五百貫目とされているが、勝之丞が実際に提供した額は七百貫目となっている。これは長崎貿易規模を大きくするため、勝之丞みずから限度額の引き上げを図ったものであろう。ちなみに、翌年の三月には銀一千貫目に引き上げている。

名義人について、当初勝之丞は次男の勘十郎と本多万之助の二人を予定していた。

本多万之助とは妻和歌の兄で、島原有家村本多家の跡取りである。しかしながら、最終的には五男の熊八郎（球磨八）一人を名義人にしている。本多万之助が脱落したのは、本多家が難色をしめしたからであり、次男の勘十郎については、すでに述べたとおり、長崎町の宿老森家との養子縁組話が進行していたためである。

この曾田文左衛門の文書でとりわけ注目すべきは、

「勘十郎が島原に住んでいるようなふりをして申請の名義人となり」

と書いているところである。原文では、

「勘十郎嶋原人高之振ニ而願主ニ相立」

とある。

これこそが、島原藩と勝之丞の共謀を裏づけるものである。勝之丞は長年の悲願であった唐紅毛取引入札株を取得するため、島原藩の協力を得て、あえてこのような非常手段を用いたのである。最終的に確定した根証文の銀七百貫についても、現金を納入したのではなく、島原藩の確約書ですませているようにもみえる。いわば、見せ金で唐紅毛取引入札株を取得しているようなのである。

これまた手のこんだ手段である。七百貫といえば約一万二千両である。万が一のことがあれば、島原藩はこれを弁済する責任があるにもかかわらず、勝之丞のためにこのような措置を取り計らったということは、島原藩と勝之丞との信頼関係がいかに深かったかを物語っている。石本家と島原藩の代々にわたる親密な関係に基づくものであろう。

勝之丞は島原藩の絶大な支援を受けて、子供名義と藩の確約によるいわば見せ金によって、ついに唐紅毛取引入札株を取得することができたわけである。

勝之丞は善良なだけの商人ではなかった。勝之丞は唐紅毛取引入札株を取得するため、なりふり構わぬ手段を弄したのである。

このころ長崎では、原因不明の恐ろしい伝染病が猛威をふるっていた。長崎に入港した外国船の船員のなかにコレラ患者がいたことから、それがまず長崎で発生し、またたく間に九州・四国一帯に広がっていた。発病したらたちまちころりと死ぬので、誰いうともなく「コロリ」と称するようになった。長崎の町はこの時期、恐慌に襲われていたのである。勝之丞のどさくさまぎれの勝利でもあった。

唐紅毛取引入札株の取得によって、今後勝之丞は自由に外国貿易をおこなうことができる。望む物を輸入し、望む物を輸出できる。勝之丞の新たな飛躍は、まさにこの時からはじまったのである。

松坂屋・石本家が唐紅毛取引入札株を取得して六日後の九月十八日、佐賀藩主鍋島斉直が長崎を来訪し、勝之丞は大黒町の佐賀藩蔵屋敷に招かれた。

鍋島斉直は勝之丞の唐紅毛取引入札株の取得に祝辞を述べたのち、勝之丞に金三百疋を下賜した。

勝之丞は平伏してそれを受けた。

このころ、佐賀藩では有田権之允（ありたごんのじょう）なる人物が重用されていた。

もと御側頭（御小姓頭）であったが、この年の十二月に家老に就任していた。鍋島斉直は側近を登用することによって、米札の乱発による藩政の混乱を一気に収束しようと狙ったのである。しかしながら、側用人務めの習性が身についた有田権之允の目は、常に藩主に向けられている。有田権之允らは、藩財政の立て直しを広言していたが、結局のところ彼らの目的は藩主を満足させればそれでよかった。藩民の苦痛よりも、藩主の満足を優先させる。いわゆる茶坊主である。当然のことながら、有田権之允は藩民に対する重税策を推進した。領民一人当たり銀四匁の人頭税を課すというのである。佐賀藩では人別銀とよばれる。領民すべてに均等に課税するもので、納税者の負担能力をまったく顧慮しない税である。

佐賀藩の人別銀は安永四（一七七五）年にはじめてつくられたが、重い年貢負担にあえいでいた農民にとってさらなる負担である。多くの農民が困窮したため、最終的には免除の措置が取られている。しかしながら、藩財政は窮迫する一方である。佐賀藩はしばしば人別銀を賦課したが、計画どおり徴収されることはほとんどなかった。筑後川をはさんで対岸の久留米藩においても、宝暦年間にこの人頭税を導入しようとして、いわゆる「宝暦の大一揆」が発生した例もある。

ふたたび人頭税が導入されれば、佐賀藩においても大規模な百姓一揆が起こる可能性があった。武雄鍋島家の鍋島茂義や白石鍋島家（白石御親類家）の鍋島直章、横岳鍋島家の鍋島茂延、鍋島神代家の鍋島茂堯（しげたか）など心ある重臣たちは、人頭税の反対を表明し、辞表を提出する者が続出したが、有田権之允や納富十右衛門ら新興の側近勢力は、提出された辞表をことごとく受理して藩政を独占してしまった。

このような状況について、勝之丞はさまざまなルートを通じて情報を集め、当分の間佐賀とは距離を置くことにした。

佐賀藩は三十五万石余の大藩であり、大量の米のほか産物に恵まれている。とりわけ、有田焼などの陶磁器とその色づけのための茶碗薬（上薬・釉薬）などを一手販売で取り扱うことができれば、膨大な利益になるはずであった。有田焼は欧米での評価も高い。唐紅毛取引入札株を取得した松坂屋の目玉輸出商品にできるはずであった。

しかしながら、藩政の中枢が有田権之允らに掌握されている間は、接近するのは危険であった。商売は互いの信用が基本である。信用できない者とは取引できない。有田権之允の最優先目標は藩主への奉公であり、藩主のためであれば、平気で契約を踏みにじるであろう。商売の相手としては、最も避けるべき人種であった。

その後勝之丞は、佐賀藩からしばしば接触を受けたが、多忙を理由にことごとく応じなかった。

勝之丞の当面の狙いは、薩摩藩であった。人吉藩の御用商人となって、人吉産のカラムシなどの販売権を取得した勝之丞は、それらを薩摩に売りさばくため、懸命に工作をおこなっていた。

人吉藩では前年の文政四年に家老に抜擢された田代善右衛門の主導で、藩政改革が進められていた。「相良家史料」第十六巻のなかに、「御財政に付田代善右衛門意見」なる文書がある。これは田代善右衛門が提出した財政改革についての意見書である。彼はそのなかで、

「江戸屋敷の経費を削減することが改革の要である」と主張する。かつ、多額の滞納を発生させている「苧・茶買上の仕法」――すなわち、藩によるカラムシと茶の専売制度については、

「末代までも決しておこなってはならない」

と主張した。

人吉藩はこの意見書に基づき、江戸屋敷の運営経費の徹底した削減を命じるとともに、カラムシと茶の専売制度についても廃止していた。

このようななか、熊本の商人など多くの商人たちが人吉産カラムシの販売権を取得しようとさまざまな働きかけをおこなっていたが、田代善右衛門は勝之丞との約束にしたがい、断固斥けていた。田代善右衛門の九月十六日の日記には、

「天草の石本勝之丞に対して年々御蔵カラムシを渡しているが、このたび肥後川尻の商人が紺屋町久米右衛門の仲介で、御蔵カラムシ一斤につき一匁六分二厘三毛で買いたいとの申請があった。石本に渡すよりも総額で十七貫余の利益となるが、石本とは約束を取り交わしているので、書状で石本と交渉したい、と内々丸尾文左衛門から申し出があったので検討をおこなった。しかしながら、先年藩財政が難渋したとき、西治右衛門を天草に派遣し、追加の融資を低利でおこなわせ、そのうえ御蔵カラムシの売りさばきができなかったため、引き受けてくれるよう申し入れしたところ、石本も売りさばき先のあてがなかったにもかかわらず、球磨カラムシの買い取りを引き受け、その後年々代金の弁

済も滞ることなく、利益もわずかしか得ていない。石本に申し入れて、協議のうえ川尻の商人に渡したならば、石本へ不義理をいたすことになり、川尻の商人へはほどよく説明して、十月中に石本が当地に訪れたときに、以上のようなことを説明して少々値段を上げさせ、円満に協議するよう西治右衛門に申し渡した」

とある。宮崎克則氏は「豪商石本家と人吉藩の取引関係[9]」のなかで、

「財政再建を目指す田代善右衛門にとって、石本は貴重な存在であった。石本は苧の代銀を滞りなく上納し、さらに低利の融資もしてくれたのである。同じ文政五年、石本が扱った人吉の産物は、苧六万斤（代銀八十一貫）・茶（代銀五貫余）・楮（代銀十三貫余）・砂糖三百樽（代銀十九貫余）（文政五年九月、人吉城下の七日町の吉左衛門が砂糖製造を許可されている）であった。これらの代銀はすべて為替で大坂蔵屋敷に納めている。大坂無借銀によって、大坂商人との関係を弱めていた人吉藩にとって、石本の資金力はそれに代わるべき存在であったし、そこに石本が拡大していく途もあった」

と書かれている。

この当時、勝之丞は人吉藩から仕入れた大量のカラムシの売りさばきに苦慮していたが、それでも人吉藩に対しては「一手買い」（独占的な買取）の要請をおこないつづけていた。それを薩摩に対して「一手売り」（独占的な販売）をおこなえば、膨大な利益を手にすることができるはずである。

松坂屋人吉支店の手代道田七助が、江上太三郎なる人物に出した書状が残されている。

この書状によると、勝之丞は来年からの苧の「一手買い」を人吉藩に要望していたが、なかなか結論を得ることができなかったらしく、道田七助は人吉藩の勘定奉行丸尾文左衛門と接触して、要望を拒絶した場合には人吉支店を閉鎖することを予告している。

それに対して、丸尾文左衛門はカラムシの需給関係が好転して値上がりしているため、引き取り価格の増額と現金払いを要求し、話し合いによる円満解決を表明した。

これに対して勝之丞はある程度の譲歩をしたのであろう。こののちも、勝之丞は人吉藩との取引を順調に拡大している。

このように、勝之丞は佐賀藩に対しては静観する一方で、人吉藩との関係を軌道に乗せるとともに、薩摩藩に対して懸命の働きかけをおこなっていた。

■中国難破船■

このようなとき、十二月六日に天草郡牛深村の鶴崎沖で中国船が難破した。乗組員たちは冬の海に投げ出され、須口浦の海岸に泳ぎ着いた者もいれば、行方不明となった者もいた。中国船に積まれた多くの荷物が、海上に投げ出された。

村人たちの知らせによって事故を知った遠見番所の役人たちは、ただちに烽火を上げ、富岡役所に急使を派遣した。

事故報告を受けた富岡役所は、飛船を出して長崎代官所に報告し、これを受けて長崎代官所の唐紅毛抜荷取締方木原甚三郎ほか三名が先発隊として長崎を出発したのは、十二月九日のことである。唐紅毛抜荷取締方の役人が派遣されたのは、密貿易船の疑いを持ったからであろう。

翌日の十日には、長崎代官高木作右衛門みずから現地にむかって出発した。手代など数名の供を引き連れ、陸路島原の口之津にむかい、そこから天草に渡ろうとしたが、シケのため、結局口之津に二日間足止めをくらった。

たまたま佐伊津村にもどっていた勝之丞は、このころには高木作右衛門らの動向をつかんでいた。高木作右衛門一行が十二日に口之津を出発し、九つ時（十二時）に御領に到着したとき、勝之丞は長男の勝三郎とともに港で出迎えた。

勝之丞は高木作右衛門を洲崎の池田屋に案内し、昼食を取り、しばらく休憩したのち、御領を出発した。出発の際、高木代官は勝之丞にむかって五十隻の曳船の手配と資金の融通を頼んだ。

高木家の婚儀を仲人したこともあり、勝之丞と高木作右衛門は親密の度をさらに深めていた。それにも増して、この突然の難破事故に対しても、勝之丞は瞬時に一つの商機と判断していた。かつて勝之丞が長崎に留学していたとき、オランダ船が長崎港で難破するという事件がおきた。このとき周防（山口県）の廻船業者村井喜右衛門（一七五二―一八〇四）が独自の技術でオランダ船の引き上げに成功した。喜右衛門は長崎奉行から多額の償金をもらい幕府からも表彰を受けて、国中の評判を取った。近ごろ中国船の海難事故が頻発しており、沈没船を引き上げるノウハウを取得すれば、これはこれで商売の種になるにちがいなかった。

勝之丞は高木代官の申し出に対し、一日で曳舟を手配し、小宮地浦に集結させることを確約した。沈没船の引き上げについて、将来長崎代官所から専属的に請け負うことができるようになれば、今回の経費は先行投資とおもえばいい。

高木作右衛門は御領村から佐伊津村にむかい、木戸馬場、町山口を通って、夕刻までに亀川新田に到着し、そこから船に乗って小宮地浦に渡り、十二日はそこに宿泊した。

勝之丞は天草の村々に伝令を走らせ、大楠新田の工事責任者の表之十にも連絡を取って、明け方までに五十隻の舟を確保した。

十三日高木代官一行は、曳舟五十隻を引き連れて、小宮地浦から海路を急ぎ、同日の夕方に牛深に到着した。また、長崎奉行所岩原詰普請役渡辺啓次郎も十一日に長崎を出発し、高木代官とおなじコースで牛深にむかい、十四日に牛深に到着した。

十四日、高木作右衛門は、難破した中国船から流失した荷物についての取締を天草全土に布告した。あわせて、漂着した中国人が寝泊りするための仮設住宅の建設に着手することにし、天草各地の庄屋・大庄屋たちを牛深に集め、

「長崎から遠隔の海上で、連絡往来も不自由なため、当面必要な金銭資材および唐人のための住宅や食糧などについて、緊急の事態でもあり、一同に支援をお願いしたい」

と申し渡し、住民たちに支援金の要請をおこなったが、もともと天草は慢性的な貧困地帯である。支援金を申し出る者はほとんどいない。

高木作右衛門は現地で陣頭指揮を取るが、物資も人手も不足し、難破船の引き上げも見通しが立たない。

年末になって、高木作右衛門は牛深に勝之丞を呼び寄せた。要するに、泣きついたのである。勝之丞は、このときもまた、年明けには沈没した唐船を引き上げ、そのための船、人夫、潜水夫などを手配し、無事引き上げに成功した後には、長崎へ曳航し、また、唐人の当面の食糧や住居、衣服、その他生活に必要な品々を取り揃えて提供することを確約した。かつ、いちいち長崎と往復しては時間もかかるため、代官所として必要な経費についても立替え、後日精算とすることを申し出た。

高木作右衛門が大いに感激したことはいうまでもない。難破船の引き上げに成功した暁には、江戸表へ褒章を申請することを確約した。

文政六（一八二三）年は難破船問題を抱えながら年が明けた。勝之丞三十七歳。

一月初旬には松坂屋・石本家の決算を済ませたが、人吉産カラムシなど商品の調達拡大の面では大いに成果があがったものの、薩摩との協議が進まず、期待したほどの販売目標を達成することができなかった。難破船問題に手を取られて、なかなか薩摩との交渉を進めることができない。

内海の長崎湾と異なり、牛深の外海に面した鶴崎では周防の喜右衛門とおなじ手法は難しい。皮で浮き袋をつくるにも、時間がなかった。

寛政十一（一七九九）年に周防の村井喜右衛門がオランダの傭船エリザ号を引き上げたとき、大量の浮き袋を使って成功したことはよく知られていた。

現場責任者の表之十は、数百隻の曳舟で引き上げることを提案した。勝之丞は、その提案を了承し、曳舟と人夫を手配し、一月下旬から引き上げを開始した。

沈没船の真上の海上に大きな大木の筏をつくり、潜水夫が太いロープを沈没船に結び付けて、数隻の大型船の大型ロクロにつなぎ、百隻余りの小型の曳舟とともに、いっせいに引っ張るのである。総指揮は表之十が取ったが、何度試みても海底に沈んだ中国船は動かない。曳舟の力が横方向に流れて、沈没船を浮き上がらせるだけの力が出ない。

曳舟を増やしても、まったく効果がなかった。勝之丞も牛深に宿を取って現場の者たちと打ち合わせをおこなうが、有効な打開策を見出すことができない。

二月十四日には長崎から唐船修理方の田中順蔵が牛深に到着したので、彼を交えて協議を重ねるが、それでも妙案が浮かばない。

高木作右衛門も勝之丞に会うたびに催促するようになった。

追いつめられた勝之丞は、牛深の自分の宿に表之十ほか主だった面々を呼び寄せた。

集まった者たちがさまざまな提案をおこなったが、そのなかで、小宮地村の百姓で林平なる若者が、酒樽数百個を干潮時に船体に結び付ければ満潮時に船が浮上するのではないかと提案した。確かに、酒樽であれば一千個であろうと、二、三日のうちに簡単に調達できる。しかも、皮袋よりもはるかに堅固で密閉性にも優れている。一個あたりの単価も安い。その方法で実施することで意見がまとまった。

酒樽数百個を三日でそろえ、四日目に作業が開始された。干潮時に大勢の男たちが海に潜って、沈没船と酒樽のロープを結び付けた。すると、潮が満ちるにつれて、中国船が浮きはじめた。

勝之丞も岬の先端から高木作右衛門らと作業を見守っていたが、船体が浮き上がるようすをはっきりと確認することができた。近くで見物していた中国人も、大きな歓声を上げた。『天草近代年譜』[1]には、

「一同歓呼して工事を続行す」

と書かれている。

表之十の指揮の下、百隻を超える曳舟が四方からいっせいに沈没船を引っ張ると、船体が完全に姿を現わした。それを確認するや沈没船に小舟が群がり、男たちが次々と中国船に乗り移り、水を汲み出した。破損した箇所には板を打ち付けて応急処置を施し、船内に残されていた遺体をすばやく運び出した。

やがて、中国船はゆっくりと須古浦のなかに曳航されていった。海岸に集まって見物していた住民たちからも大きな歓声が上がった。

その夜から数日間、牛深はお祭りのような騒ぎになった。ところが、どういうわけか、二月二十三日夜半八つ時（午前二時）に宮崎八幡宮から出火し、本殿・拝殿が全焼し、その火が強風にあおられて燃え広がったのである。

牛深は漁村特有の密集した集落である。火はまたたく間に燃え広がり、一晩で百八十軒の民家が焼失するという大火事となった。高木代官はじめ、天草中の大庄屋らも牛深村に滞在していた。深夜の

出火ということもあり、逃げ惑う住民の悲鳴が飛び交い、村中大騒ぎとなった。

翌日になって、被害状況が明らかになるや、高木作右衛門の指示によって、「郡中各村より直ちに竹木縄等を義捐し、仮小屋を建てて罹災民の救護に努む」（『天草近代年譜』[1]）という措置が取られ、各村からさまざまな救援物資が贈られ、勝之丞もまた、米や銭、塩・味噌・鍋・釜・衣類など大量の物資を手配して、被災者たちの救済にあたった。

その間、中国船の修復についても昼夜兼行の突貫工事でつづけられ、完工の見込みも立ったので、高木作右衛門は長崎奉行所普請役渡辺啓次郎とともに、三月五日らは牛深から船に乗って、口之津を経て長崎にもどった。

高木作右衛門は難破船引き上げと牛深の大火に際して采配をふるい、常に慈悲あふれる態度で住民らに接し、寝食を忘れて復旧に努めた。

高木作右衛門が船に乗って出発するとき、大勢の住民が涙を流して見送ったという。


三月中旬に長崎にもどった勝之丞は、「唐紅毛取引入札株」の根証文高を従来の七百貫から銀一千貫に増額した。銀一千貫といえば、約一万七千両である。これまた島原藩と協議のうえ、島原藩の保証によって引き上げを図ったのであろう。

限度額一杯の一万七千両の貿易品を購入して大坂などで販売すれば、やり方によっては、二倍、三倍の利益を得ることができる。勝之丞は、苦労の末にやっとのことで獲得することができた金の成る木を、さらに大きく育てようとしていた。

このころの勝之丞はきわめて多忙である。松坂屋全体の経営状況を常時把握しながら、各支店にさまざまな指示をおこなう一方、商談を求めてくる商人たちに応対しなければならない。

といっても、いまの勝之丞にとっては、薩摩への参入が最も大きな課題であった。人吉産物の一手取扱いの権限を確実なものにし、それらを薩摩に売り込み、やがて薩摩の琉球産物を取り扱うことができるようになれば、莫大な利益を得ることができる。勝之丞はそのような戦略を立てていた。そのためには、人吉藩との関係を盤石なものにしなければならない。「石本家年譜」[8]には、

「五月人吉藩の相良公にお目見え」

とあるとおり、勝之丞はしばしば人吉を訪れ、藩主はじめ、田代善右衛門や勘定方の役人たちと粘り強い交渉をつづけた。

六月に入ると、中国の貿易船が来航し、七月六日にはオランダ船が来航した。

オランダ船の船名はデ・ドリー・ベジュステル号（船長はエー・ヤコメッティ）であった。オランダ船には、新任のオランダ商館長ヨハン・ヘルム・デ・スチルレルや医師のフィリップ・フランツ・バルタザール・フォン・シーボルト（一七九六―一八六六）など数名の交代要員が乗船していた。

この医師のシーボルトこそ、日本史のなかに大きな痕跡を残すこととなる人物である。

翌日にはもう一隻のオランダ船――オンデル・ネーミング号が到着し、先着したベジュステル号とともに、多くの小舟に曳航されて長崎港に入港すると、長崎の町が一気に華やかな雰囲気に包まれた。

■薩摩へ■

七月になって、勝之丞は長崎代官高木作右衛門の屋敷を訪れた。

この場で、勝之丞は月末に人吉へむかい、八代を経て薩摩に出向くため、長崎代官所から往来手形を発給してもらいたい旨陳情した。

高木作右衛門は、ただちに承諾し、手代に命じて発給手続きを命じた。

このとき、高木作右衛門は、先般の牛深の唐船難破および大火に際して勝之丞が抜群の功績を上げたため、江戸の老中に表彰と苗字帯刀の具申をするつもりであることを告げ、あわせて、文政元年より小山清四郎と一年持ち回りで就任していた天草の掛屋役について、小山清四郎から役職辞退の申し出があったため、今後は松坂屋の専任としたい旨を伝えた。

もとより、勝之丞にとっては、願ってもない申し出である。天草の年貢米四万石の一手取扱い権を取得するということであり、これほどありがたいことはない。幕府から苗字帯刀を許されることは、確かに名誉なことであるが、直接のもうけにはつながらない。天草四万石のほうが、はるかに利益があある。

高木代官は、九月までにはすべての手続きを終えることを確約した。

勝之丞は、文政六年七月二十八日、長崎代官高木作右衛門手代の上野伸右衛門から往来手形を発給され、下人三人をつれて長崎を出発した。人吉と薩摩の件を一挙に解決するためである。人吉産物の一手取扱い権限を確保し、薩摩へ売り込む。北から南へ少しばかり運ぶだけで膨大な利益を得ることができる。人吉藩と薩摩藩の貿易の独占的な仲介権を獲得することが今回の出張の目的であった。

島原の口之津では島原藩の役人たちと打ち合わせをおこない、天草では掛屋役専任に向けた準備を勝三郎と熊四郎らに命じた。年貢四万石の一手取扱い権限を取得したといえ、天草では木材、穀物、魚、海藻、油、櫨など多くの産物がある。領民にはかならずしも米納させる必要はない。代官所に四万石相当分の銀を渡せばすむことであり、米以外の産物の産物を年貢として納めさせても、結果は変わらない。

勝之丞の頭のなかには、天草全体の産物を支配する構想ができあがっていたはずである。天草において文政四年から諸色大問屋株制度が施行され、指定を受けた問屋以外は指定品目を取り扱うことができないという障壁があったが、自家用と称して購入する者が多く、すでにザル法になっていた。予定された運上金も集まらず、富岡役所では臨時の出費も多く、唐船難破事故などによって、昨年だけで三十貫も欠損を生じているという。遅かれ早かれ諸色大問屋株制度は破綻する。天草のすべての産物を自由に取引できる日は刻々と近づいていた。

勝之丞は御領から佐伊津村にむかい、佐伊津村には盆過ぎまで数日滞在しただけで、人吉に向けて

出発した。この間、長崎代官高木作右衛門は、勝之丞に予告したとおり、八月になって、

「石本家において代々貧民難民救済のことあり、またお上のため上納金も差し出しており、石本勝之丞は孝心厚く奇特の者であるから苗字帯刀御免仰せ付けられたい」

との内容の上申書を老中に上申している。

天草を出発した勝之丞は船で八代へ渡り、松井家へのあいさつをすませると、人吉にむかった。人吉に着くや、勝之丞はかねての申し合わせにしたがって、銀二百貫目の融資を申し出た。二百貫目といえば、約三千三百両になる。

この当時、人吉藩では江戸屋敷と大坂蔵屋敷の経費で欠損を生じ、銀百四十貫ほど不足している状況に陥っていた。藩の行財政改革を主導してきた田代善右衛門らにとって、大きな見込み違いであった。このようなときに、銀二百貫の融資を得れば、その赤字を補っても余りが生じる。「石本家家譜」には、

「八月二十八日御用金（銀二百貫目）を用立てたので、球磨相良公よりご紋服一具と帷子一枚を下賜され、五人扶持を賜った」

とある。

このようにして、人吉藩の重臣たちの心をつかんだ勝之丞は、こののち人吉藩の御勘定御役所の役人たちと、相互の基本的な関係や具体的な融資条件、取引品目、取引条件などについて、連日のように交渉をつづけた。

八代に向けて出発したのは、九月二十日過ぎであったから、人吉には一カ月近く滞在したことになる。人吉藩との争点は、実は一つしかない。勝之丞はすでに人吉藩に対して、藩が必要とする場合はいつでも三千両融資することを確約し、米一万俵とカラムシ六万斤の永代買い入れおよび蝋と木綿の一手永代買い入れを取り付けていた。ただし、これはあくまでも口約束であった。勝之丞は、文書での確認を求めた。むろん人吉藩にとって最も強い関心事は、勝之丞が今回新たに提示した融資額二百貫の返済条件である。勝之丞は二百貫の返済条件については、人吉藩の出方によって決めようとおもっていた。

人吉藩が文書化に応じなければ、二百貫を細かく分割して、数年がかりで融資する。利息も高くつける。文書化に応じ、かつ内容において満足すべきものであれば、二百貫を即金で支払い、利息もつけず、返済期限も設けない。勝之丞は、さまざまなケースを想定して、人吉藩との交渉に臨んだ。

交渉の過程では、双方のちょっとした駆け引きが演じられたが、家老の田代善右衛門が基本的に了解していたこともあって、交渉は円満に終了し、人吉藩は勝之丞の求める内容にほぼ近い形の確認書を出すことになった。

この確認書は、これまた「石本家文書」のなかに残されており、「約定書　相良近江守勘定役」と記載された上包みに入れられている。これは、三斗入り米一万俵とカラムシ六万斤の永代買い入れなどについて、十三カ条にわたり文書で確約するものであった。

米は時の相場、カラムシは一斤につき銀一匁四分によることとされた。一万俵は三千石にあたる。

この当時米一石銀五十五匁ほどであるから、一万俵は銀百六十五貫となる。金換算で二千七百五十両である。カラムシは一斤につき銀一匁四分で六万斤の取引であるから、銀八十四貫、金換算で千四百両となる。米とカラムシを合計すれば、約銀二百五十貫、金換算で約四千両余の取引であった。このほか杉木材を銀三十貫分、金換算で五十両分を人吉藩から購入することになった。茶については、生産者から直接買い入れることとなり、人吉藩に集荷させてまとめて買い付けることはできなかったが、品質の保持などについて人吉藩は側面から協力することになった。蝋・木綿など勝之丞が人吉において販売する品目についても確認書のなかに盛り込まれた。

ほぼ勝之丞の要望どおりの内容となった。

これに対して、勝之丞は人吉藩の求めに応じていつでも三千両までは融資することをあらためて確約し、あわせて銀二百貫をほぼ無期限で融資することにした。これは、人吉藩が勝之丞の言い分のほとんどを承諾したため、勝之丞としても破格の申し出をおこなったためである。ただし、「後世に至り不慮のことで松坂屋の身代が衰微した場合は返済することが許されたので、必ず円満に協議のうえ返済いたす」という条項が付加されたことは、勝之丞の運命を予感させるものとなった。松坂屋の経営が破綻・衰微したとき、人吉藩は銀二百貫を返還するという付帯条項が、まさか現実に発動されるときがこようとは、勝之丞も人吉藩の側も夢にもおもっていなかったにちがいない。

この基本的な確約書を受けて、勝之丞の側からもいくつかの確約書が人吉藩に提出されている。

いずれにしろ、このときの人吉藩と勝之丞の合意の中核的内容は、勝之丞が米一万俵（三千石）とカラムシ六万斤の永代一手買いの権限を取得したことである。人吉藩の石高は二万二千石であったが、そのうち江戸廻米は七百石、大坂廻米は三千石であった。江戸廻米はすべて江戸屋敷の藩士に俸禄としてあたえられ、大坂廻米分はほとんど大坂の市場で売りさばかれていた。勝之丞が一人で請け負った米は三千石であるから、ほぼ大坂廻米に匹敵する量を獲得したことになる。

カラムシの価格については、これまでより若干価格が引き上げられたものの、六万斤という大量のカラムシを確保し、しかも一年後の代金納入で決着している。逆にいえば、勝之丞は一年後まで資金を他で運用できることになったのである。これは大きな成果であった。

これらの見返りとして、勝之丞は返済がほとんど期待できない銀二百貫目を融資したわけである。

こうして、勝之丞は人吉藩との交渉を終え、薩摩にむかって出発した。

人吉で確保した大量の商品を、薩摩で売りさばかねばならない。

今回の出張の、最大の目的であった。

薩摩藩七十七万石のこのころの当主は、島津家第二十七代の島津斉興（なりおき）という。寛政三（一七九一）年生まれであるから、文政六年当時三十三歳。

父の名は島津斉宣（なりのぶ）といい、安永二（一七七三）年生まれの五十一歳。祖父の名は島津重豪（しげひで）といい、延享二（一七四五）年生まれの七十九歳。

むろん、二人ともすでに隠居しており、父の斉宣は「御隠居様」、祖父の重豪は「大御隠居様」とよばれている。

ところが、薩摩藩の実権は、大御隠居様——すなわち、島津重豪に握られていた。

御隠居様といえば聞こえはいいが、斉宣は父重豪によって藩主の座を追われ、むりやり隠居させられていたのである。斉宣は、隠居剃髪して渓山と号し、江戸の白金屋敷に住みつづけている。ことの仔細はこうである。

宝暦五（一七五五）年父島津重年（しげとし）の死去に伴い、十一歳で第二十五代藩主についた島津重豪は、中国や西洋の文化に興味をしめし、種々の開化策をとった。

島津重豪と側室の市田氏（お登勢の方）との間に生まれた茂姫（しげひめ）は、第十一代将軍徳川家斉（いえなり）（一七七三—一八四一）の夫人となった。島津重豪は将軍の岳父として権勢を誇ったが、それであるがゆえに多額の交際費もいる。藩財政を圧迫する要因となった。

天明七（一七八七）年、島津重豪は娘茂姫と将軍家斉との婚姻を機に隠居し、藩主の座を長男斉宣に明け渡した。

第二十六代藩主となった島津斉宣は、悪化した財政の再建のため、秩父太郎や樺山主税など「近思録派」とよばれる面々を登用して藩政改革をおこなったが、隠居した重豪の怒りを買い、文化五（一八〇八）年に秩父太郎と樺山主税は切腹させられ、百名余の藩士が遠島などの処分を受けた。これを「近思録崩れ」という。

その翌年の文化六年、斉宣は三十七歳の若さで隠居させられ、代わって斉宣の長男斉興が弱冠十九歳で藩主の座についたというわけであった。

このとき以来十四年にわたり、薩摩藩においては、大御隠居様である島津重豪のいわば独裁的院政が敷かれている。

勝之丞たちは、人吉からいったん八代に下り、そこで一泊したのち、翌日早朝、肥後と薩摩の国境にある野間の関にむかった。野間の関は、薩摩三大関所の一つとして、常時厳重な検問体制が敷かれていた。

勝之丞は、長崎代官高木作右衛門手代の上野伸右衛門から発給された通行手形とともに、薩摩藩長崎蔵屋敷聞役奥四郎の添状を関所の役人に提示したものの、かなりの時間をかけて取り調べを受けた。身体検査もさることながら、何度も何度もおなじ尋問を受ける。ちょっとした間違いをおかせば、ただちに追放されるであろう。

勝之丞たちは、厳しい尋問を受けたのち、野間の関を通過し、薩摩領に入った。

五　薩摩の利権

一八二三年から一八二九年まで

■薩摩との交渉■

野間の関から阿久根までの距離は、五里（約二〇キロ）である。勝之丞は随行の手代らとともに、その日のうちに阿久根に到着した。勝之丞はかなりの健脚であったと伝えられている。

阿久根に一泊し、川内、串木野、市来、伊集院を経て、鹿児島城下に入ったのは、九月二十六日の午後である。鹿児島城下の間近に錦江湾が広がり、東方には桜島が見える。勝之丞にとっては、はじめて見る壮大な風景であった。

宿を取り、休む間もなく、勝之丞は到着を知らせる書状を唐物方御役所の役人に届けた。

翌日からは、勝之丞と薩摩藩の役人たちとの間で、熾烈な交渉がつづけられることとなった。

勝之丞は、十月十四日に野間の関から出国しているので、薩摩に二十日間滞在したことになる。天草・長崎を中心に大きな商売をしている勝之丞にとっては、かなり長期の滞在といっていい。人吉と合わせれば、三カ月にも達する長期の出張である。

勝之丞が今回の薩摩との交渉に、いわば不退転の決意で臨んでいたことがわかる。

勝之丞には、三つの目的があった。

第一は、いうまでもなく、人吉産のカラムシ・茶などについて、薩摩藩に直接売り込みを図ることである（人吉産物の売却）。

第二は、薩摩・琉球産物の取扱い権限を取得することであった（薩摩・琉球産物の取扱い）。

第三は、長崎における琉球貿易品（中国からの輸入品）の取扱いに関して、本商人として独占的に取り扱う権限を取得することであった（琉球貿易品の取扱い）。

第一の「人吉産物の売却」に関しては、現在勝之丞は薩摩商人との相対取引によって売りさばいているが、代金回収についての危険性が常につきまとっていた。薩摩藩との公的な取引ということになれば、安全性が飛躍的に高まることはいうまでもない。

人吉産カラムシについては、すでに述べたとおり、人吉藩との間で「永代一手取扱い」の権限を確保し、年間六万斤を確実に調達することができる。玄界灘方面などで三万斤ほど売れるので、残りの三万斤を毎年薩摩に売ることができれば、大口仕入れと大口販売とのバランスが取れる。

第二の「薩摩・琉球産物の取扱い」についてである。

薩摩藩七十七万石の産物すべての取扱い権限を独占的に取得できるならば、それこそ天下の富を動かすことができるであろう。

第三の「琉球貿易品の取扱い」については、以上の二つとは若干性格が異なる。

琉球を通じた中国からの輸入品のことである。薩摩藩は元禄二（一六八九）年以来、琉球を通じて中国から輸入した白糸と紗綾の二品を、京都の指定商人を通じて国内で販売することが許されていたが、文化七（一八一〇）年に薄紙・五色唐紙・鉛・羊毛織・丹通・緞子・猩燕脂・花紺青の八品目についても輸入が認められた。

文政元年には硼砂等四種、文政三年には玳瑁等二種が追加されたが、これは島津重豪が老中首座水野忠成に働きかけた結果といわれている。

このように、文政六年現在、十六種類の中国商品が琉球を通じて輸入されていた。これらの商品は長崎へ廻送され、本商人の入札代金はいったん長崎会所に納付され、そののち薩摩藩に支払われることになっていた。ところが、この会所精算金の支払いが恒常的に遅延していたのである。この遅延した精算金のことを「出後れ銀」ということについては、すでに述べた。

この薩摩藩による琉球貿易品に対して、唐紅毛取引入札株を取得したばかりの勝之丞は、やはり独占的な取扱いの意欲を持っていたのである。薩摩専任の本商人として琉球貿易品を取扱い、代金精算方法などを改善すれば、大きな利益を獲得することができるはずであった。

このような勝之丞の思惑を秘めながら、薩摩藩との交渉が断続的に進められた。

勝之丞はかねてより薩摩藩と接触し、三千両の上納金を匂わせていた。これは人吉藩においても用いた手法であり、まず大金の提供を申し出て、おもむろに条件交渉に引っ張り込むというのが勝之丞の作戦であった。

薩摩藩の窓口は、東郷半助、田中新八、帖佐（ちょうさ）彦左衛門という唐物方御役所の役人たちである。ところが彼らは、五千両の上納を要求した。さすが薩摩藩である。人吉藩とはわけがちがう。勝之丞が渋ると、薩摩藩の役人たちは、勝之丞がかつて三千両を融資するといった発言をとらえてしぶとく食い下がる。結局、二千五百両の融資で合意した。

薩摩の役人たちは集団で交渉に臨んでくるが、勝之丞はただ一人である。熾烈な交渉であった。

次に勝之丞が薩摩に要求する項目が議題となった。まず、カラムシの売り込みである。これまで相対取引で薩摩に売りさばいていたが、薩摩藩との公的な取引に格上げしなければならない。勝之丞はこれまたのちのちの証拠のため、口上書を提出した。この口上書の主旨は、次の六点である。

一、薩摩藩に年間三万斤の購入を求める。
二、春と秋の年二回に限って納入する。
三、代金は品物と引き換えに鹿児島で決済する。
四、上・中・下三段階の品質区分を、中の一区分か、上・中の二区分に簡略化する。
五、薩摩側の取り扱い商人は、石本と取引のある瀬戸山市兵衛とする。
六、人吉藩で梱包された一俵八貫目の俵のまま納入する。

この口上書を提出したうえで、交渉を開始した。

これまで鹿児島の商人瀬戸山市兵衛を通じて薩摩にカラムシを販売していた実績をもとに、まず年間三万斤の買い上げをストレートに求めた。

そして、上等品は一斤銭二百八十文、中等品は一斤二百五十二文、下等品は一斤二百三十二文、遠距離の久見崎（ぐみざき）（川内市）の分は運賃込みで一斤二百六十五分と価格提示した。

すでに述べたように、勝之丞は人吉藩から一斤につき銀一匁四分で仕入れることとなっている。このころの銭相場は、銀一匁あたり銭百八文程度であったから、これで換算すると、上等品で銀二匁六分、中等品で銀二匁三分、下等品で銀二匁一分五厘、久見崎分で銀二匁四分五厘となる。これでみると、勝之丞は仕入れ価格の倍以上の売価を見込んでいるわけである。三万斤を人吉から仕入れるのに銀四十二貫、金換算で七百両になるが、これを薩摩に運ぶだけで同額程度の荒利を得ることができるというわけである。

薩摩藩の役人たちも、漁民たちが品質のよい球磨カラムシを欲していることは知っていた。しかしながら、これまでどおりの価格で漁民に売却しても藩には何の利益もない。

それに対して、勝之丞は、薩摩藩庁で一括して取引すれば、売却代金がいったん藩庫に入ってくるメリットを強調した。勝之丞に支払うまでの間は資金が藩庁に滞留するため、運用できるはずである。勝之丞は人吉藩との間で後世までカラムシを独占的に引き受けるとの約束ができたことを告げ、将来にわたって確実に春と夏に納品することができると強調した。

春と秋の二回に限ったのは、無駄な運送費を抑えるためである。

さらに、薩摩側の取扱い商人を瀬戸山市兵衛に交替させてほしいと要望した。瀬戸山市兵衛商店は、薩摩における松坂屋系列の取引先といっていい。系列の商店を取引相手に選ぶのは、商売の基本である。

勝之丞は三段階の品質区分についても、簡略化を要求する。カラムシは年によってその品質にかなりのばらつきがある。むろん人吉から仕入れる場合には三段階の区分によって厳格に審査し、できるだけ安値で仕入れて、薩摩に対しては下の区分をなくし、中等品以上の高値で売りつける。二段階にすれば、検査も楽で、人手もかからず、日数も減る。検査のための費用も大幅に減らすことができる。

しかしながら、勝之丞のペースに巻き込まれるのを警戒してか、薩摩の役人たちのガードは固い。勝之丞は数量を二万斤に減少させて交渉したが、それでも協議は整わない。結局、今後の話し合いということになった。

勝之丞も薩摩藩の事情はよく知っている。最終的な決定権は江戸屋敷にいる島津重豪にあり、江戸往復の日数を考えれば、年内に結論がでればいいほうであろう。それまでは、これまでどおり薩摩商人との相対取引でカラムシを売りさばくしかない。

この件に関しては、断続的に協議がつづけられたらしく、十一月の時点でも決着していない。勝之丞が薩摩藩に出した十一月付けの別の口上書がある。

一、人吉産カラムシは薩摩藩唐物役所で買い上げられたい。

二、薩摩へは指示どおりの重量と時期に納入する。代金支払いはこれまでどおり。

三、薩摩への販売実績は二万斤で、今後はこれを一括して唐物役所で買い上げ、それを大船中に販売されたい。

四、了解してもらえるなら、上等の品をしつらえ、値段も久見崎御船手と同様二百六十五文で毎年十二月から翌年一月までに納品し、代金は納品と引き換えに一括して支払われたい。毎年冥加金として青銅二百貫文ずつ上納する。

勝之丞は、当初要求の三万斤から二万斤に減らし、受諾すれば、上等品ばかりを二百六十五文に値引きして納入し、くわえて毎年青銅二百貫を上納する、と申し入れている。

さらに別の口上書が残されている。勝之丞の要求は、次のとおり。

一、薩摩藩用の茶五千俵のうち、三千俵は人吉の茶を購入予定であるが、価格が高いため購入量を減らす意向と聞いている。このため、今年の未購入分の俵数を薩摩藩に納品し、来年以降も納入したい。三年間試験的に納入し、問題がなければ永年五千俵ずつの買い上げを検討願いたい。

二、薩摩藩から永年購入の約束をもらえば、人吉藩からの永年仕入れの権限を取得したい。

三、他の商人が薩摩に持ち込んだ人吉茶を購入すると、人吉からの仕入れが細分化し、価格が引き上がり、量の確保が困難になるので、人吉の茶については松坂屋だけから購入してもらいたい。

四、購入価格については、格別の配慮を願いたい。品質の保持について最大限の努力をおこなう。

五、毎年三千俵を納入したい。

六、代金決済の方法については、別途協議したい。

勝之丞は薩摩藩に対して、かなり厚かましい理屈を並べ立てて、茶の購入を求めつづけている。これからみると、勝之丞はまずストレートな要求をぶつけて交渉するタイプの商人であることがわかる。まず大きくぶつけて相手の反応を探るわけである。相手がそのまま呑めばそれでよし、呑まなければ譲歩案を小出しにして相手のようすをうかがう。しかも、カラムシなどほかの要求とからめて要求するから、薩摩藩の役人たちの注意が分散され、茶に対する厚かましい要求を見逃してしまう。

このようなこともあってか、茶については一定量の売り込みに成功している。

このことに関しても文書が残されている。これによると、茶の価格について勝之丞は五貫三百文から五貫八百文への増額を要求している。また別の文書によると、勝之丞は茶代金の決済方法の確認を求めている。要約すれば、次のとおり。

一、人吉産の茶の納入が八月から翌年の二月になっても、この代金の長崎会所決済については、その年の春の産物代金で精算する。また毎年八月の茶俵の決済時に「出後れ銀」と相殺する。

二、茶代はすべて銭で決済し、長崎および長崎会所決済の不足残金については、その時々の長崎における銀相場で銀換算のうえ決済する。

三、長崎蔵屋敷内の茶千俵購入については、毎年八月中に茶を引き渡し、そのとき代金の半分を受け取り、残りは鹿児島で半分受け取り、残りの半分は長崎において受け取る金額に加算して受け取る。

いずれにしても、代金回収について万全を期すものであり、薩摩側がうっかり承諾すれば、勝之丞の側に有利に振れる仕掛けが施されている。薩摩側は勝之丞の真意を探るため、とにかく慎重にならざるを得ない。抜け目のないやつだ、と思ったはずであるが、茶については勝之丞の思惑どおり決着した。

いずれにしても、茶については、このような交渉経過をたどった。

次の交渉議題は、「琉球貿易の取り扱い」である。

長崎における中国貿易について、薩摩藩との関係で何らかの独占的な権限を取得できれば、大きな利権となる。

勝之丞が目をつけていたのは、薩摩藩に支払われるべき「出後れ銀」の存在であった。長崎会所における貿易代金を円滑に薩摩藩に支払わせるシステムを構築し、あわせてその代金の一部をうまく勝之丞のほうに還流することができれば、大きな利権――というよりも、莫大な運用資金を獲得できる、というのが勝之丞の本音であった。

薩摩の琉球貿易に関しては、すでに述べたように、文化七年幕府は薩摩藩の私貿易である琉球貿易を抑制するため、貿易品を長崎会所の入札組織に組み入れさせ、その統制強化をはかった。これに伴い、薩摩藩では「唐物方御役所」を設置し、長崎蔵屋敷に聞役（産物掛）を置いた。聞役が琉球貿易品の販売・代金回収・黒砂糖や茶の販売などを担当するわけである。

琉球貿易品の代金は、長崎会所で落札した商人が上納する代金のなかから、所定の額を差し引いた残りを薩摩へ送付する仕組みであったが、薩摩への支払いが遅れ勝ちになっていた。ここに目をつけた勝之丞が、口上書を薩摩藩に提出した。

この口上書は勝之丞の商売人としての才能が満ち満ちた内容であり、きわめて難解なものとなっている。

勝之丞は、まず長崎における琉球産物の昨年度の売り払いに関して、七十日を超過した「出後れ銀」

（長崎会所の遅滞金）の分を月五朱で計算すれば、およそ四十貫一分となり、その二倍の八十貫目ほどが不利益になっていると算定している。

要するに、七十日以上回収が遅れた貿易代金四十貫目を長崎会所に対する貸付金として処理すれば、月五朱の利息約四十貫目を加算することができ、二倍の八十貫目になるというのである。特に七十日目以降と限定したのは、一般に入札商人が落札代金を上納する場合、

「唐・オランダ船商売荷物の荷渡しの最終日より当地取り立て者五十日目に限り、大坂取立て割合目録当地より大坂表へ差し立て候当日より三十日に限り取り立ての御定めにつき、荷渡し相済み候翌日より右日限納銀に相定め候。もっとも右納限通りに納銀難しく相成る者、右御定日に二十日延納までは御猶予仰せ付けられ候」

なる規則があり、大坂・長崎いずれへ納めても、その期限は最大七十日と定められていたからである。この規定はもちろん琉球貿易品に対しても適用されるべきはずであるから、七十日以上延滞した代金について、長崎会所に対する貸付金に切り替えて利息を付すべきであると主張するのは、金融資本家たる勝之丞にとっては、きわめて当然の見解であったといえようが、真意は「出後れ銀」という「金のなる木」をさらに太らせようとするものであったことはいうまでもない。

さらに、勝之丞は驚くべき提言をしている。すなわち、天草から徴収する年貢を長崎会所の売買代金の特定財源ないし担保にすべし、と主張する。

すでに述べたとおり、勝之丞は文政元年から天草の掛屋役に就任していた。これは、天草全島の年貢米を収集し、長崎会所に納入する役職であった。この場合、年貢米をかならずしも現物で納める必要はなく、銀四百貫目分の為替――いまでいう小切手を長崎会所に納めればよかった。勝之丞は売買代金一千貫目と「出後れ銀」百五十貫のうち、天草年貢等を特定財源ないし担保として、六百貫目は確実に回収できると計算している。

ただし、天草の年貢はあくまで長崎代官所所管のいわば国庫であり、他への流用はもちろんのこと、為替を換金して使用するなど、掛屋役の権限がおよぶものではない。薩摩藩の政治力と勝之丞の長崎と天草における人脈を総動員しなければ、とうてい実現は困難であった。

このため、勝之丞は薩摩藩の役人たちに薩摩の政治力を発揮すれば特定財源化が可能であることを力説し、長崎会所における貿易の実態――とりわけ根証文主について細々と説明した。

根証文主とは長崎貿易本商人のことで、あらかじめ長崎宿老老人宛てに提出した根証文銀高を限度として、番割ごとの入札の権利を有し、同時に根証文限度額までの荷為替を組む権利を有する商人のことである。

本商人は入札株の許可を得ると、大坂など特定の問屋に落札した貿易品の販売を委託する。当然のことながら、長崎会所における落札金額と問屋の販売金額との差額が、問屋と入札商人の利益であるが、力関係でいえば、やはり販売部門を担う問屋ほうが強い。入札資金を提供して、入札量や落札価格などについても露骨に干渉をおこなった。本商人すなわち根証文主は、その要求にある程度応じるのは仕方のないことであった。文化年代以降オランダ貿易の衰退などによって入札商人が窮乏したころから、その傾向がますます強くなっている。

このような唐紅毛為替根証文主のなかから特定の琉球産物為替引受人を指定し、その引受人が落札代金を直接薩摩藩に支払うようにすれば、百日で確実に代金回収ができる。

現状のままでは、大坂問屋が琉球貿易品販売の売れ行き不振――危険性を見越して、落札金額に間銀（一定の利益）を加算して、根証文銀高を商人に貸し付けようとするため、借り手がなくなり、結局、琉球貿易品の入札は不成立に終わり、薩摩藩の代金回収も不可能となる。そこで、問屋が要求する通常の間銀から半額を減じて、商人に入札させる。この際、売れ行き不振により問屋の利益が減少すれば、落札商人は会所上納銀の不足をきたすことになるが、その補てんは貸付金に切り替えた「出後れ銀」の利息で回収できる、と勝之丞は主張する。

このように、勝之丞がくどくど論じるときは、なんらかの狙いをもっているときが多い。この場合、薩摩藩の琉球産物為替引受人になることが、勝之丞の真の狙いであった。勝之丞はすでに述べたとおり、唐紅毛入札株を取得し、島原藩を保証人として千貫目の根証文主になっていた。

勝之丞は、薩摩藩の特定商人となって、琉球貿易品の入札、落札、上方送りのいっさいを請け負う。そして、琉球貿易品を担保に薩摩藩への銀貸しを進めて、薩摩藩の心臓部に進入し、薩摩・琉球産物の一手取り扱いの権限を獲得する。

勝之丞は、薩摩藩の独占的な御用商人の地位を獲得しようともくろんでいたのである。

しかしながら、琉球貿易品に関する天草年貢の特定財源・担保化や「出後れ銀」の貸付金への切替え、長崎会所を介しない代金決済など、新たな「長崎会所仕法」ともいうべき構想については、薩摩藩内部での合意形成と、幕府や長崎代官所や長崎会所などの大胆な政策変更を要するかなり大きな問題である。

勝之丞は、薩摩藩の東郷半助、田中新八、帖佐彦左衛門ら唐物方御役所の役人たちと熱心に議論をつづけたが、容易に結論のでる問題ではない。この問題についても、今後とも継続的に協議をおこなうということで、とりあえず鹿児島での話し合いを打ち切ることにした。

鹿児島滞在中の勝之丞の足取りは記録に残されていないが、勝之丞は会談の合間に役人たちに連れられて名所旧跡を訪ね歩いたはずである。将来の取引を見越して、港の視察などもおこなったであろう。鹿児島の商人たちとも顔合わせをしたにちがいない。夜は料亭などで薩摩の料理と焼酎を味わったことであろう。そして、二十日間鹿児島に滞在したのち、十月十四日付けの薩摩藩の通行手形をもらって、野間の関から出国し、いったん天草にもどり、十一月に長崎にもどった。

■薩摩藩への参入■

長崎にもどってからも、薩摩藩とは断続的に交渉をつづけた。その間、勝之丞は正式に長崎の薩摩藩蔵屋敷への出入りを許された。いわゆる「館入」である。

この交渉に際して、勝之丞が残した「御請書」という文書がある。この文書によると、薩摩藩は再度金五千両を翌年の春までに融資するよう求めているが、勝之丞は半額の二千五百両、正銀に換算して百五十貫目の融資に値切っている。かつ、現金が不足した場合は、人吉の茶千俵余の現物貸与で補てんしようとしている。勝之丞はどさくさまぎれに、抜け目なく茶を売りつけようとしているわけである。また、返済については、「出後れ銀」の返済金のなかで精算することにしている。

勝之丞は、「出後れ銀」に対しても、着実に触手を伸ばしている。「御内慮伺い奉り候口上書」という文書によると、富岡役所駐在の長崎代官元締手代上野伸右衛門に対して、天草の年貢米売り払い金を薩摩藩の琉球貿易代金決済の特定財源として用いる新たな「長崎会所御仕法」について相談し、

「自分の権限内で事を処理できる」

という回答を引き出している。

さらに、このころの勝之丞と薩摩藩とのやり取りされた文書によると、勝之丞は「長崎会所御仕法の検討結果」について質問している。それに対し、薩摩側の回答は「出後れ銀」の貸付金化――すなわち、延滞した琉球産物代金を貸付金に切り替えて利息付とすることについては、やはり長崎会所が了解しそうにないことを告げている。

秋割りの「出後れ銀」二百七十貫目のうち七十貫目ほどが会所から支払われたが、残金の支払いを求めて、薩摩藩聞役の奥四郎が長崎会所と協議を重ねていた。この間、勝之丞は銀百五十貫目を薩摩に貸し付け、その貸付金の元利を会所の「出後れ銀」支払い金のなかから精算させようともくろんで

いたのである。そして、勝之丞は長崎会所吟味役の小沢、村上、内藤や吟味役助の吉野などに働きかけ、当面百貫までは「出後れ銀」の特定財源とすることに成功していたのである。勝之丞は、薩摩藩に宛てた別の書状のなかで、

「天草御年貢米銀のうち、私引合をもって明日中に百貫目を早納いたせば会所が助かるので、なおまた右の入金申し立てをもって五十貫目まで増額いたすつもり」

と申し出、つごう天草年貢銀百五十貫目を薩摩の「出後れ銀」に回している。

ここまでくると、勝之丞の金銭の操作能力というのは、あたかも将棋の名人が将棋の駒を動かすのとおなじくらい精妙であることがわかる。勝之丞の手持ちの現金、天草年貢銀、「出後れ銀」およびその立て替え金などのさまざまな意味合いの金銭の流れが、勝之丞によって複雑に操作され、すべての流れが松坂屋のなかを通過することによって、利息あるいは運用益という形で確実に果実をもたらすのである。

勝之丞が薩摩藩に対して来年三月に約束した二千五百両の融資についても、利息として月八朱とされ、一見薩摩藩のためにおこなった好意的な融資のようにみえるが、実際は長崎会所から支払われる琉球貿易代金を吸い込むためのストローであった。

ストローのなかを通ってくるのが、天草年貢銀である。このような仕掛けを施すため、勝之丞の長崎会所への働きかけは熾烈なものであったにちがいなく、薩摩藩聞役奥四郎に宛てた書簡のなかに、しばしば「吟味方元方へ相応のご内授方を願い奉り候」とあるとおり、薩摩藩の政治力を大いに利用

している。

長崎会所の歳入歳出のうち、米代（幕領年貢米）は総計千五百貫目であり、百五十貫はそのわずか十分の一に過ぎない。会所の役人たちも、その程度であれば影響はあるまい、というような感じで勝之丞の申し出を了解したのであろうが、あるシステムをつくるとそれが自己増殖をはじめるのは、今も昔も変わらない。勝之丞の仕掛けたシステムを薩摩藩と長崎会所が了解した時点で、すでに勝之丞の術中にはまったといっていい。勝之丞はそのシステムを足がかりに、きわめて巧妙に、また鋭利なドリルのようにして薩摩藩のさらに内部に潜入していったのである。

いずれにしても、薩摩藩との交渉は、文政六（一八二三）年の年末ぎりぎりまでつづけられた。薩摩とやりとりした文書も、この時期集中的に残されている。

これによると、従来勝之丞が薩摩で販売していたカラムシ二万斤を薩摩藩が一括して引き受けている。すなわち、薩摩でのカラムシの販売量を二万斤とし、唐物方用達小村権兵衛ほか三人が売りさばきにあたり、回収代金については五、六カ月間唐物方へ無利息で預ける、というものであった。しかも、勝之丞は薩摩へ売りつけるばかりではなく、薩摩の櫨五十万斤の獲得に成功していた。

これは大きな成果であった。このことによって、売掛金が延滞したとき、未払金と相殺することができる。

勝之丞は取引価格の設定に関し、例によって蝋の平均価格の導入を提案しているが、おそらくそのことによって勝之丞の側に利益が生じるのであろう。代金の支払い方法についても、実に細かく念を押している。

■有明海沿岸の状況■

文政七（一八二四）年一月七日、二年前に施行された「諸色問屋株制度」の見直しがおこなわれ、綿・太物・苧・鉄・紙・油・藍・木具・売馬については自由販売が許された。そして、二十五日には線香・呉服・蝋類・死牛馬についても自由販売が許され、ここにおいてすべての品目についての制限が完全に撤廃された。

勝之丞が予想したとおり、机上の空論で取引に無用の制限を加えた結果であった。

いずれにしろ、勝之丞にとって、天草での取引が自由におこなえるようになったことは、実に喜ばしいことであった。

天草、長崎、島原、人吉、八代などに加え、薩摩への新規参入に成功していた。佐賀藩や久留米藩、柳川藩などの長崎聞役からもしきりに面会を求められていた。

有明海沿岸諸藩の完全制覇も、夢ではなかった。しかも、江戸の水野忠邦は、昇進の確かな手がかりをつかんだようであった。そうなれば、九州を越えて、大坂、江戸と競い、日本全体で大きな商売ができるようになる。

この飽くなき拡大欲がどこから出てくるのか、勝之丞自身にもよくわからなかったであろうが、勝之丞はただひたすら前に進んでいった。『天草近代年譜』[1]によると、この年の三月十九日に、「長崎代官と姻戚の八代御隠居、長崎滞留よりの帰途、この日茂木より直接八代表へ帰船あるはずのところ、春日とはいえ遠灘のこと、御領村大島か大島子村、あるいは大矢野柳浦あたりへ滞船あるかもしれず、日暮れなば、殿様だけそこへ船上がりにて一宿あいなるべきにつき、それぞれ手配あるよう。もっとも曳き船は富岡より茂木へ向け十艘差出しあるゆえ、外の村々は用意に及ばず」という内容の会所詰め大庄屋からの急触れがあった。

長崎代官とはむろん高木作右衛門のことであり、八代御隠居とは、八代藩松井家第七代の松井徴之(あきゆき)のことである。高木作右衛門の長男栄太郎と松井徴之の娘茂勢が、勝之丞の仲人で結婚したことについてはすでに述べた。

松井徴之の長崎・天草訪問に際して、勝之丞があれこれ世話をしたことはいうまでもなかろう。

夏を過ぎたころ、長崎代官の高木作右衛門から呼び出しがあった。「石本家文書」には、「九月二十六日勝之丞は高木作右衛門宅玄関上の間において、小比賀慎八と村次鉄蔵の立会いのうえ、長崎奉行土方出雲守と高橋越前守よりのお達し。孝心から居村はもちろんのこと近郷の貧困者を篤く救済し、文政五年牛深鶴崎において唐船沈没の際、沈没船の引き揚げから唐人の居小屋の賄い方にいたるまで格別心を砕いたので、水野出羽守(忠成)様より褒美のため銀十枚を下賜され、永代苗字を許された旨よりお達しがあった」

と上包みに記載され、本文には、

肥後国天草郡佐伊津村　百姓勝之丞

その方孝心篤実であるとともに、近郷近在の難渋の者へも心配りをいたすなど、まことに奇特である。また、一昨年冬の牛深村鶴崎において唐船が難破したおり、引き揚げや唐人のための小屋の提供など格別尽力いたしたことにより、ご褒美として銀十枚下され、永々苗字を名乗るよう、水野出羽守殿より仰せつかわされた。

右は土方出雲守殿及び高橋越前守殿御達しにつき申し渡す。ありがたく存知奉るべく候。

文政七年申九月　　高木作右衛門

とある。もちろん、石本家において「永代苗字」を許されたのは、勝之丞がはじめてである。勝之丞は喜びのあまり、菩提寺の東禅寺に梵鐘を献納した。

十一月には、長崎奉行高橋越前守から、「孝養ならびに奇特のゆえ」をもって、紋服一具を下賜され、「石本家家譜」にも、

「家老の鍋島氏が長崎を来訪し、金三百疋下賜される」

とある。肥前佐賀藩のために、資金融通したことへの返礼であった。ただし、この時点でも佐賀藩に対する勝之丞の積極的な姿勢はうかがえない。実はこの年の七月、佐賀ではちょっとした騒動がおきていた。江戸において放蕩をつづける藩主鍋島斉直を諫めるため、武雄領主の鍋島茂義、白石親類家

の鍋島直章、横岳鍋島家の鍋島茂延、鍋島神代家の鍋島茂堯ら佐賀藩の重臣たちが、正式の手続きを経ぬまま、変名などをもちいて一斉に江戸に上ったのである。九月六日江戸藩邸に着いた一行は、側用人有田権之允らを呼び出し、身柄を拘束し、佐賀へ送り返した。

　重臣たちの命がけの決起の前には、藩主といえども、どうすることもできなかった。十一月三日、藩主斉直は江戸在勤を終えて佐賀にむかった。重臣たちは藩主一行の出発を見届けるや、先回りをして佐賀にもどり、有田権之允らに切腹を命じた。そして、佐賀にもどった藩主斉直に対して隠居を求め、嫡子の鍋島直正（一八一四―七一）の擁立のため、幕府要人の根回しをはじめた。

　いずれにしても、勝之丞は佐賀藩でなにやら大騒動がおきているらしいといううわさは入手していた。このような状況では、佐賀藩へ本格参入することはできない。勝之丞は藩政の安定を待つこととした。

　この年、長崎においては、オランダ商館の軍医少佐フォン・シーボルトの名声が急激に高まっていた。町年寄の高島四郎太夫（秋帆）と久松碩次郎らはシーボルトが名医であることを知り、長崎奉行に陳情して、出島外での診察の許可を受けていた。シーボルトはオランダ通詞の吉雄幸載（よしおこうさい）と楢林栄建（ならばやしえいけん）の家において、一日交替で日本人の診察治療にあたったが、シーボルトの医療技術とその知識は、当時の日本人にとってはまさに神業であった。診察を希望する者のみならず、医療技術を学ぼうとする者が殺到した。それに対し、シーボルトは病人の治療に全力を尽くし、西洋医学を求めて集まる日本人に対し、熱心に医学の講義をおこなった。

長崎奉行所もまた、シーボルトが類まれな名医であることを幕府に報告した。シーボルトのうわさはたちまち全国に広まり、多くの若者が最新鋭の医学を学ぶために長崎に集まってきた。シーボルトのいくところ、病人と若者で大混乱を呈するようになった。

きちんとした施設が必要ではないか、という声がしだいに高まった。

しかしながら、長崎市内でオランダ人の診療所と医学塾を開くことは、鎖国政策の根幹にかかわる問題である。長崎奉行としては、内心で実現は難しいとおもったものの、町年寄らの度重なる陳情とその背後の世論を踏まえ、幕府にお伺いをたてたところ、これが意外にもあっさり許可されたのである。幕府としても、医学の向上という点を優先させたのであろう。

鳴滝川沿いに塾が開かれた。いわゆる「鳴滝塾」である。塾頭は四国阿波出身の美馬順三（みまじゅんぞう）、次席は周防出身の岡研介（おかけんかい）であったが、これら以外にも多くの日本人が鳴滝塾の運営に携わった。

■石本平兵衛襲名■

文政八（一八二五）年一月十五日、長男の勝三郎は十九歳で「第六代石本勝之丞」を襲名し、勝之丞は「第五代石本平兵衛」を襲名した。

したがって、こののちは勝三郎を勝之丞とよび、勝之丞を平兵衛とよぶことにしたい。

二月十八日、幕府が「異国船打払令」を出した。これは、昨年水戸藩の大津浜と薩摩藩の宝島にイギリス人が上陸し、住民との衝突が発生したところから、オランダ船を除くすべてのヨーロッパ船に対して攻撃を命じたものであった。幕府はすでにレザノフの長崎来航を契機に、文化三（一八〇六）年にロシア船に対する打払令を公布していたが、これをヨーロッパ船全体に拡大するものであった。時代に逆行しているとみるのが、長崎商人の多数意見であった。長崎にロシアをはじめイギリス、アメリカの船などが来航するようになれば、それこそ長崎の利益は甚大なものになるはずである。幕府はみすみすその大利を逃そうとしている。

資料は残されていないが、勝之丞――あらため平兵衛も当然そのように考えたはずである。

三月、幕府は薩摩藩に対して、沈香・阿膠・木香・沙参・大黄・甘草・山帰来・蒼朮・辰砂・茶碗薬など唐物十品種について、むこう五カ年の銀千七百二十貫の追加販売権を許可した。江戸に滞在中の「大御隠居様」――島津重豪による将軍外戚という立場をフルに利用した強力な根回しの結果であった。島津重豪はこの年八十一歳になっていたが、前年の九月には幕府から褒章を受けるなど、依然として薩摩藩の実権を掌握していた。

販売品目の拡大によって、最も利益を得るのは平兵衛であった。すでに述べたとおり、平兵衛の薩摩藩に対する基本戦略は、

一、人吉産の苧・茶などについて、薩摩藩に直接売り込みを図ること（人吉産物の売却）。

二、薩摩・琉球産物の取扱い権限を取得すること（薩摩・琉球産物の取扱い）。
三、長崎における琉球貿易品（中国からの輸入品）の取扱いに関して、本商人として独占的に取り扱う権限を取得すること（琉球貿易品の取扱い）。

であったが、琉球産物を除いては、すでにかなりの実現をみていた。金融・実体経済面において、平兵衛はいわば仕掛けをほぼ完了し、薩摩とのさまざまな取引を通じて、膨大な利益を吸収しつづけていた。薩摩七十七万石というかつてない大規模な取引相手に対し、平兵衛は貸付・立替・代位弁済などの金融面におけるさまざまな手法と商品売買における巧妙な価格設定などにより、膨大な利益を得ていた。

平兵衛は石本家の隠居号を継いだものの、その商売への意欲はまったく衰えることを知らない。石本家・松坂屋の実権を完全に掌握し、積極的な拡大路線を進めていた。

四月二十五日には、島原藩から「島原城主松平家相続方について尽力した功」により五人扶持を下賜されている。これは金策の前のご機嫌伺いだったようで、五月二十日島原藩は石本平兵衛に対して、江戸屋敷の経費に充てるため、資金融通の申し出をおこなっている。平兵衛はその圧倒的な財力を背景に、士農工商という身分制度にすでに風穴を空けていた。平兵衛は絶頂期にむかって一直線に突き進んでいた。

五月には水野忠邦が寺社奉行から大坂城代に昇進し、十月に大坂に着任した。いよいよ老中の座が目前に迫ってきた。

■水野忠邦と大坂商人■

大坂に着任するや、水野忠邦は家来たちに老中昇任にむけた固い決意を披瀝したが、そのための活動資金に窮していることは、水野忠邦自身が一番よくわかっている。長崎から平兵衛が祝い金を送金してきたが、同列・上役などへの進物、慶弔その他の交際費や幕閣・老中・大奥などへの根回しのための音物（いんもつ）・賄賂などを考えれば、一万両を超える軍資金が必要である。石本一人の献金では焼け石に水である。早急に、複数の大口スポンサーを確保しなければならない。

水野忠邦は大坂城代に就任するや、さっそく大坂の財閥への接近を企てた。

大坂の財閥といえば、住友家、鴻池、加島屋である。

住友家は、越前丸岡の武士の出身で、天正年間に生まれた住友政友を初代とする商家である。政友は涅槃宗の僧侶であったが、寛永年間に涅槃宗が天台宗に吸収されたのを機に還俗し、京都で書物と薬種を取り扱う「富士屋」を開いた。その頃、京都で銅精錬を営む「泉屋」という商家があった。泉屋の主人蘇我理右衛門は、西洋人から「南蛮吹き」と呼ばれる銅の精錬法を学び、良質の銅を販売して大いに栄えた。この蘇我理右衛門は、涅槃宗の信徒で住友政友の檀家でもあった。このような機縁もあって、政友が還俗して富士屋を開くと、蘇我理右衛門はそれを支援した。のちに蘇我理右衛門は政友の姉と結婚し、長男は政友の婿養子となって住友家を継ぎ、住友友以と名乗った。

寛永年間、蘇我理右衛門と住友友以父子は、大坂において銅の販売をおこない、元禄年間になると別子銅山の経営に着手した。莫大な量の銅を産出する別子銅山は、二百八十年にわたり江戸幕府の経済を支え、長崎における最も重要な輸出品となり、住友家に莫大な利益をもたらした。なお、住友家当主が「住友吉左衛門」を名乗るようになったのは、三代代当主の住友友信（友以の子）からである。

鴻池は、尼子氏の家臣であった山中鹿之介の次男・新六の末裔といわれる。

酒屋を営んでいたが、あるとき下男が逃亡の際に濁酒のなかに灰をなげこみ、偶然に清酒が生まれた。それまでの濁り酒と異なり、澄み切った清酒はたちまち評判を呼び、船で江戸に送って大きな利益を上げた。

元和期に大坂に進出した鴻池の諸家のなかで、最も発展したのは新六の八男・善右衛門正成の系統である。第三代鴻池善右衛門宗利のとき飛躍をとげ、鴻池新田（大阪府東大阪市）を開発した。このころから鴻池は大名貨を中心とする両替・金融業へと比重を高めていった。商品経済の発達によって相対的に米価が下落し、米に依存していた全国諸藩の財政は著しく悪化し、借入金の需要が年々増大していく。大名貸は危険もあるが、うまくまわせばこれほど確実な利殖はない。鴻池は、大名貸という大口金融の波に乗って、飛躍的に経営規模を拡大していった。

加島屋は、大坂御堂前で精米業、両替商を営んだ加島久右衛門を初代として成長し、享保十六（一七三一）年に、大坂堂島の米仲買を取り締まる米年寄となり、全国から大坂に集まる莫大な米穀を仲買し、あわせて金融業も営んだ。各藩が大坂に置いた蔵屋敷では、取引の成立した業者に蔵米の引換券を発行する。これを米切手という。やがて、その米切手そのものが有価証券として市場で流通するようになった。各藩の蔵屋敷では、どこの誰であっても米切手を呈示した者に蔵米を引き渡さなければならない。この安全確実な米切手を担保にして融資する業者のことを入替両替というが、加島屋はこの入替両替としてさらに大きな発展を遂げた。

水野忠邦は、このような大坂の豪商に目をつけたのである。

住友家、鴻池、加島屋の当主や番頭たちに接近して、拝領物や扶持米を下賜するなど緊密な関係を構築して、しばしば献金の無心をおこなうようになった。

住友家の記録によると、大坂城代に就任した五月、水野忠邦はさっそく住友家に拝領物を下賜し、十人扶持をあたえている。

天保六(一八三五)年七月には、銀二百貫を献金して五十人扶持に加増され、天保七年の浜松藩の津波被害に際しては、銀六十貫を献金しており、この前後の浜松藩への鴻池の貸付金残高は銀六十貫余に達している。天保九年には住友・鴻池・加島屋共同で、銀二百二十二貫を献金し、天保十年に銀六十貫を献金している。

このように、水野忠邦は大坂城代就任を契機に、大坂の財閥に急接近を企て、これに成功している。

文政九（一八二六）年になると、筑後柳川藩が平兵衛に急接近してきた。

三月十日、二人の男が佐伊津村の新宅を訪ねてきた。一人は顔見知りで、富岡役所に勤務している引請元締役の壇親信という人物であった。壇親信は、同行した従兄弟の樺島斗一を紹介した。樺島斗一は柳川藩の勘定方役人であった。当時の柳川藩主は立花鑑賢（あきかた）という。文政三年六月に三十五歳で家督を継ぐや、藩校伝習館を創設し、藩祖戸次道雪（べっきどうせつ）、立花誾千代（ぎんちよ）、立花宗茂（むねしげ）を祀る三柱神社を創建するなど、徳治を基本とした政治をおこなっていた。それだけに、藩の財政状況は悪化する一方である。

しかも、柳川城下は筑後川と矢部川の下流に位置しているため、毎年のように大きな洪水に見舞われる。柳川藩には、常に「治水」という大きな政策課題があった。それと、耕地の確保である。藩民の八割を超える人口が農業に従事していたが、人口増加に対応する新たな耕地が必要であった。このため、これまでも有明海沿岸部の各所において干拓工事に取り組んでいた。

文政七年からは藩直営で永治（えいじ）（金之手）干拓工事に着手していたが、これが難工事で湯水のように金を食うばかりで、失敗の連続であった。

永治の干拓工事を続行するため、大坂商人などから資金を調達しようにも、財政逼迫している柳川藩に融資してくれる者はいない。

柳川藩は、最後の手段として、二人の使者を派遣して、石本平兵衛の資金力と技術力に藩の命運を委ねようとしたのである。

三月二十四日、平兵衛は船に乗って佐伊津村を出発し、柳川にむかった。

柳川では瀬高町（現・京町）近くの柳川屋という旅館に泊まり、翌日から現地調査をおこなった。柳川藩の工事関係者も見学に訪れていたが、石本家の職人たちが見たこともない機械を操作しているのを見て驚いたという。そうこうしているうちに、一カ所だけ固い岩盤を探り当てることができたが、その岩盤の位置からみて、堤防の位置をかなり拡大すべきことがわかった。

さらに調査を継続し、固い岩盤の位置を次々に図面に落としていく。

調査結果をもとに、総工事費の概算額をはじいてみると、二万五千両ほどとなる。諸経費及び粗利二万五千両を上乗せすれば、総額五万両の大工事である。

平兵衛は、柳川藩の干拓工事を引き受けることにした。

このころ、平兵衛は干拓事業というものを商売の一つの大きな柱にしていた。

九州の海に面した諸藩は、いずれも干拓による耕地面積の増大を望んでいたが、干拓事業には膨大な資金と高い技術力を要する。干拓工事を請け負い、資金を融資し、工事をおこなうこの一連の過程のなかに、得意の資金操作を紛れ込ませて、膨大な利益を上げることができる。

七月には、平兵衛は天草西部の新たな干拓計画について、富岡役所を通じて長崎代官所と長崎奉行所に陳情している。

このときの、平兵衛のやり口はこうである。

一、まず、長銭三万貫文すなわち丁銭百文換算で銀三百貫目を工事費用として富岡役所に五年間融資する。
二、あわせて、毎年籾百石を十年間、累計で籾千石を富岡役所に上納する。
三、工事完成した新田は石本家管理とし、所定の年貢を上納し、七分を小作人配当、残り三分を石本家の永代取り分とする。

天草を所管する富岡役所の直轄公共事業に位置づけ、その工事費を富岡役所に融資する。平兵衛が融資した工事代金には、当然のことながら利息が付される。よって、融資額の利息分が石本家の利益となる。

次に、工事費の一定額が石本家の利益となる。工事費用を過大に見積もり、あるいは経費を縮減すれば、石本家の利益が増加する。

さらには、干拓地の管理権（所有権）は石本家に属し、干拓地から収穫された籾百石を十年間富岡役所に上納する。ただし、その原資は小作人からの小作料三分のうちから賄う。

このように、平兵衛は幾重にも仕掛けを施している。平兵衛が融資した銀三百貫目にしても、平兵衛がめまぐるしく資金を循環させているから、どの金が充当されたのか、平兵衛以外だれにもわからない。将棋の名人が将棋の駒を操るように、巧妙に金銭を操作していた。

最終的に平兵衛の手元には、膨大な利益と新田が残されるわけである。

かといって、発注した諸藩にとっても、手元資金が不要で広大な干拓地を獲得することができる。農民たちも新たな耕作地を入手することができる。誰も困る者はいないのである。平兵衛は、堂々と干拓事業を拡大していった。

この年の九月五日、平兵衛は佐賀藩主名代として長崎を訪れた武雄領主の鍋島茂義から金子三百疋を下賜されている。

佐賀藩の次期藩主となる鍋島直正が徳川家と婚儀をおこなった際、平兵衛は多額の貸付をおこなっていた。

平兵衛は、佐賀藩へ接近すべき時期が近づいていると感じていたのである。

鍋島茂義は江戸からもどるとき、遊興娯楽の拠点となっていた佐賀藩の品川屋敷を取り壊した。佐賀にもどった茂義は、藩主斉直から切腹を命じられたが、他の重臣らが猛烈な抵抗をおこなったため、結局謹慎一カ月の処分で終わってしまった。この過程で、藩主斉直の実権は剥奪され、次期藩主の就任を待つばかりとなっていた。

平兵衛にとってもまた、英明な藩主の就任と藩の安定こそが、佐賀藩への投資の第一条件であった。佐賀藩の新しい時代の到来は、平兵衛にとっても、大いに好ましいものであった。

柳川藩の干拓工事についても、詳細な設計図面も書き終え、あとは柳川藩と協定書を取り交わすだけであった。来年の春には工事着工ができるにちがいなかった。

この年もまた、平兵衛の構想どおり進んだといっていい。長崎市中難民救済のため籾二千石を贈るなど、長崎における地盤の強化についても怠りなく手を打った。十一月には水野忠邦が大坂城代から京都所司代に昇進し、侍従に任命された。十二月には越前守と改称したという。いよいよ老中の座が目前に迫ってきた。

年が明け、文政十（一八二七）年二月七日、平兵衛は柳川藩との間で干拓工事に関して次のような協定書を締結した。

金五万三千両とする。

一、着手金一万両
一、三分の一工事進行のとき一万両
一、半分工事進行のとき一万両
一、八分工事進行のとき一万両
一、完成時一万三千両を支払うこと

それまでの担保は以下のとおり。

一、永治地域の雑木林および林野約一万町歩（なお、別紙測量図を添えて担保設定する）。
一、万一担保流れの場合は、勝手にこれを処分することができる。

文政十年二月七日

武藤弾介
近藤頼左衛門
江頭伊之助

石本平兵衛殿

武藤弾介は長崎聞役で、近藤頼左衛門はその次席である。江頭伊之助は勘定奉行である。

長崎の柳川藩聞役と平兵衛との間で交渉がおこなわれ、その後藩上層部の承認を経て、締結に至ったことがわかる。

協定書を締結するや、平兵衛は永治干拓工事に着手した。干拓工事の基本は、汐止のための堅固な堤防の構築にかかっている。

平兵衛は、松坂屋の柳川駐在員に四男の寛吾を任命した。まだ十四歳であるが、性格が明るく、人当たりがいい。

汐止工事は順調に進捗した。事前調査で固い岩盤の位置を確認していた。埋め立て用の石材は、島原藩と諫早藩からただ同然で調達した。それを船で運び、石本家独特の工法で狙った場所に確実に埋めていった。

八月二十六日には、柳川藩主立花鑑賢みずから現地視察に訪れ、工事進捗の状況を確認して大いに喜び、人夫や工事関係者らに酒食をふるまって激励した。

翌年には永治干拓工事は完成し、恩恵を受ける農民ら三千人が柳川城下を訪れ、一同土下座して柳川城天守閣に立つ藩主鑑賢に頭を下げた。藩主鑑賢もまたこのような農民たちに返礼するため、馬に乗って現地におもむき、集まった農民たちに祝い酒をふるまった。

年若い寛吾の評判も上々であった。彼は工事期間中、風雨が強くなるとかならず現地の見回りに訪れた。十日間雨が降りつづいた日もあったが、寛吾は現地の作業小屋で寝泊りした。

こうして、平兵衛は柳川で大成功をおさめた。

こののち、柳川藩からは、原野の造成などほかの大規模工事も依頼されるようになり、柳川藩の御用商人としての地位を確立したのである。

またこの時期、石本平兵衛は積極的に天草各地の干拓工事を請け負っている。これらの干拓工事を列挙すれば、次のとおりとなる。

久留（ひさどめ）村（下田、白木河内、久留）干潟干拓工事四十町歩程竣工（所要経費百六十四貫百六十四匁）
楠甫（くすぼ）村米ノ山干潟干拓工事七町五反竣工（所要経費銀四十九貫五百二十三匁）
今泉（いまいずみ）村大潟古新田汐溜干拓工事五反歩程請け負う。
亀浦（かめうら）村浜古新田汐溜干拓工事五反歩程請け負う。

早浦村路木浜田新田汐溜干拓工事三町歩程請け負う。

これらの工事を同時並行的に進める財力と組織力を、平兵衛は十分に備えていたのである。「石本家家譜」によると、長崎奉行の土方出雲守から袋物（手提げ袋）を下賜されている。平兵衛は水野忠邦の後押しを受け、代々の長崎奉行とは常に良好な関係を築いていた。土方出雲守はこの年の六月に長崎奉行を離任しており、江戸にもどるまでの間、長崎の西後役所に滞在していた。また、十月には薩摩藩主より「庭焼床置」を下賜されている。

このころの平兵衛は、やることなすことすべてが図に当たる。利益は次々に利益を生む。資本が新たな利潤を生む。資金規模は、さらに拡大をつづけていた。すでに天草における銀主という性格を凌駕し、日本におけるトップレベルの豪商――大資本家への道を突き進んでいた。藩といういわば地方政府レベルとの取引のウェイトが高くなり、天草を拠点とした石本家の伝統的な商取引のウェイトが低下していた。

大得意先ともいえる九州諸藩とは、もっぱら平兵衛が窓口となって調整をおこなっていた。天草における金融や商品売買、製蝋、酒造など取引は、御領本家の勝三郎――改め勝之丞や元締や手代などに権限を大幅に委譲していた。

平兵衛は長崎を実質的な拠点として、きわめて多忙な毎日を送っていた。このため、地元調整の労がかなり多い天草の掛屋役についても、長崎代官所に願い出て勝之丞へ委譲することとした。ところが、長崎代官所は石本勝之丞のほかに、大和屋愛助を掛屋役に任命したのである。

これは、天草における不穏な動きに配慮したものであった。

石本平兵衛率いる石本家・松坂屋グループが急成長を遂げていることは、天草においては周知の事実であったが、そのことを歓迎する者ばかりいるわけではない。反対派も少なくなかった。また、富岡役所の元締手付上野伸右衛門の平兵衛に対する手厚い配慮を疑問視する声も少なからず存在した。

実際、上野伸右衛門は従来複数制であった掛屋役を石本家単独の指名に切り替え、また石本家と薩摩藩との仲介の労を取り、天草の年貢為替を薩摩藩の「出後れ銀」に対する特定財源化を認めるなど、長崎代官高木作右衛門の指図でもあったろうが、石本家に対してさまざまな優遇措置を実施している。

天草に甘いのではないかというような声が長崎奉行所内のうわさになり、江戸の勘定所にも聞こえたらしい。『天草近代年譜』[1]の六月二十八日の条に、

「他国よりは特別緩やかであるとのうわさがあり、厳格に取り扱うよう江戸勘定所より内々の沙汰があったので、富岡役所詰の上野伸右衛門は急遽長崎に出張してあちこち弁明に努め理解を求めた」とある。この嫌疑を晴らすため、むろん高木代官もあちこち手をまわし、石本平兵衛も水野忠邦に連絡を取るなど、さまざまな支援をおこなったはずである。

その結果、薬が効きすぎたのか、七月になると上野伸右衛門は幕命により普請役格へ昇任したのである。これで落着かとおもわれたが、その直後に江戸で大事件がおきた。

天草志柿村の百姓兼右衛門と倅の定七がひそかに江戸に上り、老中へいわゆる「駕籠直訴」を強行

したのである。理由は、四年前の文政五年末に天草牛深村の鶴崎沖で発生した中国船遭難事の引き揚げに関し、その引き揚げ費用を天草住民に割り当てたことに関するものであった。

すでに述べたとおり、中国船の引き揚げに際し、長崎代官高木作右衛門が現地で陣頭指揮をとり、石本家・松坂屋が経費を立て替えて引き揚げ作業を請け負ったものであった。この成功により、石本平兵衛は三年前に幕府から永代苗字を許されていた。しかしながら、志柿村の百姓兼右衛門ら五名の百姓らは天草住民への分担金割り当ての不当を主張し、しつこく長崎奉行所へ強訴を繰り返したため、身分を落とされて志岐村に幽閉されていた。

ところが、兼右衛門は息子の定七とともに、天草を脱出し、江戸に上って直訴におよんだのである。平兵衛の身にも危難が及びかねない大事件であった。

この事件を受けて、上野伸右衛門は八月天草郡総代の大矢野村大庄屋吉田長平、下河内村庄屋佐藤弥太郎とともに急遽長崎におもむき、関係の村々の庄屋らも集めて評議をおこない、反論書を作成して江戸に送付した。

九月二十三日にはこの事件に関連し、富岡役所の役人らによって当時の会計帳簿などの調査がおこなわれた。この結果、幕府勘定所において、

「兼右衛門らの訴えは理由なし」

とする裁定が下され、十一月五日には兼右衛門と定七が江戸から長崎へ護送されてきたので、志柿村庄屋の永野九郎太夫が身柄を受け取った。

この件はこれで落着した。地元分担金への抗議という名目ではあったが、中国船難破事件で最も利益を上げたのは石本家であった。永代苗字という名誉も獲得した。

このような石本家の発展に対して、地元天草において快くおもわない者が確実に存在することが実証された事件であった。

いずれにしろ、石本家・松坂屋の急激な成長は、良かれ悪しかれ、確実に大きな波紋を広げていた。

■上野伸右衛門の更迭■

文政十一（一八二八）年になった。平兵衛四十二歳。

この年になっても、富岡役所の上野伸右衛門をめぐって、さまざまな憶測が飛び交っていた。

上野伸右衛門は長崎代官所の役人で、文化十一年以来十五年間元締として富岡役所で勤務していた。十五年も勤めれば、天草のすべてのことがわかってくる。上野伸右衛門は少しずつ自己裁量権を拡大させてきたが、そのことについて急に批判が強くなっていた。

これまで天草の年貢米は一斗五合入りの升で量り、升四杯すなわち六斗で一石として計算して長崎御蔵所に納めていた。そして、長崎御蔵所で再度計量されて「欠米」――不足米が生じても、そのまま受領されるのが長年のしきたりであった。これは決して上野伸右衛門がはじめたことではない。ところが、幕府勘定所において天草の実態調査がおこなわれた結果、他の天領においては、定法どおり「欠米」に備えて一石につき一升五合の調整米が別途納付されているにもかかわらず、天草ではそれが適用されていないことが判明した。幕府は天草に対しても、原則どおりの取り扱いを求めた。

これまで掛屋役たる石本平兵衛が天草の年貢米六千三百余石の集荷をおこない、みずからの責任で計量して収穫高を確定していた。そして、長崎に廻した年貢米をやはり平兵衛が売りさばき、その販売代金を為替銀で長崎会所に納付していた。かつ、その為替銀は薩摩藩の出後れ銀の特定財源として充当されたことはすでに述べたとおりである。

ところが、幕府は長崎に廻される年貢米の厳格な計量と一石につき一升五合の調整米の供出を迫ったのである。

上野伸右衛門はこの幕府の指示にしたがい、「年貢納米仕法」の趣旨を布告するとともに、調整米を差出すよう各庄屋たちに通告したが、天草の農民にとっては実質的な増税である。

役人や庄屋どもの懐に入るのではないか、などと疑う者が少なくなかった。

『天草近代年譜』[1]によると、二月八日に上野伸衛門は村々の庄屋や農民代表らを富岡役所に集め、「年貢納米仕法につき口演した」とある。二月十日には天草の大矢野、御領大島、牛深、佐伊津にあった公用の米蔵が廃止され、富岡一カ所のみとされた。いつのころからか、富岡の米蔵二棟のうち一棟と水揚小屋が解体されていたが、それが急遽復旧されることとなった。天草の空気が険しさを増していく。

このようなか、平兵衛は今泉村の庄屋株を銭二百貫目で取得し、五男の球磨八名義にすることに成功している。球磨八はまだ九歳であるため、当面熊四郎が後見人となったが、ゆくゆくは球磨八を分家させて今泉村の庄屋として自立させることが可能となった。

これなども、ドサクサ紛れに、上野伸右衛門が平兵衛に対して配慮をおこなった結果であろう。上野伸右衛門と平兵衛は、現代風にいえば、癒着していたのである。ちなみに、球磨八は成人してのち分家第二代平八郎を継ぎ、天保十四(一八四三)年二月まで今泉村の庄屋を務めている。それはともかく、『天草近代年譜』[1]の三月十五日の条には、

「富岡陣屋元締上野伸右衛門更迭、長崎引上げの内報聞こえ、組々大庄屋一同会所に寄り合い、これが留置運動につき談判。御領村銀主石本平兵衛に飛札を飛ばし、その意向を質しなどせるも、結局御上筋の事由にとやかく積極の手入れは差し控ゆることに一決す」

とある。

上野伸右衛門を更迭させようとする動きに対して、天草の大庄屋たちが留任運動をおこすべきかどうか、このころ長崎にいた平兵衛に飛脚を出して相談したが、平兵衛は、

「お上の問題にとやかく異論を唱えるのは控えるべきでしょう」

と回答している。上野伸右衛門個人をあまりにも強調しすぎると、かえって癒着を疑われてしまう。上野伸右衛門更迭の情報をすでに入手していたのかもしれない。

上野伸右衛門は、長崎転任の内示を受けるや、四月五日に子の徳蔵を富岡町の鎮道寺に養子に出している。そして、四月二十五日に長崎転任の辞令を受け、二十六日には家族とともに長崎に旅立ったが、『天草近代年譜』[1]によると、見送りの者たちに、

「来月十日ごろには、わたしだけ帰ってきます」

と告げたという。そして、予告どおり、五月下旬に上野伸右衛門は単身天草にもどってきて、「近々江戸勘定役の査察があり、諸事御用繁多の故ため、当分の間富岡役所で勤務いたします」と意外なことをいった。

長崎代官所は、幕府の査察が入る前に、天草の状況を熟知している上野伸右衛門に対して、「年貢納米仕法」の完全施行の特命をあたえた。

七月二十四日、上野伸右衛門は天草郡内すべての村役人と百姓代表らを富岡役所に集めて、再度「年貢納米仕法」についての理解を求めた。

八月九日、天草地方に大きな台風が襲来し、甚大な被害を受けた。死者三十三人、全壊家屋約五千軒、半壊家屋約千四百軒、風波による被害田畑の約千三百町、林木倒壊約一万八千本など甚大な被害であった。

八月十六日には江戸勘定役らの査察がおこなわれる予定となっていた。台風被害の直後でもあり、農民らによる強訴など不測の事態も想定された。このため、富岡会所詰めの大庄屋らは、村ごとの発言者をあらかじめ二名と決めるよう通知を出した。

八月十六日に江戸勘定役広木十右衛門と普請役大竹庄九郎一行が肥後の佐敷から樋島に渡り、宮田村に入った。ところが宮田村の庄屋中村謹太夫と村人たちは、かねてからあまり仲がよくない。このため村人らが、あらぬこと直訴するかもしれず、上野伸右衛門ら富岡役所の役人たちは気が気でなかった。

八月十九日、江戸勘定役一行は天草西部の巡視を終え、富岡に到着し、長崎からきた高木代官らと面会した。

八月二十日、上野伸右衛門は富岡役所に天草郡内の大庄屋を集め、「年貢納米仕法」の趣旨についてふたたび理解を求め、妥協案として、

「一升五合の調整米の供出については、水田を一升七合に増やし、畑は一升に減らすこととする」

と申し渡した。しかしながら、大庄屋たちは厳しい顔をして返答しなかった。台風被害を受けた直後でもあり、持ち帰って農民たちを納得させる自信はなかった。大庄屋たちは皆押し黙ったまま、富岡役所を退出した。

八月二十一日に江戸勘定役らは富岡を離れ、島原半島の茂木に上陸し、陸路長崎にむかった。

一行を見送った高木代官は、数日間天草を巡回したのち、八月二十七日に富岡から茂木に渡った。

この年の収穫は、台風によって大幅な減収であった。大矢野組大庄屋吉田長平、益田村庄屋池田又一郎ほか村役らは、九月十日長崎滞在中の江戸勘定役らを訪ね、三カ年の猶予を嘆願したが、『天草近代年譜』[1]によると、

「台風被害と徴税とは関係ない。異論があれば、別途江戸へ申し立てよ」

と一蹴され、すごすごと天草へ帰参した。交渉結果に落胆した農民たちは、

「天変地異の年柄、まれにみる凶作であるのに、年貢を増やすとはなにごとだ。しかも三カ年の猶予も取り上げられないとあっては、銀主などに談じ込む以外に道はない。強硬手段に訴えるしかない」

と不穏な動きをみせはじめた。

農民たちの暴発を恐れた富岡役所は、村々に回文を発するなど農民たちの説得に努めた。十月六日になって、富岡役所から調整米の総量を五百石とし、今年限りの例外的措置ということで一石につき銀三十八匁五毛の銀納で足りる旨の布告がおこなわれた。このころの米一石の相場は銀八十六匁余であったから、長崎代官所の大幅な譲歩である。それでも農民らの不満は消えず、富岡役所に持ち込まれる年貢米がほとんどなかった。

年貢米が未納に終われば、幕府から長崎代官所、富岡役所、大庄屋らの責任が厳しく追及されるであろう。

緊急避難措置として、富岡役所は不足する年貢米を肥後から買い付けることにした。『天草近代年譜』[1]には、

「十一月十六日、当年年貢不足米、買い替え納めの外なきをもって、富岡役所より肥後表に掛け合いに及ぶ」

とある。

この間、平兵衛は長崎から御領の勝之丞に、

「とにかく上野伸右衛門どののお指図にしたがうこと」

と連絡した。騒然とした村人のなかに入って調停をおこなうには、勝之丞は若すぎる。かつての「盗賊一件」のように、無用のトラブルに巻き込まれる危険性もあった。

高木代官から上野伸右衛門へ随時指示が出ていた。その指示内容を平兵衛も刻々と入手していた。上野伸右衛門の指示にしたがえば、絶対に失敗するはずはなかった。

しかしながら、どのように対応しても、天草における資金繰りが悪化することだけは確実であった。減少した年貢米を補てんするため、肥後から米を買い付けるにしても、掛屋役として代金立て替えを免れることはできない。平兵衛は、

「家内勝手向き無用の出費がかさんでいるため、暮らし方一切を節約し、身分を落として小前同様の心得で万端質素を旨とすべし」

と、御領本家の勝之丞の対してのみならず、長崎支店などすべての従業員に対して経費節減を命じた。

この時期、平兵衛は長崎にとどまりつづけていた。いや、厳密にいえば、長崎で身動きの取れない状況にいた。

長崎で大事件が勃発していたのである。いわゆる「シーボルト事件」である。

八月九日、天草地方に大きな台風が襲来し、甚大な被害を受けたことはすでに述べたが、むろんこの台風は長崎地方にも大きな被害をあたえた。

この年、五年間の任期を終えて、シーボルトは九月二十日オランダ船コルネリウス・ハウトマン号で帰国予定であった。帰国に先立ち、シーボルトはじめ帰国するオランダ人たちは、一カ月以上も前から荷物を船に乗せていた。

ところが、八月九日に台風が襲来し、ハウトマン号は稲佐浜に打ち上げられた。船を修理するため積荷を降ろしたところ、シーボルトの荷物のなかから、海外への持ち出しが禁止されている日本地図などが発見されたのである。幕府天文方高橋景保（かげやす）から贈られた伊能忠敬の「大日本沿海輿地全図」の縮図であった。シーボルトの部屋からは将軍が侍医の土生玄碩（はぶげんせき）に下賜した葵の紋服も発見された。いずれも、シーボルトが江戸に参府したおり蘭書などと交換して入手したものであった。

もともと幕府はシーボルトの身辺をひそかに捜査していたが、決定的な証拠を入手したわけである。シーボルトの出国を禁止したうえで、本格的な捜査が開始された。オランダ通詞はもとより、オランダ貿易に関与した者など、シーボルトの直接・間接に関係のあった者が捜査の対象となっているらしい。オランダ貿易をおこなっていた平兵衛も一応捜査対象になっているはずであった。

平兵衛は九月から年末までほとんど長崎にとどまって、事件の推移を見守っていた。

この年の秋は、異様な長雨がつづいた。

一方、大坂城代から京都所司代に転任していた水野忠邦に、待ちに待った吉報が届けられていた。西丸老中植村家長（うえむらいえなが）が十月三日病気により辞職し、ポストが一つ空いたのである。十月二十九日に老中からの呼び出しがあり、水野忠邦は十一月九日に京都を出発し、江戸にむかった。二十一日に江戸に到着し、二十二日江戸城に上ると、期待したとおり、西丸老中の発令を受けたのである。水野忠邦はこのとき三十五歳であった。

江戸城西丸は、将軍世子らの居城としてもちいられている。水野忠邦は将軍世子の家慶(いえよし)付きの老中となった。

水野忠邦の最終的な目標はもちろん将軍に仕える本丸老中であったが、その地位に最も近い西丸老中に就任したわけである。

しかしながら、これまでの昇進活動によって出費がかさみ、浜松藩の財政状況は極度に悪化していた。家老たちがその危険性を訴えても、

「万一百姓どもが訴え出て、水野家の名前が世間に聞こえてもかまわない。こういうことで名前が出るのは、困窮を世間に知らせることになり、かえって幸いである」(『浜松告稟録(こくりんろく)』四五六)

と豪語した。

浜松藩は、まさしくこの翌年から、「お断り」と称して、借入金の返済を拒否している。

その一方で、水野忠邦は商人たちに献金を求めた。

大坂城代・京都所司代時代に築いた大坂の豪商との関係が大きな頼りであった。長崎の石本平兵衛は急成長を遂げているものの、大坂の住友・鴻池・加島屋全体の資金規模にくらべれば足元にも及ばない。

一方で借金の返済を先延ばし、一方で献金を要求する。この相矛盾するような言動は、水野忠邦の強い権力志向と商人への蔑視を強くあらわしているといえよう。商人に対する蔑視は、経済というものに対する無知からきている。

このように、ひたすら絶対的な権力を求めながら、経済音痴とでもいうべき人間が、やがて老中首座となって国政を牛耳ることになるわけである。

「天保の改革」の失敗は、ある意味では必然であったといえよう。

それはともかくとして、シーボルト事件の余波がつづいている。

この事件に関して、江戸と長崎で捜査が進められていた。

江戸においては、十月十日には天文方高橋景保が逮捕され、多数の関係者が取り調べを受けた。

長崎においては、十一月十日にはオランダ大通詞馬場為八郎、小通詞吉雄忠次郎、小通詞並堀儀左衛門、小通詞末席稲部市五郎が身柄を拘束され、十二月二十三日に牢に入れられた。また、同日オランダ大通詞末永甚左衛門、小通詞岩瀬弥右衛門、小通詞並名村八太郎、小通詞末席岩瀬弥七郎、小通詞末席林与次右衛門、小通詞末席横山喜三太が身柄拘束のうえ取調べを受けるなど、多くのオランダ通詞たちが事件とのかかわりを厳しく追求された。

シーボルトに対しても、十二月十八日出島に幽閉し、二十三日には日本国外への出国を禁止され、二十八日には二十三カ条の尋問書が渡された。

騒然としたなかで、文政十二（一八二九）年が明けた。平兵衛四十三歳。

一月二十五日、勝之丞は薩摩藩からの呼び出しを受けて、正式に「館入」の辞令を受けた。

要望どおり辞令を受けることができたものの、近ごろ薩摩藩との取引量が鈍化の傾向をしめしていた。

薩摩藩に新規に参入した出雲屋孫兵衛なる大坂商人に食われているのはまちがいなかった。

「薩摩藩の財政は、いま茶坊主に握られている」

というような噂も耳にした。

調所笑左衛門（広郷）という人物である。まさしく茶坊主あがりで、長年にわたり島津重豪に仕えているうちに、才覚を見込まれたらしい。五十三歳というから、平兵衛より十一歳年上である。

調所笑左衛門なる人物は、薩摩藩主の島津斉興と大御隠居の島津重豪の二人から、絶大な信頼を受けているらしい。

薩摩藩においては、一昨年まで高橋甚五兵衛なる側用人が財政主任であったが、平野屋甚右衛門なる大坂商人にからんだ不手際で罷免されていた。

このとき、出雲屋孫兵衛なる大坂商人が代わって資金手当てをおこなったため、事件は表面化しなかったが、その事件の調査をおこない、藩主らに報告したのが調所笑左衛門であった。

この事件を契機に、調所笑左衛門は出雲屋孫兵衛を引き立て、大坂蔵屋敷の出入りを許し、昨年十一月には、薩摩産砂糖の永代一手買い入れの権限をあたえるなど、さまざまな特権を付与していた。

勝之丞にとって、調所笑左衛門という茶坊主あがりの老人と出雲屋孫兵衛なる大坂商人との関係をどう構築するか、それが当面の大きな課題となった。

このように、薩摩藩との関係では大幅な戦略の変更を迫られていたが、この時期、柳川藩など他の九州諸藩とは順調に関係が深まっていた。「石本家家譜」には、

「柳川藩立花公より小柄を下賜される。佐賀藩主松平肥前守が長崎に出座予定であったが、病気のため家老の鍋島氏が長崎を訪れ、平兵衛に金子二百疋、勝之丞に金子百五十疋を下賜される。豊州中将より肴料として金子二百疋を下賜される。十二月島原において藩主松平主殿頭より金子三百疋下賜される」

などの記事が、この年集中的に記されている。

六　天保時代

一八三〇年から一八三三年まで

■薩摩藩との覚書■

天保元（一八三〇）年になった。平兵衛四十四歳。いよいよ天保時代である。

この年、吉田松陰、大久保利通が生まれるなど、きたるべき幕末・明治の動乱にむけて、何かが確実にうごめきはじめた時期である。

一月十六日には、幕末のある時期まで、その強烈な尊王攘夷思想によって一世を風靡した水戸藩主徳川斉昭（なりあき）（一八〇〇―六〇）が藩政改革に着手している。また、二月七日には、肥前佐賀藩主鍋島直正が十七歳で家督を相続している。鍋島直正とは、むろん幕末の四賢侯の一人と謳われた鍋島閑叟（かんそう）のことである。「ついに名君を得た」と佐賀藩長崎聞役たちが大喜びしたというような話が、平兵衛の耳にも入ってきた。放蕩をつづけてきた前藩主鍋島斉直の追い落としに成功し、武雄領主の鍋島茂義、白石親類家の鍋島直章、横岳鍋島家の鍋島茂延、鍋島神代家の鍋島茂堯ら佐賀藩の重臣たちが満を持して擁立した若き英明な新藩主の登場であった。長い間権力闘争に明け暮れていた佐賀藩が一つにまとまり、ようやく新しい体制へと脱皮したのである。

――これでよし。

と、平兵衛はおもったにちがいない。現代風にいえば、投資環境が整ったというようなことであろう。平兵衛は、佐賀藩への本格的参入のチャンスをうかがいはじめた。

ただ、こういった順風満帆な時期に、得てして災難が訪れる。平兵衛も油断していたわけではなかったが、天草でおもいがけない事件が発生した。御領村の貯蔵蔵から米俵が盗難されたのである。『天

草近代年譜[1]』には、

「御領村貯蔵に盗賊ども押し入り、ひそかに穀俵盗み出し、いずれかに積みこし、行方をくらませた。貯蔵米の減少について、宗門改めの役人が発見し、大騒ぎとなった」

とある。またしても「盗難一件」の発生である。

知らせを受けた平兵衛は、若いころに体験した盗難事件のことをおもいだし、いやな気分に襲われたにちがいない。

公用米の盗難であれば、掛屋役として御領本宅の勝之丞らが詮議を受ける可能性がある。平兵衛は慌しく長崎を出発して、船で佐伊津村の新宅にむかった。御領の港にいったん寄港し、そこで本宅の勝之丞らを同乗させ、船の上でさっそく事情を聞いた。勝之丞は、数十俵分がいつ盗難されたのか不明であるが、富岡役所から返納され、領民に配るために保管していた米であったため、村人の間で大騒ぎになっていることを告げた。

長崎代官所への廻米であれば、役人たちに鼻薬を嗅がせればどうにでもなるが、農民たちへの精算米であり、そうはいかない。農民が一人でも訴えでれば、大きな問題に発展するであろう。

もちろん、長岡大庄屋の責任もあった。今回保管していた米穀については、すでに大庄屋たる長岡五郎左衛門に引渡証書を引き渡しており、ただちに農民らに還付すべきはずであるのに、それを放置していたのである。かつての盗難事件についても長岡大庄屋の勇み足によって、石本家の先代は不慮の死を遂げ、平兵衛もまた長崎桜町の牢屋に入れられ、居村払いの罪を受けている。

佐伊津村の新宅に着くや、弟の熊四郎や石本家の手代などを集めて善後策を協議し、内々で済ませるために手段を選ばぬことで意見が一致した。表ざたになり、万が一にでも勝之丞が罪を受けるようなことがあれば、松坂屋の経営の根幹が崩れてしまう。とにかく、松坂屋がいかなる形であれ、責任を問われることを防がねばならなかった。ところが、『天草近代年譜』[1]には、

「五月、御領村貯穀盗難事件がついに表ざたとなり、長崎表に告訴された。返納のための食料米であるため、ことは長崎奉行所限りの扱いというわけにもいかず、江戸勘定所に上げて伺うほかなく、そうなると追納を命じられるであろう」

とあり、大事件に発展する恐れがでてきた。このため、五月初旬、郡中総代として志岐、木戸、一町田組の大庄屋が富岡役所の添状を持参して、長崎に出向き、八方もみ消しの運動にかかった。この地元代表による懸命の工作活動が功を奏したらしく、『天草近代年譜』[1]には、

「七月中旬までにようやく穏便にすませることができたので、三名は天草に帰ってきた」

とある。むろん、この動きの背後で種々画策したのは、平兵衛であったろう。

こうして長崎奉行所はおさえることができたものの、紛失した米相当分を調達して、つじつまを合わせなければならない。このことについて代理人を立てて長岡大庄屋と話し合いをもったが、彼は意固地になって自分の責任を回避する発言を繰り返した。平兵衛の代理人は、引渡証書を掲げて、

「この証書によって引き渡したからには、大庄屋及び村人の責任である」

と迫ったが、長岡大庄屋は、

「現実に引き渡しを受けるまでは、保管していた掛屋の責任である」

と繰り返し、何度話し合っても、話がまとまらない。やむなく、平兵衛は石本家の米で立替払いをして、とりあえず不足米を補てんした。

五月になって、四男の寛吾から、柳川藩主の立花鑑賢が江戸で死去したという知らせが届いた。四月十一日に江戸屋敷で急逝されたとのことで、四十二歳の若さであった。永治の干拓工事以来、平兵衛は柳川藩御用商人として立花鑑賢公としばしば対面し、その人柄に対して深い敬愛の念を抱いていた。

船で柳川にむかい、弔問をおこなったが、後継の新藩主は立花鑑広(あきひろ)といい、弱冠八歳で幼名を万寿丸といった。柳川藩との間で築き上げた緊密な信頼関係の前途にやや不安をおぼえたが、平兵衛は小野家老らから求められた緊急の融資に対して二つ返事で引き受け、松坂屋の揺るぎない姿勢をしめした。これに対して、柳川藩も即座に反応し、平兵衛が長崎に帰るや、すぐに柳川藩蔵屋敷に招かれ、聞役から百石の知行を下賜する旨の伝達を受けた。「石本家年譜」[8]には、

「四月柳川藩御勝手向銀子調達(七万四千八百三十両)の功により立花公より平兵衛に対し知行百石を賜う」

とある。平兵衛は柳川藩に対して、七万四千八百三十両もの巨額を緊急融資していることがわかる。

おなじく、「石本家年譜」[8]には、

「四月十日長崎御番所見廻役松平信濃守より長崎御屋敷においてお目見えの上平兵衛に金子三百疋

下賜される」

とあり、平兵衛が佐賀藩との関係においても、密接度を深めていることがわかる。

また、五月二十八日には、薩摩藩から御唐物方御用聞の任命を受けるとともに、十五人扶持を下賜されることとなった。

すでに述べたとおり、薩摩藩は文政八年に五カ年の期限付きで唐物十六種の長崎での販売権を取得していたが、島津重豪を中心に幕府に対して延長の働きかけをおこない、五年間延長を勝ち取っていた。その際、江戸において種々工作活動をおこなったのは調所笑左衛門であったが、長崎において工作活動をおこなったのが平兵衛であった。平兵衛は長崎代官所の高木代官をはじめ、長崎奉行所などにも働きかけ、江戸に転勤した役人らへも応援を頼み、江戸の水野忠邦にも直接書状を出して支援を求めた。

この年限延長工作に尽力したことへの薩摩藩としての公式の返礼が、今回の措置であった。

調所笑左衛門はこの年の一月末、江戸から薩摩にもどっていた。以来、薩摩において藩財政の実態を分析し、改革のためにさまざまな検討をおこなっていた。

そもそも、薩摩藩は鎌倉時代以来の守護大名がそのまま藩主に移行したため、旧来の統治体制を色濃く残していた。多くの藩が兵農分離の原則にしたがって武士の居住地を城の近くに限定したのに対し、薩摩藩においては、鶴丸城下のみならず、藩内各地域に分散して配置した。このこともあって、薩摩における武士の比率は、四〇パーセント（全国平均では約〇・五パーセント）にも達し、藩の財政負担を押し上げる要因となっていた。

石高についても、琉球分九万四千石を差し引き、「薩摩七十七万石」と称されているが、全般的に土地が貧しく、実際の石高は三十五万石程度に過ぎない。台風や桜島の噴火などの自然災害も多い。薩摩藩は、藩成立当初から構造的に財政悪化の要因を保有していた。

それにくわえて、幕府による大規模な「御手伝普請」の割り当てである。とりわけ宝暦三（一七五三）年に割り当てられた木曽川の大改修工事は、藩の財政を極度に悪化させた。

そのようなかで、島津重豪は、藩校造武館、演武館、医学館、明時館（天文館）などの学校や施設を建て、娘茂姫を将軍家斉に嫁がせるなど、積極的な政策を取りつづけ、さらに財政の悪化を招いた。薩摩藩の債務は累増し、文政元（一八一八）年には九十万両であったものが、文政末（一八三〇）年には五百万両という巨額に達していた。十年余の間における債務の異常な膨張である。この膨らんだ債務を償還するため、さらに借り換えをおこない、ますます債務が膨らむ。急場をしのぐため、高利・短期の金融に手を出すことも少なくなかった。

さらには、琉球支配に伴う財政支出が追い打ちをかけた。長崎貿易の不振などによって、琉球砂糖や中国貿易から得られる利益が減少し、費用のほうがはるかに上回る状況になっていた。

危機感を深めた調所笑左衛門は、ある日のこと、藩主島津斉興に面会を求め、この問題について話し合った。

大坂からの借り入れ金利だけで年間三十五万両、加えて琉球の欠損が年間五十万両という危機的事態である。調所笑左衛門は藩公に対して洗いざらい報告した。

二人の結論からいえば、巨額の欠損に対して、資金繰りのために何らかの方法で百万両調達する必要があるということと、これ以上琉球からの欠損が生じない方法を考えねばならないということであった。

ただし、百万両をどうやって工面するのか、さしあたっての対策を考えなければならない。融資を受ける必要があるが、大坂商人がこのような巨額の融資に応じるはずがなかった。

天草の石本平兵衛に頼るしか道はない、というのが調所笑左衛門の結論であった。

石本平兵衛が薩摩藩の内部深くに入り込んでいることを、調所笑左衛門もすでに知っており、参入の経緯についても調べ尽くし、唐物方役所の役人たちが手玉に取られていたことも知っていた。抜け目のない商人ではあるが、資金力も相当なものがあり、石本平兵衛に融資を求めるほかに道はなかった。

つづいて調所笑左衛門は他の重臣たちと協議し、二百万両の返済の期日が迫っていること、これを返済しない場合、今後の資金調達も困難になる事態となることを説明した。

藩主・重臣らの一任を受けるや、調所笑左衛門は石本平兵衛宛の書状をしたため、甥の速見吉助をよんで、天草へ届けるよう指示した。

速見吉助はただちに出発し、その日の夜早馬で脇本から黒の瀬戸を通り、長島経由で宮野河内村から佐伊津村まで走りつづけ、翌日には佐伊津村に到着した。

佐伊津新宅は、広大な敷地に三階建ての建物で、門は見たことのない鉄の扉である。速見吉助は松坂屋手代の忠助に取り次ぎを頼んだ。たまたま長崎から帰ってきていた平兵衛は、調所笑左衛門の手紙を読むや、八月に長崎で会見することを約束する返事を書いて速見吉助に渡した。

「調所日記」によると、調所笑左衛門は八月九日に鹿児島を出発し、長崎で石本平兵衛と会っている。調所笑左衛門は平兵衛に会うなり、百万両の融資を申し出た。途方もない金額である。

薩摩藩はすでに琉球貿易品（中国からの輸入品）の長崎での売り払い、および薩摩の年貢米などについて、すでに平兵衛に対して一手取り扱いの権限をあたえていたが、融資の見返りとして、薩摩藩のその他の産物および琉球の黒砂糖ほかすべての産物について今後五年間一手引き受け権限をあたえるつもりであるという。

予想を超えた申し出である。しばらく考えていた平兵衛は、百万両融資について一応了承したが、その条件については後日協議することをつけ加えた。

「調所日記」には、町年寄の高島四郎兵衛と要談をおこなうとともに、高島四郎兵衛と石本平兵衛にそれぞれ細上布二反その他を贈り、八月二十一日にはオランダ船を見学、また高島四郎兵衛の子四郎太夫の来訪をうけ、高島四郎兵衛と石本平兵衛から贈り物を受けた、と記されている。

実は調所笑左衛門が提示した琉球の権益については、大きな問題が隠されていた。琉球の黒砂糖の取り扱いについて、薩摩藩は経常的な赤字に苦しんでいたのである。いわば不良資産を担保にして平兵衛から巨額の融資を引き出したことになる。

薩摩藩において、調所笑左衛門と石本平兵衛が取り交わした覚書について討議がおこなわれ、正式に承認されることとなった。

この知らせが長崎の平兵衛のもとに届けられたため、九月初旬平兵衛はいったん天草の富岡に移動した。富岡の巴湾には、持ち船の幸徳丸が待機していた。平兵衛は幸徳丸を陸に上げて一カ月かけて徹底的な修復を実施させた。ロープや帆も新調のものに取り替えさせた。

その間、平兵衛は富岡役所の上野伸右衛門に薩摩藩との交渉の経緯を打ち明け、懇意にしていた銀主の綿屋である吉田信左衛門に意見を求めたが、二人とも薩摩藩との取引については警戒するよう忠告した。

薩摩藩が肥後の石工たちに橋をかけさせておいて、完成した後に野間の関で皆殺しにしたという噂もあった。

もともと天草の人間は、薩摩に対する猜疑心が強い。平兵衛もまた、薩摩藩との正式の覚書のなかに身の安全を図るための条項を付加することを決めた。

十月十日、平兵衛は幸徳丸に乗って鹿児島にむけて出帆した。坊津には夜明け前に着き、そこから駕籠を雇って鹿児島をめざした。幸徳丸は海路鹿児島にむかう。その日は伊集院屋敷に宿泊し、翌日の十月十五日調所笑左衛門とともに鶴丸城に上り、藩主の面前で覚書を締結した。

覚　書

一、百万両の借入金は年二十万両ずつ返済し、五年で完済する。利息は年七分とする。

一、年貢米その他は石本平兵衛に専売権を与えるものとする。
一、琉球貿易および琉球のあらゆる権益を向こう五年間譲渡する。ただし、年売上に対し二分の課税をおこなう。
一、この期間中、薩摩藩は石本平兵衛に対しあらゆる事業また身辺に対し万全の警備と保護をおこなう。
一、右事項について両者が違反せざるようすべきこと。
一、本条項は向こう五年間有効とする。ただし、やむを得ない事情が発生した場合は、両者間において万全を期し、公平に解決する。

十月十五日

伊集院宗高忠彦
石本平兵衛

この覚書は薩摩藩の琉球支配に関するものとしては、歴史上最も重要な文書の一つと考えられる。しかしながら、白倉忠明氏の『石本平兵衛傳』[10]のなかに現代文に訳されたものが収録されているだけで、原文の所在は不明となっている。この文書の内容を裏づける他の資料も見当たらない。『石本平兵衛傳』のなかに収録されている多くの文書について、九州大学に寄贈された「石本家文書」

などでその存在を確認することができるから、この文書の原文も所在していた可能性が高いが、残念ながら裏が取れない。今後の調査によって、原文の所在が明らかになることを期待したい。

■琉球へ■

沖縄においては、現代にいたるまで、社会生活の根源において女性の霊力（セジ）を重視するオナリ神信仰が残っている。

オナリとは兄弟から姉妹をよぶときの呼称で、オナリ神信仰においては姉妹（オナリ）の霊力（セジ）が兄弟（エケリ）を守護する。

古い時代、沖縄各地のマキヨとよばれる集団・集落は、長老（アジ）によって治められていたが、この長老（アジ）の政治権力は姉妹（オナリ）の霊力（セジ）によって支えられていた。

兄弟が遠い旅にでるときは、姉妹は航海の安全を守る印として手布（ティサジ）を渡し、稲の収穫のときには、兄弟は初穂を姉妹に捧げ、種おろしの際には、他家に嫁いだ姉妹は実家に帰って兄弟のために豊作を祈った。

七世紀に書かれた中国の『隋書』に、

「流球国は海島の中にあって、福州の東にある。水行五日で到着する。土地は山洞が多い」

とあるが、明治の末から昭和にかけてこの「琉球」が沖縄をさすのか、台湾をさすのか論争が繰り広げられたが、いまだに結論をみるにいたっていないようである。

琉球においては、集落単位の祭政一致の平穏な政治形態が、十二世紀ごろまでつづいたようである。ところが、各地の按司（アジ）——長老たちが、互いに勢力を争うようになる。

勢力を拡大した按司（アジ）は、「世の主」となってグスクを拠点に多くの集団・集落を支配するようになる。グスクとは、琉球列島全域にわたり分布する石囲いの施設のことである。按司（アジ）が勢力を拡大するにつれて、その按司（アジ）の姉妹（オナリ）の権力も拡大し、支配下に治めた姉妹（オナリ）を祝女（ノロ）として支配するようになる。

那覇市総務部女性室編の『なは・女のあしあと——那覇女性史（前近代編）』[15]（琉球新報社、二〇〇一年）によると、

「十二、三世紀の琉球は、長い貝塚時代からグスク時代へと突入していく。古琉球の始まりである。各地のアジたちはやがて互いに勢力を争うようになっていくが、その過程で彼らが築いたのが数多くのグスクであった。グスクは、集団の聖地、拝所、集落跡、アジの居館、防御施設等々、種々の説が唱えられているが、いずれにせよ、十二、三世紀、一定の権力を持つに至ったアジもしくはその所属集団によって築かれたであろうことは間違いない。グスクのアジたちの争いを経て、権力は次第に強力なアジの下に収斂していった。そうしていくつかのグスクを支配し、地域を支配するアジの中のアジである世の主やテダが誕生する」

十三、四世紀には沖縄南部を拠点にした南山の大里アジ、中部を拠点にした中山の察度（さっと）、北部を拠点にした北山の今帰仁アジが鼎立する「三山時代」となった。

三山は互いに抗争を繰り返したが、南山の一角を拠点とする尚巴志（しょうはし）（一三七二—一四三九）が急激

に勢力を拡大し、一四〇六年に中山、一四一六年に北山、一四二九年に南山を滅ぼして、三山を統一した。

三山を統一した第一次尚氏王朝は、都を首里に置き、一四〇六年から一四六九年まで、七代六十四年間つづいた。

ところが、尚氏の家臣金丸（かなまる）（のちの尚円（しょうえん）（一四一五―一四七六））がクーデターをおこし、第二次尚氏王朝をうちたて、官僚制度を整備し、聞得大君（きこえおおきみ）（チフジンガナシーメー）を頂点とする国家祭祀システムを整備したのである。

聞得大君・君々（きみぎみ）・大阿母（おおあも）などの下、村々にはノロ（祝女）がいて、村の祭祀をつかさどった。ノロ（祝女）は生涯独身を通したともいわれるが、既婚者も少なくなかったという。

男王は政治の世界をつかさどり、男王の姉妹は聞得大君として、宗教的世界をつかさどった。男王は役人を支配し、女王はノロ（神女）を支配した。

いずれにせよ、沖縄に古くから伝わる素朴なオナリ神信仰が、国家の宗教的統治システムとして整備されたのが、聞得大君を頂点とするノロ（祝女）制度であった。

オナリ神信仰については、中国福建省や台湾などの媽祖信仰やインドネシアなどにおける風習などとの関連が指摘されており、いずれにしろ根底には南方的な要素が感じられる。

この第二次尚氏王朝が薩摩島津氏に制圧されたのは、慶長十四（一六〇九）年のことである。

豊臣秀吉は琉球を日本の属国と考え、朝鮮出兵の際には軍役を課すなどしたが、琉球王はもとよりこれを拒絶した。徳川家康もまた琉球を日本の属国と考え、慶長七年に奥州に漂着した琉球の難破船を薩摩に回航させ、薩摩の島津義久（一五三三―一六一一）もまたそれを琉球に引き渡している。当時の琉球王は尚寧（しょうねい）といった。ところが、尚寧王は薩摩に対してなんの返礼もしない。

慶長九（一六〇四）年、島津義久は尚寧王に対して、謝礼のための使節を薩摩と江戸に派遣するよう要求した。さらに、慶長十一年には薩摩藩主となった島津家久（一五七八―一六三八）は、就任祝いのための使節と江戸の徳川秀忠への使節の派遣を要求した。しかしながら、尚寧王はそれらの要求を黙殺した。慶長十四年にも島津家久は同様の要求をおこなったが、尚寧王はふたたびそれを黙殺した。

慶長十四年四月、薩摩藩は樺山久高（かばやまひさたか）（一五六〇―一六三四）以下四千名の兵を琉球に派遣した。船三百隻に分乗した薩摩の兵は、奄美大島、徳之島、沖永良部島、与論島などを次々に制圧し、三月二十五日に琉球北部の運天港に上陸して、四月五日に首里城を制圧したのである。これがいわゆる「琉球出兵」である。

琉球を武力で屈服させた薩摩は、那覇に在番奉行を置いて首里王府を監督し、尚寧王を鹿児島に連行し、翌年には駿府と江戸で徳川家康と徳川秀忠の謁見を受けさせた。この間、薩摩藩は琉球の検地をおこない、総石高を八万九千石と定めた。

江戸からもどった島津家久は、尚寧王に知行目録をしめし、八万九千石の約三割を島津氏に貢納するように命じ、奄美大島の分割を申し渡した。

琉球王国はこののち中国に対しては独立国を装いながら、中国との伝統的な外交・貿易関係を維持し、実質的には薩摩に支配されるといういわば二元的な政治体制となった。

十月下旬、平兵衛は幸徳丸に乗って、鹿児島港から琉球にむけて出発した。先導するのは薩摩藩の帆船で、その船には薩摩藩士の小木野清重、山之口文一郎、小園義之助ら三人が藩命を受けて乗り込んでいた。三人とも、琉球の行政と税務に関する専門家である。トカラ列島、奄美諸島、沖永良部島、与論島を経由し、十五日間の航海で琉球に到着した。平兵衛は練りに練った考えをもって、琉球にきていた。しかしながら、成功するか失敗するかは、琉球側の協力次第である。

那覇港近くに薩摩仮屋――在番奉行所があった。奉行所の役人たちが岸壁に勢ぞろいして丁重にでむかえ、奉行所に案内した。このときの琉球奉行は、島津藩主の実弟・島津篤忠であったという。小木野清重が平兵衛を紹介すると、島津篤忠は今後の支援を約束し、琉球での活動を円滑に進めるため、琉球王への表敬訪問を勧めた。

平兵衛は与那賀具建と小木野清重二人を案内役にして、駕籠に乗って首里城へむかった。与那賀具建は空手、小木野清重は示現流の使い手であったという。

首里城は、那覇港を見下ろす丘陵地にある。琉球国王の居城であり、祭政の拠点である。平兵衛らは、駕籠に乗って坂道を上っていった。

首里城に入るには、まず守礼の門をくぐり、歓会の門を通らなければならない。守礼の門は尚清王の時代（一五二七—一五五五）に建てられた門である。その奥に内城に通じる歓会の門がある。これが首里城の正門である。平兵衛らはその門前で駕籠を降りた。随行していた与那賀具建が島津奉行の紹介状を門番に渡すと、しばらく待たされたのち、城内に案内された。

泰神門を通って南殿の番所に案内された。南殿と番所は和風の建物で、薩摩藩の役人たちが詰めていた。そこで待機していると、年老いた役人がやってきて、琉球王の面会の許可を伝えた。本殿に案内されると、色鮮やかな琉球衣装で着飾った二人の少女に出迎えられ、謁見の間に案内されて尚育王の謁見を受けた。

尚育王は一八一三年生まれであるから、このとき十八歳。病気の王に代わって二年前から摂政を務めている。

平兵衛は尚育王との会見の際、琉球側の国を挙げての協力を求めるとともに、農民たちに黒砂糖代金を支払うとともに、五分の利益を差し出すことを確約した。

琉球の民を味方にしなければ、今回の事業は成功するはずはなかった。これこそが、平兵衛の考え抜いた構想であった。かつ、尚育王に対して千両の献金を申し出た。

無事拝謁を終えて、平兵衛が長い廊下を歩いていると、いつのまにか五人の侍女が付き従い、途中からは白髪の上品な老女と最初に応対した老臣も加わったという。平兵衛は琉球王朝から貴賓としてのもてなしを受けたのである。

平兵衛は琉球奉行所にもどるや、奉行に対して、生産者の黒砂糖の取り分を五分とし、その自由な処分を許可する旨の布告を出すよう申し出た。奉行らは薩摩藩が生産された黒砂糖を全量徴収しても赤字となっていることを説明して、難色をしめしたが、平兵衛はそれを押し切った。

奉行所は農民に布告するため、村々の名主に立札を立てるよう命じた。

ところが、琉球の名主たちはのんびりとした対応である。

平兵衛の役職は副奉行となっていた。副奉行名で協力してくれた名主に、謝礼として一両ずつあたえることを通達すると、たちまち琉球内の千カ所に立札が立てられたという。

農民を収奪すれば、農民は貧しくなる。農民の生産物は基本的に農民の所有物であり、国といえども対価で買い取らねばならない。そのことによって農民は豊かになり、したがって国も豊かになる。

これが平兵衛の信条であった。農民の労働意欲を高め、生産高を高めれば、五分の損失も、有償での買い取り負担も、たちまち回収できる。

これまで、薩摩藩は琉球の農民から収奪するばかりであった。いくら黒砂糖をつくっても、ただで取り上げられ、わずかな食料や日用品の配給を受けるだけであった。

ところが、平兵衛は、一定の代金を支払い、生産高のうち五分は生産者の取り分にするという大胆な方針を打ち出した。

延享二（一七四五）年に薩摩藩では「換糖上納令」を発し、奄美大島、喜界島、徳之島の三島に年貢米の代わりに砂糖を納めさせるようにした。年貢米とおなじく、島民は生産した砂糖の一部を税として上納するわけである。一定率を年貢として納めることから、「砂糖定式制」とよばれる。

ところが、島津重豪は、安永六（一七七七）年に「島中出来砂糖惣買入」——いわゆる「砂糖惣買入制」の実施を布告し、生産された砂糖はすべて薩摩藩が買い上げ、島民の手元には少しの余剰も残らぬようにした。また、島内での諸売買も禁止し、島民が必要とする品々は砂糖との一定の交換比率で配給することとした。

「砂糖惣買入制」は島民を徹底的に収奪するシステムで、薩摩藩の本田孫一郎（親孚）は『大島私考』のなかで、

「大島の租税は米穀を納めずして、砂糖をもって納む。その砂糖の余りは島民が好むところの紙・茶・煙草・綿および穀物に交易して生業の用とす。惣買入といふときは、島民高売の交易を禁じて租税の余りを皆諸品に易へて年貢と同じく上に奉る。これ人君、民の利を貪るに似たり。恥ずべきことにあらずや」

と痛烈に批判している。

「砂糖惣買入制」は、島民の労働意欲の低下をもたらし、凶作時には多くの犠牲者を発生させる致命的な欠陥を持っていた。

これを憂えた島津斉宣は、天明七（一七八七）年に「砂糖惣買入制」を中止し、「定式買入制」にもどし、砂糖と米との交換比率の引き上げをはかった。そして、一定量の砂糖——「定式糖」と臨時的

な「買重糖（かいかさみ）」だけを税として徴収し、それ以外の島民の手元に残った砂糖——「余計糖」は自由な販売や処分を許した。

しかしながら、薩摩藩の財政悪化とともに、「買重糖（かいかさみ）」が増額され、「余計糖」が限りなく縮小し、いつのまにか「砂糖惣買入制」の性格を帯びていった。

ちなみに、天明七年ごろの「定式糖」は三百五十万斤、「買重糖」は百十万斤で合計四百六十万斤であったという。

調所笑左衛門は出雲屋・浜村孫兵衛の献策を受けて、この年「三島方」という組織をつくり、「砂糖惣買入制」の復活をはかったばかりであった。しかも、三品島の砂糖の一手取り扱い権限は、浜村孫兵衛にゆだねていた。

このように、調所笑左衛門は薩摩藩財政の立て直しの中心——「改革第一の根本」に、三島（奄美大島・喜界島・徳之島）の「砂糖惣買入制」を据え、農民を徹底的に収奪するシステムの運用をはじめたばかりであった。

石本平兵衛の琉球での手法は、調所笑左衛門の「砂糖惣買入制」とは対極にある手法であった。

このころ、調所笑左衛門は江戸の島津重豪から、

「十年で五十万両蓄えよ。幕府への上納金及び非常のための予備費を備えよ。五百万両の借用証文を取り返せ」（『調所広郷履歴』）

という、とんでもない命令を受けていた。

むろん、島津重豪が強気になった背景には、平兵衛が融資した百万両という大金によって薩摩藩の資金繰りが大きく改善されたということがあったろう。調所笑左衛門にとっては、平兵衛が大きな命綱であった。

平兵衛が屋久島の杉と奄美大島の砂糖の一手引き受けを要望した際にも、調所笑左衛門は大きく譲歩した。

「奄美三島の砂糖の権限については、出雲屋の浜村孫兵衛に委ねたばかりなので困難であるが、屋久島の杉については、自前で伐採し、自前で港を整備し、自前で運ぶという条件ならば、藩公の了解を得られるであろう」

と、調所笑左衛門は確約した。

こうして屋久杉の獲得についてめどがついたが、この利権が松坂屋・石本家の躍進をさらに後押しすることになるのは、平兵衛が本格的に江戸に進出したのちのことである。

天草にもどったのは、その年の十二月であった。大庄屋の長岡五郎左衛門が死去した直後であった。

「石本家年譜」[8]にも、

「十一月二十三日中村大庄屋第十代長岡五郎左衛門興生が京都で死去。享年三十七歳（幼名は宗之丞、業之輔。父は中村天錫の弟長岡五郎左衛門興道。法名・専光院一応玄致居士。墓は京都五条の宗仙寺境内にあり）。」

とあり、『天草近代年譜』[1]にも、

「十一月二十三日、御領組大庄屋十代長岡五郎左衛門興生、この冬京都に旅行中、疱瘡患い付き、他行先にて客死す。年三十七」

と記されている。

お伊勢参りの途中、京都に立ち寄り、そこで疱瘡（天然痘）を発病したという。

御領村の貯蔵蔵から米俵数十俵が盗難された一件については、まだ長岡家とは調停が整っていなかった。この件に関して、長岡五郎左衛門は終始意固地な態度を取り、幾度となく譲歩案を提示したが、頑なに拒絶するばかりであった。

長崎代官所や長崎奉行所への猛烈な工作の結果、表ざたになることだけはどうにか回避できたものの、いつどのような形で火を吹き上げるかわからなかった。

長男の興就が長岡家の家督を継いだものの、まだ十五歳であった。あまりにも若く、しかも激しやすい性格と聞いており、下手に手を出すと何をしでかすかわからない。交渉相手としては、父の五郎左衛門よりもはるかに危険であった。

このようなとき、長崎代官所を動かすのが手っ取り早い方法であるが、肝心の官高木代官が重い病気で伏せており、富岡役所の元締上野伸右衛門についても、その処遇をめぐってとかくの批判が生じており、身動きの取れない状況に置かれていた。

このようななかで、天保二（一八三一）年になった。

『天草近代年譜[1]』の一月の条には、

「御領組大庄屋長岡業之助、旧冬他行先にて客死後は、全村貯穀盗難件後始末にからみ、東郷石本方、西郷長岡方と二派に分かれ、村民反目し合い、村政大いに乱る。よって、同村百姓八百吉、一方の不服を訴え、富岡役所に駆け込み訴えにおよぶ始末なり」

とある。

またもや石本家と長岡家の対立が激化したのである。この顛末についても、『天草近代年譜』[1]に縷々記録されており、二月二日に大庄屋長岡五郎左衛門の上京のいきさつを取り調べるため、富岡役所は木戸組大庄屋木山十之丞と御領村年寄一人を召喚している。木山十之丞とは長岡五郎左衛門の実子で、木山家に養子にいった人物である。

ところが、二月十日に御領村順右衛門ほか二人がふたたび富岡役所に駆け込み訴えを強行した。

ここにいたって、富岡役所の役人たちは、本格的な調停に乗り出すこととし、三月になって木山十之丞を木戸組と兼務で御領組大庄屋に任命し、志岐組大庄屋平井達治を御領村取締方に任命した。そして、二人に対して、「支配高木代官病中の事ゆえ、筋立てず、村内程よく折り合い、和融するよう」命じた。木山十之丞と平井達治が懸命に調停をおこなったらしく、村内の対立が大きく緩和された。

そこへ、長崎代官高木作右衛門が四月十日に死去したとの報がもたらされ、村内の対立どころではなくなった。

四月十二日、富岡役所から天草中に高木代官逝去の報が通達され、十七日間歌舞音曲が禁止され、四月十六日には天草郡内の大庄屋、庄屋全員が富岡役所に出向き、弔問をおこなった。

■砂糖取引で膨大な利益■

この間、平兵衛は長崎にとどまりつづけていた。

村内の対立から身を避けたということもあったが、それ以上に新たな取得した琉球産黒砂糖の販売戦略を固める必要があったためである。

琉球全体の黒砂糖を、長崎と九州だけで売りさばくことは不可能であった。できるかぎり大坂に輸送せねばならぬ。輸送については雇い船を確保すればどうにかなろうが、販売先を確保せねば、在庫だけが増え、値崩れをおこしてしまう。下手すれば、砂糖を抱えたまま倒産ということもありうる。入口を確保して、出口を確保できなければ、糞詰まりとなってしまう。流通と販売の確保こそが次なる戦略目標である。平兵衛の視線は、東方の大坂・江戸に注がれていた。

そんなとき、薩摩屋敷の聞役の奥四郎が松坂屋長崎支店に訪れ、島津重豪が一月十九日に従三位に叙せられたことを告げた。従三位に叙せられたのは、薩摩藩初代藩主の島津家久以来の慶事である。

島津重豪は八十七歳になっていたが、藩財政が好転の兆しを見せたこともあり、すっかり元気を取り戻し、幕閣や朝廷に対して猛烈に働きかけ、将軍家に嫁いだ娘茂姫の尽力もあって、ついに念願の叙位を獲得することができたのである。

平兵衛はさっそくお祝いの品々を見つくろい、早飛脚で薩摩藩江戸屋敷に送った。薩摩藩江戸屋敷には、かねて懇意にしている立花静菴と山本理兵衛という留守居がいた。二人には薩摩にいるころからさかんに金品を贈って、味方に引き入れていた。彼ら二人にも別便で金品を送るとともに、柳川藩から依頼を受けた件などについて江戸での調整をお願いした。平兵衛は薩摩藩内部に松坂屋・石本家の人的ネットワークをすでに構築していたのである。

この間、平兵衛は奥四郎を通じて薩摩藩家老川上久馬や調所笑左衛門などに働きかけ、家督を継いだ勝之丞にも薩摩藩産物方御用聞の任命を受けるべく要望活動をおこなっていた。九州諸藩との取引も拡大していたため、平兵衛一人で薩摩藩・琉球との取引をおこなうことはかなり困難な状況になっていたからである。

むろん、薩摩藩に異存があるはずもない。石本家・松坂屋が一丸となって薩摩藩に対応する体制を整え、取引を円滑に進めることは、薩摩藩としても大いに歓迎すべきことであった。

勝之丞は四月十五日に、薩摩藩産物方御用聞見習を受け、五人扶持を下賜されている。これによって、平兵衛の身になにがあっても、勝之丞がいるかぎり薩摩藩とのパイプが切れなくなった。

五月は長雨がつづき、各地で水害がおこり、害虫なども生じて作物の収穫が大幅に減り、米価が高騰して、天草でも人心が乱れてきた。このため、平兵衛は米六百俵と切干芋三百俵を天草郡内に配った。御領村における対立も収まり、天草における松坂屋・石本家の地位も、ふたたび安泰を取り戻していた。

柳川藩との関係もきわめて良好で、このころ平兵衛は四男の寛吾を柳川の瀬高町に置いた松坂屋柳川支店の店長に任命している。当時寛吾は十八歳であった。商才はたいしたことはなかったが、陽気な性格のため、柳川の人々に人気があった。

大損さえしなければいい、と平兵衛は考えていたのであろう。

七月には、高木栄太郎が高木家の家督を継ぎ、長崎奉行所から長崎代官見習の任命を受け、従前どおり天草を支配統治するよう命じられた。高木栄太郎といえば、平兵衛が仲人となって八代藩の松井家の茂勢を妻に娶った人物である。このような関係もあり、平兵衛とはきわめて昵懇の仲であった。長崎代官所との関係も安泰に推移していくことは確実であった。

薩摩藩との関係も、ますます緊密になっていく。先に江戸表に贈った位階昇進の祝いの扇子と干鯛、白繻子などへの返礼として、江戸留守居の立花静菴と山本理兵衛から礼状が届き、細上布二反を贈られている。さらには、平兵衛は島津重豪に対して、「寿」の字を要望していたが、これについても、要望どおり下賜されるという。

これらの書状にくわえて、山本理兵衛の私的な書状が添えられており、この書状をみると、平兵衛が山本理兵衛に対してほどこした懐柔工作の一端がうかがわれる。すなわち、平兵衛は山本理兵衛に対してさかんに金品を贈与しているのである。要するに賄賂である。

それに対して山本理兵衛は心苦しくおもってはいるようであるが、金品を返還することはせず、「何なりとおっしゃっていただきたいと存じます」と平兵衛のために種々尽力する意向を伝えている。

山本理兵衛は、江戸における平兵衛のシンパとなっていた。

柳川藩に関する平兵衛の要望のために尽力する意向を伝え、江戸における米価の動向なども伝えている。

平兵衛は、薩摩藩内部を確実に侵食していた。

九月十日には薩摩藩長崎蔵屋敷の聞役奥四郎を通じて、島津重豪直筆の書二枚の贈呈を受けるとともに、琉球貿易に関する褒章として、琉球紬などを贈られている。

このように薩摩との関係は、蜜月時代と形容してもいいほどに緊密になった。この間、大坂の浜村孫兵衛が、薩摩藩に対して五千両の緊急融資をおこなったことを奥四郎から聞いたが、平兵衛にとってみれば蚊程度の存在でしかなかった。多少の血を吸わせても、何の影響もなかった。

天保二年のこの当時、平兵衛は薩摩藩において、すでに圧倒的な地盤を固めていたのである。

御領における村内の対立もやっとのことで終焉し、九月三十日に富岡役所は御領村年寄四名、百姓代四名に対して長岡興就を御領組大庄屋見習に任命することを申し渡し、一同に承諾書を提出させた。

また、先に長崎代官見習に任命されていた高木栄太郎が、十二月二十七日に正式に家督相続して作右衛門を襲名し、長崎代官に任命された。

富岡役所の詰役上野伸右衛門と小比賀兵助も長崎へ転勤となり、代わって塚田多十郎と金井八郎が後任として長崎から赴任するなど、天草と長崎における新しい体制が完全に固まった。

平兵衛のさらなる飛躍がはじまろうとしていた。

平兵衛が薩摩藩から琉球の権益を取得した翌年――天保二年は天候もよく、琉球におけるサトウキビの収穫は例年以上であった。

しかも、生産高から一定の歩合で所有権が認められたことから、琉球全土において競うように黒砂糖がつくられた。その結果、砂糖の生産量は前年を大きく上回り、しかも平兵衛は高値で売りさばいた。薩摩藩の思惑に反し、平兵衛は琉球から膨大な利益を得ることになったのである。

天草においても、掛屋役としての年貢米や水産物などに加工品物ついての独占権を維持しつづけており、松坂屋の伝統的な製造部門ともいえる製蝋、製塩、酒造などについても手堅く利益を生み、干拓や造船などの土木建築部門も順調に拡大していた。

島原、諫早、人吉、八代、熊本、柳川藩などとの取引も着実に増大していた。とりわけ、柳川藩との関係はさらに緊密になり、「石本家年譜」[8]には、

「天保三年柳川立花藩において物産方を設置し、国産品の統制を実施されるにつき平兵衛が蔵元を命じられる」

とある。柳川支店の四男寛吾も十九歳となり、ますます柳川の人々との交遊を深めていた。商才はそれほどではないが、性格の明るさは人一倍である。寛吾の存在は、おもった以上の効果があった。少々早い気がしたが、天草の一町田から年上の女房をもらわせた。

また、新しい藩主の下、新たな体制を確立した佐賀藩に対して猛烈な攻勢をかけた結果、茶碗薬（陶磁器用の釉薬）の一手販売権を新たに取得していた。これまた、「石本家家譜」には、

「佐賀鍋島藩にて茶碗薬の領内配給独占実施されるにつきその蔵元を命じられる」

とある。

長崎における中国・オランダ貿易の取扱量も飛躍的に増大していた。

大量の商品を確保しても、その販売ルートを確保できなければ、たちまち窮してしまうであろうが、この点においても、平兵衛に抜かりはなかった。

大坂と江戸に、それぞれ支店を開設したのである。

■大坂・江戸への進出■

天保三（一八三二）年になった。平兵衛四十六歳。

依然として薩摩藩の実権を掌握していた島津重豪は、この年八十八歳の米寿を迎えた。

重豪はこれを記念して、高輪の薩摩藩江戸屋敷で盛大な茶会を催すことにした。このため、藩邸の一角に築山を築かせ、泉水をめぐらし、江戸湾を見下ろす位置に茶室を建てるよう命じた。

やがて完成した茶室は、「福寿亭」と名づけられ、三月十五日に米寿の祝いが催されることとなった。

このため、平兵衛はおもいきって江戸に上ることにした。大坂と江戸に本格的な支店を開設するめどが立ったためでもある。

もちろん、水野忠邦の全面的な支援をうけた結果であった。水野忠邦とは頻繁に連絡を取り合っていた。水野忠邦は西丸老中に就任していたものの、さらに上をめざして画策をおこなっていた。次の狙いは本丸老中であった。本丸老中は将軍を補佐する最高の執行機関である。ただし、水野忠邦はさらにその上をめざしていた。老中は複数による合議制であり、筆頭老中にならなければその手腕を存分に発揮することはできない。

水野忠邦は、「寛政の改革」をおこなった老中松平定信を理想としていた。

「松平どのを範として、後世に残る大改革を実施する所存である」

というのが、唐津藩主時代からの口癖であった。

しかしながら、浜松藩の財政は一向に好転せず、絶えず運動資金の不足に悩まされていた。

水野忠邦は平兵衛に対してしきりに出府を促した。むろん、多額の献金を期待しての出府要請であることは、平兵衛にも十分にわかっていた。

薩摩・琉球の利権をほぼ一手に掌握したいまこそ出府の時機と決断した。平兵衛にとっても、幕府の勘定所御用達になることが、長年の夢であった。水野忠邦は「昇進のあかつきには、かならず勘定所御用達に引き上げる」と繰り返し平兵衛に伝えた。幕府勘定所御用達という目標が、平兵衛の原動力となっていた。

薩摩・琉球など九州諸藩との取引にくわえて、幕府の莫大な利権を獲得できれば、日本一の商人になることも夢ではない。

一月になって長崎を出発し、まず大坂にむかった。

大坂においては、大坂城代のひそかな支援を受けて、大坂城代の支配地の一部——したがって、国有地の払い下げをうけるめどが立っていた。

大坂出店用地は肥後橋（大阪市西区土佐堀一丁目・大阪市北区中之島二丁目）あたりにあり、それとは別に、木場（木材貯木場）用地として、長堀（大阪市中央区南船場）に広大な用地を確保した。

この当時の大坂城代は、松平信順（のぶより）（一七九三―一八四四）という。三河吉田藩（愛知県豊橋市）の藩主で、のちに京都所司代から老中に昇格した人物であるが、水野忠邦と意見があわず、わずか三カ月で老中を辞任している。

しかしながら、大坂城代時代にはまだ水野忠邦と円満な関係であったため、水野忠邦の意向を受けて、平兵衛の用地多確保について種々画策したのであろう。

いずれにしろ、平兵衛は肥後橋近くに大坂支店を構えることができた。

開設当時の店長（番頭）は庄九郎という人物であった。庄九郎は、人吉支店、八代支店、江戸支店および大坂支店の店長を歴任したと伝えられている。新店舗の開設について、独特の才覚を持った人物であったらしい。無事に開設したのち、ただちに後任の店長に引き継いだ。

大坂支店の後任店長は、住友家で働いていた文太郎という人物であった。文太郎は大坂の経済界に精通し、しかも実直な人柄であった。平兵衛はこの人物にじかに会って採用決定したという。

大坂支店には楠之助という手代のほか、五十名ほどの従業員を雇用した。

長堀に木場を取得したのは、人吉・薩摩・柳川などから買い付けた大量の木材を運び込むためである。木材部門の責任者は、勘助という人物であった。やはり大坂の木材問屋に勤務していたという。高齢ではあったが、これまた平兵衛がみずから面接して採用したという。

そののち、江戸におもむいた。天保三年二月のことである。

西丸老中の役宅において、ひさしぶりに水野忠邦と対面した。はじめて会ったのは、文化十一（一八一四）年であったから、かれこれ十八年前になる。平兵衛は二十八歳、水野忠邦は二十一歳のときであった。いまでは平兵衛は四十六歳になり、水野忠邦は三十九歳になっていた。この十八年間、ひそかに連絡は取り合っていたが、実際に会った回数といえば、数えるほどしかない。

幕府の老中というのは、天草の一商人が会えるはずのないとんでもない高位な人であった。このとき、水野忠邦は平兵衛に対し、幕府勘定所御用達への引き立てを確約し、薩摩への警戒を諭したという。

薩摩藩は文化四年以来、唐紙・反物類八種について長崎での取引の許可を受け、文政八年年から五カ年間、十五種について継続が認められ、一昨年その期限が切れたため、さらに五カ年継続が認められていたが、四年後の再延長については幕府内で意見が分かれていた。

琉球唐物の長崎での一手販売権をもっている平兵衛にとって、それはきわめて重大な問題である。年限の延長については、薩摩藩とともに平兵衛も長崎代官所などに働きかけてきたが、最終的には幕府中枢部の判断が決定的な要素を占める。

老中筆頭の水野忠成が親薩摩派という話を聞いたことがあり、その一派ともいえる水野忠邦が反薩摩派にくみするはずがなかった。しかも、長年献金をつづけている平兵衛が困るようなことをするわけがない。

かつて天草の富岡にいた上野伸右衛門は、いまでは江戸下谷長者町一丁目に住み、幕府の下級役人として勤務していた。彼は長崎・天草の事情に詳しく、勘定奉行所の役人たちとも懇意にしていた。いわば、松坂屋の江戸駐在員であった。

江戸において用地を確保するにあたっても、全面的な支援をしてくれた。水野忠邦との連絡調整役としても大きな力を発揮してくれた。

木場については、予定どおり深川に確保することができた。もともと深川には、木場が多い。そのなかに一万坪を取得した。しかも、木場の近くに手ごろな空き店舗が見つかった。大坂にくらべるとはるかに規模が小さいが、江戸において自前の拠点を確保したことが最大の収穫であった。

江戸支店も、三井家に勤めていた忠右衛門という人物を破格の高給で店長に採用した。忠右衛門は切れ者であったらしく、のちに「石本家十人衆のうちの筆頭」と評されることになった。

また、長崎支店に勤務していた茂久平を江戸勤務に変えるなど、江戸の体制強化を図った。

その間、二月十一日に平兵衛は高輪の薩摩藩江戸屋敷を訪ね、「紅毛硝子大鏡一面」と「紅毛切子舌付菓子鉢一揃」を献上し、年賀として「大毛繻三枚」と「色綸子十巻」を贈呈している。応対したのは、薩摩藩江戸屋敷留守居の立花静菴と山本理兵衛という人物である。

応対した二人に返礼品についての要望を尋ねられたので、平兵衛は今回も島津重豪の書を所望し、さらに、銀二百貫の無期限融資を利率三分という破格の低金利で申し出た。

このころ平兵衛は莫大な余剰資金をかかえていた。その余剰資金を投資する金融市場は当時の日本においては整備されていなかった。

したがって、長期にわたって安定的に運用する相手としては、やはり藩という地方政府が最も確実であった。少なくとも、藩が倒産することはありえない。

平兵衛は、薩摩藩への融資を増額し、その運用益を長期にわたって回収しようともくろんでいたのである。平兵衛は、狡猾な商人でもあった。

しかしながら、薩摩藩としては、藩としての主体的な判断に基づいて資金繰りをおこなっている。必要のない金を借りる必要はない。立花静菴と山本理兵衛は不審におもったにちがいないが、調所笑左衛門に伝えることを確約した。


平兵衛が、大坂を経由して長崎にもどったのは、二月二十日ごろである。

長崎に着いてまもなく、柳川藩聞役の武藤弾介が訪ねてきた。そして、柳川藩家老の矢島采女と小野勘解由連名の確約書を平兵衛に渡した。

柳川藩においては、大坂などの商人から借りた金が四万三千両余りに達していた。平兵衛は出府前に、それらの借金をすべて償却したうえで、十五年後には逆に五万両余の積立金が生じるという財政改革案をしめしていたのである。もちろん、借入金を償却するための資金は平兵衛が有利子で融資し、積立金に対する担保権も設定するから、最終的には平兵衛の懐に入る金のほうが大きい。かつ、万が一に備えて、毎年五百石の知行の下賜を申し出ていた。もちろん、柳川藩からもらう五百石は、幕府勘定所御用達を手に入れるための上納米に化ける仕掛けであった。

そうしているうちに、ついに吉報が届いた。

四月十三日に長崎代官高木栄太郎から佐伊津村大庄屋、庄屋、年寄とともに、長崎代官所に呼び出しを受けたのである。長崎代官高木栄太郎は、長崎代官所において、

「籾米五百石の上納願いについて、ご老中水野出羽守さまご決裁のうえ、三月十二日江戸城において石井源左衛門どのの立会いのもと、羽倉外記(はぐらげき)どのに申し渡しがあった」

と重々しく伝え、文書を交付した。

このようなとき、松坂屋長崎支店の代表名義人である長崎本家の石本辰之進が、急な病で死去した。長崎石本本家・阿部屋と松坂屋合同の葬儀を済ませると、平兵衛は長崎本家の石本荘五郎と今後の対応について協議をおこなった。

その際、平兵衛は三男辰之進の嫁を長崎本家から貰い受けたいと申し出た。

石本荘五郎の五人の娘はすでに嫁いでいたが、三女のいとが残っていた。石本荘五郎はその申し出をただちに承諾した。

さらに、平兵衛は長男勝之丞に相思相愛の仲の女性ができたが、久留米藩士の娘で身分違いのため苦慮していることを打ち明け、長崎本家の養女に迎え、そのうえで勝之丞に嫁がせてもらうよう石本

荘五郎に頭を下げて頼んだ。

平兵衛を信用しきっている石本荘五郎は、この件についても即座に請け負い、喪が明け次第、事を進めることで意見が一致した。

これでもって、長男の勝之丞は相思相愛の相手と堂々と結婚できるようになった。そして、三男の辰之進は石本本家に養子にだしたわけではないが、亡くなった辰之進とおなじ名で、しかも本家の娘と結婚するから、世間からみれば、まちがいなく養子にみえるであろう。

そうしておいて、結婚を待たずして辰之進を松坂屋長崎支店の支店長に任命した。このとき辰之進は二十歳であった。長年長崎支店で勤務していたため、長崎支店の業務全般に通じていた。商才という面では、長男の勝之丞よりも秀でていた。


その間、柳川藩との交渉も順調に進んでいた。

四月九日には、柳川藩家老・中老の連名により、平兵衛と辰之進あてに、念書が届けられた。

卑屈ともいえる内容の念書であった。五万両の積立金の目標年は十五年後であり、これによって、今後十五年間、平兵衛は確実に柳川藩を牛耳ることができる。

ただし、石本平兵衛にこのような特権的地位をあたえることを、柳川藩内で疑問視する声がではじめたことも事実である。しかしながら、柳川藩としては、それに代わる案を見つけることはできなかった。平兵衛にすがるしか道はなかった。

また、四月には薩摩藩江戸屋敷から第三代琉球王尚信（一四七七―一五二六）筆の三幅対掛軸、琉球細上布、一貫張硯蓋が送られてきた。

五月には、薩摩藩から「寿盃」が送られてきた。五月二十五日には、佐賀藩主から金子二百疋下賜され、六月には柳川藩主から、時服と肩衣を下賜されている。おなじく六月には、薩摩藩から、薩摩焼きの置物、琉球産の織紬、国分産のタバコが送られてきた。

八月十五日には薩摩藩が三百貫の借り入れを正式に認め、年三朱の利息相当分米七十石について、今年は出水御蔵から渡すものの、来年以降は大坂蔵屋敷が受け持つことになったことを知らせる書状が届けられた。

ただし、利息が現金ではなく、米による物納になったことについては、やや不満が残ったが、それとても大坂蔵屋敷から納められることになったので、大坂支店で受け取って自由に処分することができる。

平兵衛はほどよくもう一本の金の成る木を薩摩藩に植えつけることができたが、柳川藩と同様、薩摩藩においても平兵衛の商法に疑惑の目をむける者が増えていた。平兵衛のやや強引で露骨な姿勢が目立ちはじめていた。

このように、薩摩、柳川、幕府との関係において、さまざまな動きが加速しており、このほか佐賀藩など九州諸藩との交渉から長崎、大坂、江戸などとの取引など、まさしく休む暇もないほどの忙しさである。むろん、佐伊津村に帰って妻の和歌と語らう暇もなく、御領の勝之丞とも、会って打ち合わせをする時間もない。

しかも、三月に天草の統治権が、唐突に長崎代官所から日田郡代に移され、六月にはふたたび長崎代官所にもどされるなど、幕府の迷走に付き合わされて、平兵衛の忙しさは加速するばかりであった。

■帯刀許可・三人扶持下賜■

七月上旬、平兵衛はにわかに高熱を発し、寝込んでしまった。

平兵衛は、若いころから頑健そのもので、これまでほとんど病気をしたことがなかった。にもかかわらず、十日ほど高熱に苦しみ、その後熱は引いたものの、体力がめっきり衰え、八月上旬までの約一カ月間病床に臥していた。

この突然の病気によって、にわかに平兵衛にあせりの心が生まれた。

幕府勘定所御用達になったのちは、できるかぎり早く勝之丞に経営権のすべてを譲渡し、松坂屋永代存続の基礎を構築しなければならない。そのためには、対外的な関係において、急ぎ勝之丞の存在感を高める必要がある。

さっそく柳川藩長崎聞役の武藤弾介をよびだし、松坂屋当主たる勝之丞に対して病気見舞いすらおこなわれていないことへの不満を述べた。

驚いたのは武藤弾介である。ただちに柳川にもどり、重臣たちと諮って天草の勝之丞に特使を派遣した。江戸滞在中の柳川藩主からも病気見舞いとして「谷文晁筆富嶽図一幅」が送られてきた。谷文晁は江戸生まれの画家で、これまでの諸流派を総合した精密な彩色画と豪放な水墨画や写実的な風景画などによって、その名声は天下にとどろいていた。

平兵衛が近ごろ骨董品を収集していることを知り、柳川藩もそのあたりに心配りをしたのであろう。九月八日に武藤弾介が持参して、平兵衛を大いに喜ばせた。

また、柳川藩の吉弘儀左衛門から書簡が送られてきた。勘定方の役人であり、平兵衛とはとりわけ昵懇の仲であった。八月二十七日に平兵衛は手紙をだしたが、それに対する返事である。この書状のなかで注目されるのは、

「江戸への米穀の上納と快気祝いとして御酒と鰹を頂戴いたし、そのうえ立派な緞通毛氈をかたじけなく頂戴いたしました」

という部分である。平兵衛の幕府への米五百石上納の件が、柳川藩にも知られていたことをしめしている。平兵衛は幕府勘定所御用達と名字帯刀の権利を獲得するための実績づくりとして、柳川藩から無償で調達した米五百石をすでに江戸に送っていたのである。

もちろん自前の船で運送した。しかも、帰りの船に江戸の商品を仕入れて輸送させている。本来、上納船による商いは禁じられていたが、抜け目のない平兵衛がそのようなチャンスを見逃すはずはなかった。ただし、のちにこのことが露見しそうになり、釈明書を提出するなど必死のもみ消し工作をおこなっている。

なお、柳川藩は、平兵衛の忠告を契機に御領の勝之丞に対してもしきりにご機嫌伺いをおこない、閏十一月十九日、柳川を訪れた平兵衛に対して、家老の小野勘解由の屋敷において、勝之丞に贈呈するための時服上下と羽織を授与している。

平兵衛はすでに米五百石を江戸へ送るとともに、水野忠邦の指示により、八カ年分四千石の一括上納を申し出ていたが、その効果がすぐに現われた。

年明けの天保四(一八三三)年一月十一日平兵衛と勝之丞は、長崎代官所の呼び出しを受け、長崎代官所元締小比賀慎八と加判役福島六郎太から、正式の申し渡しを受けた。

平兵衛と勝之丞はともども、生涯にわたり「帯刀」を許され、「三人扶持」を下賜されることになった。百姓の身分を飛び越え、武士になったのである。

幕府から帯刀を許されれば、この日本において、身分というものに拘束されない。長崎代官所の役人や各藩の侍とも対等である。身分違いということで、これまでさまざまな差別を受けてきたが、それが一挙になくなった。

二十年前に受けた居村払いという前科は、遠い過去の闇のなかに埋もれ去ってしまっている。

幕府によって、帯刀を許され、三人扶持を下賜されることになった平兵衛と勝之丞は、長崎で刀剣を買い求め、羽織袴を新調し、天草に凱旋した。

平兵衛は帯刀を許された一月、御領の石本屋敷において、長男勝之丞夫妻と三男辰之進の合同の結婚披露宴を開催した。仲人は御領村の野口文平治夫妻であった。野口家は平兵衛の弟熊四郎の養子先で、先祖をおなじくする親戚でもある。御領の銀主で、屋号を筑後屋といった。

勝之丞の妻はソノといい、久留米藩士杉山八左衛門の娘で、長崎石本本家の養女として嫁いできたものである。このとき勝之丞は二十七歳、ソノは十六歳であった。

辰之進の妻はいといい、長崎石本本家の三女である。

すべて、平兵衛と長崎本家の荘五郎との打ち合わせどおりであった。

御領で催した披露宴には、久留米藩、柳川藩、佐賀藩、唐津藩、島原藩、人吉藩、八代藩、薩摩藩などからも数多くの要人が出席した。長崎代官の高木作右衛門も出席したらしい。大口の取引相手や天草の庄屋、銀主、親族なども出席し、その盛大な披露宴は天草中の評判になった。

平兵衛は長男と次男の結婚式に合わせ、おなじ一月に、五男求麻八の分家も実施している。

求麻八は義明ともいい、このとき十四歳になっていた。かつて石本本家の前の御領新宅に腹違いの兄平八郎を分家させていたが、若くして亡くなったため、分家の財産は御領本家の管理下に置いていた。それを復活することにしたのである。

分家した求麻八は、名を平八郎と改めた。すなわち第二代石本平八郎である。

石本家・松坂屋の新しい時代に向けた体制が整った。

二月には、富岡役所から石本平兵衛と石本勝之丞のそれぞれの家について、「踏み絵」を免除し、布告などについても大庄屋・庄屋などを経ずに直接おこなう旨の通知があった。

天草での披露を終え、長崎にもどると、薩摩藩聞役の奥四郎が鎮痛な面持ちで松坂屋を訪れ、島津重豪が逝去したことを告げた。前年盛大な米寿の祝いをしたばかりの島津重豪が、一月十五日に江戸屋敷において亡くなったという。

島津重豪の強力な後ろ盾によって、さまざま藩政改革を進めてきた調所笑左衛門が今後どのような処遇を受けるのか、平兵衛は大いに関心をもった。近ごろ、調所笑左衛門は平兵衛を敵対視する姿勢をあらわにしている。調所笑左衛門が薩摩の利害を最優先に考えている結果であるが、松坂屋の利害を最優先に考えている平兵衛にとっては実に煩わしい存在となっていた。調所笑左衛門がいなければ、自在に薩摩藩を操ることができるはずである。

平兵衛は、薩摩藩における調所笑左衛門の権限が縮小されることを期待した。

柳川藩においても、なにやら騒動が持ち上がっているようであった。

若き藩主万寿丸殿――立花鑑広(あきひろ)公が二月十九日ごろ十一歳で病没されたというようなうわさを聞きつけ、寛吾が知らせてきた。平兵衛は柳川藩の動向についても、ひそかに目を光らせた。藩の運営方針が変わり、石本家に敵対するような勢力が台頭すれば、即座に対応して石本家の資産を守る必要がある。

前年の天草における米は例年にない不作で、多くの窮民が発生していた。江戸への上納五百石どころか、足元の天草の住民たちが生活に苦しんでいた。このような状況が幕府に知れて問題になれば、平兵衛の処遇についても問題が生じる恐れがあった。このため、平兵衛は天草郡内の窮民対策として五百石献納することとし、大庄屋・庄屋たちに協力をよびかけた。

これを受けて、二月二十二日大庄屋たちが富岡で協議した結果、籾五十石を天草郡十組に分担させることとし、とりあえず平兵衛の斡旋で長崎柳川藩蔵屋敷の籾米で立て替えようとしたが、柳川藩で手違いが生じ、五分摺り米を各組二十五石ずつ計二百五十石献納することとなった。柳川藩で手違いが生じたのは、藩内で混乱がつづいていたためである。

そのほか、平兵衛は天草の窮民対策として、中田新田三町七反九畝三歩を寄付している。幕府に好印象をもたれるためには、多少の先行投資はやむをえない。

三月九日には、薩摩藩が借り上げた銀二百貫目の利息三朱の引き当てとして、平兵衛に八十人扶持を下賜する旨の達しがあった。

薩摩藩においては、島津重豪の死去にもかかわらず、粛々と藩政が運営されているようであり、期待に反して調所笑左衛門の地位も従来どおり維持されているようであった。

三月十三日、平兵衛は勝之丞とともに、御領において幕府からの「帯刀御免、御扶持方」の下賜についての祝賀会を催した。

この祝賀会に際し、人吉藩の「相良壱岐守様より塩鯛一折、樽料金子五百疋」、島原藩の「松平主殿頭様より鮮鯛一折、樽料金子三百疋、御家老より鮮鯛一折、樽料金子二百疋、御勝手方奉行より鮮鯛一折、樽料金二百疋」をそれぞれ頂戴したという。

三月二十五日、薩摩藩主から長崎聞役あてに、平兵衛に下賜する八十人扶持は、年末に玄米百四十石を出水御蔵より渡す旨の通知がおこなわれている。

この間、五月から十月にかけて天草郡内の今泉村字久保新田五反歩干潟開発、早浦村字路木浜出新田汐溜開発工事、亀浦村浜田新田汐溜開発工事、一町田村下田・白木河内・久留前松五十町歩干潟開発などが相次いで完了し、本格的な利益を見込めるようになった。

また、江戸へは二千石の籾米を船二艘で送り届けた。幕府勘定所御用達を受けるための実績づくりも、着実に進展している。あとは、水野忠邦の腕しだいであるが、年内には吉報がもたらされるはずであった。六月には、長崎代官高木作右衛門が、

「石本平兵衛父子に御用仰せ付けられたき儀願い出ており、また窮民救済用籾並びに窮民永久救済のための備田の寄付を申し出ており、まことに奇特なのでさらに褒美のため永々帯刀御免にくわえて、同人屋敷高七石六斗この反別七反六畝歩高引きにて御年貢諸役免除仰せ付けられたい」

と江戸に願い出ている。家屋敷の税の減免等を申請するものであった。

七月になると、柳川藩内の混乱も収まったようで、事務連絡等が円滑に進みはじめた。

その年の十二月一日、柳川藩の江戸送金、大坂常用のほか財政立て直しにつき格別尽力したため、柳川城において家老の矢島采女から武藤弾介立会のもと、平兵衛に知行百石を加増して二百石、辰之

進に新知行百石を賜る旨の申し渡しがあった。

また、十二月九日には、柳川藩家老小野勘解由の屋敷において、柳川藩の長期積立金に関して石本家に委任する旨の念書が交付された。

十二月には、平兵衛は柳川藩の永治干拓の関連事業として黒崎開の六十五町の干拓事業のため、三千五百両の追加融資をおこなっている。

平兵衛と柳川藩の関係は、深まるばかりであった。


いずれにしろ、天保三年から四年にかけて、松坂屋は急激な成長をつづけた。大坂支店・江戸支店を開設するとともに、九州各地にも松坂屋の出店や営業所を整備・拡充していった。

この急激な拡大時期は、ある意味では平兵衛の生涯における絶頂期ともいえるが、それでも平兵衛の拡大意欲は、まったく衰えない。


天保四年の暮れあたりから、平兵衛の身辺が騒然としてきた。

江戸でなんらかの動きがあったらしく、長崎代官所の役人たちが相次いで松坂屋長崎支店を訪れ、それとなくお祝いの言葉を伝えて帰った。

どうやら、年明け早々にも長崎代官所の呼び出しがあるらしい。このため、平兵衛は暮れのうちにいったん佐伊津村にもどり、例年年明けにおこなっていた松坂屋全体の決算作業をおこなわせた。

この年は、米の不作によって、米価が急騰をつづけていた。天草の窮民対策として籾米や干拓地を寄付し、江戸に上納米を送るなど、多大な出費を計上し、しかも琉球の砂糖生産が砂糖きびの不作のため前年にひきつづき停滞し、天保四年の単年度の決算としては収支バランスを維持するのがやっとであった。しかしながら、これまでの累積の黒字によって、松坂屋の経営基盤は磐石そのものであった。途方もない資産を手中にして、平兵衛は天下に売って出る時機が到来したことをあらためて確信した。

平兵衛のこれまでの成功ないし急成長の要因について総括すれば、次のようなことになろう。

まず、長崎で学んで商才を伸ばし、商売の重点を天草から長崎に移したことである。このことによって、大坂はじめ四国・中国地方などとの広域的な取引関係が、飛躍的に拡大した。

また、多角経営の度合いをさらに高めた。製造、販売、流通、貿易、金融のみならず、土木建築の分野にいたるまで、多くの品目、多くの業種に手を伸ばした。

この過程で、長崎代官所、長崎会所、富岡役所などと緊密な関係を構築し、とりわけ唐紅毛取引入札株を取得して、長崎貿易の権限を取得したことが重要な転機となったことはまちがいない。

それにもまして、天草、島原、唐津、柳川、佐賀、人吉、八代、薩摩、琉球、岡、熊本など、九州諸藩の御用商人としての地位を確立したことが大きい。対外的な鎖国体制のなかで、ミニ鎖国ともいうべき藩が国内に割拠しているのが、この当時の日本の体制であった。こういうなかで、九州諸藩のなかに参入を果たし、藩域を超えた横断的・広域的な商取引関係を構築した点に、平兵衛の最大の独創性を見出すべきであろう。とりわけ、九州最大の藩である薩摩藩に参入し、琉球の利権まで獲得したことの意味はきわめて大きい。

平兵衛は次の目標として、天下への野望――幕府への参入に狙いを定めたが、そのことは、むしろ、薩摩藩の利害に反するものである。

平兵衛は薩摩の内部に深々と侵入し、すでに薩摩藩の秘部ともいえる部分に直接触れている。薩摩藩の財政構造や長崎貿易、琉球貿易の実態など、幕府に知られてはならない門外不出ともいえる極秘情報をつかんでいる。

薩摩藩が平兵衛の幕府への接近に対して猛然と反発することは、当然予想されることであった。このあたりのことについて、平兵衛はどの程度自覚していたのであろうか。結果からみれば、平兵衛は薩摩藩との関係を軽視していたといわざるを得ない。

七　幕府勘定所御用達

一八三四年から一八三五年まで

■幕府勘定所御用達に就任■

天保五（一八三四）年を迎えた。平兵衛四十八歳。

一月十一日になって長崎代官所の呼び出しを受け、平兵衛は正装して長崎代官所におもむいた。長崎代官高木栄太郎――改め作右衛門は、普段は気さくに平兵衛と語り合う仲であるが、今日は公式の申し渡しをおこなうため威儀を正している。高木代官は箱から次の書面を取り出した。

申し渡し

先月（十一月）十八日、自分の名代を江戸城に登城させるよう大竹庄九郎殿より連絡があり、羽倉外記殿が登城したところ、別紙のとおり土方出雲守殿から仰せられたので申し渡す。

天保四年巳十二月二十六日　　高木作右衛門

（別紙）

申し渡し

長崎代官所管内の肥後国天草郡佐伊津村百姓石本平兵衛へ申し渡す儀があるので、早々に出府いたすよう申し渡す。

幕府の出府命令は、もちろん平兵衛に幕府勘定所御用達の辞令を授けるためのものである。文中の大竹庄九郎とは勘定所の組頭を務めており、羽倉外記（はぐらげき）（一七九〇―一八六二）とは旗本で関東諸国の代官を務める家柄であった。この当時、江戸において長崎奉行の名代を務めていた。

平兵衛は、一月十五日に駕籠を雇って長崎を出発し、長崎街道沿いに諫早を通って、肥前、筑後、筑前を抜け、門司から船に乗って大坂にむかった。

大坂に着くや、いったん大坂支店に立ち寄り、ふたたび駕籠を雇って東海道を江戸にむかって急いだ。

江戸に着いたのは、二月十五日のことである。本銀町(ほんしろがね)三丁目の樋口屋に逗留することにした。深川の松坂屋江戸支店は江戸城から遠く、なにかと不便であった。

本銀町は神田堀の南河岸通りの両側にあり、龍閑橋から今川橋までが一丁目と二丁目、その東側が三丁目と四丁目であった。日本橋に近く、瀬戸物や蝋燭などを売る商店や呉服問屋などが立ち並び、オランダ商館長たちが江戸参府したときの常宿である長崎屋にも近い。樋口屋の主人は金蔵といい、跡継ぎは周次といった。樋口屋は江戸における松坂屋の代理店のようなもので、深川の江戸支店と並ぶ江戸の拠点であった。

翌日の二月十六日、平兵衛は浜松藩の下屋敷を訪ねた。むろん、水野忠邦に会うためである。

今回の根回しについても、すべて水野忠邦がおこなっていた。水野忠邦は普段は江戸城近くの西丸老中の役宅にいるが、この日は下城して浜松藩の下屋敷にいた。

水野忠邦はにこやかな顔で平兵衛を迎え、幕府勘定所御用達就任の祝いを述べ、さらに「お目見え」についても尽力している旨を告げた。

「お目見え」とは、江戸城において将軍に拝謁することである。

その翌日から、水野忠邦の家臣が樋口屋に派遣され、平兵衛はお目見え儀式の特訓を受けた。城中での言葉の使いや将軍への拝謁の仕方など、実に煩瑣なきまりがあった。禁止事項も無数といっていいほどある。平兵衛は、何度も練習した。

二月二十四日になって、勘定奉行土方出雲守(勝政)の呼び出しを受けた。

勘定所は江戸城内本丸の「御殿勘定所」と大手門横の「下勘定所」の二カ所に分かれているが、平兵衛が呼び出しを受けたのは、「御殿勘定所」のほうである。「上勘定所」ともいう。

勘定所は幕府の財政と農政をつかさどる役所である。職員総数は百三十七人であった。

地方の郡代や代官等を指揮監督して、幕府直轄地を統括する。享保年間に財務を担当する「勝手方」と訴訟を扱う「公事方」に分けられた。

勘定所の長官が、勘定奉行である。「勝手方」の勘定奉行と「公事方」の勘定奉行は、それぞれ二名任命され、二名の勘定奉行は月当番で奉行所に出仕した。

土方出雲守は「勝手方」の勘定奉行であった。六年間務めている。

この日の申し渡しには、勘定奉行のほか勘定組頭大竹庄九郎、勘定差出方の佐藤重兵衛・若田亀五郎および長崎代官高木作右衛門手付の沢田和三郎が立会した。

平兵衛は、まず土間において役人たちから身分・姓名・江戸の住所の確認を受けたのち、脇差だけ差して縁側に通され、そこから座敷に上がって、勘定奉行土方出雲守から申し渡しを受けた。

「高木作右衛門御代官所、肥後国天草郡佐伊津村百姓石本平兵衛、その方は、このたび御勘定所御用達を仰せ付けられ、三人扶持下される旨、水野出羽守殿御指図によりこれを申し渡す」

それに対して、平兵衛は念書を差し出した。あわせて、先に受けていた生涯帯刀許可と屋敷七石余の税の免除等に対しての念書を差し出した。

「勘定所御用達」が創設されたのは、天明八(一七八八)年のことである。老中松平定信の時代であった。松平定信は、第八代将軍徳川吉宗の孫であり、一時期将軍候補に目されていたほどの人物であったが、「享保の改革」を実施した田沼意次失脚後も田沼一派による妨害を受けて、なかなか老中になれなかった。ところが、天明七年五月二十日から二十四日までの五日間、江戸において参加者五千人におよぶ「打ちこわし」が発生した。火付盗賊改の長谷川平蔵が鎮圧したものの、この騒擾事件の勃発によって、田沼一派の力は完全に衰え、天明七年六月に松平定信が老中に登用されたのである。杉田玄白は、『後見草』に、

「この度の騒動がなければ、御政治は改まらなかったであろう」

と書いている。

民衆の力を背景に誕生した松平政権は、当然のことながら、民衆のための改革を追求した。江戸の貧民対策として、飢餓に備えるための米を蓄え、地方から流れ込んできた無宿人を石川島の人足寄場に送って技術を身につけさせ、身元引受人があれば江戸居住を許した。また、寛政二(一七九〇)年には「旧里帰農奨励令」を布告し、地方出身者に旅費を出して村へ帰らせる方策も実施した。

一方で、江戸の経済を牛耳っている上方商人の財力を利用するため、天明八年十月、「勘定所御用達」十名を任命した。

勘定所御用達に選ばれた商人の多くが両替商で、残りは酒屋と油屋であった。

勘定所御用達は幕府から多額の上納金を命じられることもあるが、幕府の権威に裏打ちされた絶大な信用力を得ることができる。しかも、幕府の資金や物資などを特権的に取り扱うことができた。

江戸時代を通じた幕府の最大の政策課題は、米価の安定であった。幕府は米価の安定を図るため、直接市場に介入した。米の値段が下がると勘定所御用達に大量の米を買い占めさせ、酒造業者に酒用の米の割り当てを増やした。すると市場から米が減り、値段が上がる。逆に米の値段が上がると、勘定所御用達に米を放出させて米価を下げる。いずれの場合も、勘定所御用達は莫大な利鞘を稼ぐことになる。

また、寛政元(一七八九)年の「札差棄捐令(きえんれい)」によって、札差らの旗本や御家人に対する貸付金が強制的に債権放棄されたが、この措置により困窮した札差への公的資金の投入について、勘定所御用達の資金が利用されている。むろん、資金投下した分の利息は幕府から補てんを受けることができるため、勘定所御用達は決して損をすることはない。

寛政三年七月には、窮民救済のため「七分積金令」が施行され、江戸の家主や地主等が負担している町の入用金を節約して、その倹約分の七割を町会所に積み立て、救貧基金として利殖運用し、不時の災害に充てることとしたが、この積立金の運用についても勘定所御用達に委ねられた。

ちなみに、この「七分積立金」は明治維新後も存続し、明治新政府の東京市運営の財源として活用されたことはよく知られている。

渋沢栄一（一八四〇―一九三一）は、この積立金をもとに明治五年、身寄りのない子供や老人、障害者や路上生活者らを救済する目的で、日本最初の公立救貧施設・東京養育院を上野の護国院の土地に設立している。

いずれにしても、勘定所御用達になれば、幕府の政策遂行に伴う有形無形の利益が転がり込んでくるはずである。

こうして、平兵衛は二月二十四日幕府勘定所御用達に就任することができた。

さっそく水野忠邦のもとへあいさつにおもむいたところ、水野忠邦はなにやら興奮の面持ちである。老中水野忠成が重態になったという。

水野忠成は文政元年以来老中を務め、絶大な権力を維持してきたが、水野忠邦を引き立ててくれたのも彼であり、今回の幕府勘定所御用達の件についても、水野忠成がいなければ、その実現は不可能であったといっていい。

ただし、欠員が出れば、水野忠邦が老中に昇格することは確実といわれていた。老中首座の松平康任（やすとう）（一七七九―一八四一）もそう確約している。

水野忠成が死去したのは、二月二十八日である。享年七十三。その三日後の三月一日に、水野忠邦が本丸老中に昇格した。まさに電光石火の発令であった。

一方で、石本平兵衛が幕府勘定所御用達に任命されたことは、たちまち江戸や大坂の経済界にも伝わった。

この当時、三井家、住友家、鴻池家の三家は、幕府勘定所御用達に任命されており、「幕府御用商人会」を結成し、この当時、三井家の三井八郎右衛門が会長を務めていた。

平兵衛が幕府勘定所御用達に命じられた翌日の二月二十五日、この三大財閥が集まって、江戸深川の辰見屋という料亭で例会を開き、石本平兵衛の御用商人会への加入について意見が交わされた。そして、二月二十九日の夕刻、平兵衛は高輪近くの三井家の別邸に招かれ、御用商人会への加入が認められたという。

しかしながら、平兵衛の幕府勘定所御用達就任に対して、薩摩藩の調所笑左衛門は猛烈に反発した。調所笑左衛門は勘定方の桐野文衛門から報告を受けると、平兵衛を薩摩藩上屋敷に呼び出し、執拗に御用達の辞任を迫ったという。もちろん物別れに終わり、それから十日後、ふたたび調所笑左衛門は平兵衛を呼び出し、強硬に辞任を迫った。

平兵衛は幕府勘定所御用達への就任は商人としての長年の夢であったことを告げ、薩摩藩の利害にもとる行為を取らないことを誓約して懇願した。ついに調所笑左衛門は説得をあきらめたが、今後の取引条件の見直しを求めた。

平兵衛の勘定所御用達就任を契機に、薩摩藩との間に隙が生じた。この隙がやがて大きな溝となり、取引が減少して、平兵衛は資金繰りに苦しむ大きな要因の一つとなった。

■お目見えを許される■

一月十五日に長崎を出発して、四カ月目を迎えようとしていた。

勘定所の役人などの話によると、水野忠成の後任に就任した青山下野守（忠裕（ただやす）。一七六八―一八三六）が平兵衛に対するきわめて異例の措置について難色をしめしており、水野忠邦の意向を受けて勘定奉行などが猛烈な巻き返しをおこなっているという。

商売のほうが心配で、早く江戸を離れたいと気ばかりあせるが、お目見えの件が決着するまではただ待つしかない。

五月になって、突然動きが激しくなった。

平兵衛が勝之丞宛に書き送った次のような書状が残されている。

「お目見えの件は期限というものがないが、この一両日のうちに突然決着した。その妙計はいずれ会ったおりに話そう。前述のとおり、月並みお目見えについては自分からは申し上げかねていたが、見事に実現し、しかも口頭ではなく書面による申し渡しを受けることができることになった。籾米上納の件についても遠国との理由で書面の交付が許された。何もかも願いどおりになった。月並みお目見えの件は自分からお願いするのは難く、いったん江戸を出発しようとおもったが、十八日に奥祐筆が早朝より内々呼びにまいったので出かけたところ、年始お目見えの申し渡しがすめば、ほかのお目見えについても、ただちに奉行のほうから申し立てる手筈となっている、と伝えられた。そして、前述のとおり二十一日の申し渡しのあと、二十二日に願書が認められ、二十三日に進達された。御老中・若年寄に進達するため奥祐筆に回覧されたところ、奥祐筆の田中龍右衛門は、年始お目見えでも十年後で十分のところ、就任直後に月並みお目見えまで認めるなど法外であるなどと異議を唱えて論争となったという。別の奥祐筆らは、格別の奇特により年始お目見えが認められたのであるから、月並みお目見えも同様であり、年始・八朔・歳暮・五節句・月並みのすべてのお目見えを認めるべきだと主張した。もし、右のすべてが認められない場合でも、五節句のお目見えだけは認めるよう筆を入れ、二十八日に清書のうえご老中に持ち上げたところ、他の老中は残らず了解したものの、青山公のところで止まり、前例がないと目付にまわされたそうである。六月一日の月並みお目見えには間に合わず、六月中どうすることもできないとのことである。御奉行がたは六月一日のお目見えをすまし、早く出発させたいといわれ、何もかも五月中に済まして六月一日を待っていたところ、右の次第であり、残念無念である。欲張りすぎて、ひいきの引き倒しになったようなものである。お目付からは認められないであろう。普通であれば、十年後にやっと五節句か八朔の身分といわれ、しかも、それすらも難しいとのことである。年始のお目見えを月並みお目見えとみなせば、出発できるのに、今現在はどうすることもできず、御奉行がたも奥祐筆も手が出せない状況で、ご心痛のごようすである」

文中の「二十一日の申し渡し」とは、上納用の籾米の貯蔵場所としてかねて願い出ていた「小菅(こすげ)御納屋」の使用許可の件である。五月二十一日に勘定所の呼び出しを受けて出頭し許可を受けることができた。

「小菅御納屋」は「小菅籾蔵」ともよばれ、現在では東京都葛飾区にある東京拘置所の敷地の一部になっている。広大な敷地には、もと関東郡代の屋敷があり、将軍徳川家光や吉宗の鷹狩りの際の休息所にあてられ、享保年間には将軍休息用の御殿も建てられたが、元文元年火災により焼失し、その後幕府御用地として引きあげられていた。

文化四年、その場所に籾米を備蓄するための多くの蔵が建てられた。

その蔵の使用が許されたのである。そして、同日付けで、御用達就任のお礼として申請していた十カ年で一万五千石上納について、勘定所から承認されたのである。東北・関東地方を中心に飢饉が頻発しており、この上納の申し出は幕府から高い評価を受けた。

その五日後の五月二十六日、勘定所から呼び出しを受け、まず「年始お目見え」の申し渡しを受けた。しかも、年始のお目見えにくわえて、月並み（月次）、五節句、八朔、歳暮などすべてのお目見えについても、幕府内で検討がおこなわれているという。

江戸時代、将軍に謁見できる「お目見え以上」か「お目見え以下」かによって、厳然と区別された。大名、大坂城代、京都所司代、若年寄以下数奇屋、同朋までが「お目見え以上」で、御鳥見、天主番、勘定吟味役、改役など以下は「お目見え以下」である。

一万石以下の幕臣のうち、「お目見え以上」は旗本とよばれ、「お目見え以下」は御家人とよばれた。

また、将軍に謁見を許された商人は、「お目見え町人」とも呼ばれた。

お目見え町人は、いわば大名・旗本の家格に匹敵する。

「お目見え」の種類には、年始、歳暮、月並み（月次）、五節句、八朔がある。

「年始のお目見え」は、年中行事のなかでも最も重要な儀式で、最高の礼服が着用される。

「月並み（月次）のお目見え」は、月はじめに定例的におこなわれるお目見えである。

「五節句のお目見え」は、一月七日の「人日の節句」、三月三日の「上巳の節句」、五月五日の「端午の節句」、七月七日の「七夕の節句」、九月九日の「重陽の節句」の祝日におこなわれるお目見えのことである。

「八朔のお目見え」は八月一日の「田実の節句」におこなわれるお目見えのことである。徳川家康の江戸入部がこの日であったことから、この日は武家の祝日として重視された。

お目見えの種類には微妙な序列があり、平兵衛の例でいうと、「年始お目見え」でも勘定所御用達就任後十年の実績が必要とされるのに、前述のとおり六月二十二日に申し渡しを受けている。いかに異例の措置であったかがわかる。

くわえて、歳暮、月並み、五節句、八朔のお目見えについても、すべて獲得してしまおうというのが、平兵衛を押す者たちの考えであった。

ただし、平兵衛自身は、「年始のお目見え」だけで十分とおもいはじめている。

「年始のお目見え」とて、お目見え町人であることに変わりはない。しかも、遠国との理由で五年に一回程度年賀の儀式に参列するだけで足りる。商売にさしつかえることもない。ほかのお目見え資格まで取得すると、どうしても頻繁に江戸に上る必要があろう。

しかしながら、水野忠邦はじめ周囲の者がそれを許さない。

「年始のお目見え」資格を頂戴したというので、あちこちに莫大な配り物をしなければならないが、そのほかのお目見え資格を得るとなると、とんでもない金品を配る必要があろう。各藩が江戸の出費に頭を痛めるはずである。

この間、天草の勝之丞はじめ、長崎、大坂などの支店に書状を送って江戸の状況を知らせ、松坂屋の経営状況についてもできるかぎり情報収集に努めたものの、情報不足に悩まされるようになった。

焦燥感に包まれたまま六月をすごしたが、七月になると急に局面が動きはじめた。

七月十六日、平兵衛は勘定所の呼び出しを受け、勘定奉行の土方出雲守から歳暮、月並み、五節句、八朔のお目見えが許された旨の伝達を受けた。

「半月後の八朔の御節句が初のお目見えとなる。おってしかるべき役所から連絡がまいるとおもうが、遺漏なきよう準備万端整えよ」

そして、お目見えの際にもちいる御紋と菓子台が下賜された。

八朔の節句とは、前述したように、八月一日におこなわれるお目見えのことである。五節句のなかでも武家の祝日として重視されている。

平兵衛は七月二十五日に勘定所からの書状を受け取り、二十六日の五つ（午前八時）に勘定所へ出頭したところ、勘定所組頭らから、

「二十一日までにお目見えを仰せ付けられるであろう」

と申し渡しを受けた。

このため、平兵衛は一度中断していた儀式の特訓をふたたびはじめた。

そういったとき、ひょっこりとおもいがけない人物が江戸に現れた。

柳川にいるはずの四男の寛吾であった。五月に九州を出発し、大坂を通って江戸にやってきたという。勝之丞とは大坂まで一緒であったらしい。平兵衛が長期にわたって不在となったため、松坂屋の経営に、何かと支障が出はじめており、勝之丞の大坂出張の目的も、丸屋惣兵衛との間に生じた取引上のトラブルを解決するためであるという。

水野忠邦をはじめ、勘定所や長崎奉行所、長崎代官所など、お目見えの実現のために尽力してくれた大勢の人々のためにも、八朔のお目見えまでは我慢する必要があったが、それをすませたら、一刻も早く九州へもどらなければならない。

長崎を発って、すでに七カ月になる。

家督の勝之丞が陣頭指揮を取っているとはいえ、薩摩藩や人吉藩、柳川藩など諸藩との関係においては、きわめて微妙な舵取りを要する問題が山積している。一歩誤れば、松坂屋に大きな災難をもたらすであろう。

年若い勝之丞に、そのあたりの機微を理解する能力が備わっているとはおもえなかった。

しかも、江戸では湯水のように金がいる。平兵衛の江戸滞在の長期化に伴う経費の増加が、松坂屋の経営や資金繰りなどに悪影響をあたえているにちがいなかった。

そのようなとき、長崎本家の石本荘五郎が亡くなったという勝之丞の手紙が届けられた。

平兵衛が荘五郎とはじめて会ったのは、十歳で長崎に留学したときであった。荘五郎は平兵衛よりも七つ年上であったが、平兵衛を弟のようにかわいがってくれた。父が亡くなったときは、風雨のなか夜を徹して茂木まで駆けつけてくれた。商売のうえでも、常に松坂屋のことを考え、あらゆる便宜を計らってくれた。先代の幸四郎と荘五郎がいなければ、松坂屋がここまで発展することはあり得なかった。

平兵衛の受けた打撃は大きい。

七月二十一日に正式に八朔お目見えの申し渡しを受けた平兵衛は、七月二十七日に「目次御礼伺」を提出した。新たにお目見え身分に任じられた者が、あらかじめ将軍の謁見を受ける儀式である。

平兵衛は、勘定所からの通知により、七月二十八日六つ（午前六時）に登城を命じられ、幕府差し回しの駕籠に乗り込んだ。諸大名とおなじく、大手門からの入城である。

大手門の手前で駕籠を降り、江戸城のなかに入った。平兵衛は水野忠邦の家来から詳しい説明を受けていたので、万事迷うことなく前へ進むことができた。

やがて大手三の門と大手中之門を通り、御書院大御門の正面に見えるのが、本丸御殿の玄関である。左手の塀重門を抜けると、大広間の玄関であった。そこで一人の侍に声をかけられた。平兵衛にお目見えの作法を教えてくれた水野忠邦の家臣であった。

その侍に案内されて、控えの間に上がり、お目見え用の服装に着替えた。

服制には、上から「直垂（ひたたれ）」、「狩衣（かりぎぬ）」、「大紋（だいもん）」、「布衣（ほい）」、「素襖（すおう）」の四種がある。そのうち、お目見え以上は「布衣」で、お目見え以下は「素襖」と定められていた。

したがって、平兵衛は布衣の礼装を身にまとったわけである。

頭には折烏帽子をかぶり、無紋の狩衣と半上下——すなわち足首までの長さの袴を着用し、腰には小刀を差し、手には扇を持った。廊下を進み、紅葉の間に案内された。二十名ほどの人々が座っているが、一言も言葉を発しない。

いよいよ定刻となり、将軍の謁見である。このときの将軍は、第十一代徳川家斉である。

小姓がかん高い声をあげた。一同平伏し、襖が開く音が聞こえた。将軍の入室である。平兵衛たちが平伏していると、「一同の精勤を望む」という将軍の声が発せられ、それっきりで将軍は退室した。

このときの感想を平兵衛は、

「将軍をあっという間に見たが、年にしては若々しく見えた。将軍らしい威厳があった」

と書き残している。

下城した平兵衛は、その日から二十九日までの三日間、各方面にあいさつまわりをおこない、八月一日には、江戸城「帝鑑の間」において八朔のお目見えを受けている。

このような経過を記した書状を、平兵衛は七月二十八日に勝之丞や森欣三郎などに送り、八月二日には長崎本家や勝之丞などに書き送った。

■木材への新規参入■

早く長崎に帰りたいとおもっても、自由に江戸を離れることはできない。堅牢な秩序と定められた儀式のなかで、あたえられた役割を一つずつ演じていくしかなかった。

八月八日に平兵衛は勘定奉行からから年始お目見えの節、三本入り扇子箱を献上するよう達しを受けている。

来年正月の年始お目見えを前提とした通達であり、平兵衛の帰国の可能性がさらに遠くなった。ここにおいて、平兵衛は腹を固めた。

江戸で無為に帰国を待つばかりでは能がない。こうなれば、江戸で儲け口を探すしかない。その構想をまとめた平兵衛は、まず薩摩屋敷にむかった。「石本家年譜」[8]によると、

「八月八日薩摩藩侍従より御肴料とて金千疋下賜される」

とあり、この返礼のためという理由で、薩摩藩江戸屋敷で藩主島津斉興に会っている。この当時、四十六歳。平兵衛より三歳年下であった。

高輪の薩摩屋敷を訪れた幕府勘定所御用達たる平兵衛は、二本の刀を下げ、堂々と表玄関から入った。

これまでであれば、勝手口から背を丸めて入っていたところである。

平兵衛は、あらためて勘定所御用達になったことを実感した。現実的な利益は乏しくても、武士と同格の待遇を受けることには十分な価値がある。

薩摩藩主の島津斉興もまた祝辞を述べた。

このころ薩摩藩の財政は破綻に瀕しており、調所笑左衛門が密貿易のみならず、偽金づくりに手を染め、やがて大坂商人から借りた膨大な借金を強硬手段によって償却しようとしていた時期であった。それを知ってか知らずか、島津斉興は平兵衛をしきりに賞賛した。

薩摩藩が平兵衛をひきとどめておく方針であることは明らかであった。平兵衛に逃げられたら、薩摩の財政はたちまち窮するであろう。話題が江戸の町に移ったので、平兵衛は防火の必要性と木材の供給体制の整備について言及した。

平兵衛は、江戸で儲けるための商品について、まず呉服を考えた。百万都市の江戸では、呉服の売れ方は半端ではない。しかしながら、この分野では三井の越後屋——すなわち三越が圧倒的なシェアを有していた。生産から流通・販売まで一貫した流れを整備しており、短期間のうちに、この壁を打ち破ることは不可能であった。

それにひきかえ、木材の分野では十分に新規参入の余地があると平兵衛は確信していた。

火災や台風など突発的な災害により短期間で大量に木材が必要なときがあり、既存の業者だけではまかない切れない。そこに新規参入の可能性があった。

ただし、九州からは運送費が高くつくため、一般材だけでは関東の業者には太刀打ちできない。平兵衛は、ケヤキ、大松、大杉、大檜、桑、楠など人吉の高級木材の利権を保有していた。人吉産の高級木材で大きく利益を上げれば、運送費など問題にならない。

くわえて、屋久島の杉を確保できるならば、まさに鬼に金棒である。一度調所笑左衛門の了解を得ていたが、調所笑左衛門と気まずい関係になり、いつの間にかその話は立ち消えになっていた。平兵衛は屋久杉の伐採について、島津斉興に直訴した。

すると、島津斉興はあっさりと了承し、委細は調所笑左衛門と協議するように答えた。

さっそく深川の木場へいき、大坂から幸徳丸に乗って江戸にきていた手代の道田七助に調査のため屋久島にむかうよう命じた。

次に使用許可を受けた小菅御納屋の役人たちに根回しをはじめた。むろん、水野忠邦や勘定所の役人たちにも手をまわした。

幕府に対する献納のため、小菅御納屋に毎年籾米千五百石を上納することとなっていたが、上納米の増加を申請するとともに、その見返りに木材の買入を幕府に求めることにしたのである。元手となる米は、柳川や薩摩から担保のかたに取り上げたものを充てるため、平兵衛の懐はまったく痛まない仕掛けになっている。

最低二万両分の木材を幕府に買い取らせる算段であった。この木材も、人吉や薩摩などからただ同然の価格で買い占めるつもりであった。

幕府勘定所御用達となったからには、十年で五十万両程度の儲けが出なければ意味はなかった。その大部分を木材で回収する計画を立てた。

その次に手をまわしたのは、骨董品の収集である。

上納米を運ぶ船は、帰りは空になる。平兵衛はそこに目をつけた。上納船で商売をすることは禁じられていたが、骨董品であれば目立たぬように船に運び入れることができる。

一種の抜け荷で、露見したら大罪となるが、自家用のためといえば何の問題もないはずであった。

平兵衛は暇を見つけては、骨董屋に足を運び、めぼしいものを買いあさった。

次に手をまわしたのは、勝之丞を幕府勘定所御用達見習いに就任させることであった。

そうすれば、分担しながら勘定所御用達としての任務を遂行することができる。

このことについても、各方面に根回しをおこない、莫大な金品をばら撒いた。

八月二十日に、勘定所の河合鋁太郎から書状が届けられた。

■日本最古の和菓子「亥の子餅」■

これは、かねてより要望していた身分に関する取り扱いに関するものであった。平兵衛はこれまで天草領民として長崎代官所の管轄に属していたが、勘定所御用達となったからには長崎奉行所直轄の身分となるよう長崎代官高木作右衛門を通じて申請がおこなわれていた。長崎奉行直轄となれば、行動の自由が大幅に高まる。

ちなみに、この身分に関する取り扱いについては、十月になって承認され、この際平兵衛は、宗門届出ならびに鉄砲等不所持の届出書を勘定所に提出している。

八月二十六日には、勘定所から呼び出しの通知があり、勘定所御用達としてはじめて幕府から業務の委託を受けている。すなわち、中国・九州地方において、新しく発行された貨幣と古い貨幣を交換することとされたのである。

そうこうしているうちに九月がすぎ、十月になった。平兵衛はまだ江戸にいる。いるどころか、依然として江戸の儀式にがんじがらめにされている。

十月の亥の日に、ふたたび将軍へのお目見えがあった。すなわち、将軍から「玄猪餅」——「亥の子餅」を拝領する儀式である。

初冬の「亥の日」の「亥の刻」(午前九時—十一時)に餅を食し、無病のまじないとする中国の風習が日本に伝わったものである。猪は十二匹の子を産むといわれることから、多産を祈る儀式でもある。日本では平安時代からおこなわれるようになり、宮中では内蔵寮において大豆、小豆、ささげ、栗、柿、ごま、糖(あめ)の七種類の粉を七色に混ぜた猪の子形の丸餅がつくられた。関東では丸餅ではなく、のし餅である。

驚くべきことに、天保五年十月に江戸城において第十一代将軍徳川家斉から平兵衛が拝領した「亥の子餅」が石本家に伝えられている。

現存する日本最古の和菓子といわれ、年代、由来、包み方、種類まで判別するきわめて貴重なものである。

「亥の子餅」は、二重の箱のなかに入れられていた。杉でできた外箱の蓋の表には、

「公方様御召之下御土器」

と墨書され、内箱の桐の蓋には、

「天保五年亥猪御祝公方様御召之下り」

と墨書されている。

そのなかの「亥の子餅」は和紙に包まれ、和紙には、

「盃一」

と墨書されている。箱のなかには、餅とともに一個の土器の盃が入っていた。

「亥の子餅」は六個の破片に分かれ、刃物で切られた面と自然に崩れた面とがある。切られた面は高さ三センチで、このことにより、平らにのばされたのし餅が切り取られて下賜されたことがわかる。

平兵衛は、将軍から頂戴した「亥の子餅」をそのまま九州に持ち帰り、人々に披露したのち、いわば家宝として後世に伝えようとしたのであろう。

このことからみて、平兵衛は格別のおもいで将軍へのお目見えに臨んでいたことがわかる。

「石本家年譜」[8]によると、

「十月尾州中将よりご祝儀として金千疋下賜される」

とあり、尾張藩主から祝いの金主をもらっている。理由は定かでないが、平兵衛が尾張藩との間に何

らかの関係を構築したことが知れる。

また、「石本家年譜」[8]には、

「十一月二十七日御勘定所御用達石本平兵衛は中国・九州筋古金銀引替え御用拝命につき古金銀所持の者はみだりに蓄え置かず、同人と相対にて早々引替えるべしとの通達が発せられる」

とある。

松坂屋・石本家が幕府から受託した古金引き替え業務を円滑にするための通達であった。

この夏ごろ、幕府勘定所に対して最近小判の悪質なものが流通している、と訴え出た商人がいたらしい。偽金が流通すると、物価が騰貴し、経済が混乱する。

このため、幕府は古金と新金交換の名目で、全国諸藩の金蔵を調査させることにしたのである。かなり危険の伴う業務であった。幕府勘定所御用達は拘束されるルールも多く、そのうえ生命の危険も伴うとあっては、まったく割に合わない。平兵衛は暗澹たる気分に襲われた。

十二月には、人吉藩から金三百疋を下賜されている。人吉藩との間で、木材の取引に関して何らかの合意が整ったのであろう。

十二月二十二日には、幕府から歳暮・年頭の御礼言上につき混雑を避けるようにとの通達を受け取っている。その通達は「石本家文書」のなかに残されており、上包には「天保五年十二月二十二日歳暮お礼回りの儀につき御触れと御通達書」とある。

また、十二月二十七日のお目見えの際、本丸と西丸へ献上参上御礼に罷り出るよう通達がおこなわれている。これまた石本家に残されており、上包には、「天保五年十二月二十七日来たる。御年頭御礼の儀明楽飛騨守様よりの書付一通。ただし、麻上下着用し本人が直接参り、病気のときは代理人が麻上下で参ること」とある。

このころ平兵衛は幕府から「下谷和泉橋通り御先手山本壱岐守組同心持田幸次郎地面」を住居として貸与されていた。

天保六(一八三五)年が明けても、まだ平兵衛は江戸にとどまっている。

「石本家年譜」[8]には、

「一月白書院にてお目見えし、年始の御礼を言上し、西丸・本丸同様献上物差し上げ御礼言上を済ませる」

とある。この「年始お目見え」は、年中行事のなかでも最も重要な儀式とされる。

元日の朝六つ半(午前七時)、御三家・御三卿、譜代大名、徳川家と特別に縁故のある外様大名、交代寄合、表高家、諸役人、無官の従五位、布衣、御目見以上の御番衆、法印法眼の絵師、医師、観世太夫、御目見町人などが登城して江戸城大広間において将軍に拝賀をおこなう。

将軍以下、諸大名・旗本ら列席者一同が、最高の礼服を用いる荘厳な儀式である。

平兵衛もまた、布衣の礼服を身にまとい、江戸城の二の間に列座して将軍の謁見を受けたはずである。

一月二十三日になって、勘定所から平兵衛に対して、古金銀引替え元銀のうち銀百貫目を大坂金蔵より下げ渡す旨の達しがおこなわれている。

二月五日には、幕府勘定所御用達として受ける三人扶持および米穀上納に対する褒美として受ける三人扶持について、願い出のとおり一年分まとめて毎年十二月に一回で支給する旨の申し渡しを受けている。

二月になり、平兵衛の江戸滞在期間が一年を超えた。

このころ天草の御領において火災があったらしく、「石本家年譜」[8]によると、

「二月十二日御領村類焼の者に対して、銭五十貫宛て三十一人、米一斗宛て二人、木綿一反宛て十六人に贈った」

とあり、さらに、

「三月十四日非常備籾三百俵佐伊津村に遣わした礼のため百姓総代が挨拶にきた」

とある。

天草で平兵衛に代わって石本家を守っている勝之丞は、石本家の方針にしたがい、地元救援のための措置をおこなっている。

■日光東照宮参詣■

四月になっても、平兵衛は江戸を発つことができない。平兵衛はあせりながらも江戸で骨董品を買いあさり、勘定所の役人や小菅御蔵の役人たちに、木材の取り扱いについて根回しをつづけていた。

四月五日には、大嶋九郎太郎なる役人に、小菅御蔵への米穀の上納について増量と引き替えに年間

二万両分の木材を幕府が購入するよう陳情している。平兵衛得意の戦術である。

この陳情の結果は明らかではないが、平兵衛のことであるから、それ相応の成果を得たはずである。

このころ勝之丞は体調を崩していたらしい。「石本家年譜」[8]には、

「四月十日長崎高木代官御加増ご祝儀のため、勝之丞病気につき熊八郎代理として富岡に出向きお祝いを申し述べた。鯛一折・手柳一宛て三人、樽一宛て二人」

とある。また、平兵衛に対して、

「五月四日江戸表において薩摩藩主より蒔絵文箆硯箱ならびに銀百枚下賜される」

とある。

この間、平兵衛はことのついでとばかり、寺社奉行に対して日光東照宮の参詣を申し出ていた。むろん、東照宮参詣は大名以上の身分でなければ許可されず、特例として多額の寄贈者または幕府に特別の功績があった者しか許可を受けることはできなかった。

平兵衛はこれまた水野忠邦や勘定所の役人ら各方面に金品をばらまき、根回しをおこなった。

寺社奉行から正式に許可されたのは、五月七日のことである。

馬二頭と十五人の供を許された。

日光にむかう間、平兵衛は馬に乗り、供をしたがえての堂々たる行列である。

巨万の富をばらまいて獲得した幕府勘定所御用達、お目見え身分、日光東照宮参詣であった。

日光東照宮の門から一里ほど手前に、番所があり、身元確認を受け、刀剣類を取り上げられ、徒歩で進むように命じられた。

日光東照宮のすぐそばに日光奉行所がある。奉行所に入ると、奉行立会いのもと、与力・同心たちが丁重に尋問し、人相書きと見比べた。

平兵衛は、警護の侍たちに案内され、日光東照宮の境内に入った。

東照宮の建物は、さすが名人の作というだけあって、木材一本まで銘木が使用されていた。

参詣を終えて、奉行所にもどると、平兵衛は石灯籠の寄進を申し出た。

むろん江戸からはあらかじめ許可する旨の通知が送付されていたので、あとは具体的な場所をどこにするかだけである。

石灯籠の設置場所は、身分や石高によって決められている。幕府勘定所御用達たる石本平兵衛の格付は、一万石と五万石の中間——二万五千石程度とされた。

ちなみに、この年の暮れ、平兵衛は芝の徳川家の墓地にも石灯籠の寄進を許されている。

平兵衛の寄進した石灯籠は、諸大名の区画とは別に、三井家、住友家、鴻池家などの豪商とおなじ区画にあり、第二次大戦前までは確認されたというが、昭和二十年の東京大空襲によって破壊され、その場所は元東京プリンスホテルの敷地の一部となっている。

日光東照宮への参詣を許されたおなじ五月七日に帰国の許可が下り、江戸を出発する際には、人足三人と馬二匹とおよび一定の費用について幕府から支給され、帰国途中関所などにおいて審査を受けることがないよう取り扱われる旨の申し渡しを受けた。

やっとのことで帰国を許された平兵衛は、天保六年五月十一日に江戸を出発している。幕府勘定所御用達およびお目見え商人の資格を得て、江戸から下る晴れがましい旅であった。

しかしながら、絶頂のなかに衰退の原因は隠されているものである。はたして幕府勘定所御用達になったのが、平兵衛にとってよかったのかどうか。不安要因を列挙すれば、次のようなことになろう。

第一に、「居村払い」という前科を隠した身での栄達であるということである。本気で平兵衛の身辺調査をおこなう人物が登場すれば、たちどころに露見し、平兵衛は窮地に陥ってしまうであろう。

第二に、松坂屋は平兵衛の実質的なワンマン会社であり、平兵衛一人の手腕に大きく依存していた。このような企業体質で、九州・大坂・江戸を包含した広域的で大がかりな企業活動を展開することが可能かどうか。組織体制の面からみて、やや無謀ではないのか。

第三に、江戸時代という封建的身分社会において、地方出身の企業家たる平兵衛が、幕府内で独占的な利益をめざすことはそもそも可能なのか。幕府勘定所御用達は、諸藩の御用商人とは異なり、幕府の利権を一人で独占できるシステムではなかった。幕府の巨大な官僚機構の意思決定はとてつもなく時間を浪費し、幕府から得られる利益は不確定で、その間の出費のみ多大である。そのような試練に、平兵衛は耐えきれるのか。

第四に、幕府勘定所御用達就任への薩摩の反発である。これまで急成長を遂げた原動力の一つの柱である薩摩の利権を大きく減らさざるを得ない状況になりつつあった。三井、住友、鴻池などの既存財閥も平兵衛の台頭をかなり警戒し、裏で何かと画策している。そのほかにも、幕府内でも異例ともいうべき平兵衛の栄達を快く思わない勢力が存在している。そのような動きに対して的確に対応できる組織力を持っているのか。

第五に、平兵衛の慢心である。今回の江戸滞在において、平兵衛の心のなかに、名誉を欲する心が生じている。このことについては、平兵衛自身は十分に自覚していなかったであろうが、その行動の軌跡をみればよくわかる。商人が慢心を生じたとき、商人としての合理的な判断に歪みを生じる可能性が高い。

平兵衛は得意絶頂で江戸を出発したが、結果的にみれば、以上掲げた要因が顕在化し、さらに不運も重なって、破綻への坂道を転がりはじめる。

大坂支店に着くや、ただちに道頓堀の丸屋惣兵衛と大徳丸善助にあいさつにおもむいた。

二人は、丸屋惣兵衛の店で待っていた。

勝之丞からの手紙によると、これらの商人との取引について、天保元年ごろからの貸越の金額について大きな不突合が生じており、その交渉に難渋しているとのことであったが、平兵衛が二本の刀を下げ、供の者をひきつれて丸屋を訪問すると、丸屋惣兵衛と大徳丸善助は、深々と頭を下げて平兵衛を出迎え、円満な解決を願っていることを訴えた。

しかしながら、在坂中、よからぬ噂が耳に飛び込んできた。

四男の寛吾が江戸からの帰り道、京都の島原で遊んで、そのとき見初めた花扇という花魁を身請けして柳川に帰ったという。

平兵衛が長期間留守をしている間に、あちこちに緩みが生じていた。

平兵衛が大坂に滞在しつづけているころ、鹿児島にいた調所笑左衛門から大坂の出雲屋・浜村孫兵衛に送られた書簡が残っている。天保六年閏七月十日の日付である。

「砂糖屋どもが再び悪だくみをおこない、あれこれ申し立てているらしく、不届き千万です。しかしながら、このたびも日野平御手先によりあれこれご配慮いただき、とりあえず先方が静かになったことはなによりです。すべてお任せいたしますので、御産物の値段に応じ、品々を引き受けていただくつもりです。

石本と申す股座膏薬(またぐらこうやく)は、まったく油断できません。長崎御商法がうまくいかないためこれをとりやめたい気持ちのようで、油断できません。わたしの気がかりはこの点です。長崎御商法を放棄するのにわたしが邪魔でございますから、そのときはわたしを追放するにちがいありません。このたびの砂糖などについても関係しているかもしれません。まさか恩を仇で報いるとはおもいませんが、油断のならぬ山師ですから、はなはだ心配いたしております。決してご油断なされぬようお願いします。わたしが大坂に帰るまでは、石本は大坂に滞在すると聞いております。石本は貴方を頼らなくては蘇生できる人ではありません。急いで事を片付けると大変でございます。これまで二千貫目も食い込んだのも油断でございまして、いまさらどうしようもないので、長い時間をかけて取り戻すよりほかなく、このたびのそちらのお取り扱いも細々となされたらよろしいでしょう。

そのようななか、この節は丸田までもが丸め込まれたとのこと。もっともなことで、仰せのとおり同人へもご書面などでかれこれ申しておきましょう。為替の取り決めなどもわたしがいたしますので、無用のことですが、貸越分を回収できなくなりますので、石本とは手が切れないようにしたいとおもい、ご相談いたしたわけです。なにぶん貴方に口を閉ざしていただかなくては、こちらの軍は負けでございますので、さよう心得てください。いずれ遠からず大坂に出向き、詳細に打ち合わせをさせていただきます。石本はなかなかの人物でございますから、手を切らず、公儀御役方などへ内々申し入れることなど同人を働かせれば、こちら側のためになるとおもっております。このことについて、貴方はどのように考えますか。それは無用のこととおもわれるならば、やめてもよろしゅうございます。この件についても大坂へもどり、詳細に申し上げます」

この書簡について、福岡大学名誉教授の武野要子氏は、第一に石本家が琉球貿易の好転のためになした貢献の代償として、薩摩産物の黒砂糖の長崎における販売、ならびに茶の薩摩藩買入依頼を通じて相当の利潤をおさめたこと、第二に薩摩琉球貿易の運営にぜひとも石本家資本の参加を必要とし、極力石本家との関係を保持しようとしたこと、第三に石本家が琉球貿易から手を引く機会を狙っていたこと、という三点を指摘され、「股座膏薬」とは、天保五年二月「幕府勘定所御用達」に任じられたことをさすのである、とされる（「薩藩琉球貿易と貿易商人石本家の関係」[11]）。

また、九州大学教授の安藤保氏は、「文政・天保初期の薩摩藩と石本家（一）」[12]のなかで、

一、薩摩藩の大坂における砂糖販売の独占的地位が砂糖屋などの動きにより脅かされており、それに石本が関係しているのではないかとの恐れがある。

二、「長崎御商法」すなわち、長崎における琉球産物が不振であるため、石本がこれを崩し、離れていく恐れがある。

三、石本との賃借関係では、銀二千貫目が薩摩藩からの貸越になっており、これを取り戻すためには石本との関係が切れないよう繋ぎ止めておく必要がある。

四、公儀方へ内密の依頼事をするときなどは、石本の人脈を利用できる。

五、石本は浜村を頼らなければ蘇生のできる人ではない。

と要約され、この時期、石本家と薩摩藩の関係は、すでに浜村に対して「なにぶん貴方に口を閉ざしていただかなくては、こちらの軍は負けでございますので、さよう心得てください」と念を押す必要があるくらい両者は対立、緊張した関係にあったともうかがえるのである」と指摘されている。また、「股座膏薬」に関しては、薩摩藩に対抗する砂糖屋などに平兵衛が与していることに対する批判的表現ではないかと推察されている。

いずれにしても、石本家の借越額が銀二千貫目に達していることが注目されよう。銀二千貫といえば、約三万三千両である。琉球産の黒砂糖で予想外の不振がつづいており、平兵衛は利益の確保をは

かるため、大坂の砂糖商人らと結託して仕入れ価格の操作をおこなうなど、なんらかの行動に出たのであろう。

調所笑左衛門は、七月下旬に鹿児島を出発して大坂にむかっている。

この当時、薩摩藩の借金は五百万両に膨らんでいた。文政六年当時百六十四万両であったものが、実に三倍に膨らんでいるのである。そのほとんどが、京都・大坂の商人らからの借金であった。どのような理由でこれほどの借金が膨らんだのか、いまだもって定説といえるものは見当たらないが、平兵衛との関係を論じる人はほとんどいない。

平兵衛は薩摩藩との取引のなかにさまざまな仕掛けをほどこし、金利という形で薩摩藩から利益を吸い取っていた。松坂屋の債務超過額で銀千貫（約三万三千両）の規模であることからみて、商取引本体の規模はとてつもない金額であったろう。

薩摩藩の急激な債務の膨張の時期が、平兵衛が薩摩藩に参入し、急成長を遂げた時期と重なっていることは、もっと注目されていい。

大坂に上った調所笑左衛門は浜村孫兵衛と共謀し、思い切った作戦を強行した。

十一月、京都・大坂の商人らに対して、元金千両につき年々四両ずつの償還——すなわち、二百五十年かけて分割で償還することを宣言したのである。

しかも、元本のみで、利息はなしとした。借用証書は薩摩藩が預かり、商人たちには借用金額を記した通帳を交付し、翌年から償還を開始した。江戸においても同様の措置がとられ、これにより薩摩藩の毎年の元利償還額が八万両から二万両に軽減されたのである。

債権を一方的に放棄させられた商人らからみれば、薩摩藩のやり口は無法以外のなにものでもない。大坂の商人らは奉行所の役人らに訴えたが、相手が薩摩藩ということもあり、奉行所の反応は鈍いことこの上ない。

大坂東町奉行所が動きだしたのは、翌年の天保七年四月のことである。堺町奉行の跡部良弼（よしすけ）（一七九九―一八六九）が大坂東町奉行に転任し、この一件を知って捜査を開始した。跡部良弼は老中水野忠邦の実弟で、旗本の跡部家へ養子にだされていた人物である。

彼は年賦償還法の発案者といわれる浜村孫兵衛を逮捕させ、取調べをおこなったが、町奉行としても薩摩藩に対しては慎重にならざるをえず、また、江戸における薩摩藩の猛烈な根回しなどもあって、結局浜村孫兵衛を大坂三郷払いとして堺に追放しただけで、うやむやのままこの一件は落着してしまったのである。

■経営立て直し■

大坂滞在中に、この薩摩藩の二百五十年賦償還の一件を聞いた平兵衛は、大層驚いたものの、借金の踏み倒しという無法なやり口を評価することはできなかった。

薩摩藩と上方商人との関係が断絶し、石本家・松坂屋の地位が高まるのは喜ぶべきことであったが、その矛先が自分に向けられたらたまったものではない。

いずれにしろ、薩摩藩――調所笑左衛門に対して十分に警戒しつつ、当面薩摩との関係をあまり急激に悪化させないよう心掛けることにした。その一方で、九州で新たな事業を進めて、薩摩との関係を薄める機会を狙っていた。

平兵衛は長崎において、ある人物と共同して、これまでとはまったく異なる新しい事業を進めるつもりであった。

幕府勘定所御用達とお目見え身分を獲得するために、膨大な出費を要し、薩摩との関係も微妙なものがあり、御用達として現実的な利益も現時点ではそれほど明確なものは回収できる見込みは立っていなかった。

大坂において松坂屋の経営状況をあらためて分析してみると、現金の流動性が著しく低下していることに気づいた。万が一のことがあれば、倒産もありうる。

支払いの時期と受取りの時期には、微妙なタイムラグがある。これまでは資金繰りに苦しむことはほとんどなかったが、ほかならぬ平兵衛自身の江戸長期滞在中の莫大な出費により、松坂屋はこれまでになく資金繰りが悪化していた。

しかも、やっとのことで江戸を発ち、大坂にたどり着いたのに、古金引き換えという勘定所御用達としての公務のため、ふたたび大坂にとどまらざるをえなくなっていた。

古金引き換えの具体的な方法や手続きにおもわぬ時間を要し、幕府からわずか十九両一分の手当てをもらって大坂を出発したのは、天保七（一八三六）年三月のことであった。

まったく割に合わないが、平兵衛は中国地方の諸藩において古金引き換えをおこないながら、ゆっくりと九州にむかって進んだ。

各藩とも幕府勘定所御用達に対しては、下にも置かぬもてなしぶりであった。各藩の役人たちによって、藩から藩へリレー方式で受け継がれていく。むろん、関所の誰何を受けることもない。

藩指定の旅館があてがわれ、担当の役人たちがひっきりなしにあいさつに訪れ、夜はかならず宴席が設けられた。役所におもむくと、家老はじめ、重臣たちが勢ぞろいして出迎え、平兵衛が御蔵の検査をおこなう際には、担当の役人たちの手が緊張のあまりブルブルと震えることもあった。

一つの藩で検査を終え、次の藩の藩境に着くと、そこにはすでに多くの役人たちが待機しており、おなじことが繰り返される。

名誉という快感を覚えた平兵衛にとっては、夢のような旅である。

このようなことで、小さな大名行列を繰り返しながら、下関から門司に渡った。

ほぼ二年ぶりに九州の地を踏んだわけである。

長崎に到着したのは、四月二十日であった。

長崎に帰ってきた平兵衛は、それから数日間、長崎奉行所や代官所など各方面にあいさつ回りをおこない、長崎石本本家にも顔をだした。

応対したのは、石本幸八郎である。しかしながら、石本幸八郎のようすがなにやら落ち着かない。彼は松坂屋に銀百貫目（約一万三千両）を預託して天草郡内の田畑の買収委託し、買収完了までの間一月七分の利息を受け取る約束が今年はじめから履行されておらず、また田畑の買収についてもまったく報告がないというような苦情を申し立てた。

むろん平兵衛もそのことはよく知っていた。勝之丞からも書状で報告を受け、利息分の支払いが滞っていることも知っていた。平兵衛は年末までには一括して利息を支払い、それまでには田畑の買収のめどをつけることを確約したものの、松坂屋の資金繰りに関して、なんらかの打開策を打ち出す必要に迫られた。

薩摩との取引が急激に縮小しつつあり、幕府との木材の取引についても、いまだ確実な収益源として当てにする段階にはいたっていなかった。現金の支出超過が継続しており、このまま放置すれば、年末には為替手形の不渡りという事態が生じる可能性もあった。もしもそのような事態になれば、幕府勘定所御用達として致命的な失策となり、一気に信用を失墜してしまうであろう。ついに、平兵衛は腹を固めた。

数日後、平兵衛は高島四郎太夫と接触した。天保七年のこのとき、高島四郎太夫は三十九歳になっていた。

高島四郎太夫は父親の跡を継いで、町年寄に就任し、出島台場の責任者を務めていた。あわせて「高島流」なる西洋兵学塾を開いていた。

高島四郎太夫は日本の国防を懸念していた。かつてのフェートン号来航の不手際を繰り返すことはできない。西洋の進んだ兵器を輸入し、全国三百諸藩に配置して国防の備えを万全なものにする。これが高島四郎太夫の基本的な考え方であった。

そして、平兵衛が全国諸藩と幕府に西洋兵器を売り込み、高島塾で西洋兵器の操作を伝授すれば、途方もない利益が生まれるであろう。

これまた高島四郎太夫の描いた構想であった。まったく新しい商法であった。

平兵衛が高島四郎太夫と接触したのは、その商法に相乗りする価値があるかどうか、最終的に見極めるためであった。

高島四郎太夫は、すでに脇荷貿易によって兄の久松碩次郎などと共同してこれまで入手した西洋武器はモルチール砲および砲弾、ゲーベル銃などの歩兵銃やピストルおよび銃弾、砲弾の鋳型などさまざまな武器・弾薬のたぐいのほか多数の西洋式兵学書や砲術書などを輸入していた。歩兵銃にいたっては、すでに二百数十丁を入手している。

モルチール砲は臼砲（きゅうほう）とよばれる大砲のことで、砲身は短く、射程も短いが、弾道が高いため、城攻めなどに適している武器である。

意外なことではあるが、武器弾薬の輸入については、制限する先例や布告もなく、通常の脇荷貿易

――すなわちカンバン貿易の枠内で、自由に輸入できる。

しかも、諸藩から多くの門弟もかなりの数に上っている。

佐賀藩、武雄藩、熊本藩、柳川藩、薩摩藩、岩国藩など西南諸藩から入門を志す多くの藩士たちが毎日のように高島塾に訪れていた。まともに入門を許可すれば、たちまち数百人に達するであろうが、藩の推薦を受けた者に入門を限っていた。

なかでも、肥前武雄藩の場合、当主の鍋島茂義が直々に入門したこともあり、藩士の平山山平など新進気鋭の若者たちも藩公認で堂々と入門した。

昨年の秋には、高島塾の門弟嶋安宗八が鋳造したモルチール砲も購入した。輸入品ばかりでなく、自力で製造したものを売りさばくことも可能になっていたのである。国産品は、輸入品よりもはるかに利益がでる。

このような仕掛けであれば、ごく自然に売り込みが拡大するであろう。しかしながら、高島四郎太夫の手持ち資金では、武器の販売を拡大するには限りがある。

平兵衛は、即座に百万両まで用立てする準備であることを告げた。

高島四郎太夫が拒否するはずはない。二人は、五年という期限で提携することにした。

幕府とて兵器の輸入をいつまでも放置するとはおもえない。いずれ兵器の輸入を制限する動きがでるにちがいなかった。そうなる前に、急ぎの商売をおこなう必要がある。

諸藩への売り込みは高島四郎太夫、資金の融通は平兵衛ということで役割分担は決まった。

江戸で考えつづけていた平兵衛の新たな構想がこれであった。

この商売によって、さらに大きく飛躍すれば、薩摩との関係が切れてもどうにかなる。


そののち、平兵衛は天草へ渡った。「故郷に錦を飾る」とは、まさにこのことであった。平兵衛は幕府勘定所御用達およびお目見え以上の身分にふさわしく、正装して馬に乗り、数名のお供と雇いの人足をひきつれて茂木にむかい、そこから一同とともに船で天草にむかった。

石本屋敷の玄関には、勝之丞とその妻ソノ、孫で三歳の寛之輔や従業員一同にくわえ、先代の後妻の順も杖を突いて立っていた。各村の大庄屋・庄屋たちも玄関までの通路をふさぐように両側に立ち並んでいた。そのなかで、ひときわ目立つ若者がいた。長岡大庄屋見習の長岡五郎左衛門(興就)である。文化元年生まれであるから、このとき十七歳。

長岡五郎左衛門は商売の神様とも称えられている人物を、みずからの目で確かめようとしていたらしい。後年になって、

「平兵衛どのは、商売人というよりも学者のようであった」

と述懐したという。長岡家は平兵衛の母勢以の実家でありながら、「盗難一件」以来、石本家と疎遠な関係になっていた。

平兵衛もまた、このとき長岡五郎左衛門に強い関心を持ったらしい。こののち、平兵衛は御領を訪ねたときには、かならず長岡大庄屋宅を訪問したという。

要するに、平兵衛と長岡五郎左衛門はウマが合ったのである。

七月二十二日になって、平兵衛は長崎奉行から通達を受け取っている。

「身分離れにつき村々田畑の年貢米銀の納方ならびに諸役触れなどは別途に取り扱い、請負〆切、新田その他諸願届けは直接御役所に提出のこと」

ということであり、江戸で予告を受けていたとおり、平兵衛の身分は富岡役所の支配を離れ、長崎奉行所直轄となった。

この直後の七月二十五日には、高島四郎太夫の父高島四郎兵衛が死去したため、長崎でおこなわれた葬儀に参列した。享年六十五。

九月には柳川を訪れている。柳川藩との取引状況について、直接確認するための出張であったが、むろん寛吾の商売ぶりを監督するためでもあった。

柳川藩との関係は、二年あまり平兵衛が不在であったにもかかわらず、順調に推移していた。文武両道・質実剛健を標榜する柳川藩の藩士たちは、一度取り交わした約束は誠実に実行する。寛吾もまた大らかな気持ちで対応するので、石本家との関係もきわめて良好であった。しかも、寛吾が京都からつれてきた花扇が町中の評判となり、その絵姿までもが藩内で売られているという。いまでいえば、ちょっとしたスターである。若い藩士たちは、用事もないのに柳川支店を訪れ、わざわざ上がりこんで花扇の姿をみて帰るのがブームになっていた。柳川支店の裏の塀から家のなかを覗く若者も少なくなかった。

　このような風潮に眉をひそめる者もいたはずであるが、相手が幕府勘定所御用達に昇進した天下の石本家であるがゆえに、それを取り締まろうという者はいない。平兵衛もまた、結局黙認してしまった。平兵衛の慢心が強まっていた。

八　不運の連鎖

一八三五年から一八四二年まで

■不運の連鎖■

「天保」という元号は、文政十三年（一八三〇）の京都大地震によって改元されたもので、『書経』の「天道を欽崇し、永く天明を保つ」という一節から取られたものである。

にもかかわらず、天保のはじめから天候不順がつづき、天保四年（一八三三）からは冷害や暴風雨なども加わって、東北・関東地方を中心に深刻の度を深めた。

このころから、松坂屋の経営にかげりが見えはじめる。いや、明確に衰退の兆しが現われる。そのあくなき拡大エネルギーによって頂点に達した平兵衛が、これより以降次々に不運に見舞われ、坂道を転げ落ちていく。その先には、鳥居耀蔵が仕掛けた謀略が待ち受けていた。

天保六年（一八三五）の冬は、めずらしく暖冬であった。しかしながら、春の到来とともに寒くなり、夏になっても気温が上がらなかった。冷夏である。雨がつづき、ときには霜まで下りた。

いわゆる「天保の大飢饉」の勃発である。陸奥地方では作物が全滅し、関東地方でも米が不足しはじめ、各地で百姓一揆が頻発した。食料供給基地ともいえる西日本・九州地方においても、例年の六割ほどの収穫に過ぎない。農村が疲弊し、多くの農民が都市に流入した。

幕府による度重なる貨幣改鋳によって、もともと深刻なインフレがつづいていた時期である。それにくわえて、飢饉による米価の暴騰である。幕府は米を確保するため、米以外の作物の栽培を規制したが、そのため米以外の作物の値段までもが暴騰する結果となった。

むろん、このような状況は、ある意味では平兵衛にとっての商機であったが、未曾有の大飢饉の前では、幕府に申し出た上納米の確保が精一杯で、大坂での投機的な米取引にまわす余裕はなかった。松坂屋の資金繰りが大きく悪化した。

このようなとき、長崎代官所から書状が到来したとの知らせを、長崎支店の辰之進から受けた。松坂屋の上納船が江戸から不審な商品を積み込んで帰国したとの噂があり、その真偽を確かめるための書状であるという。驚いた平兵衛は、ただちに長崎にもどり、辰之進らと協議をおこない、長崎代官所に弁明書を提出した。回答書の差出人は石本兼次郎となっているが、これは辰之進のことである。この当時、辰之進は兼次郎と改名していた。長崎代官高木作右衛門はこの弁明書を受け取るや、添状を付して江戸に送付した。

江戸からの空船に骨董品などを積み込んで九州に運ばせたこともあるため、平兵衛としても大いに心配したが、江戸において弁明書は異論なく受理されたとのことであり、安堵した平兵衛は天草へもどり、予定どおり十二月には肥後方面に出張した。

「石本家年譜」[8]には、

「十二月、平兵衛は古金銀引替え御用のため肥後路に赴く」

とある。

人吉藩や八代藩など熊本藩の支藩との取引は着実に実績が上がっていたが、熊本藩との取引は、既存の御用商人たちの守りが堅いため、本格的な参入に至っていなかった。

しかしながら、今回は幕府御用商人の威光を楯に、真正面から熊本藩に乗り込み、たちまち藩内部に確たる人脈を形成することができた。

天保八（一八三七）年、平兵衛は五十一歳になった。

久しぶりに天草で正月を迎え、二月にはふたたび熊本方面に出張する予定で調整を進めていた。そのようなとき、激震に見舞われた。一月二十四日に、長崎の森家に養子となり、宿老役に就任していた次男の勘十郎――あらため、森郊之助（欽三郎）が二十六歳で死去したのである。昨年の暮れに引いた風邪をこじらせ、年明けに高熱を発して寝込み、慌てて医者をよんだが、すでに手遅れであったという。

悲報を受け取った平兵衛は、狂乱する和歌をつれて長崎へむかった。どうにか葬儀には間に合ったものの、すでに養子に出した子であるため、一般の弔問客として参列せざるを得ない。

葬儀が終わって天草にもどった平兵衛は、予定どおり熊本にむかい、そののち柳川にむかった。「石本家年譜」[8]には、

「平兵衛は古金銀引替え御用のため肥後路から柳川に赴く」

とある。

二月中旬から柳川に滞在をつづけていた平兵衛に対して、二月二十一日付けで今度は大坂からおもいがけない知らせが届けられた。書状の差出人は、加賀屋利左衛門という商人であった。この書状は、「石本家文書」のなかで「大坂騒動一件」という見出しを付されて残されている。

以下、「加賀屋書状」とよぶことにするが、この「加賀屋書状」によると、二月十九日大坂において大きな動乱が勃発したという。

いわゆる「大塩平八郎の乱」である。「加賀屋書状」の全文は次のとおり。

「当地与力のうち、大塩と申す人、改役に遺恨ある由にて、かねて同志の族（やから）人数ひそかに集め、当十八日夜通し手配いたし、大筒数挺、火矢、鉄砲、玉薬まで十分用意いたし、翌十九日未明に合図をもって徒党の人数と揃い、大将を四手、五手に分け、大筒などは近在の百姓に車にて引かし、明け方、東天満の居宅に勢揃い、鐘ならびに法螺貝吹き立て、鬨の声を上げ、同役の隣家へたちまち大筒にて火矢打ち込み、すぐさま燃え上がり、この火の手合図に追々加勢集まり候手立てと相見て、直ちに隣家より自宅に火矢打ち込み、たちまち大火と相成り、よって市中より火消しの人足それぞれ駆けつけ候。

鉄砲筒先を並べて打ち立て、一人も寄せ付けず、また風上の物へ御三丁隔てて火矢打ち込み、すべて同役の与力町手当たり次第に火矢打ち通し、すべて東天満一面の大火と相成り、私共火の見にて見請け候ところ、折節西風強火四十五、六に分かれ、火勢いよいよ強く、煙一面に相成り、見る者舌を巻き、目を驚くばかりあまり異変となり、大火ゆえ小児を乳母に預け、一番に在方へ遣わし、家内は明井一同天王寺へ遣わし候ところ、早昼九つ（正午）過ぎに右の大筒難波橋南へ渡り候よう、とりとり評判これあるや否や、隣町今橋鴻池へ火矢二、三本打ち込み、たちまち燃え、西風ゆえとても火災逃れ難く存じ、帳面・書付・為替証文など店の者にいたさせ、ご存知の御金方長谷川は懇意ゆえ、同所へ風呂敷包みにて遣わし、私は子供召し連れ、大切の書付・古金上納の御調印書携え、右長谷川へ向け出掛け候ところ、悪党高麗橋堺筋ご存知松村方へ火矢打ち込み、引き続き町内三井、岩城、嶋田へ各火矢二、三挺ずつ打ち込み、同様燃え上がり、私出掛けには、早表を打ち砕きまかりならず候ゆえ、東隣より抜け出し候ゆえ、表に大筒・鉄砲数十丁構え、高麗橋は西詰に大将床几構え、後には抜き身の槍数本立ち並べ、旗棹立て厳重に控え、鉄砲を構え、往来を留め、誠に目覚しく、誠に言語に絶え候次第、漸く一方を切り抜け、無難に長谷川へ駆けつけ申し候。重助は漸く蔵の戸前を閉め、これも命からがら煙の中を逃げ出し、下女は早く銘々の在所へ逃げたと申し候。

よって隣町一面大火、東西中橋より浜まで、南北本町より小浜まで焼け抜け、私方諸辺なし、居宅はもちろん夜具まで残らず焼失つかまつり候。しかしながら、帳面・書物類無事に持ち出し、土蔵だけ無難に助かり申し候。この段御安心下されたく、家内一統無事で、この儀もさようお悦び遊ばされ下され候。

天満は橋詰より北の端まで、西は堀川、東は川崎まで、天神も焼失、上町も大火。十九日暁より漸くして二十一日火鎮まり申し候。三井・岩城（升屋）はもちろん、そのほか東堀四屋残らず焼失、土蔵へ火入り、焼失多し。

三井もおよそ十戸前のところ、漸く数箇所だけ助かり候。事余はこれにて御推察あそばされるべく候。さて城外は菱垣に幕打ちまわし、槍・鉄砲・弓または大筒構え、鎧兜にて各陣備え、討手は数組御城代方・町奉行方・御定番方・玉造京橋方天身命を惜しまず悪党を追いかけ、鉄砲打ちかけ候えば、敵も鉄砲を放し、そのほか仰山の玉造方の手に一人打ち取りしが手始め、その首槍に突き刺し、御城代に持ち出し、そのほか手柄次第にからめ取り、あるいは討ち取り、手負い死人おびただしく、しかしいまだ大将分の逃先相分からず、残念には。御城代より江戸表へは追々の早打ち中に、泰平の世に、かようの騒動大変、大坂陣以来の変に御座候。なにとぞ悪党相滅び、早く鎮まり候よう、頼み奉り候御事に御座候」

この「加賀屋書状」には、別の二月二十一日付けの報告書が添えられている。これを作成した人物の名は不明であるが、おそらく加賀屋利左衛門と懇意にしていた役人であったろう。

「当月十九日朝五つ半時（九時）頃、天満与力町より出火ありの砌、風強く、ことさら遠方のことゆえ、江戸城辺は頓着もこれなきところ、にわかに天満・堀川あたりに燃え広がり、如何のことかなと申し居候うち、はるかに筒音聞こえ、人々相驚き、口々に申し立てるを承り候ところ、天満与力大塩格之助、父平八郎住居なり。瀬田済之助隠居同藤四郎、小泉渕次郎そのほか与力同心三、四十人ほど如何の心得に候哉、河内国百姓共およそ五か村ばかりにて五、六百人ほど一揆いたし、右与力同心先我家にて女どもを差し殺し、火を付け、それより諸方へ棒火矢を打ち掛け、あるいはタドンの如きものを投げつけ候えば、燃え上がり候なり。もっとも、火消し候ところは百姓共竹槍・本槍者突き殺し、あるいは鉄砲を打ち掛け候由にて、火消ども大いに逃げ惑い候有様、大坂方の役人衆見聞いたされ、急に天神橋の坂を取り退き候ところ、一揆の者共浪速橋を車付きの大筒引き打ち渡り、堀筋高麗橋あたりの大家に人五十人、百人手を分け、心のまま昼支度いたし次々火を付け、鴻池・越後屋（三井）・炭彦（炭屋三蔵）・天五（天王寺屋五兵衛）、平五（平野屋五兵衛）などそれより南の方へ火矢を打ち掛け、東堀川向い米長（米屋長兵衛）・米平（米屋平右衛門）あたりへも打ち掛け候様子にて、一面燃え上がり、風順に随い、東の方へ燃え広がり候ところ、取り押さえ、そして諸役人衆槍鉄砲を持ち、追々出動にて火中に合戦あり候哉、数多焼死人のうち首なし者、あるいは腕なし者、または槍傷・鉄砲傷、なかには具足着用と相見え申し候。右騒動の発端は米穀高値より事はじまり、東御奉行所へ大塩より存寄りの趣または大家の町人へ下々救い方の儀申し立て候えども、内々大家より打ち消し候哉、御上より御取り上げなきの由につき、与力同心ども、我がこと相含み、百姓共を相語らい、右町人共焼き払い候上、両御奉行所付近焼き払い憤りと相見え候ところ、諸事ならず候ゆえ、大塩父子そのほかよそ者、河内へ立ち越え、守口あたりへ集まり居候よう相聞こえ、直ちにお役人衆出動ありし候ところ、いずち方へ散乱いたし候。もっとも諸方へお手配お吟味あり候ゆえ、かなたこなたより一揆の内五人、七人衆追々召し捕られ相成り候えども、頭分今のところいまだ行方知れ申さずゆえ、この上尊の儀ありべく候かと取り取り評縁に相恐れ、人気不穏、茫然御休方番所はもちろん、御船手、郷庫、厄ヶ締、御役人方まで諸方厳重御咎めあり候ことゆえ、この末は追々静謐に相成り申すべき哉。追々様子委細承り次第、後ほど申し上げ候。以上」

この二つの文書は、「大塩平八郎の乱」に関するきわめて貴重な歴史的文書というべきである。

大塩平八郎（一七九三―一八三七）は、寛政五（一七九三）年大坂天満四軒屋敷において、大坂町奉行与力大塩敬高の長男として生まれたが、七歳で両親を失い、長じて祖父大塩政之丞の跡を継いだ。二十二、三歳のころから当時異端とされていた陽明学を学び、大坂町奉行与力の職務についても、おのれの信条を曲げず、断固たる姿勢を貫いた。

文政八（一八二五）年三十二歳のときには「洗心洞」という家塾を開き、門弟を集めて教育をおこない、文政十年には「京坂キリシタン事件」を摘発し、文政十二年には町人と結託して不正を働いた西組古参与力弓削新右衛門らを処断する「奸吏糾弾事件」、天保元年には破戒僧数十名を遠島に処した「破戒僧処分事件」など、いわゆる「三大事件」において、大塩平八郎は真正面から不正・腐敗を摘発し、大いに名声を博した。

しかしながら、大塩平八郎を大いに評価していた東町奉行高井山城守（実徳（さねのり））の江戸転任に伴い、三十七歳という若さで与力職を辞し、家督を養子の格之助に譲って、弟子の教育と著述に専念した。

天保七年、大坂の米価が暴騰し、市民の困窮甚だしかったので、その対策について新任の跡部良弼に上申したが用いられず、心中ひそかに挙兵を決意したらしい。跡部良弼は、ほかならぬ水野忠邦の実弟であった。

「加賀屋書状」の冒頭に「当地与力のうち、大塩と申す人、改役に遺恨ある由にて」とあるが、「改役」とは、跡部良弼のことである。大塩平八郎は跡部良弼を嫌悪していた。

大塩平八郎は二月十九日の午後に挙兵することを決めた。両町奉行が二月十九日の午後、市中巡検をおこなうことを察知し、両町奉行を休息時に殺害し、そののち豪商を襲って金穀を強奪し、窮民に分配するという計画であった。

大塩平八郎は、二月六日にすべての蔵書を売り払い、それによって得た六百両余を摂津・河内・和泉・播磨の農民たちに送り、

「天災や飢饉は悪政に対する天の警鐘であるにもかかわらず、相変わらず小人が政治をおこなっている。大坂でも窮状をよそに役人が江戸廻米をおこない、豪商が暴利を貪り、贅沢にふけっているのは許せない。よって彼らに天誅を加え、金銀米穀を分配する」

と檄文を送って、決起を促した。

また、二月十七日には江戸の老中あてに書状を送り、老中ら四名の過去の不正を糾弾し、勘定奉行内藤矩佳(のりよし)の大坂在職中の不正を暴露した。

当初の予定では、二月十九日の午後に挙兵ということであったが、実際には二月十九日早朝の挙兵

となった。

門弟の平山助次郎と吉見九郎右衛門の二人が姿を消し、奉行所と大坂城代に通報した可能性が高いと判断されたからである。

挙兵に参加したのは、大塩平八郎・格之助ら三十六人の同志と別の口実で集められていた農民三十九人、合わせて七十五人であった。

一同は、まず大塩平八郎の屋敷の塀を引き倒し、屋敷に火を放ち、午前八時、大塩邸の向いにある東与力朝岡助之丞の屋敷に大砲を撃ち込んだ。朝岡邸はたちまち燃え上がった。

そののち、一同は南に向って進撃していった。出発に際し、炎上する大塩邸にむかってさらに一発大砲をぶち込んだ。

大塩邸から難波橋を渡り、北船場に着いたのは正午ごろである。大塩らは、四時間かけてゆっくりと移動しながら、大砲を放ち、家々に火を放った。

火消組が出動したが、大塩らは鉄砲で威嚇して追い払った。難波橋付近で、大塩平八郎の檄文に応じて集まった農民たちと合流し、北船場に着いたころには、大塩らの軍勢は四百名近くにふくらんでいた。なかには見物人のなかから勢いで参加した者もいた。

大塩らは、北船場から船場の中心部に進撃していった。このあたりには、鴻池善右衛門、鴻池庄兵衛、鴻池善五郎、天王寺屋五兵衛、平野屋五兵衛ら豪商の屋敷が立ち並んでいる。

大塩らは、大砲、火矢、鉄砲を乱射し、金品を略奪し、火を放った。鴻池庄兵衛の屋敷からは、四万両が掠奪されたという。

そののち、今橋筋から高麗橋筋へとゆっくりと進撃し、三井越後屋呉服店に火を放ち、次いで岩城（いわしろ）升屋を襲い、内平野町では米屋平右衛門、米屋長兵衛などの米屋を襲撃した。


一方、狼狽した幕府方が警備体制を整え、西町奉行堀伊賀守と東町奉行跡部良弼の両町奉行が出撃したのは、午後というありさまであったが、わずか二度の砲撃戦で大塩方は午後四時ごろには壊滅し、乱はわずか半日で鎮圧された。

大塩平八郎父子は逃亡したが、三月二十七日に市内靫油掛町（うつぼあぶらかけ）（大阪市西区靭本町一丁目）の美吉屋五郎兵衛の離れの座敷に潜伏しているところを急襲され、火を放って自刃した。

大塩の乱後、市井での大塩平八郎の人気は高く、備後三原（広島県三原市）・越後柏崎（新潟県柏崎市）・摂津能勢（大阪府能勢町）などで乱の影響を受けた一揆が発生した。

幕府による乱の関係者の処罰は七百八十七人にのぼり、磔・獄門など死罪になった者は四十人で、町与力、同心、富農など大塩平八郎の門人たちであった。

大塩平八郎とともに下級幕吏と農民らが参加して、天下の台所大坂で武装決起した影響は大きく、幕府の弱体化を天下にさらす結果となった。

この大塩平八郎によってもたらされた大坂の大火により、天満・北浜を中心に、大坂の市街地の約五分の一にあたる一万八千二百五十戸が焼失した。

「加賀屋書状」を書いた加賀屋利左衛門という商人と平兵衛の関係はよくわからないが、

「帳面・書物類無事に持ち出し、土蔵だけ無難に助かり申し候。この段御安心下されたく、家内一統無事で、この儀もさようお悦び遊ばされ下され候」

と、大坂松坂屋支店の取引に関する帳面・書物類が無事に運び出され、土蔵も焼失を免れた。

松坂屋大坂支店においては、米穀米などの農産物、水産物、蝋燭、菜種油、木材、陶磁器など九州から船で運んだ商品を大量に取引していた。そして大坂では九州の需要に合った全国の産物を大量に仕入れて九州に運ばせた。また、大坂支店では、商品為替割引や堂島における米の先物取引など、金融取引も活発におこなっていた。九州諸藩の蔵屋敷とのさまざまな取引もあった。

「加賀屋書状」を受け取った平兵衛は、大坂における商品・金融取引に関する重要書類が焼失を免れ、店舗もどうにか無事であったことを知って大いに安堵した。

しかしながら、取引先のなかには被害を受けた商店も少なくなく、大坂の商業都市としての機能が完全に復旧するには、相当時間がかかりそうであった。

松坂屋の大坂での取引は、確実に縮小するであろう。それを補完するため、長崎や九州内での取引を高めなければならない。

平兵衛は予定を早めて、熊本にむかった。「石本家年譜」[8]には、

「肥後細川藩において長崎輸入唐物（薬種）の領内配給専売が計画され、石本の仲介で長崎輸入の薬

種類について大坂を経ず直接肥後に移入できることとなり、その蔵元を勤めるよう命ぜられる」とあり、その間の経緯について「肥後一件」という文書が残されている。このなかの平兵衛の主張を要約すると、次のとおりとなる。

一、唐物の抜荷の取り締まりが厳しくなっているが、熊本藩は長崎に近いため、唐物薬種など外国品が紛れ込んでいる。露見すれば大きな問題となる。相応の経費は要するものの、正当な手続きで取引したほうが、長期にみれば割安となる。

二、熊本に流入している唐物薬種は年間約二万両程度で、長崎と大坂における熊本産物の販売額も約二万両余となっている。この両者を為替手形で決済すれば、簡便である。

三、唐物については長崎で直接販売することができず、すべて大坂に運んで売りさばくこととされているが、近年長崎は米穀が底をついており、奉行所において昨年の秋から米穀を備蓄するため近隣諸国から米穀を買い集めようとされている。熊本の米穀を長崎へ回すべきである。

四、長崎における唐物の購入を私が引き受け、その代金は松坂屋辰之進が為替を振り出し、熊本産物の売却代金は長崎・大坂において為替で決済すれば、熊本から金銀が流出することはない。

このようにすれば、長崎においては、その方面で倅どもも働いているので彼らを引受人とされ、熊本においては寛吾が館入を許されているので、どのような御用向きでも精一杯務めることができる。石本家の家族で引き受けることについて問題があれば、藩の方針にということにしてほしい。

上記に加えて、平兵衛は次のような補足をしている。

一、唐紅毛商売は長崎で年四、五回の入札があり、落札後はすべて大坂へ送るが、国産品と異なり、運送費など諸経費が嵩み、大坂に送ったのちも仲買商や問屋などへの諸失費が莫大で、時には元値の二倍になることもあり、これを購入して熊本にまわせば、非常な高値になってしまう。長崎商人が落札した品物を買えば、元値の一割五分増し程度で買うことができる。諸雑費もかからず、熊本までの運送費がかかるだけで、十匁の品であっても、十二匁くらいの値段ですむ。

二、薬品の取り締まりが非常に難しいため、長崎において適法な商品を購入すれば、これまで大坂から取り寄せた値段より安い値段となる。藩民の救済ともなり、抜荷の心配が無用となる。

三、熊本の米を長崎で五、六千石売りさばくことを条件にして幕府に要望すれば、特別に認められるのではないか。

四、この要望については、しかるべき方が長崎で要望しなければ実現しない。ただし、奉行所に要望する必要はなく、まず宿老へ要望され、それが決定されたのちに長崎聞役から奉行所へ書面を差し出して事がすむよう、倅どもが取り計らう。

長崎宿老は四人いるが、そのうち二人はわたしの倅で、あと二人は縁者ならびに格別懇意にしている者である。

熊本藩にとっては、二万両相当分の唐物薬種と二万両相当分の熊本産物との物々交換であるが、平兵衛にとっては、延べ四万両の流動資金の獲得である。これは大きな成果であった。しかも、この新規参入を契機として、他の分野のさまざまな利権に食らいつくことができるはずであった。

とはいえ、平兵衛の憂鬱は晴れない。熊本藩との交渉はまとまったものの、その成果が現実に松坂屋の経営に寄与するのは、長崎会所と幕府の了解を取り付け、具体的な取引がおこなわれたのちである。いま直面している松坂屋の資金繰りの悪化を、ただちに打開してくれるものではなかった。

薩摩藩との取引についても縮小傾向がつづき、柳川藩や人吉藩などとの取引も大飢饉の影響によって停滞がつづいていた。

高島四郎太夫と組んだ西洋兵器の輸入販売の分野についても、現時点ではいまだ松坂屋の基幹部門となっていなかった。どちらかといえば、持ち出しの多い分野であった。高島流兵学塾への入門者は急激に増大していたが、それが西洋兵器の販売促進に直結していなかったのである。

いずれの藩も深刻な財政危機に陥っており、いまただちに高額な西洋兵器を大量に購入する見込みはなかった。

兵器の購入について幕府から表立って禁止・制限されているわけではなかったが、かといって幕府から正式に認知されているわけでもなかったので、諸藩としても試験的にわずかな銃砲を購入するのみであった。

このようなことで、毎年輸入している西洋兵器の在庫調整がおもうように進まず、このことが松坂屋の資金繰りを悪化させる大きな要因の一つとなっていた。

松坂屋全体としてはどうにか黒字を維持していたが、資金繰りが極度にひっ迫していた。

それはそれとして、天保八年二月の「大塩の乱」は国内の治安維持という面において幕府に大きな課題を残し、六月に発生した「モリソン号事件」は幕府の外交政策に大きな衝撃をあたえた。

この事件は、六月二十八日、アメリカのオリファント貿易会社の商船モリソン号が、突如浦賀沖に現われたのが発端であった。

モリソン号は、マカオのイギリス商務庁に保護された日本人漂流漁民――尾張の音吉、岩吉、久吉、肥後の庄蔵、寿三郎、熊太郎、力松の七人を日本に引き渡すためという名目で来航していたが、むろん、それは口実で、本音としては日本との通商交易を開くためであった。

ところが、浦賀奉行所は文政八年にだされた「異国船打払令」に基づき、いきなり砲撃をくわえた。

このため、モリソン号は三浦半島沖に避難したが、さらに砲撃を受けたため江戸湾から姿を消した。

そして、翌七月十日に薩摩鹿児島湾の山川港に入港した。日本人二人が上陸して藩の役人と交渉したが、二日後に薩摩藩が砲撃を開始したため、やむなくモリソン号は日本人を乗せたままマカオに立ち去った。

これが「モリソン号事件」といわれるものである。

モリソン号に乗っていた日本人漂流民七人のうち、尾張の音吉と岩吉、久吉の三人は、一八三二（天保三）十一月、尾張国知多郡小野浦の樋口源六の持船・宝順丸に乗って総勢十四名で江戸に向けて航行中、遠州灘において暴風雨に巻き込まれ太平洋を漂流した。十四カ月後、北米大陸のワシントン州ケープ・アラバ岬に漂着したが、生存者はわずか三名であった。ところが、上陸後インディアンに捕らえられ、イギリス船ラーマ号に売り飛ばされてしまった。船長はマクネイルといい、ラーマ号はハドソン湾毛皮会社の持ち船であった。三人はイーグル号でロンドンまで運ばれたのち、ハドソン湾毛皮会社の費用負担で、マカオ行きのゼネラル・パーマー号に乗せられた。パーマー号はテムズ川に停泊していたが、出航の前日、日本人三人は特別に上陸を許されてロンドン市内を見学している。日本人がはじめてイギリスに上陸したわけである。

一八三五（天保六）年十二月、パーマー号はマカオに到着した。遠州灘で遭難して三年後のことである。このとき、音吉は十六歳、久吉は十七歳、岩吉は三十歳であった。三人はイギリス商務庁次官のキャプテン・エリオットから取り調べを受けたのち、ドイツ人宣教師チャールズ・ギュッラフに預けられた。音吉ら三人は、ギュッラフから英語を学び、新約聖書の日本語訳作業をおこなった。これが、世界初の邦訳聖書として名高い「ギュッラフ訳聖書」である。

一八三七（天保八）年三月、肥後の漂流民である庄蔵、寿三郎、熊太郎、力松ら四人が、スペイン船でマカオに送り届けられた。この四人は、肥後国飽託郡川尻の船頭・原田庄蔵二十九歳、肥後国天草郡の水主・寿三郎二十六歳、肥後国島原の熊太郎十九歳、肥前国島原口之津の力松十六歳であった。一八三五（天保六）年十一月天草を出航した原田庄蔵の持船が肥後への帰途暴風に遭い、三十五日間の漂流ののちルソン島あたりに漂着し、黒人らしき人物に救助され、現地役人に引き渡され、現地役人マニラに到着した。やがてアメリカのオリファント商会の支配人チャールズ・ウィリアム・キングの支援を受けてマカオへ送還されてきたのである。

イギリス商務庁のキャプテン・エリオットは、イギリス本国の意向に逆らい、漂流民を使って対日貿易の突破口を開こうと考え、この年の六月、七人をイギリス軍艦ローリー号に乗せてマカオから那覇に向かわせ、那覇でアメリカ商船モリソン号に移乗させて日本に向かわせたのである。

しかしながら、前述のとおり、モリソン号は三浦半島の南方で日本側の砲撃にさらされ、薩摩でも砲撃を受けて、七人の日本人を乗せたままマカオに帰還するはめになったのである。

日本人七人は再びチャールズ・ギュッラフに預けられ、一八三八（天保九）年、アメリカ合衆国に渡り、結局日本への帰還を果たせぬまま生涯を終えることになった。

そのうち、音吉はアメリカから上海に渡り、デント商会に勤めた。その後一八四九（嘉永二）年イギリスの軍艦マリナー号に乗って通訳として浦賀へ行き、一八五三（嘉永六）年には、アメリカのペリー艦隊に同乗予定であった日本人漂流民（仙太郎ら栄力丸船員）の脱走を手引きし、後に清国船で日本へと帰国させている。また、一八五四（嘉永七）年九月にイギリス極東艦隊司令長官スターリングが長崎で日英交渉を開始したとき、再度来日し通訳を務めた。この頃にはジョン・マシュー・オトソンと名乗っていた。

その後マレー人の女性と結婚。一八六二（文久二）年には上海を離れてシンガポールに移住し、その地で幕府の文久遣欧使節通訳の森山栄太郎らに出会っている。

望郷の念は断ちがたく、息子のジョン・W・オトソンに自分の代わりに日本へ帰ってほしいとの遺言を残し、一八六七（慶応三）年シンガポールで病死した。享年四十九。

ちなみに、息子のジョン・W・オトソンは、一八七九（明治十二）年に日本に帰り、横浜で「山本音吉」という日本名で国籍を取得している。

一九六一年には、音吉、岩吉、久吉ら三人の記念碑が出身地の美浜町に立てられ、以来美浜町と日本聖書協会によって、毎年、聖書和訳頌徳碑記念式典がおこなわれている。

音吉のシンガポールでの埋葬地は不明となっていたが、二〇〇四年に確認され、その翌年、発掘された遺骨は音吉顕彰会会長で静岡県美浜町長であった斉藤宏一氏らの手によって百七十三年ぶりに、祖国日本に帰った。


このモリソン事件を契機に、外国船への対応をめぐって、日本国内でさまざまな議論が湧き上がった。

渡辺崋山（一七九三―一八四一）は『慎機論』を書き、「異国船打払令」は危険であり、日本による無差別砲撃を口実に、異国船が多くの軍船を派遣して日本を占領する恐れがあるとし、鎖国政策についても世界のなかで維持することは困難であることを主張した。

高野長英は『夢物語』を書き、モリソン号がふたたび来航としたときには、漂流民を受け取り、鎖国政策について十分に説明したうえで、穏やかに退去させるべきである、と説いた。

渡辺崋山の『慎機論』は発表されることもなく草稿のまま保管され、高野長英の『夢物語』もきわめて穏当な論であったにもかかわらず、鳥居耀蔵によって「蛮社の獄」が引き起こされる端緒となり、その延長線上に「長崎の獄」が引き起こされ、そうして平兵衛の命運までもわしづかみにして葬り去ることになるのである。

むろん、商人としての平兵衛は、そういう動きとは別のところにいる。

「石本家年譜」[8]によると、この年の八月三十日、先代勝之丞の四人目の妻の順が死去している。御領村大島小山礼左衛門の娘で、長年大島新宅に住んでいた。法名は「浄行院釈順信大姉」。松坂屋に恥じない葬儀をおこなう必要があり、このことでかなりの出費を強いられ、松坂屋の資金繰りがさらに悪化した。

文化文政期においては物の流れが拡大し、景気もよかったが、近ごろは天災地変などによって米穀が極端に不足し、物と金銭の流れが停滞し、世の中全般が不景気になっている。松坂屋がはじめて直面した事態であった。

潮時と考えた平兵衛は親戚一同を集めて、みずからの隠居と幕府勘定所御用達辞退の意向を告げた。これに対し、池田寅之助らの親戚たちは、時期尚早を唱え、幕府や大名方との勝之丞の交渉能力について危惧の念をしめして反対した。

となれば、勝之丞の身の丈に合うように松坂屋の経営を縮小させなければならない。そこで平兵衛は、十月に長崎奉行所を通じ幕府に対して幕府勘定所御用達の辞退を申し出た。これまた、平兵衛のきわめて明快な行動である。「石本家年譜」[8]には、

「十月平兵衛は病気のため御勘定所御用達を第六代勝之丞へ譲渡することを幕府に陳情」

とある。

平兵衛の本音としては、松坂屋として幕府勘定所御用達を完全に放棄したかったが、勝之丞が勘定所御用達就任を強く望んだため、中途半端な陳情となってしまった。

天保九(一八三八)年になった。平兵衛五十二歳。

この年もまた、平兵衛は不運に見舞われている。

三月十日未明、江戸城西の丸の料理場からの出火により、大奥、表御殿が残らず焼失したのである。このときの迅速で機敏な行動によって、水野忠邦は将軍徳川家斉から西丸再建の普請総奉行に命じられた。

野心に燃えた水野忠邦は、大名や旗本に多額の献金を申し付けるとともに、商人らにも献金を命じた。むろん、幕府勘定所御用達らにも献金を命じ、石本家にも五万両の献金を申し付けたのである。

しかしながら、大坂の大火によって資金繰りが悪化していた松坂屋に、五万両という大金を捻出できる余力はなかった。平兵衛は現金に代えて米や木材をかき集めて物納しようとしたが、それでも五万両分を集めることができず、これによって長年にわたって築き上げた老中水野忠邦との信頼関係を

失ってしまった。ある意味では、このことが平兵衛の没落の決定的要因となったともいえる。

このようなとき、さらに不運に見舞われたのである。

四月四日、長崎において「天保の大火」とよばれる大火災が発生したのである。長崎二十五町が全焼し、焼失家屋は千三百九十三戸におよんだ。この火災により、松坂屋長崎支店は全焼し、平兵衛が江戸で買いあさった莫大な骨董類が燃え、貴重な帳簿類も失ってしまった。このことによって、松坂屋の経営がさらに打撃を受けた。

にもかかわらず、息子の勝之丞は、大塩の乱によって打撃を受けた大坂支店の立て直しという名目で、ずっと大坂に滞在しつづけていた。さまざまな懸案があるので、平兵衛は何度も帰国を促したが、勝之丞はさまざまな理由を並べ立てて帰国しようとしない。

苛立ちを強めた平兵衛は、上納米の見通しが立ったこともあり、みずから大坂に出張して、勝之丞と会うこととした。大坂支店で久しぶりに勝之丞と対面したが、やはり勝之丞の態度が不審である。平兵衛が厳しく追及すると、やっとのことで勝之丞は口を割った。

それによると、京都の原田という従六位の公卿のウノという娘とただならぬ関係になったという。勝之丞が薩摩に出張した折、薩摩に逗留していたウノと出会い、その後大坂や京都で逢瀬を重ねているという。

それを聞いて、平兵衛は激怒した。勝之丞にはソノというれっきとした妻があり、寛之助という跡取りもいる。

はじめは激怒した平兵衛であったが、勝之丞から何度も懇願されるうちに情に負け、しかも打算的な気持ちが芽生えた。

原田右兵衛尉は従六位の公家であり、その妻は近衛右大臣と縁戚である。したがってウノもまた近衛右大臣と縁続きとなる。近衛家といえば、天下に冠たる名門である。

幕府勘定所御用達にくわえて、このような名家と縁続きになれば、石本家にとっても損はないのではないか。

名誉という快感を覚えた平兵衛に、かつてはみられなかった判断の狂いが生じはじめている。平兵衛は、勝之丞とウノの結婚を認めてしまった。

とはいえ、公家との結婚は莫大な経費を要する。京都と天草で盛大な披露宴を催したが、結局、二万両にものぼる大金を浪費してしまい、松坂屋の資金繰りがさらに大きく悪化することになった。

これは、平兵衛みずから招いた不運であった。

■蛮社の獄■

天保十（一八三九）年十二月六日、水野忠邦が老中首座に就任した。

平兵衛もその情報を長崎奉行所の筋から入手し、松坂屋江戸支店に急使を送って、水野忠邦に献金するよう指示をした。直接江戸に出向いてお祝いを述べるべきところではあったが、松坂屋の資金繰りが急激に悪化しており、江戸へ上る余裕はなかった。

水野忠邦が老中首座に就任して十二日後の十二月十八日、三河国田原藩年寄役末席の渡辺崋山が在所にて永蟄居処分を受け、蘭学者の高野長英が永牢に処せられた。

渡辺崋山は天保三年に年寄役末席につき、海岸役兼務を命じられたことから海防に関心をもち、世界情勢を知るために高野長英・小関三英らを招いて蘭学の翻訳を依頼した。

これがきっかけとなって、天保の大飢饉やイギリスの東アジアへの進出など内憂外患に危機意識をもった人物たちが、渡辺崋山のもとに集まるようになった。幕府勘定吟味役川路聖謨（一八〇一—六八）、代官江川太郎左衛門（一八〇一—五五）、羽倉外記、幕府儒官古賀侗庵（一七八八—一八四七）、紀州藩儒者遠藤勝助、高松藩儒者赤井東海（一七八七—一八六三）、二本松藩儒者安積艮斎（一七九一—一八六〇）、津藩儒者斉藤拙堂（一七九七—一八六五）、岸和田藩医の小関三英（一七八七—一八三九）などである。

昨年——天保九年十二月、水野忠邦は江川太郎左衛門と目付の鳥居耀蔵の二人に江戸湾の防備状況の視察を命じた。江川太郎左衛門が渡辺崋山らと親しい開明派とすれば、鳥居耀蔵はこちこちの因循派であった。

鳥居耀蔵は、寛政八（一七九六）年幕府儒者の林述斎の次男に生まれたが、文政三（一八二〇）年禄高二千五百石の旗本鳥居成純の婿養子となり、天保八年に目付に就任していた。

目付という職は、本来は軍事の職制であり、諸役人の職務を監察することであったが、不都合があれば直接将軍に言上することができるなど、ある意味では絶大な権限を有している。

このような権限にくわえ、鳥居耀蔵は権謀術策を好み、冷酷無比で、陰険で嫉妬深く、冷酷非情の人物であった。儒学者の家に生まれたせいか、洋学を極端に嫌悪していた。徳富蘇峰の『近世日本国民史』にも、

「鳥居は林述斎の次男で、その人となりは、機略に富み、果敢にして権数多く、しかしながら陰険、嫉妬、冷酷の男であった」

と書かれている。

天保八年の「大塩の乱」に際しても、大塩平八郎が養子格之助の妻みねと不倫な関係にあったとする噂が流れたが、その噂を捏造し流布したのも鳥居耀蔵といわれる。この噂は大塩平八郎の評価を失墜させるうえで、少なからぬ効果があった。

鳥居耀蔵は、蘭学を好む渡辺崋山を毛嫌いしていた。したがって、渡辺崋山と親しい江川太郎左衛門に対しても敵意を抱いていた。

鳥居耀蔵は、江戸湾巡視について江川太郎左衛門と組み合わせられたことに大いに不満を持ち、さらに渡辺崋山の信奉者である内田弥太郎と奥村喜三郎が江川太郎左衛門付きの測量者に選ばれたことについても憤激した。

鳥居耀蔵は、謀略をもちいて江川太郎左衛門と渡辺崋山一派を一掃することにした。

ここに、「蛮社の獄」とよばれることになる一大疑獄事件が引き起こされた。

配下の小笠原貢蔵という小目付に、老中水野忠邦の命令と偽って渡辺崋山らの内偵を命じた。

その結果、高野長英の幕府の異国船打払令を批判する『夢物語』が筆写されて読みまわされているという情報と渡辺崋山とも親しい常州鹿島郡の無量寿寺の住職順宣とその子の順道らが、小笠原諸島の無人島に渡航する計画を立てているという情報をつかんだ。この無人島渡航計画は、実際には、島に渡ってキャンプでもやろうというような軽い気持ちの計画であったようであるが、鳥居耀蔵は強引に「異国人との密貿易」と解釈をねじ曲げ、さらに渡辺崋山の知り合いである下級役人の花井虎一を脅し上げて、渡辺崋山と江川太郎左衛門を告発させた。

水野忠邦は江川太郎左衛門と羽倉外記に対する告発については、独自の調査で事件に無関係であることを確信して却下したが、その他の者に対する告発については認めた。

水野忠邦はかねてより鳥居耀蔵の能力を高く評価していたので、すべてを却下することについては躊躇したのであろう。

五月十四日、渡辺崋山は北町奉行所によびだされて逮捕された。同じ日に無量寿寺の順宣・順道父子、江戸の旅宿山口屋の金次郎、蒔絵師の秀三郎も逮捕された。

高野長英とともに洋書の翻訳をしていた岸和田藩医の小関三英は事態を悲観し、五月十七日に自殺した。身を隠していた高野長英は、五月十八日に北町奉行所にみずから出頭して逮捕された。

北町奉行所において、渡辺崋山と高野長英の取り調べがおこなわれたが、二人とも無人島渡航計画にはまったく無関係であることが判明し、無罪釈放になる公算が強くなった。

ところが、渡辺崋山の家から『慎機論』の草稿が発見され、そのなかに幕府を批判したくだりがあることを確認した鳥居耀蔵は、それを材料に強引に巻き返し、十二月二十八日に二人に対する申し渡しをおこなった。

十二月十八日に渡辺崋山は田原藩に引き渡されて永蟄居、高野長英は小伝馬町の牢獄で死ぬまで牢につながれることになった。

ちなみに、無量寿寺の順道、江戸の旅宿山口屋の金次郎、蒔絵師の秀三郎の三人は、相次いで獄死し、渡辺崋山も翌年自決した。

鳥居耀蔵の完勝であった。

この「蛮社の獄」で大いに味をしめた鳥居耀蔵は、次なる標的を探しはじめた。

天保十一（一八四〇）年になった。平兵衛、五十四歳。

平兵衛は長崎で正月を迎えたが、江戸への上納籾米の手配に追われて、正月の間もゆっくりと過ごすことはできなかった。そこへ、高島四郎太夫から連絡があり、至急会いたいとのことである。

高島四郎太夫は、天保九年の火災で平戸町の屋敷を失ったため、小島郷の別宅を拠点としていた。丘の斜面にあり、周囲は高い石垣に囲まれている。まるで要塞のようであった。大砲や銃器の製法などを研究するため、人里はなれた小島郷を拠点にしたのである。ただし、このことがのちの「長崎の獄」における高島四郎太夫の罪科の一つに数えられることになる。また、その別宅では高島塾の門弟たちに息子の浅五郎が軍事教練の指揮をおこなっていた。

高島四郎太夫の頼みごととは、二十一歳になった浅五郎の縁談の件であった。相手は、長崎代官高木作右衛門の娘加津という。これには平兵衛も驚いた。高木家は長崎代官世襲の家柄であり、お目見え以上のれっきとした士分格の家柄である。高島家は長崎会所の役人とはいえ、町人の家柄である。家格がちがうため、両家の婚儀はありえない。

平兵衛はその日の夕刻、代官屋敷を訪問し、高島家の意向を伝えると、高木作右衛門も加津本人から高島浅五郎との婚儀を懇願され、困り果てていた。

両家の意向を確認した平兵衛は、身分違いを回避するため、加津をいったん武家の養女に出したうえで婚儀をおこなうよう提案したが、高木作右衛門は首を振るばかりであった。奥方がどうしても承知しないという。高木作右衛門の奥方といえば、八代の松井家から嫁いできた茂勢である。茂勢から母親として娘の婚儀に出たいと訴えられれば、平兵衛とて断りきれない。養女に出さずにすませる方法を考えるほかなかった。やむなく平兵衛は「仮祝言」という形で内々で済ませることを提案した。正式の夫婦ではなく、事実上の内縁関係ですませる方法であった。正式の夫婦ではないから、法に触れることもない。

両家ともこの案に賛成し、仮祝言をあげて浅五郎と加津は事実上の夫婦になった。ただし、このことが、のちのち大きな問題となった。

鳥居耀蔵は、この身分違いの事実上の結婚を高島四郎太夫糾弾の口実の一つとして用いたからである。

■「長崎の獄」のはじまり■

七月になってオランダ船が長崎に来航し、中国で大きな動乱――「アヘン戦争」が勃発したことを告げた。

すなわち、中国の広東において、アヘン貿易をめぐってイギリスと清国が事実上交戦状態に突入し、広東港外でイギリス軍艦と清国艦隊が砲撃戦を展開し、清国の船はなすすべもなくイギリス軍艦に破壊されたという。

オランダ船の情報によると、イギリス船が日本に来航し、日本の対応次第では攻撃することもありうるということであった。

これらの情報は、「オランダ風説書」としてオランダ通詞によってとりまとめられ、幕府に提供されるシステムになっていたが、長崎においては翻訳に携わったオランダ通詞らから、これらの情報が直接漏れ伝わってくる。

高島四郎太夫もいち早くその情報を入手した。

兵器の大量在庫を抱えている高島四郎太夫と平兵衛にとっては、待ちに待ったビジネスチャンスの到来である。

高島四郎太夫は、「天保上書」とよばれる幕府への建白書を提出した。九月に長崎に赴任した長崎奉行田口加賀守（喜行）に提出した。

高島四郎太夫の建白の内容は、アヘン戦争は事実であり、これは国家の一大事であるが、清国が負けたのは、武器が劣っていたためである。日本の武器も時代遅れであり、外国の侵略を受ける恐れがある。とりわけ長崎は外国との通商の地であるため、外国の侵略に備えて厳重に防備しなければならない。西洋の侵略を防ぐためには、彼らの戦術や砲術を研究しなければならないが、自分はそれを研究してきた。すべての兵器を一変し、近来発明されたモルチール砲やその他の新しい兵器を採用し、江戸、諸国の海岸、長崎などへ配置すべきである、というものであった（勝海舟『陸軍歴史』）。

この建白書を受け取った田口加賀守はただちに江戸へ進達した。田口加賀守はかねてから高島四郎太夫に好意をもち、かつその考え方に共鳴していた。

江戸に進達された高島四郎太夫の建白書は、老中筆頭となった水野忠邦に持ち上げられた。ところが、水野忠邦は目付の鳥居耀蔵に諮問したのである。蘭学嫌いの鳥居耀蔵が、高島四郎太夫の建白書に激烈に反応したことはいうまでもない。

鳥居耀蔵は、高島四郎太夫なる人物の身辺調査を開始した。

この間、十月から十一月にかけて、平兵衛は昨年とおなじく上納のための籾米を江戸に送りつづけている。

十二月になって、鳥居耀蔵は高島四郎太夫の建白書に対する反論をとりまとめて、水野忠邦に提出した。鳥居耀蔵の主張は、モルチール砲は多人数のなかに打ち込んで火薬の威力をふるわせることを主としているもので、知略をもって勝利を得るという軍法に基づくものではない。西洋で利用しているからといって信用できない。蘭学者は奇を好む病がある。火砲のみならず、風俗・習慣におよび害も少なくないので、慎重に検討すべきである。アヘン戦争も中国が泰平の世に流れ武備が緩み、イギリスは戦争に熟練していたため勝利を得たのであって、火砲の差による結果ではない。火砲に頼り、わずかの地役人を指揮するくらいのことで、一方の備えと考えるような身分賤しい者の偏見などは採用されるべきではない。ただし、火砲はもともと西洋から伝わったものであり、その後改良されたかもしれないので、それが諸藩のみに伝わって、幕府のほうでは知らないということはよろしくないので、その火器を取り寄せたほうがいいとおもわれる、というものであった。

この意見書に対し、鳥居耀蔵の天敵ともいえる江川太郎左衛門は、

「この説を唱えた人物は、西洋のことをまったく知らないのであろう。中国はなにゆえ知略でもってイギリスに一度も勝てなかったのか。武器の差によって負けたのではないか」

と、痛烈な反論をおこなった。

鳥居耀蔵の意見書も、一応は西洋の兵器を取り寄せて研究してはどうかという内容を含んでいたので、水野忠邦は高島四郎太夫に対して出府を命じて、演習をおこなわせ、西洋の兵器の威力について検証をおこなうこととした。

年が明け、天保十二（一八四一）年になった。平兵衛、五十五歳。

閏一月三十日、徳川家斉が六十九歳で死去した。将軍職に五十年にも長きにわたって在職し、世子

家慶に将軍職を譲ってからも、大御所として政治の実権を握っていた。

家斉の死去によって、老中筆頭となった水野忠邦が自在に手腕を発揮できる環境が整った。

水野忠邦は家斉の「西丸御政事」を憎んでいた。江戸城内には華美・贅沢がはびこり、大奥の権勢が増大し、政治に影響をあたえていた。大奥の一部と結託して幕府の実権を握っていた側近勢力の弊も見逃すことができなかった。

水野忠邦は松平定信によって断行された「寛政の改革」を範として、質素倹約を基本に華美・贅沢を廃止し、行き過ぎた商品経済を縮小する決意を固めた。

その知らせは、突然やってきた。

富岡役所の手代牛島東一郎からの連絡であった。牛島東一郎は先任の上野伸右衛門とおなじく、平兵衛のためによく便宜を計らってくれる人物であった。平兵衛は日頃から金銭的な援助をつづけていた。

牛島東一郎の閏一月十一日付けの手紙によると、江戸在勤の長崎奉行戸川播磨守（安清）から富岡役所に通達が出され、そのなかに、

御領村勝之丞あて

勝之丞盗難一件で文化十一年居村払いを受けたが、このたび恩赦を受けることになったので勝

之丞の居所を相尋ねる。

とあったという。

たまたま平兵衛は佐伊津新宅に滞在していたが、居村払いの判決を受けて二十七年も経ってからの突然の通達であり、その箇所を読むとき、なぜか平兵衛は地の底に引きずりこまれるような不安を感じた。牛島東一郎は別便で手紙を書き送り、

「お奉行さまも居村払いの件が露見すれば、大変なことになると申しておられます。居村払いを受けた身で幕府の役職を受けたとあっては、身元保証をなし幕府に推薦した高木代官さまに累がおよぶ可能性もあります。しかしながら、すでに幕府勘定所御用達を仰せ付けられ、お目見えもすんでおり、いまとなってはどうしようもありません。内々で処理するしかありません。しばらくは身を潜め、目立った動きをなさらぬことが肝要です。とにかく、迅速に内々で処理いただくことが大事です」

と伝えてきた。

平兵衛はただちに御領にむかい、勝之丞と相談して岡田順助という使用人を代理人として長崎代官所に出頭させることを決めた。

岡田順助は、牛島東一郎とともに長崎にむかい、そして数日後には長崎奉行田口加賀守から直々に恩赦の申し渡しを受けて天草に帰ってきた。

ついに、平兵衛は二十七年前の居村払いの罪を解かれたのである。

ところが、実は岡田順助は長崎奉行所において恩赦の申し渡しを受けるとき、ちょっとしたミスを犯していた。そして、このちょっとしたミスをとらえた鳥居耀蔵は、それを口実に平兵衛と勝之丞を逮捕して、江戸に送還させることになるのである。

二十七年間の居村払いの罪は、悪霊のように平兵衛につきまとう。

■徳丸ヶ原の演習■

一方、高島四郎太夫らは幕府の命令を受けて、閏一月二十二日に長崎を出発した。出発を見送る群集は、朝早くから押しかけた。高島四郎太夫が総大将で、洋服と日本服の混合服に金モールをつけて馬に乗り、副将の浅五郎ら二十七名の門弟をしたがえ、堂々と行進をはじめた。携えていく兵器は、小銃五十挺と大砲四門である。大砲は馬車に載せている。

長崎の人々は、盛んに手を振って高島四郎太夫らを見送った。

途中武雄で銃砲を補充し、高島四郎太夫らは陸路大坂をめざした。

平兵衛は、高島四郎太夫らが江戸に招かれ、閏一月二十二日に出発することは知っていたが、赦免を受けた直後であったため天草御領で身を潜めていた。春三月になればふたたび長崎におもむき、本格的な活動を再開する腹づもりであった。

ところが、二月中旬に人吉で大事件が勃発したという知らせが届いた。平兵衛の長年の友人であった家老の田代善右衛門が切腹して果てたというのである。

二月九日に一万人を超える暴徒が茸山・人吉町に押し寄せ、打ちこわしをおこない、二月十日に田代善右衛門はその責任を取って自決したという。享年六十。

人吉駐在の道田七助の報告によると、下級藩士から成り上がった田代善右衛門に対して、かねてから門閥家を中心に反感を持つ勢力があり、茸山における入会権と人吉町における座の開設にからんで、百姓一揆が起きたという。この百姓一揆は実に統制が取れたもので、村ごとの標識はあらかじめ薩摩に発注して作成され、きわめて計画的であったという。

門閥の相良左仲は、押し寄せた農民らに、田代善右衛門の罷免と改革の中止を確約して鎮圧したが、この人物こそ今回の「茸山（なばやま）騒動」の仕掛け人であった。

いずれにしても、平兵衛にとって田代善右衛門を失った打撃は大きい。文政年間以来、石本家・松坂屋と人吉藩とは切っても切れぬ仲であった。それは、平兵衛と田代善右衛門との仲に由来するといっても過言ではない。はじめて知り合ったのは、松坂屋長崎支店開設の祝賀会においてであったが、以来これまで肝胆相照らす仲として、武士と商人を超えた付き合いをつづけてきた。

平兵衛が窮したときは、田代善右衛門は黙って支え、田代善右衛門が窮したときは、平兵衛は惜しみなく投資をおこなった。

松坂屋の発展の原動力は、人吉の産物にあったといっていい。カラムシ、木材、米、茶……。

これらの産物が、どれほど松坂屋を救ってくれたことであろう。

幕府への上納米の調達や江戸城西の丸再建のための材木の供出に際しても、田代善右衛門の支援がなかったならば、松坂屋はとうに破綻していたであろう。

平兵衛にとって、田代善右衛門を失った打撃は大きい。

まして、江戸にむかった高島四郎太夫が万が一演習に失敗でもしたら、それこそ兵器購入のために大金を先行投資した松坂屋は確実に崩壊するであろう。


閏一月二十二日に長崎を出発した高島四郎太夫らは、二月十九日に大坂に到着していた。大坂に到着すると、江戸の金子教之進なる人物から書状を受け取った。

「江戸に到着後、諸組与力格に召し抱え、一代限り終身七人扶持を下賜され、長崎会所の調役頭取に任命されると親しい者から聞いたのでお知らせします」

というものであった。

高島四郎太夫は、これを長崎の唐大通事神代(くましろ)徳次郎に通知した。発令前に吹聴したとして、このことが後に高島四郎太夫の罪科の一つに数えられることになった。

江戸到着と同時に、高島四郎太夫は金子教之進が予告したとおり、諸組与力格、一代限り終身七人扶持、長崎会所調役頭取の辞令を受けた。

しかしながら、大御所徳川家斉の死去に伴う服喪のため、演習の期日が定まらない。

手持ちの資金も心細くなり、高島四郎太夫は焦燥感に駆られたが、喪明けの五月に演習ができる見通しが立ったため、対馬藩中屋敷を借用して演習の準備をはじめた。

閏一月三十日に大御所徳川家斉が死去して二カ月半後の四月十六日、将軍家慶（一七九三―一八五三）の絶大なる信任を背にして、水野忠邦が牙をむいた。大御所側近勢力――すなわち西丸一派に対する粛正を開始したのである。

四月十七日御側御用取次水野美濃守（忠篤）を罷免し、次いで若年寄林肥後守（忠英）と新番頭格美濃部筑前守（茂育）らを罷免した。水野美濃守、林肥後守、美濃部筑前守は「三佞人」といわれ、大御所側近勢力の中心人物であった。

四月十五日に長崎奉行田口加賀守が勘定奉行の発令を受け、後任には目付の柳生伊勢守（盛元）が四月二十八日に発令を受けた。ただし、着任は九月であるため、田口加賀守が転出したのちは、戸川播磨守が長崎奉行の職を引き継いだ。

なお、田口加賀守の後任人事に関して、一時鳥居耀蔵が長崎奉行に転任になるらしいとの噂が流れた。この噂を聞いて、鳥居耀蔵に接近した人物がいた。本庄茂平次という長崎出身の人物である。長崎町年寄福田源四郎の元使用人であったが、身持ちが悪く、長崎を出奔して江戸に上っていた。長崎出身であるだけに、長崎の事情に詳しい。居村払いを受けた石本平兵衛なる人物が、勘定所御用達に任命され、将軍へお目見えしたことなどの情報を入手するのに、それほどの時間は要しなかったはずである。しかも、現時点での最大の標的ともいえる高島四郎太夫とも親しく、彼と組んで西洋の武器を大量に輸入しつづけているという。

鳥居耀蔵は勘定奉行に出世したばかりの田口加賀守の長崎奉行時代の記録を詳細に点検し、田口加賀守を失脚させる材料を探しまくった。もちろん、石本平兵衛に関する記録についても、丹念に取り調べをおこなった。

この結果、鳥居耀蔵はあらためて石本平兵衛を明確な標的に位置づけたのである。


高島四郎太夫による軍事演習は、五月九日とされた。場所は江戸の西北五里、武蔵国豊島郡徳丸ヶ原である。

その二日前、高島四郎太夫らは豊島郡赤塚村の曹洞宗松月院（東京都板橋区赤塚八丁目）に宿泊した。徳丸ヶ原は松月院から十町ほど離れた荒川の河川敷である。もともと幕府の演習地であった。

高島四郎太夫は、長崎から引率した二十七名に加え、門人および新たに江戸で入門した者を加え、二個中隊八十五人を編成した。

長崎から運んできた二十ドイムモルチール砲およびホウィツル砲の二門を徳丸ヶ原に据え付け、それぞれ高島四郎太夫と高島浅五郎が指揮を取ることになった。野戦砲三門は門人をもって砲員とし、これに人夫四名ずつを配置した。

高島四郎太夫は、本番前日の五月八日に予行演習をおこなった。

五月九日の演習当日、徳丸ヶ原の南隅には監察使・幕吏および諸侯のために幕舎五張りが張られ、諸隊は徳丸ヶ原の西隅に設けられた幕舎に集合した。荒川の土手には多くの見物人が集まっている。

演習の開始を報じるほら貝の音が響きわたり、モルチール砲の砲撃によって演習がはじまった。そ
ののち、ホウィツル砲の砲撃、馬上射撃、ゲーベル銃の一斉射撃、野戦砲の砲撃などがつづけられた。

総指揮官高島四郎太夫は、陣笠を改良したとがった帽子（トンキョ帽）に、桃色の筒袖・筒袴姿で、手には軍配を持っている。

高島四郎太夫のそばには、副官の市川熊男が控えている。市川熊男は幕臣松平右京亮の家来市川一学の息子であるが、田口加賀守の家来となり、田口加賀守が長崎奉行として赴任したとき、随行して長崎に下り、天保十年九月から翌十一年九月まで長崎で勤務した。そのとき長崎奉行田口加賀守の勧めにより、高島四郎太夫の弟子となった人物である。

第二隊長の高島浅五郎は、紺色の筒袖、筒袴に鞭を持ち、隊員もまた紺色の服を着ていた。

参加者は、銃隊は九十九人、砲隊は人夫を含み二十四人であった。

徳丸ヶ原の南側には、幕府の監察使や鉄砲方、徒歩目付、与力、同心など役人らも居並び、諸藩の藩主や重臣らも観戦した。

この日、大砲の射撃には一つの不発弾もなく、また銃隊および野砲の操作もすべて滞りなくおこなわれ、徳丸ヶ原の演習は大成功に終わった。

翌日の五月十日、高島四郎太夫らは意気揚々と江戸に帰った。

ただし、徳丸ヶ原の演習を批判的に見る者もいた。幕府の鉄砲方井上左太夫もその一人である。検

使役として徳丸ヶ原の演習を観戦したが、次のような報告書を提出している。

「実弾射撃ではないから、技量の程度はわからないが、取り扱いは甚だ不出来である。不発銃が相当あったようにおもわれるが、一斉射撃であったため目立たなかっただけである。隊形変換や進退などは児戯に類するものである。要するに、わたしの所感では、西洋砲術といっても、日本古来の砲術に勝る点はないとおもわれる」

くわえて、井上左太夫は同僚の田村四郎兵衛らとともに、

「西洋の火器は効力が弱く、役に立たない。また異体の服装でオランダ語を用いることは禁止すべきである」

（勝海舟『陸軍歴史』）

と、批判の声を強めた。

喜んだのは、目付の鳥居耀蔵である。すでに高島四郎太夫に対する内偵を開始していたが、井上らの批判もほかの材料と組み合わせれば、それなりに追い落としの口実となるであろう。しかしながら、当面の標的は、勘定奉行となった田口加賀守と天草の商人石本平兵衛である。

鳥居耀蔵は、すでに平兵衛が西丸再建のための御用金の拠出に関して、資金繰りに窮して上納不足をきたしていることを知っていた。籾米と材木で代納しているが、少なくとも現金で納入すべしとする命令に違背していることは明らかであった。くわえて、石本平兵衛はかつて居村払いを受けた身で

ありながら、永代苗字帯刀を許され、幕府勘定所御用達を拝命し、恐れ多くもお目見え以上の処遇を受けている。前科があればとうてい受けることのできない処遇であった。

ところが、つい最近居村払いの赦免を受け、前科が消えてしまったという。

鳥居耀蔵は切歯扼腕するおもいであったが、田口加賀守の処遇に関して、長崎在勤中不正ありとの報告書を水野忠邦に上申し、あわせて石本平兵衛の御用金未納と前科の件ついて報告した。このとき水野忠邦が、

「この男はやめろ」

といえば、ことはすんだはずである。唐津藩主時代からの長い付き合いであり、これまで多額の献金をつづけてきた人物である。しかしながら、水野忠邦はなにゆえか鳥居耀蔵の報告を聞いても、一言も発しなかった。この当時の水野忠邦は、幕閣内の粛正人事を断行している最中であり、しかもまもなく一世一代の大改革を断行する準備を進めていた。正直なところ、石本平兵衛のことなど、どうでもよかったのであろう。

一方、田口加賀守も石本平兵衛の件が鳥居耀蔵などによって大きな問題とされているという認識はあったらしく、長崎代官高木作右衛門に対して、五月十一日に書状を送り、平兵衛の御用金不足について厳しく指摘し、高木作右衛門の石本平兵衛に関する身元調査の不備を追求している。

しかも、このような書状が江戸から送られてきたという情報も平兵衛は入手しており、平兵衛は長崎代官高木作右衛門と頻繁に善後策を協議していた。

五月十五日——この日、江戸城は十二代将軍家慶の四十八回目の誕生日を祝うために老中や幕臣が登城し、華やいだ空気に包まれていた。

彼らは西湖の間に集まり、晴れやかな表情で将軍の登場を待ち受けていた。

しかしながら、西湖の間に現われた家慶の言葉は、意外にも、

「とりわけ享保・寛政の御趣意に違わざるよう」

という、場違いともおもえる内容であった。お祝いの雰囲気が一瞬で消失した。

将軍が退出し、一同静まり返るなかで、老中首座水野忠邦の演説がはじまった。

水野忠邦は、幕政の綱紀粛正と各役所の経費節減を厳しく申し渡した。

いわゆる「天保の改革」の宣言である。

将軍の誕生日に合わせて宣言することによって、将軍の意思による改革であることを鮮明にしようとする水野忠邦の演出であった。


そして、この天保の改革が宣言された五月十五日に、長崎奉行から勘定奉行に昇進した田口加賀守が罷免され、小普請入りを命じられたのである。四月十五日に発令されたばかりであり、わずか一カ月での罷免である。長崎在勤中の不正と家事不取締りという理由であった。高島四郎太夫の庇護者であることは公然の事実であり、長崎在勤当時、家来の小川庫助と市川熊男を弟子入りさせ、徳丸ヶ原の演習の実現についても、さまざまな形で尽力していた。

しかも、石本勝之丞が幕府勘定所御用達を罷免され、永代苗字帯刀と扶持米の差し止めを命じられたのである。この申し渡しは、長崎奉行所においておこなわれた。

江戸において水野忠邦が天保の改革の断行を宣言した、まさにその日に、平兵衛は切り捨てられたのである。

狐につままれたようなおもいであった。水野忠邦とは唐津以来の長い付き合いである。不遇の時代からこれまで営々と献金をおこなってきた。幕府勘定所御用達に引き上げてくれたのも水野忠邦であった。

そのような水野忠邦が、唐突に勘定所御用達を罷免する理由がまったくわからなかった。

御用金の納入不足にしても、籾米と木材の上納によって義務を果たしているという確信があった。

勘定所御用達辞退のタイミングは計っていたものの、正直なところいまの時点でこの特権を剥奪される準備はまったくできていなかった。なにがどうなっているかわからなかった。やはり、居村払いという前科を隠していたことが原因なのか。しかし、それとても、すでに恩赦を受けて前科は消えているはずだ。

予想を超えた幕府の処置に対して、平兵衛は慌てふためくばかりであった。

天保十二年五月十五日の「天保の改革」の宣言以来、水野忠邦は幕閣の粛正人事を断行し、側衆、小姓、小納戸や諸役人など数十人を江戸城から追放した。

六月十日には老中の大田備後守が辞職し、六月十三日真田幸貫(ゆきつら)が老中となるなど、水野忠邦に同調する者たちが続々と登用された。

七月一日には目付鳥居耀蔵が御勝手取締掛兼務となり、勘定所の監察にもあたることになった。

七月三日、水野忠邦は水戸藩の徳川斉昭に対して、今後五、六年の在国を命じてその影響力を封じる処分をおこなった。

その間、高島四郎太夫に対しては放置したままである。

徳丸ヶ原の演習で大成功をおさめ、一躍天下に名を轟かせた高島四郎太夫に対して、佐久間象山（一八一一―六四）、川路聖謨、大槻磐渓(ばんけい)（一八〇一―七八）など江戸でも名だたる人物を含み、入門を申し出る者が多数におよんだ。

さすがの鳥居耀蔵も手を出しかねたのであろう。高島四郎太夫に対する攻撃については、じっくりと内偵を進め、いずれかの時点で一挙に片をつけることとした。

とはいえ、高島四郎太夫の西洋兵学が一般に流布するのは、決して好ましいことではない。鳥居耀蔵は水野忠邦に働きかけて、高島流兵学の伝授を幕臣一人に制限し、諸藩の者への伝授を禁止した。

これを受けて、高島四郎太夫は幕臣の下曾根金三郎（一八〇六―七四）に高島流兵学を伝授したが、韮山(にらやま)代官江川太郎左衛門はみずからも伝授を受けたいと執拗に幕府に陳情をおこなったため、やむなく水野忠邦はそれを認めた。

なお、諸藩への伝授の禁止については、すでに西国諸藩の多くの門弟らに伝授した後であったので、実効性に乏しいことが明らかであった。現に続々と門弟が増えている。翌年の六月に、この命令は撤回のやむなきにいたった。

■鳥居耀蔵の策動■

高島四郎太夫は、七月十二日に江戸を出発した。

江戸にいる間、毎日のように諸藩の江戸留守居たちが訪れ、兵器の購入申し込みがあった。むろん、高島四郎太夫の真の狙いはそこにあったので、次々と申し込みを受け付け、それを石本平兵衛への手土産として、八月二十二日に長崎に到着した。

さっそく、松坂屋長崎支店を訪れると、勘定所御用達罷免に当惑していた平兵衛は、注文書を見て大いに喜んだ。

とはいえ、二人とももちろん知るよしもなかったが、鳥居耀蔵の探索の手は長崎にも伸びていた。鳥居耀蔵の意を受けた本庄茂平次が、十一月二十日に長崎にまいもどり、翌日には小島郷の高島四郎太夫を訪ねている。

本庄茂平次は高島家に家来同様に出入りしていたが、その身持ちの悪さにより高島家から出入り禁止を言い渡され、江戸に出奔していたものである。高島四郎太夫に対して逆恨みともいえるような悪い感情しか持っていないが、まったく顔には出さず、殊勝にあいさつをしたので、高島四郎太夫は本庄茂平次の来訪を喜んで受け入れた。

その後も本庄茂平次はしばしば高島宅を訪ねたが、徳富蘇峰の『近世日本国民史』によると、

「高島さまの砲術における功労は抜群のものでございます。しかるに幕府が諸与力格程度の処遇にとどめるとは、まったくおかしいことです。諸与力格と申せば、将軍にお目見えもできず、御老中の席にも出ることができません。高島さまのようなお方は、少なくともお目見え以上の処遇を受けるべきです。そうならないのは、長崎奉行の不見識というものです。幸い、目付の鳥居耀蔵さまのご見識は幕閣のなかでも別格でございます。わたくしもよく存じております。鳥居さまも高島さまの処遇に対して不満を持っておられます。もし、わたくしにお任せいただくならば、かならず鳥居さまにお伝えし、高島さまのために尽力いたしたいと存じます」

と、高島四郎太夫に訴えた。高島四郎太夫をおだて上げ、その内懐に入って、内情を調べ上げるつもりであった。ところが、高島四郎太夫はこのときになって本庄茂平次に不審の念を抱いたらしく、おなじく『近世日本国民史』によると、

「高島はこの勧誘に応ぜざるのみならず、色を正しうし、言を厳にして茂平次の不心得を詰責した」

といい、高島邸への出入り禁止を申し渡した。

高島四郎太夫への接近に失敗した本庄茂平次は、福田九郎兵衛という人物に接近した。福田九郎兵

衛は高島四郎太夫とおなじく町年寄の一人であるが、高島四郎太夫より年長者であったため、長崎会所の席次では常に上座を占めていた。ところが、高島四郎太夫が徳丸ヶ原の演習によって諸与力格を命ぜられ、会所調役頭取に任命されたため、地位が逆転してしまった。もともと福田九郎兵衛は西洋兵学を信奉する高島四郎太夫に反感を持っていた。会所の役人も二派に分かれていがみあっていた。「四郎太夫」と「九郎兵衛」が対立したことから、「シロクロ喧嘩」とよばれた。

そこで、本庄茂平次は福田九郎兵衛に接近したのである。そして、高島四郎太夫をののしった。福田九郎兵衛も大いに喜び、本庄茂平次への協力を約束した。

さらに本庄茂平次は、元会所役人河間八兵衛と盛善右衛門が高島四郎太夫に恨みを持つことを知って、彼らを仲間に巻き込んだ。

河間八兵衛は唐小通事末席を勤めていたが、不正行為により罷免されていたため、高島四郎太夫が罷免されれば、後任に復帰できるという甘言に釣られて、本庄茂平次にさまざまな情報を提供した。

盛善右衛門は会所吟味役であったが、職務怠慢のかどで罷免されたのを高島四郎太夫のせいにして、高島四郎太夫が会所を支配するかぎり復帰は困難であると思い込んでいた。

本庄茂平次はその二人に加え、養女婿の峯村幸輔なる若者を手下にした。

まもなく年の瀬を迎えようとしていたが、本庄茂平次は高島四郎太夫と石本平兵衛を訴えるための材料を集めまくった。

そのころ、江戸において、鳥居耀蔵が「蛮社の獄」につづく新たな疑獄を引き起こしていた。標的は、南町奉行の矢部定謙（一七八九―一八四二）である。

矢部定謙は寛政元（一七八九）年生まれであるから、平兵衛よりも二歳年下の五十三歳。矢部家は代々の幕臣で、定謙もまた御小姓組、小十人頭、火付盗賊改加役など番方の職を歴任したのち、天保二年以降、堺奉行、大坂西町奉行を歴任した。この大坂町奉行時代には天保の飢饉に対処するため物価引下げに奔走して名声を高め、大塩平八郎とも親交があった。

勘定奉行を経て、南町奉行に就任していたが、矢部定謙は水野忠邦とは一線を画していた。

水野忠邦は、厳格な質素倹約主義者であった。江戸市民に対して厳しい倹約と奢侈の禁止の方針で臨み、しかも厳罰主義であった。このような方針に対して、矢部定謙は江戸の景気を着実に維持するためには、江戸市民に適度の消費と娯楽を享受させ、生活にうるおいとゆとりをもたせることが必要であるとして、水野忠邦の「奢侈禁止令」や「株仲間解散令」などに公然と反対を唱えた。

北町奉行の遠山左衛門尉――すなわち、遠山金四郎も矢部定謙に同調したため、危機感を深めた水野忠邦は、九月末に将軍に対し、

「各役所が旧弊を破って改革政策が貫徹するように処置すべきであり、もし幕府の命令が貫徹しないならば、それは国家の恥辱であります。川路聖謨以外は改革に取り組む者はおりません。諸奉行・諸役所の現状を打破するためには、猛毒をあたえ、改革を怠るならば、罷免、更迭することを含みにして、いま一度奉行らを教諭し、督励したいと存じます」

と上申し、水野忠邦の意向に従わない者に対して人事で報復する権限をあたえられた。

これまた、鳥居耀蔵の策謀の結果であったろう。鳥居耀蔵にとって、矢部定謙はかって大塩平八郎を高く評価した人物で、早急に抹殺すべき標的であった。

鳥居耀蔵は、その口実を探し集め、矢部定謙追放のためのシナリオを作り上げた。

十一月五日、水野忠邦は北町奉行遠山金四郎に対して五年前の天保五年に起きた南町奉行所与力の不正事件について調査するよう命じた。

まず南北の町奉行を分断したのである。鳥居耀蔵の作戦であったろう。

鳥居耀蔵としては、本音としては遠山金四郎も追放したかったろうが、将軍の信任きわめて厚く、さすがに手を出しかねたのであろう。むろん、遠山金四郎の調査に落ち度があれば、しかるべき時期にそれを材料に追及する腹であったにちがいない。

水野忠邦から取り調べを命じられた遠山金四郎は、その心得について側用人堀親寚（ちかしげ）や御用取次の新見正路（しんみまさみち）から説諭を受け、十一月七日には、将軍からよびだしを受け、直々に励まされている。要するに、遠山金四郎はさまざまな形で圧力を受けたのである。

しかも、遠山金四郎の取り調べの状況を監督する役職に、鳥居耀蔵が任命された。

このようにして調査が開始されたが、この時点ですでに鳥居耀蔵の根回しは終了していたといっていい。水野忠邦も将軍も、すべて鳥居耀蔵が書いたシナリオに添って演じる役者にしか過ぎなかった。

「蛮社の獄」とこの「矢部定謙冤罪事件」および高島四郎太夫と石本平兵衛が巻き込まれた「長崎の獄」

の構図は、ほとんどおなじである。

すべて鳥居耀蔵がシナリオを書き、そのシナリオに沿って事件をでっち上げ、権力を乱用して標的を抹殺したものである。

遠山金四郎の捜査はまたたく間に終了し、その捜査結果をもとに、十二月十七日水野忠邦は将軍に対して次のような伺いを立てた。

「天保七年に町人に立て替えさせて幕府が米を買い入れたとき、不正を働いた町奉行所の与力・同心に対して、矢部定謙とその当時の南町奉行筒井政憲が疑わしい処理をしたという噂の吟味をおこなわせましたが、別紙のとおり遠山左衛門尉が報告してまいりましたので、この件を評定所で取り調べてよろしいでしょうか。その場合、担当には寺社奉行松平伊賀守、大目付初鹿美濃守、町奉行遠山左衛門尉、目付鳥居耀蔵に命じてよろしいでしょうか」

天保七年当時の南町奉行は筒井政憲（まさのり）（一七七八―一八五九）であり、矢部定謙は勘定奉行であった。しかも、もともと南町奉行所のこの不正事件を摘発しようとしたのは、勘定奉行たる矢部定謙であった。このことからみても、南町奉行の事件とはまったく無関係であることは明らかであるにもかかわらず、鳥居耀蔵は強引に矢部定謙に波及させたのである。

勘定奉行当時この不正事件を摘発しようとしたのは越権行為であり、町奉行に就任したのちにこの不正事件を究明しないのは怠慢であり、しかも罪を免れようと各方面に働きかけたのは不届きである、というような論法であった。

すべて言いがかりとしかいえないような理由である。

そして、十二月二十一日に、矢部定謙は南町奉行を罷免されたのである。

南町奉行として絶大な人気のあった矢部定謙の突然の罷免は、江戸市民にも大きな衝撃をあたえた。

この罷免に加担した北町奉行遠山金四郎のヘマを指摘する声も少なくなかった。

「町奉行吟味は下手で鳥居なし　目付出された甲斐やなからん」

とは、当時の落首のひとつである。

しかも、水野忠邦は矢部定謙罷免の翌日に、その後任として鳥居耀蔵を推挙したのである。

この露骨な推薦にはさすがの将軍もあきれたらしく、しばし逡巡したのち、二十八日にやっと了承した。

ここにおいて、鳥居耀蔵は南町奉行に就任し、甲斐守に叙任された。

その邪悪な性格はよく知られていたらしく、江戸市民は「妖怪」とあだ名をつけた。

「妖怪」とは、「耀蔵」と「甲斐守」をかけたものである。

南町奉行所の役人たちのなかには、矢部定謙を追放した鳥居耀蔵に公然と反発する者もいた。

いずれにしても、矢部定謙の追放劇は、鳥居耀蔵によって仕組まれた「冤罪」であった。この「矢部定謙冤罪事件」においても、老中首座ともあろう水野忠邦が、鳥居耀蔵の見え透いた讒言にやすやすと従っている。鳥居耀蔵は水野忠邦を意のままに操っている。

鳥居耀蔵の次なる標的は、高島四郎太夫と石本平兵衛である。

本庄茂平次は、年明け早々には長崎からもどってくるであろう。その調査結果をもとに、鳥居耀蔵は入念なシナリオを書くつもりであった。

年が明け、天保十三（一八四二）年になった。平兵衛、五十六歳。

鳥居耀蔵の魔手が伸びているにもかかわらず、この年の石本家は慶事ではじまった。

一月十四日に勝之丞の妻ウノが男児を出産したのである。

ただし、ウノは京都に里帰りして出産したため、石本家には一月下旬に吉報が届けられている。

周吉と名づけられたその男児は、成人して康晴と名乗り、のちに石本家第七代および第九代石本勝之丞を襲名した。

このころ、平兵衛は長崎と天草をせわしく往復し、松坂屋の経営を回復させようと懸命の努力を試みていた。

人吉藩との関係が田代善右衛門の死によって壊滅的な打撃を受け、薩摩藩との関係も以前にくらべると疎遠になっていた。全国的にみても天保の大飢饉の影響から脱却しきれていず、しかも老中首座となった水野忠邦が極端な緊縮財政政策を取っていた。「奢侈禁止令」によって消費が極端に低迷し、「株仲間解散令」などによって流通経路が破壊された。

このようななかで、松坂屋回復のための主力商品は、西洋の武器・弾薬であった。

高島四郎太夫の徳丸ヶ原の演習の成功以来、諸藩からの武器弾薬の注文が殺到していた。

オランダ船は年一回しか来航しないから、注文は前年におこなう必要がある。諸藩から注文を受けても、それが現実の利益となるのは一年後である。

来年まで資金繰りがつづくかどうか。松坂屋の再建は、この一点にかかっている。世の中全体が不景気になり、どうしても金回りが悪い。資金回収が思うようにならない。これが当面の最大の課題であった。

一方、長崎で探索をつづけていた本庄茂平次は、長崎から鳥居耀蔵に次のような書状を送った。

「高島四郎太夫は小島の居宅に石塀や土塀を堅固に修理して城郭同様にしています。また、その倉庫に米俵がおびただしく詰まっていますが、これは門人の池部啓太を熊本に遣わして肥後米を買い入れたものであります。これだけでも二百人くらいの人数を三カ月間楽々と養うことができるでしょう。そのほか、これは福田の話ですが、大砲が三十門ぐらい造られ、鉄砲は五百挺ぐらい持っているとのことです。そのほか、具足、槍、薙刀のたぐいはおびただしく倉庫に保管されています。また、高島四郎太夫は息子の浅五郎や地役人の神代政之丞、中村嘉右衛門、杉村三郎その他家来、若党と語らって、しきりに長崎港外に出ては鯨漁をやっています。このことは、彼の罪状をお決めになるとき、鯨漁に事寄せて長崎を足溜まりに、異国の兵を引き入れようとする陰謀と決め付けることができるのではないでしょうか。また、高島は小島の邸宅から長崎会所に通勤していて、私宅にはめったに帰りません。これも陰謀の秘密が漏れないようにするための行動ではないでしょうか」

その後、一月のうちに江戸にもどった本庄茂平次は、正式に鳥居耀蔵の家来となった。

三月二十八日、浦賀奉行の伊沢美作守（政義。?——一八六四）が長崎奉行の発令を受けた。伊沢は鳥居の姻戚にあたり、両者は親しい間柄であった。鳥居耀蔵によって指名されたことはいうまでもあるまい。

「長崎の獄」のシナリオを作成したのは、鳥居耀蔵であった。

そして、鳥居耀蔵のシナリオどおりに事は進められた。

九　長崎の獄

一八四二年から一八四四年まで

■身柄拘禁■

天保十三（一八四二）年四月、天草佐伊津村にいた石本平兵衛のもとに、長崎奉行所からの出頭命令が届けられた。届けたのは富岡役所元締の牛島東一郎であった。

夜になって、平兵衛は妻の和歌に見送られ、裏口から駕籠に乗り、牛島東一郎が徒歩でつき従った。富岡役所に着いたが、平兵衛は役人たちに丁重に扱われ、翌日巴湾から目立たぬように船に乗せられ、茂木港に運ばれた。これが天草との最後の別れになった。

長崎に着き、平戸町の松坂屋長崎支店に宿泊を認められたので、その夜従業員らに勝之丞の身柄拘束のときの様子などについて詳しい話を聞いた。

「石本家文書」によると、翌日、長崎奉行所に出頭すると、勝之丞とともに白洲に引き立てられ、長崎奉行柳生伊勢守から尋問を受け、次のような申し渡しを受けた。

「その方が石本平兵衛か。そちはお咎め隠居の身でありながら、種々お取立てにあずかり、また居村払いご赦免申し渡しの際に、身分の者でありながら百姓姿で申し渡しを受けたことは不届きである。よって入牢を命ずる。勝之丞も同罪である」

居村払い赦免を受けるために、病気と称して手代の岡田順助を代理人として派遣したが、百姓姿で申し渡しを受けたことが理由とされている。平兵衛は幕府によって苗字帯刀を許されていたから、代理人もまた帯刀して申し渡しを受けるべし、というのである。

しかしながら、この件については、代理人として出頭した手代の岡田順助が長崎代官高木作衛門を通じ、事前に長崎奉行所の了解を取りつけていたものである。であれば、当然無罪のはずであり、すぐに釈放されるにちがいない、と平兵衛は楽観した。

「なお、取り調べ中は揚屋入りを命ずる」

柳生伊勢守はそう告げたが、普通の牢屋ではなく、武士などが収監される揚屋入りを命じられたので、平兵衛はますます楽観した。

ところが、五月になっても、六月になっても、一向に釈放される気配はない。

江戸においては、鳥居耀蔵を中心に謀議が進められていた。鳥居耀蔵の手元には、長崎から送られてきた石本平兵衛父子に関する報告書があった。

一、石本平兵衛父子が高島四郎太夫に融資した総額は百五十万両を超え、現在残高は八十万両となっている。

二、この資金の使途は大量の兵器輸入資金である。

三、この事業は石本と高島の共同事業である。

四、高島は長崎小島村に城のごとき別宅を建て、倉庫を置き、大砲五百門、歩兵銃十万挺を隠匿している。

五、これらの兵器は各大名に売りさばくものと石本は供述しているが甚だ疑わしい。

六、石本は高島の幕府謀反計画を知りながらこれに加担したものと考えられる。よって江戸に送致するので、江戸において取り調べを願いたい。

これを受けて、鳥居耀蔵は石本平兵衛父子の江戸送致を指示し、あわせて手下の本庄茂平次に命じて、元唐人小通事末席の河間八兵衛を長崎から江戸に呼び寄せた。

江戸に到着した河間八兵衛は、高島四郎太夫を告発するため、峰本幸輔と告発書を作成し、鳥居耀蔵に提出した。

この告発書を受け取った鳥居耀蔵は、長崎奉行として赴任予定の伊沢美作守に写しを貸し与え、高島四郎太夫とその一味の逮捕、長崎会所の粛正、アヘン戦争の真偽の確認を指示した。告発書に記された高島四郎太夫の罪状は、五つであった。

一、高島四郎太夫は年来私財を投じて西洋の銃砲を買い入れて訓練をおこなっているが、それは謀反を目的としたものである。
二、長崎の小島郷にある在宅は一種の城郭をなし、大小の銃砲を備え、籠城の準備をしている。
三、高島四郎太夫は会所の金を流用し、肥後より兵糧米を買い込み貯蔵している。
四、軍資金を得るため密貿易をおこなっている。
五、密貿易をおこなうため、数隻の早船を造った。

鳥居耀蔵はこの告発書を老中首座の水野忠邦に提出し、高島四郎太夫の訴追を求めた。鳥居耀蔵の求めに応じ、水野忠邦はただちに評定所に諮問した。

評定所は、寺社奉行、町奉行、勘定奉行、大目付、目付によって構成される合議機関である。審議は鳥居耀蔵のペースで進められ、石本平兵衛につづき、高島四郎太夫検挙の方針が決定された。

いずれにしろ、この段階で水野忠邦は石本平兵衛を切り捨てたのである。

その間、高島四郎太夫は六月に幕府から諸藩への砲術教授を許可されたこともあり、高島四郎太夫が検挙の対象となったことに気づいた者はいなかった。

まして、石本平兵衛父子の逮捕が、高島四郎太夫逮捕の前触れと気づいた者は誰もいなかった。

このようななかで、石本平兵衛父子のために奔走したのは、長崎代官高木作右衛門である。もし石本平兵衛父子が訴追を受けて、処罰されるようなことがあれば、高木家もなんらかの連座責任を被るであろう。妻茂勢との婚儀の仲立ちをしてもらったという個人的な恩義もある。

高木作右衛門は長崎会所の運転資金に充てるためという名目で、六月十日天草の銀主らに四千両の融資を命じているが、おそらくその一部は石本平兵衛父子の救済資金に充てようとしたものであろう。

石本平兵衛父子は六月が過ぎ、七月になっても桜町の揚屋に拘禁されたままであった。

そして、七月十三日に江戸送りの処分を受けた。

これは、江戸町奉行において直接尋問を受けるということである。

このときはじめて平兵衛は、事の重大性に気づいた。

三カ月近くも拘禁されたのち、江戸送りの処分を受けるということは、予想外の事態が進行していることをしめしていた。

平兵衛の楽観気分は、完全に吹き飛んでしまった。

なにゆえ江戸まで護送されるのか、平兵衛にはその理由がまったくわからなかった。


七月十三日早朝、平兵衛と勝之丞はそれぞれ唐丸駕籠に乗せられた。

唐丸駕籠とは、竹で編んだ駕籠のことであり、鶏を入れる竹籠に似ているところからそう呼ばれた。

唐丸駕籠のなかで、首に縄をかけられ、後ろ手に両手を縛られ、わが身を世間にさらしながらの長い道中である。極悪非道の犯罪人に対する仕打ちである。

平兵衛は、そのような恥辱がわが身に降りかかったことを信じることができなかったであろう。

一緒に護送される勝之丞は、拘留生活のなかで衰弱し、やせ細っていた。


役人らの警護のもと、長崎奉行所から出発した。

長崎代官所より元締の牛島東一郎と手代の井原慎吾ほか足軽二名が付き添い、佐伊津村年寄の太郎右衛門と太三郎ほか三名とともに、松坂屋手代の岡田順助も同行した。

岡田順助が付き従ったのは、代理人として居村払い赦免を受けた人物として江戸で証言する機会が訪れるとみた長崎代官高木作右衛門の配慮によるものであった。

一行が長崎奉行所を出ると、奉行所の前は黒山の人だかりであった。

天下の財閥にのし上がった石本平兵衛の哀れな姿である。


唐丸駕籠は、ほぼ参勤交代の経路にしたがって進んだ。

まず、長崎から小倉にむかった。いわゆる長崎街道である。全長五十七里。

長崎、日見、矢上、諫早、大村、松原、彼杵、嬉野、塩田、鳴瀬、小田、牛津、佐賀、境原、神埼、中原、轟木、田代、原田、山家、内野、飯塚、木屋瀬、黒崎、小倉。

天草のみならず、島原藩、諫早藩、佐賀藩、柳川藩など松坂屋石本家ととりわけ緊密な関係にある街道筋の諸藩は、平兵衛父子の逮捕によって大きな打撃を受けているはずであった。豊後の岡藩、肥後の熊本藩、人吉藩、八代藩、薩摩藩でも同様であろう。日々の取引に支障をきたし、資金繰りも一挙に窮迫しているはずであった。各藩と約束を交わした事項も多岐にわたる。それらの全体を統括していた平兵衛と勝之丞がいなくなったため、大混乱に陥っているであろう。大坂支店、江戸支店においても問題が生じているはずであった。松坂屋全体が機能不全に陥っているにちがいなかった。

しかしながら、平兵衛と勝之丞は狭い唐丸駕籠のなかに拘束されている。

陰暦の七月は、まだまだ暑い。

長崎から佐賀までの道は、商売のために何度も通った道であった。

いまは唐丸駕籠に乗せられ、往来の人々に生き恥をさらしながらの旅である。咽喉が渇いても自由に水を飲むことができず、汗が目に入ってもみずから拭くことはできない。風呂に入ることもできず、全身ほこりで汚れ、髪も髭も伸び放題になった。

宿では、土間にむしろを敷いて寝た。両手には手鎖がかけられている。犬畜生にも劣る扱いであった。駕籠は過酷な乗り物である。五臓六腑を揺さぶられる。江戸送り自体、過酷きわまりない拷問であった。

長崎街道の終点は、小倉である。小倉から陸路一・五里の門司の大里までいき、そこで船に乗り、下関へ渡った。これが九州との最後の別れになった。

小倉から大坂までのルートは、中国路あるいは西国路、または中国街道とよばれる。小倉と大坂の間は百二十八里である。平兵衛はすべての宿場をそらんじていた。

下関、小月、小郡、徳山、高森、関戸、廿日市、広島、海田、西条、三原、尾道、矢掛、川辺、岡山、三石、片島、姫路、加古川、明石、兵庫、西宮。

七月末日に西宮に到着した。

西宮から京都までは、京街道である。

西宮、昆陽、郡山、芥川、山崎、京都。

長崎代官所元締の牛島東一郎は長崎代官高木作右衛門の指示を受け、平兵衛と勝之丞になにかと気を使った。

京都が近づくと、牛島東一郎が勝之丞の駕籠に近づき、京都にいる妻ウノとの面会を勧めたが、勝之丞は嫌がったため、そのまま京都を通り過ぎ、その日は大津に宿泊した。

これより東海道である。東海道は京都三条大橋から江戸日本橋まで。

大津、草津、石部、水口、土山、坂下、関、亀山、庄野、石薬師、四日市、桑名、宮、鳴海、池鯉鮒、岡崎、藤川、赤坂、御油、吉田、二川、白須賀、新居、舞坂、浜松、見付、袋井、掛川、日坂、金谷、島田、藤枝、岡部、鞠子、府中、江尻、興津、由比、蒲原、吉原、原、沼津、三島、箱根、小田原、大磯、平塚、藤沢、戸塚、保土ヶ谷、神奈川、川崎、品川。

八月二十二日に江戸に到着した。七月十三日に長崎を出発したから、四十日かかったことになる。

以下、石本家から九州大学に寄贈された「石本家文書」のなかの「天保十三年寅年八月より辰年三月まで出府中記録」と題した「日記」および吉田道也氏の「石本家略史[4]」並びに「石本家年譜[8]」によって事の経緯を述べると、まず江戸に着いた平兵衛らは本銀町三丁目の樋口屋金蔵方への投宿を許されている。

樋口屋金蔵は江戸における平兵衛傘下の商店で、江戸に滞在するときの定宿であった。

すっかり膝が萎えてしまった平兵衛は金蔵らに両脇を抱えられ、衰弱した勝之丞は役人らに抱えられて樋口屋に入った。

牛島東一郎らは、湯島の長崎代官所江戸屋敷と南町奉行所に到着の届出と勝之丞の重病の旨を届け出た。

役人らは樋口屋のまわりで警護するだけであったが、平兵衛と勝之丞の居場所はやはり土間にむしろを敷いただけの場所であり、手鎖も解かれず、もちろん風呂にも入ることも、髪を梳き、髭を剃ることも許されなかった。

■取り調べ■

翌八月二十三日、南町奉行所より平兵衛と岡田順助へ呼び出しがあり、長崎代官所江戸屋敷の宮本周助の付き添いで出頭した。重病の勝之丞は、三日間の出頭猶予が認められた。

南町奉行所は数寄屋橋門外（千代田区有楽町二丁目）にある。

平兵衛と岡田順助は、白洲に引き立てられた。

取り調べにあたったのは、南町奉行鳥居耀蔵である。

「そのほうらは不届きである。平兵衛はお咎め隠居の身でありながら、種々お取立てにあずかり、また居村払いご赦免申し渡しの際、順助に身分違いの百姓姿で申し渡しを受けたことは不届きである。追って詳細な取り調べをおこなうことといたすが、それまでの間平兵衛には入牢を命ずる。なお、順助と勝之丞は温情により宿待機をさし許す」

初日は、それだけ告げて鳥居耀蔵は退出した。

岡田順助と宮本周助は樋口屋にもどされたが、平兵衛はその日の夕刻、小伝馬の牢獄に投獄された。

翌八月二十四日から三日間、平兵衛は南町奉行所において鳥居耀蔵から取り調べを受けた。鳥居耀蔵は、

「お咎め隠居の身でありながら、種々お取立てにあずかり、また居村払いご赦免申し渡しの際、順助に身分違いの百姓姿で申し渡しを受けたことは不届きである」

と繰り返したうえ、高島四郎太夫の謀反の企てに対する通謀の有無や兵器輸入代金の預託状況などについて質問を繰り返した。

それに対し、平兵衛は高島四郎太夫とみずからの潔白を主張し、長崎の本商人として正当な手続きで兵器を輸入し、正当に商取引行為をおこなったことを主張した。

高島四郎太夫と平兵衛が共同謀議をおこなって、幕府への謀反を計画したというのが鳥居耀蔵の筋書きである。

であれば、まったくの濡れ衣である。翌日以降の尋問においても、平兵衛はみずからの潔白を主張しつづけた。体力は衰えたとはいえ、頭脳まで衰えたわけではない。

平兵衛は鳥居耀蔵のさまざまな尋問に対して、積極果敢に抗弁した。

鳥居耀蔵は薩摩との関係やその他の商売上の関係について、執拗に尋問をおこなったが、平兵衛は全面的に争った。

ところが、鳥居耀蔵は三日間の尋問だけで打ち切ってしまった。みずから企んだのであるから、冤罪であることを最もよく知っている。

鳥居耀蔵は石本平兵衛と争う必要はまったくなかった。拘禁をつづけ、その息の根を止めればそれでいい。高島四郎太夫に対してもそうである。逮捕拘禁し、その存在を抹消するだけでいい。鳥居耀蔵は、長崎にむかった伊沢美作守に対し書状を送付し、断固たる姿勢で高島四郎太夫を検挙するよう激励した。

八月二十七日、鳥居耀蔵は勝之丞に出頭を命じた。勝之丞は長崎代官所江戸屋敷宮本周助の付き添いで出頭したが、重病であることは明らかで、尋問に耐えうる状況ではなかった。樋口屋金蔵の代理として付き添っていた天草佐伊津村年寄太郎右衛門も「嘆願書」を提出した。このため、鳥居耀蔵は、

「取調べ中は宿預けを命ずる」

とだけ申し渡して、この日の尋問を打ち切った。

八月二十八日、平兵衛は、樋口屋から見舞品の差し入れを受けた。

八月二十九日、太郎右衛門は、南町奉行所に対して平兵衛への「御憐憫の嘆願書」を提出したが、却下された。

九月二日、勝之丞と岡田順助はふたたび奉行所の呼び出しを受け、樋口屋金蔵の代理として息子の周次の付き添いで出頭した。

この日の取り調べは、奉行所与力がおこなった。

「先年盗賊一件につき父平兵衛が勝之丞と名乗っていたとき、居村払いを仰せ付けられ、そのときその方は八歳であった由であるが、当時の御領村の石本家の支配は誰がやっていたか」

それに対して、勝之丞は次のように答えた。

「八歳ではなく、六歳のときでございます。したがって記憶は定かではございませんが、叔父の平八郎が家事を取り計らっていたと聞いております」

「居村払いを受けたにもかかわらず、平兵衛は御領村に居座っていたのではないか」

「いいえ、そのようなことはございません。父は佐伊津村に転居いたしておりました」

重病にもかかわらず、勝之丞はそつのない答弁をおこなった。

つづいて順助が尋問を受けた。

「御赦免を受けたとき、代理で出頭した経緯を申し述べよ」

「主人の平兵衛は多病者で、そのときも格別病気が重く、住み込み奉公をいたしておりました手前に代理人として出頭するよう申し付けました。そこで長崎代官所に嘆願書を差し出し、立山御役所においてお奉行さまからご赦免をお受けして帰り、その旨平兵衛に申し伝えたものでございます」

順助もまた、そつのない答弁をおこなった。

このようなことで、奉行所の取り調べは筋書きどおりに運ばない。

結局、これ以降、鳥居耀蔵は平兵衛と勝之丞、順助の三人に対する取り調べを放棄してしまった。そうすれば、平兵衛は未決囚として小伝馬町の牢獄に拘禁されたままとなるわけである。勝之丞らも、宿預けのまま身動きできない。

既決であろうと未決であろうと、その自由を剥奪したことにおいてなんの変わりもない。

鳥居耀蔵の関心は長崎に移った。平兵衛らを放置したまま、高島四郎太夫逮捕の一報を待ちつづけた。

九月四日に平兵衛は樋口屋から見舞品の差し入れを受け、六日には夜着などの差し入れを受けている。

九月十四日にも、樋口屋から綿入れなどの差し入れを受けている。

九月十六日、樋口屋金蔵宅で療養していた勝之丞の容態が悪化した。

九月二十日、佐伊津村年寄の太郎右衛門は、南町奉行所に対してふたたび平兵衛への「御憐憫の嘆願書」を提出した。

九月二十六日樋口屋金蔵らは牢内に見舞品を差し入れ、二十八日には太郎右衛門名義で「御憐憫の嘆願書」を提出した。

十月二日には、勝之丞が重態に陥ったので、かかりつけの医者を二名に増やし、その旨奉行所に届け出た。

勝之丞が危篤状態となったので、十月三日太郎右衛門は南町奉行所に対して三度目の嘆願書を提出した。

勝之丞の容態はますます悪化し、十月八日容態が急変した。

金蔵らは医者を呼び、懸命の手当てをしたが、夜五つ時（午後八時）に勝之丞は息を引き取った。享年三十六。

金蔵らが長崎代官役所と番所に死亡を届け出ると、両役所から検死のため役人が訪れ、宿主の金蔵らは取り調べを受けたのち調書を取られた。

夜半になって金蔵、太郎右衛門などが番所に呼び出しを受け、「仮片付け」を許された。

十月九日、金蔵は浅草本願寺御門跡隠宅聞成寺に依頼し、同寺内に仮埋葬をおこなった。聞成寺の住職によって戒名はとりあえず「釈准誓信士」とされたが、のちに天草で本埋葬されたとき、芳證寺の住職によって「靖忝院釈言美栄度居士」と改められた。

十月十一日、勝之丞の逝去を知らせるため、天草へ急飛脚が派遣された。

十月十四日、聞成寺において初七日の法要がおこなわれた。

十月十八日、勝之丞の遺品を携え、天草から付き従っていた五名の従者のうち佐伊津村年寄の太郎右衛門と太三郎を残し、三名が帰国のため江戸を出発した。

季節は秋を迎え、厳しい冬が到来しようとしていた。

■長崎粛清■

九月五日に長崎に赴任した長崎奉行伊沢美作守は、長崎において粛正を開始していた。

九月二十九日、まず唐通事で高島四郎太夫の実弟の神代徳次郎を逮捕し、十月二日には高島四郎太夫本人を逮捕した。あわせて、高島家の手代の城戸治八と杉村嘉平を逮捕し、高島四郎太夫の子の浅五郎の身柄を町年寄薬師寺宇右衛門に預けた。

この一連の検挙が終わったのち、伊沢美作守は十月六日付けで鳥居耀蔵へ次のような書簡を送った。

一、九月一日付けのお手紙、十月四日に受け取りました。ますますご壮健のこととお喜び申し上げます。当方召し連れました組の者も、昼夜飲食を忘れて精勤いたしております。

二、広東一件（アヘン戦争のこと）を取調べましたところやはり事実で、戦争もイギリスが優勢となったことはまちがいありません。

三、当地の状況はなかなか筆で書くのは難しく、遠隔の地とは申せ、このように徳化が及んでいないのかと嘆息しております。高島四郎太夫は権威増長し、暫時も捨ておき難い状況でした。彼ら一味の悪事は明らかでありますが、当地では吟味し難いため江戸において直接お取調べいただきたいと存じます。

四、高島四郎太夫は弾薬・火薬などを調製していまして、もし手遅れになれば、容易なことではありませんでした。大塩平八郎などより人数が多く、大砲は二十挺、小銃は数知れず、火薬は異国防禦のためと称して山のごとく蓄え、居宅は本宅へは住まわず、別宅の小島という険阻な所に住んで要害を構え、一夫守れば万夫も通れない場所に大砲を備えていますから、謀反心は明らかであります。今回は不意に処置しましたから何事もありませんでしたが、もしやりそこなっていたら、大変なことになっていたとおもいます。彼ら一味が天草にでも立てこもりましたら、砲術門人と称する浪人者や私恩を施した諸藩の者が集まるだろうとおもわれます。彼の罪科は一朝一夕のことにはあらず、河間八兵衛の申すとおりであります。なお、密事は別に封書にて送ります。

五、高島四郎太夫の罪は、いまだ発表される前に与力格に昇進したことを吹聴したことであります。
六、息子の浅五郎の妻は長崎代官高木作右衛門の娘でありますが、彼の身分でお目見え以上の者と縁組して平然としているのは不届き千万です。
七、会所銀札は毎月精算と通達されているにもかかわらず、当年唐船の入港がないという理由でそのままにしておいたのも罪は軽くはありません。
八、高島四郎太夫逮捕後は、長崎も落ち着きを取り戻しました。
九、高島四郎太夫所持の書物のなかに、御本丸総絵図がありましたのでお送りします。これらはおそらくオランダ人に与え、かの国の珍物と交換したにちがいありません。まずはこれにて大賊退治の手始めも都合よくいきました。
十、長崎初めての改革で諸人の目を醒ましました。これからも逐次報告いたします。乱筆お許しください。

（有馬成甫『高島秋帆』[13]）

十一月十八日、長崎奉行伊沢美作守は長崎会所の捜査を断行し、会所銀を年来借用しながら元利金の返済を怠ったという理由により、会所吟味役春孫一郎など六名を投獄したほか、吟味役・請払役・俵物方など十四名を謹慎処分とした。
十一月二十六日、ふたたび伊沢美作守は江戸の鳥居耀蔵に次のような書簡を出している。

一、高島が幕府に謀反を企てている疑いがあります。

二、肥後藩士池部啓太と共謀して、肥後産の人参・煎海鼠(いりこ)、干鮑(ほしあわび)などを唐人に密売しています。

三、外国に対しわが国の秘密事項を漏らし、外国に有利な情報を国内で流布するがごとき、利敵行為をおこなっております。

四、高島の所持する蘭書のなかにキリスト教に関する書物が含まれている可能性があります。

そして、伊沢美作守は、町年寄福田九郎兵衛を高島四郎太夫の後任として会所調役頭取に任命し、元唐小通事末席の河間八兵衛を会所請払役に任命した。

福田九郎兵衛は長年にわたり高島四郎太夫と対立してきた人物で、河間八兵衛はかつて不正行為によって長崎会所を罷免された人物であった。いずれの人物も長崎では評判は悪く、長崎の商人たちは伊沢奉行の不当な人事にあきれ返った。

長崎代官高木作右衛門に対する取り調べも苛烈であった。

十一月には、天草掛屋役が石本勝之丞から志岐村の堺屋藤右衛門に変更された。

平兵衛と勝之丞を失った松坂屋は、閉鎖に近い状態となった。新規の取引はほとんどなく、既存の取引の決済だけが細々とおこなわれているだけであった。諸藩との取引もほぼ停止状態となっており、運転資金もほとんど底をついていた。

松坂屋のすべての店舗が閉鎖状態であった。

十二月には、高島四郎太夫の江戸送致が決定された。

■平兵衛獄死■

天保十四（一八四三）年が明けた。

長崎奉行の伊沢美作守は、年明け早々の一月二日に江戸の鳥居耀蔵のもとへ、

「高島四郎太夫一件の担当をなさるとのことご苦労に存じます。なにとぞ明確にご吟味なされますようお願い申し上げます」

と手紙を書き送り、高島四郎太夫の身柄を江戸へ送還するための準備をはじめた。

一月十六日に伊沢美作守はふたたび鳥居耀蔵へ手紙を出した。

「高島四郎太夫ほか十名について昨日十五日に御証文が到着しました。十九日にこちらを出発させる予定です。旅中川で足止めを食らうことはありませんので、日割りどおりに進むことができるので、三月六日ごろ到着し、即日引渡しができるよう組与力水野紘太夫へ申しつけました」

そして、一月十九日伊沢美作守は長崎奉行組与力水野紘太夫に護衛を命じ、高島四郎太夫を唐丸駕籠に乗せて、長崎を出発させた。

この間、平兵衛は一月十一日と一月三十日に、樋口屋金蔵から見舞品の差し入れを受けている。

なお、二月には天草今泉村の庄屋となっていた平兵衛の五男求麻八――改め石本平八郎（義明）は、庄屋株を宮地岳村の中西某に譲渡している。災難にみまわれた松坂屋石本家の面々は、まともな生活を送ることができなくなっていた。

平兵衛は、二月末日にも樋口屋金蔵から衣類のほか見舞品の差し入れを受けている。

三月初旬、江戸に護送された高島四郎太夫が、やはり小伝馬町の獄屋に運び込まれたが、異なる牢獄であったため、平兵衛は高島四郎太夫の入獄を知ることはできなかった。知ったとしても、絶望を深めただけであったろう。

三月七日、聞成寺の住職が樋口屋金蔵らの要望を受けて、

「平兵衛病気のため御慈悲のご沙汰ありますよう」

と、奉行所に嘆願書を出し、さらに三月十二日と十三日には佐伊津村年寄の太三郎が嘆願書を提出した。

その甲斐あってか、平兵衛は三月十三日の夕刻に揚屋入りを許された。

揚屋とは、御目見（おめみえ）以下の武士、僧侶・医師・山伏などの未決囚を収容する牢屋のことで、揚がり座敷ともよばれる一人部屋である。

牢役人らによって揚屋に移されたものの、衰弱激しい平兵衛は布団に横たわったままで、起き上がることもできない。食事も取ることができなくなっていた。

このことを知った樋口屋金蔵らは、看護のための付添人を陳情した。すると、南町奉行所は三月二十日になって、

「勝手に養生することを許す」

と伝えてきた。

樋口屋金蔵が医師と看護人の二名を揚屋に派遣すると、すでに平兵衛は重態に陥ったとのことである。

樋口屋金蔵はじめ、岡田順助、太郎右衛門、太三郎なども心痛するばかりであったが、三月二十八日になって、医師と看護人の伝言が急にとだえた。一同大慌てで南町奉行所に押しかけ、

「どうかご慈悲を賜りたい」

と役人らに陳情すると、一人の役人が困った顔つきで、

「平兵衛は、本日死去した」

と告げたので、一同憤激してその役人に詰め寄った。

石本平兵衛は、天保十四（一八四三）年三月二十八日五十七歳で死去した。

三月二十九日、遺体引渡しについて太郎右衛門名で奉行所に申請したが、

「先例に従って回向院下屋敷で引き渡すので万事指示に従うよう」

との回答である。

一同特別の取り扱いを懇願して、やっとのことで遺体の引き渡しを受け、小伝馬町の牢獄の裏門内で駕籠に乗せ、小塚原の浄光寺に運んで火葬に付した。翌日の三十日に、遺骨を聞成寺に運び、供養

をおこなった。戒名は「釈准明信士」とされたが、これまたのちに天草御領村の芳證寺の住職によって、「光範院釈知耒観照居士」と改められた。

四月一日に長崎へ早飛脚が送られた。

四月二日呼び出しを受けて岡田順助が南町奉行所に出頭したところ、目付立会いのもと鳥居耀蔵から直々の尋問を受けた。「石本家文書」によると、岡田順助は鳥居耀蔵から、

「平兵衛が勝之丞といっていたころ盗賊一件で不埒なことがあり、居村払いになっていたが、その赦免が丑年十二年に仰せ出されたとき、名代として長崎奉行所に出頭し御赦の申し渡しを受けたことは間違いないか。平兵衛が身分の者でありながら平百姓の姿で御赦を受け、身分を押し隠したのはいかなる理由か、また名代として出頭した理由は何か」

と尋ねられた。それに対し、岡田順助は、

「前々から申し立てておりますとおり、主人の命によって名代を務めたことに間違いはございません。前後の事情もわからず主人の申し付けにしたがって名代をつとめただけで、主人の身分を隠したことについても、主人と打ち合わせした事実はございません」

と答えた。それだけで尋問が終了し、その後吟味所に連行されて吟味役の尋問を受けた。すると、またもや、

「名代として出頭した始末を隠さず申し上げよ」

との質問である。岡田順助はいらだってきた。

「何度おなじことを申し上げればよろしいのですか」

「主人の命令にはさからうことはできないだろうが、お咎めをこうむっている者が勘定所御用達などを務め、お目見えなどの待遇を受けたので、ありのままに申し出ては主人の身分に支障があると心得、平兵衛と内談し、元百姓の姿で名代を勤めたのはお上に対して不埒である」

と吟味役がいったとき、岡田順助は、

「百姓姿で御赦免を受けたのは、長崎代官の高木様に嘆願書を差し出して事前の了解を得たものであります。主人と内談などいたしておりません」

と反論し、

「ところで、勝之丞は御領村と佐伊津村の両村に居住していたとお上ではおもっておられるようですが、ずっと御領村に住んでおられました。佐伊津村に引っ越し、年貢諸役御免を受けたのは、主人の平兵衛が隠居してからでございます。このことを念のために申し上げておきます」

とつけ加えると、その吟味役は、

「長崎代官所が承知するなら訂正しよう」

としぶしぶ了承した。

岡田順助はその足で長崎代官所江戸屋敷におもむき、居住地の訂正を願い出たところ、小比賀慎十郎なる役人が南町奉行所に直接書類を届けた。

四月四日、聞成寺で平兵衛の初七日の法要がおこなわれた。

四月十五日、佐伊津村年寄の太三郎がひっそりと帰国の途につき、馬一頭分の平兵衛の遺品が松坂屋大坂支店に発送された。

このころ老中首座の水野忠邦は、将軍の日光東照宮参拝——すなわち、「日光社参」の総責任者として、多忙をきわめていた。いや、絶頂をきわめていた。

「日光社参」とは、初代将軍徳川家康の命日の四月十七日に時の将軍が日光東照宮に参詣する行事である。将軍以下御三家、諸大名、旗本が参加する一大イベントで、将軍の威光を天下に知らしめるのにこれほどふさわしい行事はない。

水野忠邦は、六十七年間中断されていたこの「日光社参」の復活を企てたのである。

将軍徳川家慶の信任はこの上なく厚く、政敵は残らず追放していた。まわりには鳥居耀蔵をはじめ、蘭学者の渋川六蔵、商人の後藤三右衛門など「水野の三羽烏」と呼ばれる気心の知れた者たちを集め、幕閣と大奥に対する締め付けも徹底的におこなっていた。

水野忠邦の独裁的権力の源は、将軍家慶の信任であった。水野忠邦は、安永五（一七七六）年に第十代将軍家治（いえはる）（一七三七—八六）が日光に参詣して以来、すでに六十数年経過しており、将軍の威光を天下に知らしめるため、日光へご参詣すべきことを、もっともらしい理屈で家慶に勧めたが、本音のところは将軍の寵愛をさらに強固にするために発案したものであった。

この計画が発表されるや、莫大な費用を要し、諸大名や沿道の住民らに過大な負担を強いることになるため、反対意見が噴出し、水戸藩の徳川斉昭もそのような無駄な経費に使うより海防に用いるべきであると申し入れをおこなったが、水野忠邦は強引に事を進めた。

四月十三日、水野忠邦は将軍家慶とともに江戸を出発した。総勢二十万人を超える行列であった。

水野忠邦は老中首座に就任以来、庶民の暮らしに制限をくわえる布告を連発していた。高価な料理や菓子類、贅沢な玩具や衣類・装飾品の着用の制限はもちろんのこと、書物、絵画、歌舞伎、芝居、落語、浄瑠璃、講談、物まね、影絵など遊興娯楽全般に対する統制も次々に強化した。庶民は生活の楽しみを奪われ、多くの商人、職人、芸人らが職を失った。

このように、庶民には質素倹約を求めたにもかかわらず、わずか八日間の日光社参で十三万両もの大金を浪費した。

「日光社参」を無事に終え、水野忠邦が意気揚々と江戸に帰ってきたのは、四月二十一日のことである。

水野忠邦は日光社参の成功に酔いしれたまま、次なる目標にむかって突き進んでいった。

六月十日、水野忠邦は「印旛沼掘割工事」の着工を布告した。

印旛沼は千葉県印旛郡にある大きな沼のことで、水野忠邦は、銚子、利根川、印旛沼までの内陸水運ルートを品川および江戸湾まで延長するために運河を掘削しようとしたのである。

印旛沼の干拓によって広大な水田を得ることができ、運河をつくることによって物資の流通も盛んになり、万が一外国によって江戸湾が封鎖された場合でも、輸送ルートを確保することができる。

これが水野忠邦の考え方であったが、難工事のためこれまでも二度にわたって中断に追い込まれ、半世紀の間放置されていたものであった。

享保九（一七二四）年に実施された第一回目の工事では、開発を請け負った千葉郡平戸村の染屋源右衛門の資金が中途で不足して中断し、天明三（一七八三）年に老中田沼意次の主導で実施された第二回目の工事では、全工程の三分の二が完成したところで利根川が氾濫し、すべてが破壊されて中断した。

この時期に性急に着工すべき理由に乏しいにもかかわらず、水野忠邦はみずからの権力を誇示する目的もあってか、唐突に着工を布告したのである。

総工事費は約十六万両、人夫延べ百万人の大工事であった。もちろん幕府の負担能力を超えている。

水野忠邦は、この工事を幕府直轄でおこなう意思は毛頭なかった。

まず金座の後藤三右衛門に負担させようとしたが、しぶとい抵抗にあって断念し、鳥居耀蔵と相談して、出羽庄内藩、駿河沼津藩、上総貝淵（かいぶち）藩、因幡鳥取藩、筑前秋月藩の五藩に「お手伝い普請」を命じた。

お手伝い普請を命じられた諸藩は、大騒ぎとなった。上納金の拠出ではなく、実際の工事を割り当てられ、しかも工事期間はわずか十カ月である。失敗すれば取り潰しを受ける可能性もある。

これらの藩が選定されたのは、水野忠邦に目をつけられたというだけであった。単なる嫌がらせである。水野忠邦は底意地が悪く、根に持つタイプの人間でもあった。

それでも時の権力者に逆らうことはできない。

五藩は渋々工事に着手したが、予想をはるかに上回る難工事であった。土質が悪く、掘ってもすぐに崩れてしまう。雨が降ると、印旛沼の水が流れ込んで工事を中断せざるを得ない。

水野忠邦は五藩の工事を監視するため、幕府がわの責任者として例によって南町奉行鳥居耀蔵を任命し、このほか勘定奉行梶野良材（よしき）、目付戸田寛十郎、勘定吟味役篠田藤四郎など息のかかった者たちを同役に任命した。

八月十八日には、水野忠邦は鳥居耀蔵を南町奉行と勘定奉行を兼務させる発令をおこない、現地に派遣して工事の進捗状況を調査させた。

この「印旛沼掘割工事」とともに、水野忠邦は「上知令（あげち）」なるものを布告した。

江戸と大坂城周辺十里四方の土地を、強制的に幕府の領地とするものであった。

これは、諸藩の領地が入り組んでいる江戸・大坂城周辺の支配を幕府へ一元化しようとするものであった。

収入の低い幕府領と収入の高い藩領を交換することによって、幕府の収入を増大させるという、はなはだ虫のいい考え方によるものでもあった。また、諸大名らに領地替えを一方的に命令し、実施させることによって、幕府――および水野忠邦の権力の威光を誇示しようとするものでもあった。

しかしながら、収入の減少する諸大名は不満をもち、商人たちは藩主たちに借金を踏み倒されることを恐れ、農民たちは幕府による重税を恐れた。

要するに、諸大名はじめ、商人、農民など、あらゆる階層の者たちが、こぞって不満をもったのである。御三家の紀伊和歌山藩が公然と反対する姿勢をみせはじめると、老中の土井利位、大目付となった遠山金四郎、御側取次の新見正路、水野忠邦の実弟で勘定奉行の跡部良弼、小普請奉行の川路聖謨をはじめ、多くの者が反対にまわった。

このようななかで、将軍家慶の気持ちが水野忠邦から離れた。

きっかけは単純なできごとであった。

ある日、家慶が食事をしようとしたところ、食膳に好物の若生姜が見当たらない。給仕の者に問いただすと、

「初物禁止の布告がなされましたので、入手できませぬ」

との返事である。

「若生姜の味覚までも禁止しているのか」

家慶は愕然とし、水野忠邦の政治手法に大きな不信感を抱いたという(北島正元『水野忠邦』[14])。この一件は、大奥による工作ともいわれている。

劣勢を挽回するため、水野忠邦は紀州和歌山藩にかぎって例外を認めようとしたが、それに猛反対をしたのが、ほかならぬ腹心の鳥居耀蔵である。

「上知令を死守すべきであり、反対派を断固追放すべきであります」

と言い張って水野忠邦の退路をふさぎ、その裏で反対派に接近した。鳥居耀蔵は形勢不利とみて、水

野忠邦を裏切ったのである。蘭学者の渋川六蔵、商人の後藤三右衛門なども離反した。

九月末ごろ、鳥居耀蔵は老中土井利位にひそかに機密書類を提供するとともに、将軍家慶の小姓中山肥後守に、

「紀州家だけを除外して上知令を断行すれば、天下の騒動を引き起こし、徳川家の権威も失墜するであろう。嘆かわしいことだ」

と吹き込み、将軍への諫言を示唆した。小姓が将軍に意見を具申することは許されていない。中山肥後守は将軍家慶に意見を申し述べ、そののち自決して果てた。

この中山肥後守の「死諫」によって形勢は決定的に傾き、水野忠邦の敗勢が明らかとなった。

孤立無援となった水野忠邦は、水野忠邦が記した『癸卯（きぼう）日記』によると、閏九月一日から「風邪寒熱」を理由に欠勤するようになった。

閏九月七日には、将軍によって上知令が撤回された。

水野忠邦は上知令の撤回を知って、老中土井利位に対して使者を派遣し、

「上知令が撤回されましたが、将軍へのお礼をどのようにいたしたらよろしいでしょうか」

などと意味不明の質問をおこなっている。閏九月九日には、

「長期にわたる病気療養が必要なため勝手掛御用を辞退し、土井殿にお任せいたしたい」

と老中に申し出た。勝手掛御用とは国家財政に関する権限であり、老中のなかで最も大きな権限である。その返上を申し出たところ、あっけなくそれが認められ、閏九月十二日には、

「明日、麻上下で登城せよ」

との呼び出しを受けた。

これはなんらかの重大な申し渡しを受けるということである。水野忠邦は慣例にしたがい、当日代理人を登城させると、老中土井利位から老中罷免の申し渡しを受け、あわせてこの日の夕方六時までに西の丸下の役宅を退去するよう命じられた。

水野忠邦の失脚を知った江戸の市民が西丸に続々と集まり、数千人の規模になった。役宅を取り囲んだ群衆は、大声で野次を飛ばし、罵声を上げ、石を投げつけ、近くの辻番所を打ちこわすなど、夜遅くまで騒乱状態となった。

このため、近くの諸大名は警固の者を派遣し、南町奉行の職にとどまった鳥居耀蔵も配下をしたがえて出動して警備に当たり、夜十二時ごろになってやっと騒ぎが収まった。

この間、水野忠邦は役宅から外に出ることもできず、部屋に閉じこもったままであった。

結局、西の丸の役宅を退去し、三田の浜松藩江戸屋敷に移ったのは、十三日後の閏九月二十五日のことであった。

石本平兵衛の死後わずか半年で、水野忠邦は権力の座から転げ落ちたわけである。

こうして「天保の改革」は終焉した。

水野忠邦が失脚したのち、土井利位が老中首座となり、二十五歳の阿部正弘（一八一九―五七）が新しく老中となった。阿部正弘は備後福山藩主で、この年の二月から遠山金四郎の後任として北町奉行に就任していた。後年、ペリーの黒船が来航したとき、老中首座として世論をまとめて日米和親条約を締結するなどの手腕を発揮した人物である。次代を担う新進気鋭の人物の登場であった。

この間、鳥居耀蔵は南町奉行の職を維持することができたものの、政変の影響を受けて高島四郎太夫に対する取り調べを進めることができなくなっていた。

高島四郎太夫に対してこれまで十回におよぶ取り調べをおこなったが、高島四郎太夫は頑強に無実を主張しつづけ、政変の影響を受けて奉行所内の空気も一変していた。このため、鳥居耀蔵は高島四郎太夫への取り調べを放棄せざるをえなくなっていたのである。

しかも、石本平兵衛父子の案件についても、北町奉行所に管轄が移されてしまった。

十月十日に阿部正弘の後任として北町奉行に就任したのは、旗本で小普請組支配から転任した鍋島直孝（一八〇九―六〇）である。佐賀藩主鍋島斉直の五男として生まれ、鹿島藩分家（餅ノ木家）鍋島直正の養子となった人物である。この人物がこののちの審理を担当することになった。

十一月四日、佐伊津村年寄の太郎右衛門は、北町奉行所の吟味役に、

「御用呼び出しの際は差添人（代理人）で用を済ませていただきますようお願い申し上げます」

という陳情書を提出したのち、帰国の途についた。

十二月二日、浅草の聞成寺に仮埋葬されていた勝之丞の遺体が、小塚原の随円寺において火葬に付された。

十二月十一日、岡田順助は北町奉行所へ呼び出しを受け、北町奉行鍋島直孝から目付坂井右近立会いのもと、「厳しく叱り置く」というだけの実質的な無罪判決を受けた。

同じ日に長崎代官所手代の斉藤順平なる人物が、番所において目付坂井右近立会いのもと、北町奉行鍋島直孝から次のような申し渡しを受けている。これが石本平兵衛に対する最終的な判決であった。

「石本平兵衛はかつて盗難一件に関して不届きのことあり、御領村から佐伊津村へ居村払いとなり、格別の配慮によって御領村への一時立ち入りを許されたが、当時の長崎奉行筒井紀伊守（一七七八—一八五九）の指示が不十分であったため、先代の高木作右衛門は御領村への立ち入りを許可してしまった。こののち国に貢献して御褒美銀を頂戴いたし、また帯刀御免、御扶持方まで賜り、さらには御勘定所御用達に取り立てられ、お目見えまでも仰せ付けられた。その後倅（せがれ）勝之丞が御用達を仰せ付けられたが、御用金調達ができなかったので御用達を罷免され、御扶持方も取り消された。

戸川播磨守が長崎奉行のとき、勝之丞の恩赦について居村を尋ね差し出すべき旨の通達を出したが、帯刀の身分で恩赦の申し渡しを受けると、お咎め中の身分でお取り立てを受けたことが明らかになるので、高木作右衛門に対して元百姓の身分で代理人に御赦を仰せ付けられるよう召使順助から嘆願書を差し出し、恩赦の申し渡しを受けさせた。もとより一時的な居村立ち入りを許されただけで、罪科そのものを許されたわけではないことに気づきながらのことで、お上を軽んじたやり方で不届きである。よって、存命ならば中追放に処すべきところ、病死したためその旨存じ置くよう文書でもって申し渡す」

「中追放」とは居住している国からの追放であり、この場合は肥後国からの追放となる。

判決文をみても、居村払い恩赦の申し渡しを、士分格の身分でありながら代理人が百姓姿で受けたということだけであり、刑事罰を受けるほどの違法性はまったくない。通常であれば見逃されたであろう事案である。現代であれば、国家賠償を求めることのできる事案であろう。

しかしながら、いまさら無罪判決を出すわけにはいかない。幕府の体面をつくろって、追放処分の判決を出したのである。

もちろん、鳥居耀蔵の狙いであった高島四郎太夫との関係については、いっさい言及されていない。これが、石本平兵衛が逮捕され、長崎から唐丸駕籠で江戸に護送され、小伝馬町の牢獄で獄死した理由のすべてである。しかも、勝之丞に対する判決はなかった。勝之丞はまったく理由もなく拘禁され、そして江戸で病死したのであった。

なお、当時の長崎奉行で、石本平兵衛に対する居村払い赦免の判決を下した筒井紀伊守に対しても、十二月二十一日に申し渡しがおこなわれ、職務差控えが命じられた。

年が明け、天保十五（一八四四）年一月二十一日、岡田順助らは平兵衛と勝之丞二人の遺骨を携えて江戸を出発した。宿元の樋口屋金蔵父子と高瀬徳兵衛母子らが川崎まで見送った。

岡田順助らは二月五日京都に到着し、遺骨を本願寺大谷本廟に預けて本山に参詣し、翌六日に大坂に到着した。

三月五日に大坂を船で出発し、三月十五日に柳川に到着した。柳川では四男の寛吾が出迎えたが、父と兄の遺骨を見るなり号泣した。松坂屋柳川支店には、柳川藩の役人たちが連日のように弔問に訪れた。

三月二十六日、天草から和歌はじめ親族一同が船に乗って柳川に到着し、この日の夜、遺骨を船に乗せて天草に帰り、御領の芳證寺に埋葬した。

水野忠邦の没落

春が過ぎ、新緑の季節を迎えたころ、江戸でふたたび騒動が持ち上がった。

水野忠邦が突然老中首座に返り咲いたのである。

将軍家慶の強い意向に基づく人事であったといわれる。

実は六月になって、オランダ領東インド総督から、オランダ国王の親書を日本に渡すため軍艦を派遣する、という通告が長崎のオランダ商館長にもたらされたのである。

親書の内容は、鎖国政策の廃止を日本に勧告するものであるという。

オランダ商館長から通知を受けた長崎奉行伊沢美作守は、ただちに江戸に急使を派遣するとともに、佐賀藩と大村藩に長崎の警備を命じた。伊沢奉行の報告が江戸に届いたのは、六月十七日のことである。

水野忠邦が老中に返り咲いたのは、その四日後の六月二十一日のことであった。

再任を受け入れた水野忠邦は、新調した黒羽二重の着物を着用して江戸城に登城した。追放される前は質素な木綿の着物しか着用していなかったが、華美な衣装をまとっての再登場である。

ふたたび質素倹約か、と渋い顔で待機していた役人たちは、一様に驚愕した。

六月二十九日、小伝馬町の牢獄が火災となり、高野長英が脱走して行方不明となった。水野忠邦の復帰に絶望して、高野長英が仕組んだ放火であったといわれる。

ちなみに、高島四郎太夫は定められた集合場所に出頭して、ふたたび収監されている。

老中首座に復活した水野忠邦はオランダへの対応について慌しく検討をはじめたが、結論を出す暇もなく、七月二日にオランダの軍艦パレンバン号が長崎に来航した。

パレンバン号に乗っていたオランダ国王特使のコープスは、二カ月近く船内に足止めを食らったのち、八月二十日に上陸を許され、伊沢長崎奉行らと会見してオランダ国王の親書を手渡した。

親書の内容は、アヘン戦争による清国の敗北の状況について詳細な内容を述べ、清国の二の舞にならないよう、早急に鎖国政策を放棄すべきというものであった。

しかしながら、日本側から何の回答もなく、十月十八日パレンバン号は長崎を離れた。

この間、水野忠邦はオランダ国王の要請にしたがって開国で国論をまとめようとしたが、もはやかつての威光は完全に消えうせていた。阿部正弘や土井利位など他の老中らは、水野忠邦の提案をことごとく黙殺した。役人たちも、水野忠邦の指示を無視した。

八月五日には、土井利位は病気を理由に老中を辞職した。水野忠邦と顔を合わせることすら嫌悪したからである。

このようななかで、水野忠邦は最後の仕事をおこなった。

八月六日、南町奉行の鳥居耀蔵とその腹心である勘定所組頭の金田故三郎を罷免したのである。八月二十三日には、勘定奉行榊原主計頭（かずえのかみ）を罷免した。

水野忠邦は、自分を裏切った者に対して報復人事をおこなったのである。

その後、水野忠邦は御用部屋でただ一人ぼんやりと座っていることが多くなった。

誰も話しかける者はいなかった。権力を志向した者が、権力を喪失したときのダメージはすさまじい。人格もろとも破壊されるような衝撃を受ける。絶望感に覆い尽くされ、生き恥をさらしながら、下を向いて耐え忍ぶしか道はなかった。

秋ごろから病欠が多くなり、年が明け、弘化二（一八四五）年になるとまったく出勤しなくなった。

このようななかで、一月二十二日老中阿部正弘は、高島四郎太夫に関わる長崎疑獄について、寺社奉行久世出雲守、大目付深谷遠江守（とおとうみのかみ）、北町奉行鍋島直孝、勘定奉行久須美（くすみ）佐渡守、目付平賀三五郎の五名に対し、「吟味し直し」を命じたのである。

老中阿部正弘が、水野忠邦と鳥居耀蔵を標的と定めた瞬間であった。

二月二十一日、水野忠邦はふたたび罷免された。

阿部正弘は、将軍家慶に水野忠邦と鳥居耀蔵の訴追を進言した。これを受けて、三月十日に家慶は、

「高島四郎太夫の一件について、水野忠邦が鳥居耀蔵に取り調べを命じ、万事指図をして不正の吟味をおこなったことは不届きである。よって事実を調査いたせ」

という命令を発した。

調査を担当したのは、老中牧野忠雅（一七九九―一八五八）である。

三月十日、水野忠邦は将軍から派遣された上使により、

「その方は御役中、長崎表の高島四郎太夫一件の取り調べについて鳥居甲斐守（耀蔵）に指図をいたし、不正の吟味をいたしたること、重き御役を勤めながら身分をも顧みず不届きの至りである。よって御不興に思し召さるとの上意である」

と叱責され、大名小路の役屋敷から麻布市兵衛町にあった信濃高遠藩内藤駿河守頼寧の江戸屋敷に移るよう申し渡しを受けた。

そののち、鳥居耀蔵も評定所へ召喚を受け、蘭学者の渋川六蔵と商人の後藤三右衛門ら「水野の三羽烏」に対する取り調べも進められた。もちろん、高島四郎太夫らを讒訴した本庄茂平次、峯村幸輔、福田九郎兵衛、河間八兵衛らに対する捜査もおこなわれた。このうち、河間八兵衛は長崎崇福寺の境内で自殺し、本庄茂平次は下関で、峯村幸輔は江戸で、福田九郎兵衛は長崎でそれぞれ逮捕され、厳しい取り調べを受けた。

この結果、七月二十五日に判決がおこなわれた。高島四郎太夫に対する判決理由の要旨は、
一、身分の異なる長崎代官高木作右衛門の娘を倅の妻にもらったこと。
二、肥後国石本勝之丞の借入金と気づかず会所役人にその使途を指示したこと。
三、身内昇進のことを奉行に陰で陳情し、その他家来に贈物を贈ったこと。

四、唐船主周藹亭（しゅうあいてい）の倅が反物目利駒作方の養子になったのを黙認したこと。

というものであり、

「本来であれば遠島を申し渡すべきところ、牢屋敷火災の際立ち返ったため中追放とし、阿部虎之助預かりとする」

というものであった。

鳥居耀蔵がかぶせようとした「幕府に対する謀反」という罪状は完全に斥けられたものの、石本平兵衛とおなじく完全無罪ではなく、微罪処分とされた。鳥居耀蔵による冤罪事件であることは明らかであったが、それをすべて覆せば幕府の威信低下につながる。このようなことを考慮して、軽微ながら有罪処分にしたものであった。

讒訴した本庄茂平次、峯村幸輔、福田九郎兵衛らも中追放や百日押込などの処分を受けた。高島四郎太夫に連座して検挙された者も、無罪が明らかであったにもかかわらず軽微な処分を受けた。息子高島浅五郎は五十日押込め、実弟の神代徳次郎は中追放、熊本藩の池部啓太はじめ高島塾の門下生たちも処分を受けた。

阿部正弘ら老中らは、穏便に事を済ますため、適当な処分を申し渡して、「長崎の獄」に幕を降ろしたのである。

ただし、水野忠邦と鳥居耀蔵ら「水野の三羽烏」に対しては、厳しい処分をおこなった。

鳥居耀蔵に対しては「永預け」すなわち、「終身禁固」を申し渡し、讃岐丸亀藩預けとし、蘭学者の渋川六蔵に対しては豊後臼杵藩預けとした。貨幣改鋳などによって私腹を肥やしていた商人の後藤三右衛門に対しては、政治誹謗の罪などを加え、「死罪」という最も重い処分をおこなった。九月二日には水野忠邦への処分がおこなわれ、

「老中在勤中の不正により加増地一万石と本高の一万石および居屋敷等を没収し、隠居を命じる。下屋敷に移り謹慎いたせ」

と申し渡した。

浜松藩主水野忠精（一八三二—八四）は、十一月に北国の出羽山形藩への国替えを命じられた。石高は浜松藩とおなじく五万石であったが、実収はその半分ほどに過ぎない。水野家の家臣たちは、水野忠邦の野望に付き合わされて肥沃な唐津から浜松に強制的に移転させられ、今度は山形への移転という事態に直面したわけである。

隠居した水野忠邦は、江戸で蟄居していた。が、もちろん彼を訪ねる藩士は一人もいなかった。

水野家の主従は、幕府の命令を受けて山形への移転の準備をはじめると、浜松藩内がにわかに騒がしくなってきた。農民たちによる大がかりな報復がはじまったのである。『遠州浜松騒動記』（浜松市史）や『破地士等窠』などによると、農民たちは、

「水野忠邦は、改革などと聖賢めかしたことを唱えて天下を私物化し、酷薄残忍な政治をおこない、民を苦しめた疫病神である」

「化けの皮がはがれ、二万石を失い、極貧の辺鄙な場所へ追放されたのは因果応報というものだ。こんなめでたいことはほかにあるものか」

などと水野の家臣たちをののしったという。

また、領民らは御用金や無尽講などによって水野家に対して多額の貸付金を拠出させられていたが、その返済について水野家はなんの方針もしめさない。

貸付金は矢のように催促するのに、借入金は頬かむりして逃げ出すつもりではないか、と疑い、百姓・商人らは村々で集会をおこない、庄屋たちに返済を強訴するようになった。

浜松藩のなかに水野藩政への怒りが充満し、大規模な百姓一揆となって爆発したのは、翌年の五月のことである。各地で勃発した百姓一揆は、一万人余にふくれ上がり、浜松城下へ迫る勢いをみせた。

水野家の家臣だけでは防ぐことはできない。浜松藩の新しい藩主となった井上河内守正春（一八〇五―四七）へ応援を求めた。井上河内守は要請に応じて家臣を派遣して警備にあたらせたため、どうにか城下への侵入を防ぐことはできたが、それでも農民らの怒りは収まらない。井上河内守は調停役として介入し、水野家の返済額を二千二百両とし、十カ年分割で返済する案を農民らに提示したが、農民らは五カ年返済を要求した。このため、井上河内守は、千五百両は利息付の七年返済、七百両は無利息七年返済という中間案を提示して双方の了解を取り付けた。

水野家の家臣たちが悄然として浜松を立ち去ったあと、領民らは道々に酒樽を出し、往来の人々に振舞って数日間お祭りのようであったという。

水野忠邦は、民衆からも激しい糾弾を受けたのである。

水野忠邦は、石本平兵衛が死去して八年後――嘉永四（一八五一）年に失意のうちに世を去った。享年五十八。

■松坂屋・石本家の清算■

平兵衛の妻和歌が、柳川に運ばれた平兵衛と勝之丞二人の遺骨を受け取って、天草に向けて船で出発したのは、天保十五（一八四四）年三月二十六日の夜であった。

翌日未明に天草御領の港に到着し、暗いなか二人の遺骨は石本屋敷に納められた。

石本家には親類縁者が勢揃いしていた。

平兵衛の姉シュン、妹都恵、弟の野口熊四郎、平兵衛の三男で長崎の森家に養子にいった辰之進あらため森欽三郎、四男の寛吾、五男で分家を継いだ求麻八――あらため平八郎。

平兵衛の長女エツとその子で御領村銀主の池田寅四郎。次女のジツとその夫で御領村銀主の山崎織助。三女のタヤと大島子村の銀主益田瑞右衛門。和歌の父で島原有家村の本多重亜。

このほか、御領村の親戚井上文治右衛門、城河原村の松山本蔵それに一町田組大庄屋の野田祐之進、御領組大庄屋の長岡五郎左衛門などの姿も見えた。

遺骨を仏間に納めたのち、一同大広間に集まったところで、正面に座った和歌が懐から紙切れを取り出した。平兵衛の遺書であった。平兵衛の遺品のなかから見つかった。小伝馬町の牢獄で苦心惨憺して書き記したのであろう。遺書には、次のように記されていた。

一、今後石本家は商売を取りやめること。

二、佐伊津新宅と御領本家は末代まで保存すること。

三、財産目録は次のとおり。

諸大名への貸付額二十万両、銀主への貸付額二十万両（担保設定済み）、貿易用資金五十万両（高島家預け）、両替資金約百五十万両（ただし、貸借精算によりこの額は変動する）、国内用商業資金三十五万両、持ち船価格（朱印状権利金含む）二十五万両、製蝋工場三万両、造船所一万両、塩田売価二万両、大坂支店三十万両、長崎支店三十万両、江戸支店二十万両（商品こみ）。このほか、柳川、人吉、八代、京都などの出店については、希望者に年賦で売却すべし。江戸の約百件の貸家のうち十戸は美代に贈与し、残りは売却のこと。山林は天草だけ残し、相良、肥後、島原、柳川その他はすべて処分すべし。水田はすべて処分すべし。ただし、御領だけは残し、親類に分け与え、自作しても不自由なきようにすべし。あとの四十五村の水田は小作人または元の地主に安価で売却すること。土地はすべて入札により売却すること。

四、財産目録はすべて書類と照合のうえ額を確定すること。ただし、財産目録を超えた残余が生じた場合は窮民救済に充てること。

五、和歌とウノに家産の半分を分配し、残余は兄弟姉妹で均等に分配すること。なお、分配漏れに備えて、一割は共有として残すべし。

六、従業員に対して、地位と年数により礼金を渡すこと。ただし、各店の売却価格が予定より上回った場合には、上回った分を礼金に上乗せすること。まじめに勤めた者が死ぬまで暮らしに困らぬよう配慮してほしい。

七、この遺言にないものは、子供および娘婿らで構成する家族会議において慎重に協議し、金銭上あるいはその他において、決して人様に迷惑をかけぬようくれぐれもお願いしたい。

和歌は遺書を読み終え、松坂屋石本家の商売を中止し、清算に移ることを宣言した。

葬儀、法要が終わったのちに清算に着手することとし、和歌のほか、森欽三郎、石本平八郎、ウノ、野口熊四郎、池田寅四郎、野田祐之進、長岡五郎左衛門、本多重亜など世話役九名を指名した。親戚を含めた全体の清算人会は三十五名ほどで、座長は野口熊四郎、副座長は池田寅四郎に決まった。その後、部門ごとの責任者が次のとおり決められた。

山林と土地の処分……一町田組大庄屋野田祐之進
御領本店、長崎支店、人吉支店、八代支店の清算……石本平八郎
造船、製蝋、製塩の担当……御領組大庄屋長岡五郎左衛門
山林の処分……島原有家村庄屋本多重亜

江戸、大坂、京都支店の清算……野口熊四郎
両替部門の清算……御領村銀主池田寅四郎
貿易部門の清算……森欽三郎

なお、柳川支店については平兵衛の生前の意向により、四男の寛吾に分家相続させることとし、今回の清算の対象からはずされた。寛吾は清算人からもはずされているが、この当時なんらかの病気を患っていたのかもしれない。一年十カ月後の弘化三（一八四六）年一月二十五日に、三十三歳で死去しているからである。

こうして清算に関する基本方針が定まった。和歌は平兵衛の遺言を読み上げ、

「最後に不運災難に見舞われてしまったが、ご一同には心から感謝している。もう一度お会いしたいとおもったが、それも叶わぬこととなった。毎日仏に手を合わせ、父と母のことを思っている。天草の海をもう一度航海してみたいものだ。それだけが心残りである。ご一同のご無事を祈念申し上げる。さらば」

と、平兵衛の別れの言葉を告げた。

こうして天下の豪商に昇りつめた石本平兵衛の栄光と挫折の生涯が終わった。ひっそりと葬儀がおこなわれ、遺骨は御領の芳證寺に埋葬された。ペリーの黒船が来航するわずか十年前のことであった。

エピローグ

弔い合戦

平兵衛と勝之丞が逮捕された年――天保十三（一八四二）年の十一月、天草において、長崎代官所が幕府の通達を布告し、貸付金利を年利一割二分に引き下げる措置をおこなった。

平兵衛は天草の農民たちに貸し付ける場合、その圧倒的な資金力を背景に、年一割を基準に融資をおこなっていた。これが天草における基準金利となり、長年にわたり他の銀主たちも追随せざるを得ない状況がつづいてきた。

ところが、平兵衛が逮捕されるや、天草において利息が急騰したのである。

これに対応するため、長崎代官所は金利引き下げの通達をおこなったが、農民たちには、もともと年一割であった金利が一割二分に引き上げられた措置と受け取られたのである。

富岡役所の役人たち村々に出向いて、金利の引き下げであることを説明するが、農民らは、銀主らのための金利を引き上げであるとして激烈に抗議するばかりであった。

天草が騒然となってきた。そのようななかで、農民たちは、かつておこなわれていた天草に対する特例措置――「百姓相続方仕法」の復活を求めるようになった。

ほぼ半世紀前の寛政八（一七九六）年九月に施行された「百姓相続方仕法」は、農民に小作料の減額と元本価格での田畑の買戻権を認め、銀主に利息の引き下げと債権放棄を求める制度であった。二十年の時限立法であったが、のちに若干の見直し修正がおこなわれて十年延長され、文政九（一八二六）年までの三十年にわたって天草の農民を守る基本法となっていたが、失効後においても当事者間で合意すれば、慣例的に従来どおりの内容で農民は恩恵を受けることができた。この点においても指導力を発揮したのは、ほかならぬ平兵衛であった。くわえて、飢饉や災害、火災時などの緊急時には、平兵衛は率先して難民支援をおこなったので、他の銀主もそれに見習い、天保年間天草各地で小さな農民の騒動は起きたものの、大きな暴動に発展する事態は生じなかったのである。

しかしながら、平兵衛がいなくなったため、そのタガが外れてしまった。

天保十三年の暮れには農民たちが村々に集まって集会をおこなったが、天保十四年二月にはとりこわし騒ぎも起こり、数千人規模の集会がおこなわれるようになった。二江村の平吉ほか五人の農民が長崎奉行所に駆け込んで、直接土地の返還と金利引き下げを訴える騒ぎも起きた。

御領組大庄屋の長岡五郎左衛門（興就。一八一八—六九）は、木戸組大庄屋の木山重兵衛らとともに三月十五日に長崎へ出向き、長崎代官高木作右衛門に天草の窮状を訴え、決議の採択を訴えたが、謹慎を命じられている高木作右衛門は、伊沢奉行に面会もすることができず、有効な対策を講じることはできない。六月には天草中の大庄屋と庄屋が、全員富岡に集結して会議をおこない、

「百年前の延享元年までさかのぼって、その後移転した土地の所有権を子孫に返還するべきである」

との決議をおこない、それの決議書を富岡役所に提出した。富岡役所はその決議書を長崎代官所に送達した。これに対して、銀主がわも代表者を長崎に派遣して、

「元地主をとことんさかのぼって調査すれば、百八十五年前の万治元年度の検地にまで遡及せざるを得ません。しかしながら、当時の検地帳によればわずか三万人の地主に過ぎず、現在十四万人の島民のうち十一万人は土地を所有することができなくなります」

と反論した。

結局、庄屋たちの決議は日の目を見ることはなかった。鳥居耀蔵の指令を受けた伊沢長崎奉行の攻撃によって、長崎代官所と長崎会所の機能は麻痺状態に陥っており、天草農民の訴えに耳を貸す余裕はまったくなかったのである。

長岡五郎左衛門は怒りに燃えていた。この年二十九歳。妻はヨシといい、生まれたばかりの子供がいた。もともと激烈な性格の持ち主であったが、大塩平八郎を信奉する陽明学の徒でもあった。平兵衛の母勢以は長岡家の出身であり、五郎左衛門は平兵衛と勝之丞の死に大きなショックを受けていた。平兵衛が天草の農民の窮状を心底憂えていたことを、五郎左衛門はよく知っていた。

年が明け、弘化二（一八四五）年になっても、天草の不穏な情勢はますます拡大する。
「長崎の獄」に関し、江戸において水野忠邦と鳥居耀蔵らに対する追及がおこなわれるなか、弘化二年十月十日に長崎奉行伊沢美作守が近く江戸に出府するとの通達がおこなわれたが、これを知った長岡五郎左衛門は、ついに行動を起こした。大急ぎで旅装をととのえ、同志の農民十八名を引き連れて御領を出奔したのである。
長崎に着いたが、伊沢美作守はすでに長崎を出発したあとであった。そこで五郎左衛門は、
　書き付けをもって申し上げます。天草郡村々の百姓どもを引き連れて、願い筋の儀あり江戸表

へ参りますので、留守中の御用の件は年寄勝次ほか四名の者どもに申しつけくださいますようお願い申し上げます。願い出の件は江戸表で明らかにしたいので、後日お届け申し上げます。以上

弘化二年十月

御領組大庄屋長岡五郎左衛門

高木作右衛門様御役所

との書状を長崎代官所に投げ込み、伊沢奉行を追いかけていった。

五郎左衛門らは近道をして先を急ぎ、関門海峡を渡って下関で伊沢奉行らの一行を待ち受けた。

十月二十六日、長崎奉行伊沢美作守らは、船に乗って小倉から下関に到着した。

五郎左衛門らは、船着場を降りた伊沢奉行を取り囲んだ。そして、一同を代表して長岡五郎左衛門が口上を述べた。

伊沢美作守は真っ青になった。自分が死に至らしめた石本平兵衛・勝之丞父子の出身地である。

「あだ討ちか」

と、伊沢美作守が身構えたのも無理はない。

長岡五郎左衛門はいった。

「恐れながら、お奉行さまに申し上げます。現在、天草の百姓は困窮いたしており、寛政の百姓相続方仕法の復活を切望いたしております。ところが、お代官所においては是非の議論もなく放置されたままとなっております。お奉行さま出府の報に接し、直接訴えお願いを申し上げるため、駆けつけ

た次第でございます」

「そちの訴えはよくわかったので、出府ののちしかるべき部署に確かに申し伝え、善処いたすよう申し付ける。これにて失礼いたす」

伊沢奉行はそれだけ答えて立ち去ろうとすると、長岡五郎左衛門は、

「手前どもはお代官所に対して、出府をお届け申し上げております。どうか江戸までの随行をお許しいただき、江戸においてお奉行さまとともに直接天草の窮状を訴えさせていただくならば、これにまさる喜びはございません」

と訴えた。

伊沢奉行は返事もせず、急ぎ足でその場を立ち去ったが、供の者がなにを勘違いしたのか、同行を許してしまった。伊沢奉行は部下たちを激しく叱責したが、後の祭り。

こののち、江戸まで長岡五郎左衛門らと旅をともにすることになった。伊沢美作守は夜もおちおち眠れぬまま旅をつづけた。

ところが、道中をともにしているうち、伊沢美作守自身にも馴れが生じてきた。ある晩、夕食の席に長岡五郎左衛門を招き、つい談笑した。そこで、伊沢美作守はずっと気になっていた質問をした。

「ところで長岡どのは、石本平兵衛という人物をご存じか」

「存じているどころではございません。手前の大伯父でございます。祖父の兄の娘が平兵衛の母親でございます。大伯父は江戸で獄死しましたが、真相が判明すれば、事と次第によっては天草が大騒

ぎになりましょう」

伊沢美作守はこののち江戸に着くまで、長岡五郎左衛門を避けつづけた。

江戸に着くや、伊沢美作守は部下に命じて長岡五郎左衛門らを長崎代官所江戸屋敷に引き渡した。長岡五郎左衛門らにとっては、予想外の展開である。長岡五郎左衛門は憤激し、勘定奉行所に駆け込み、直訴をおこなったが、役人らに取り押さえられ、町宿預けとなった。ところが、長岡五郎左衛門は隙をみて町宿を脱走し、行方をくらました。

十二月になって、長岡五郎左衛門は忽然と姿を現わした。老中阿部正弘が江戸城に登るための駕籠を待ち伏せしていたのである。

駕籠が近づくや、長岡五郎左衛門は物陰から飛び出した。老中の駕籠めがけて突っ込んでいったが、たちまち供の者に取り押さえられた。それでも、長岡五郎左衛門は、

「お願い申し上げます。お願い申し上げます」

と訴えつづけた。必死に叫んでいると、駕籠が近づいてきて、その扉が開かれた。駕籠のなかにいるのは、老中阿部正弘である。

「お願い申し上げます。お願い申し上げます」

と長岡五郎左衛門はなおも叫んだ。すると、阿部正弘が、

「なにごとであるか」

と駕籠のなかから応じた。

「手前は天草郡御領組大庄屋の長岡五郎左衛門と申します。天草の百姓どもの窮状をお救いくださいますよう切にお願い申し上げます。天草の民々をどうかお助けください」

長岡五郎左衛門は叫んだ。すると、阿部正弘は、

「いま急ぎの用件があるゆえ、どうにもならぬ。後刻訪ねてまいれ。委細は供の者から聞け」

といった。

「ありがたき幸せでございます」

長岡五郎左衛門は、深々と頭を下げた。


長岡五郎左衛門が阿部正弘に「駕籠訴」をおこなった弘化二年十二月といえば、阿部正弘主導のもと、「長崎の獄」に関するすべての措置が完了した直後である。

鳥居耀蔵もすでに罷免されて四国の丸亀藩預けとなり、水野忠邦は隠居を命じられ、浜松藩主となった水野忠精が北国の出羽山形藩への国替えを命じられたのは、つい先月のことである。阿部正弘は、長岡五郎左衛門の取り扱いについて、慎重に考慮を重ねた。

天草救済問題の根底には、石本平兵衛に関する冤罪事件が横たわっており、下手すればこの問題がふたたび浮上してくる危険性もあった。長岡五郎左衛門の直接の訴えは長崎代官高木作右衛門の不手際を理由にしており、この訴えに基づいて取り調べを進めれば、かならずや石本平兵衛との関係が蒸し返されるにちがいなかった。幕府としては、石本平兵衛の案件は決着済みであった。

いや、むしろ長岡五郎左衛門の真の狙いは、石本平兵衛事件の再審理を要求するものでもあるかもしれなかった。であれば、なおさらのこと長岡五郎左衛門の訴えを受理するわけにはいかなかった。阿部正弘は決断を下した。

長岡五郎左衛門はふたたび長崎代官所江戸屋敷に引き渡され、縄付き入牢を命じられた。そして、翌年――弘化三（一八四六）年四月、厳重な警備のもと唐丸駕籠に乗せられ、長崎へ護送された。長崎に到着したのは、五月十二日のことである。

その間、天草においては、阿部正弘の指示に基づき、新たな「百姓相続方仕法」が公布されている。ある意味では、長岡五郎左衛門の訴えが届いたのである。

新しい仕法は「弘化の仕法」ともよばれ、二十年前の文政十年以降質流れとなった田畑にかぎって今後五カ年以内に元金で買い戻すことを認めたものであったが、五十年前にさかのぼって二十年以内での買い戻しを認めた「寛政の仕法」からみれば大きな後退であり、しかも天草の庄屋たちの「百年前の延享元年までさかのぼって、土地の買い戻し権を認めよ」という要望からみれば、話にならない内容であった。天草の不穏な空気が一挙に高まった。立ち上がったのは、天草上島栖本古江村の庄屋永田隆三郎という人物である。

「長岡五郎左衛門どのを救い出し、仕法を撤回させるには、行動を起こすしかない」

と同志を募り、農民たちに働きかけた。手足となって動いたのは、馬場村の七蔵と河内村の時右衛門である。

そして、「天草・島原の乱」以来の大一揆が、天草で勃発したのである。「弘化の大一揆」、「天草徳政一揆」あるいは「弘化のうちこわし」とよばれる大騒乱であった。

農民たちは、弘化四（一八四七）年一月二十八日から二月三日までの四日間で、銀主宅九十七、庄屋宅二十一、合計百十八軒のうちこわしをおこなった。騒乱は天草全土に広がり、参加した農民は一万五千人にも上った。

職務差し控えを命じられた長崎代官高木作右衛門に代わって、息子の高木健三郎が長崎代官見習に任命されていた。彼は三十二名の部下を率いて富岡役所に入ったが、多勢に無勢、手の施しようがなく、島原藩に支援を求めた。要請に応じて、島原藩は番頭奥山常右衛門以下五百二十四名を派遣した。

暴動が治まったところで、高木健三郎は一揆を主導した百八十数名の農民を検挙し、江戸に報告すると、江戸から取り調べの役人を派遣するとのことである。七月七日、幕府評定所留役益田作右衛門以下二十三名が富岡役所に着任し、本格的な取り調べが開始された。

取り調べは三カ月におよんだ。この間、激しい拷問もおこなわれ、馬場村の七蔵はじめ多くの者が死亡した。

嘉永二（一八四九）年二月二日、江戸勘定所から最終的な処分が、富岡役所に送付されてきた。栖本古江村の庄屋永田隆三郎と河内村の時右衛門二人は獄門、以下死罪一人、遠島十三人、中追放十二人、江戸払い二人、所払い九人、手鎖一人、重敲二人、軽敲三人、急度叱り十九人、叱り一人、過料十七人、押込め一人、関係庄屋はそれぞれ三貫文の過料、関係村々は村高に応じた過料という処分であった。

このなかで、「押込め一人」というのが長岡五郎左衛門のことである。長崎の桜町の牢に収監されていたが、富岡役所に身柄を移されていた。

長岡五郎左衛門は取り調べに対して、意味不明のことを口走るばかりであったという。

「長岡五郎左衛門は乱心いたし、申している内容も意味不明のため、親類などへ引き渡し、押込みを仰せ付けられた」

というのが、長岡五郎左衛門への申し渡しである。幕府としては、長岡五郎左衛門をもてあまして、このような処分をおこなったのであろう。

長岡五郎左衛門の訴えを取り上げれば、必然的に石本平兵衛の問題が浮上してくる。幕府による冤罪事件がふたたび大きな問題を引き起こすであろう。それを危惧した阿部正弘の強い意向を受けた処分であったと考えられよう。

長岡五郎左衛門は佐伊津村の親戚に預けられ、こののち明治元年まで幽閉された。長岡家は大庄屋を解かれ、後任には中西東之助が任命された。

そして、明治元(一八六八)年五十三歳のときに恩赦を受けて大庄屋に復帰したものの、翌年明治二年八月二十七日、五十四歳で死去している。戒名は「興就院真相英気居士」。墓碑には「細川十四世孫長岡五郎左衛門源興就」と刻まれている。

長岡五郎左衛門の行動と天草における「弘化の大一揆」は、非業の最期を遂げた石本平兵衛の弔い合戦であったとみるべきであろう。

さらにもっと大きくいえば、高島秋帆が伝授した西洋式兵制は、肥後熊本藩をはじめ、肥前佐賀藩およびその支藩、筑後柳川藩、薩摩藩など九州諸藩——また、門弟などを通じて、全国的な規模でさまざまな形で普及していったが、高島秋帆が脇荷物貿易によってオランダから輸入した大砲・モルチール砲（臼砲）と砲弾、ゲーベル銃・ピストルと銃弾、および部品類、兵器・弾丸の鋳型など西洋兵器類の大半が、実は石本平兵衛とその資金によって輸入された商品であった。

ということは、幕末・明治の動乱のなかで薩摩や長州が使ったおびただしい兵器類のなかに、石本平兵衛が取り扱った兵器類がまじっていたことになる。

しかも、石本平兵衛の獄死によって、債務を免れた藩は少なくない。薩摩藩はじめ九州諸藩は、大きな恩恵を受けたわけである。

平兵衛が諸藩に融資した総額とその清算の状況および輸入販売した兵器類の総量について、総合的な調査分析をおこなえば、幕末維新史を塗り替える可能性を秘めている。

石本平兵衛は、ある意味でその後の日本の進路を決定づけたのである。

あとがき

ようやく、『天草の豪商・石本平兵衛　一七八七―一八四三』を書き終えることができた。

平兵衛の一生は、まるで高い空に投げられた石のような軌跡をたどっている。

前半は栄光への階段を駆け上がる立志伝であり、後半は獄死に至る転落の悲劇である。

冒頭に述べたように、石本平兵衛は、江戸時代というきわめて閉鎖的・封建的な社会のなかで、商売を大きくしていった。

薩摩藩をはじめ、九州諸藩のなかに食い込んで御用商人となり、琉球の権益も獲得し、本商人の資格を得て長崎貿易にも参入し、そして幕府勘定所御用達すらも獲得して、天下の豪商に昇り詰めた。


平兵衛が生まれた江戸時代後期は、士農工商・藩割拠・鎖国体制を基本とする体制の下で、三都――すなわち、江戸・大坂・京都という大都市経済圏と、藩を中心とした地域経済圏が一定の役割を担いつつ、相互依存の関係を形成していた。

京都と大坂はともに四十万人近い人口を抱え、江戸は世界最大の百万都市にふくれあがっていた。日本各地域からの物資の供給がなければ三都の存立は困難であった。

この三都の大きな需要が全国に広がり、商品経済・貨幣経済が発達し、農村においては、桑、漆、楮、藍、麻、綿、櫨などの商品作物の栽培が進み、海産物や塩、綿織物・絹織物、酒、醤油などの生産が活発になった。

元禄時代（一六八八―一七〇四）には、大坂・京都――すなわち、上方において、「元禄文化」が花開いた。第五代将軍徳川綱吉の時代である。

一方で、商品経済の発達は、かつての物価の基準であった米価を下落させる結果となった。年貢米を主要財源とする藩の財政が悪化し、石高を基準とする武士の暮らしも窮迫し、幕府の財政も著しく悪化した。

このため、享保元（一七一六）年、八代将軍となった徳川吉宗は、経費節減を基本に、新田開発や甘藷栽培などによって食糧増産を図り、大坂堂島米会所を公認して米価の安定を図ろうとした。

この「享保の改革」によって幕府の財政はかなり改善されたが、過度な質素倹約は民衆の不満を招き、おりからの「享保の大飢饉」もあって、百姓一揆やうちこわしが続発した。

次に登場したのが、老中田沼意次である。

明和四（一七六七）年から天明六（一七八六）年までの約二十年にわたって権勢を奮い、農本主義から重商主義に転換して商品生産・流通を促進し、株仲間や銅座・朝鮮人参座・真鍮座などを公認して、運上金・冥加金という新たな財源を捻出した。また、干拓事業などによって耕地面積を増やし、長崎での輸出を促進して金銀の国外流出を抑制した。

田沼意次が推進した政策は商品経済の発達に対応したきわめて現実的な政策ではあったが、賄賂政治を批判され、また天明の大飢饉ともあいまって、百姓一揆やうちこわしが激発して失脚した。

そして、天明七（一七八七）年、松平定信が徳川御三家の推挙を受けて、老中首座に就任した。

石本平兵衛は、この松平定信の「寛政の改革」がはじまった天明七年五月五日に生まれている。

松平定信は徳川吉宗の「享保の改革」を手本に、ふたたび質素倹約を基本とした保守的な政策を推し進めた。

株仲間に解散を命じ、諸藩に囲米を義務づけ、江戸へ流入した百姓を強制的に出身農村に帰還させた。また、旗本・御家人に対する債権の放棄などを商人に命じた。

「七分積金」や「人足寄場の設置」などの社会福祉的政策もおこなったが、思想や文芸を厳しく取り締まり、町人・百姓への統制を強化した。しかしながら、財政が再び悪化し、厳しい統制政策が世論の反発を買って、寛政五（一七九三）年七月に退陣に追い込まれた。石本平兵衛七歳のときである。

次の文化・文政時代から天保にかけての時代が、将軍徳川家斉の時代である。石本平兵衛の活躍期とほぼ重なる。

徳川家斉は、松平信明を老中首座に任命し、戸田氏教や本多忠籌などの、いわゆる「寛政の遺老」を据え置いて、とりあえず松平定信の緊縮政策を継承した。

しかしながら、文化十四（一八一七）年に松平信明が病死し、他の「寛政の遺老」たちも老齢のため引退するや、徳川家斉の本性があらわとなった。側用人の水野忠成を勝手掛・老中首座に任命し、それまでの緊縮政策から大きく転換したのである。

水野忠成は、体質的に贈収賄を好む人物であった。みずからも実践し、人にも勧めた。徳川家斉自身も口やかましい「寛政の遺老」から解放され、奢侈な生活を送るようになった。当然のことながら、幕府の財政紀律が大きく緩んでしまった。

それに対して、水野忠成が実施した政策の大きな柱は、貨幣の改鋳であった。彼は文政期から天保期にかけて八回に及ぶ貨幣改鋳・大量発行を行なっているが、これが物価の騰貴――インフレを招く結果となった。

インフレ・バブル経済の下では、とかく世間がにぎやかになる。物価騰貴を背景に、江戸を中心に「化政文化」が花開いた。「化政」とは、もちろん文化・文政の略で、文化元（一八〇四）年から文政十二（一八二九）年までの二十五年の期間をさす。石本平兵衛十八歳から四十三歳までの期間である。

石本平兵衛の躍進の時期とぴったり重なっている。

してみると、石本平兵衛の急成長は、この水野忠成が引き起こしたインフレ・バブル経済という大波にうまく乗ったものであったことがわかる。

ところが、天保五（一八三四）年に水野忠成が死去した。石本平兵衛が幕府勘定所御用達に任命され、まさに絶頂期を迎えたときである。

その後も水野忠成の路線は、大御所徳川家斉によって踏襲され、林忠英ら側近が権勢をふるった。しかしながら、飢饉や物価高騰などによって庶民の暮らしはますます悪化し、天保八（一八三七）年二月、大坂で「大塩平八郎の乱」が勃発する騒ぎとなった。

そして、天保十二（一八四一）年閏一月七日に徳川家斉が没した。

将軍徳川家慶と水野忠邦の時代の到来である。

水野忠邦は家斉旧側近を罷免し、鳥居耀蔵、渋川六蔵、後藤三右衛門らを登用して、「天保の改革」に着手した。

「享保の改革」と「寛政の改革」をモデルとした緊縮路線・統制政策の復活である。

江戸から農民を追放する「人返し令」を発し、奢侈禁止・風俗粛正を命じ、株仲間の解散など商業活動を制限する法令を乱発する一方で、幕府財政の欠損を補うために低質の貨幣を濫造したため、経済が大きく乱れた。いわば、ブレーキとアクセルを同時に踏んだのである。

皮肉なことに、石本平兵衛が期待した水野忠邦は、とんでもない経済音痴であった。

江戸での長期滞在を余儀なくされた結果、松坂屋・石本家の収支は悪化していた。

活路を見出すために、長崎で高島四郎太夫との連携を強めた。そこを鳥居耀蔵に突かれたのである。

平兵衛が獄死という悲惨な最期を迎える過程については、本文中で述べたとおりである。

その張本人が鳥居耀蔵であることはまちがいないが、平兵衛の側にもそのような不運を招いたいくつかの理由が考えられないでもない。

一つ目は、権力との距離感を誤ったことである。

絶大な権力を有する幕府——とりわけ水野忠邦への接近に大きな危険性を伴うことは、当然予想されたはずである。にもかかわらず、平兵衛はあまりも無警戒であったようにみえる。西洋兵器の輸入販売は、幕府の国防政策と密接な関係があり、極めて危険な商取引である。そのあたりの機微について、やや油断があったのではないか。

二つ目は、薩摩藩との間に隙を生じたことである。

薩摩藩は平兵衛の幕府接近を極度に警戒していた。薩摩藩の機密に精通していたからである。薩摩藩は、平兵衛追い落としに関与はしていないであろうが、少なくとも平兵衛救出のために動いた形跡は見当たらない。平兵衛は薩摩藩との距離感を誤ったのではないか。

三つ目は、平兵衛の慢心である。

富と名誉を手中にした者が陥りやすい罠である。平兵衛もまた、御用商人という現実的な利権にとどまらず、お目見え商人や日光東照宮参詣など、商人としての本道から外れた、いわば名誉心を求めている。名誉に取りつかれた人間は、人の心が見えなくなる。このことによって心ある人々の支持を失ったのではないか。

四つ目は、運気の波を見誤ったことである。

人にはかならず運・不運の波がある。上昇気流に乗ったときと、下降気流に乗ったときでは、対処の仕方がまったく異なる。平兵衛はこの運気の波を見誤ったのではないか。

こういったもろもろの要因が重なって、石本平兵衛の悲劇はおこったともいえる。

もし、あと十年生きていたら、あるいは、あと十年遅く生まれていたら、平兵衛の人生はまったく異なったものになったにちがいない。

幕末・明治の大動乱に直面したとき、平兵衛はどのような生き方をしたであろうか。その商才をどのような形で発揮していたであろうか。想像しても詮なきことであるが、それが惜しまれてならない。

平兵衛は、生まれる時期を誤ったともいえる。

そのような意味で、本書は、日本が近代国家に生まれ変わる前の「夜明け前」を記録した作品でもある。

この作品は、『天を翔けた男――西海の豪商・石本平兵衛』（梓書院、二〇〇七年）のなかの小説的な部分をそぎ落とし、文献・史料に基づく実証的な部分を大幅に手厚くして再構成したものである。

大層根気を要する作業ではあったが、この著作によって、石本平兵衛に関心をもつ人が増え、石本平兵衛に関する研究が大きく進むきっかけになれば、これに勝る喜びはない。

この作品の執筆にあたり、快く資料を提供し、取材に応じていただいた山田（旧姓石本）光彦氏と、さまざまな形でご支援いただいた天草市長安田公寛氏はじめ天草市の平田豊弘氏、石本家ゆかりの貴重な史料・図版を提供していただいた天草市立本渡歴史資料館および鶴田耕治氏、本多康二氏など関係の皆様方に心より感謝申し上げたい。

また、現地取材に同行してくれた兄木原昇と石本家屋敷などの現地撮影をしていただいた梶原誠太郎氏にもあらためて感謝申し上げたい。

末尾ながら、このような機会をあたえていただいた藤原書店社主藤原良雄氏に深甚よりの謝意を表するとともに、さまざまなご指導・ご助言をいただいた編集部の小枝冬実氏はじめスタッフの皆さんにも心より感謝申し上げたい。

そして、この作品の完成と刊行に至るまで、常に温かく見守ってくれた妻美歩子に心から感謝していることを最後に記させていただきたい。

平成二十四（二〇一二）年七月

河村哲夫

引用文献・主要参考文献・資料

引用文献

[1]『天草近代年譜』松田唯雄(みくに社、昭和二十二年)
[2]「石本家と寛政八年の百姓相続方仕法」服藤弘司(『九州文化史研究所紀要』三・四合併号、昭和二十九年)
[3]「石本平兵衛略伝」池田浩堂(昭和四十四年)
[4]「石本家略史」吉田道也(『九州文化史研究所紀要』三・四合併号、昭和二十九年)
[5]『九州文化史研究所所蔵古文書目録 二十』(九州大学九州文化史研究所、平成十五年)
[6]『ドゥーフ日本回想録』永積洋子訳(雄松堂出版、平成十五年)
[7]「石本家の経営形態に関する一考察」秀村選三(『九州文化史研究所紀要』八、九合併号、昭和三十六年)
[8]「石本家年譜」石本平八郎俊一(昭和五十七年)
[9]「豪商石本家と人吉藩の取引関係」宮崎克則(『近世物価のデータベース化に関する研究』平成十二年)
[10]『幕府御用商人天下の大豪商・石本平兵衛傳』白倉忠明(昭和五十三年)
[11]「薩藩琉球貿易と貿易商人石本家の関係」武野要子(『九州経済史論集』第二巻、昭和三十一年)
[12]「文政・天保初期の薩摩藩と石本家(一)」安藤保(『近世、西国における在郷商人に関する総合研究』平成十七年)
[13]『高島秋帆』有馬成甫(吉川弘文館、昭和三十三年)
[14]『水野忠邦』北島正友(吉川弘文館、昭和四十四年)
[15]『なは・女のあしあと——那覇女性史(前近代編)』(琉球新報社、二〇〇一年)

主要参考文献・資料

「石本家系図」山田(旧姓石本)光彦(平成十七年)
「長崎石本家(阿部屋)系図」山田(旧姓石本)光彦(平

成十七年）
「豪商石本家の素描」松田唯雄（『天草史談』昭和二十六年）
「天領天草の商業と問屋」宮本又次（『九州文化史研究所紀要』二号、昭和二十七年）
「天草石本家の研究の意義と九州在郷資本の性格」宮本又次（『九州文化史研究所紀要』三・四合併号、昭和二十九年）
「石本家の土地経営」藤本隆士（『九州文化史研究所紀要』三・四合併号、昭和二十九年）
「村方商人の性格と製蝋業」篠藤光行（『九州文化史研究所紀要』三・四合併号、昭和二十九年）
「近世長崎における貿易業」大村要子（『九州文化史研究所紀要』三・四合併号、昭和二十九年）
「幕末期辺境における村方商人の手代と小作管理人、御領村石本家の場合」秀村選三（『九大経済学部研究』22―1、昭和三十一年）
「近世天草における商人地主の形成について」藤本隆士（『福大商学論叢』第二巻第一号、昭和三十二年）
「村方商人石本家の帳簿組織」藤本隆士（『九州文化史研究所紀要』八、九合併号、昭和三十六年）
「辺境相良藩と領外資本の関係」武野要子（『九州文化史研究所紀要』四十五号、昭和四十三年）
『五和町史史料編（其の一）』（五和町史編纂委員会、平成六年）
『五和町史史料編（その七）』（五和町史編纂委員会、平成九年）
「百六十六年前の和菓子発見」平田豊弘（『和菓子』第七号、平成十二年六月）
「石本家文書研究の諸問題」安藤保（『近世物価のデータベース化に関する研究』平成十二年）
「近世中期の天草石本家の経営」楠本美智子（『近世物価のデータベース化に関する研究』平成十二年）
「近世天草の物価」木村哲夫（『近世物価のデータベース化に関する研究』平成十二年）
「近世天草石本家の経営」磯部洋平（『近世物価のデータベース化に関する研究』平成十二年）
「近世後期石本家と薩摩藩の関係について」安藤保（『九州文化史研究所紀要』四十五号、平成十三年）
「近世中期の石本家の経営」楠本美智子（『九州文化史研究所紀要』四十五号、平成十三年）
「近世商品流通に関する一考察」楠本美智子（『九州文化

史研究所紀要』四十六号、平成十四年）
「石本家と九州諸藩（一）薩摩藩」安藤保（『近世、西国における在郷商人に関する総合研究』平成十七年）
「石本家文書にみる薩摩藩関係資料――瀬戸山市兵衛」安藤保（『近世、西国における在郷商人に関する総合研究』平成十七年）
「天保二・三年期における歴史の裏表――石本平兵衛と薩摩藩」安藤保（『近世、西国における在郷商人に関する総合研究』平成十七年）
「肥後天草の豪商石本家と人吉藩との取引関係」宮崎克則（『近世、西国における在郷商人に関する総合研究』平成十七年）
「石本平兵衛と御勘定所御用達」安藤保（『史淵』百四十二号、平成十七年）
『九州文化史研究所所蔵古文書目録　二十一』（九州大学九州文化史研究所、平成十七年）
『九州文化史研究所所蔵古文書目録　二十二』（九州大学九州文化史研究所、平成十七年）
『九州文化史研究所所蔵古文書目録　二十三』（九州大学九州文化史研究所、平成十七年）
『鴻池善右衛門』宮本又次（吉川弘文館、昭和三十三年）
『シーボルト』板沢武雄（吉川弘文館、昭和三十五年）
『長崎県史』「史料編第四」長崎県史編纂委員会（吉川弘文館／昭和四十年）
『島原の歴史（藩政編）』入江堉（島原市、昭和四十七年）
『九州文化論集――外来文化と九州』（平凡社、昭和四十八年）
『年番阿蘭陀通詞史料』片桐一男ほか（近藤出版社、昭和五十二年）
『口之津町史・郷土の歩み』白石正秀（口之津町、昭和五十四年）
『島津重豪』芳即正（吉川弘文館、昭和五十五年）
『住友財閥形成史研究』中瀬寿一（大月書店、昭和五十九年）
『阿蘭陀通詞の研究』片桐一男（吉川弘文館、昭和六十年）
『調所広郷』芳即正（吉川弘文館、昭和六十二年）
『夜明け前の礎・郷土の偉人長岡興就公』鶴田文史（五和町教育委員会、平成四年）

石本平兵衛関連年表

＊年齢は数え年

一七八七（天明七）年　**一歳**
五月五日、天草御領村で出生。幼名胤治。父は第四代勝之丞（二十七歳）、母勢以（十六歳）。
この年寛政の改革が始まる。

一七八八（天明八）年　**二歳**
弟熊四郎出生。

一七八九（寛政元）年　**三歳**
妹都恵出生。
三月十七日、母方の祖父長岡喜八郎（中村天錫）死去。享年四十六。
この年フランス革命。

一七九〇（寛政二）年　**四歳**
この年から正倫社で学ぶ。

一七九二（寛政四）年　**六歳**
四月一日、普賢岳が大爆発を起こす（島原大変）。

一七九三（寛政五）年　**七歳**
長崎石本家と天草石本家と本末関係を確認し、今後の協力について盟約。

一七九四（寛政六）年　**八歳**
十一月五日、母勢以死去。享年二十三。

一七九六（寛政八）年　**十歳**
父勝之丞が島原城下村屋善作の娘於延と再婚。
九月、天草において「百姓相続方仕法」が施行される。
この年から長崎に留学。

一八〇一（享和元）年　　**十五歳**
この春から長崎本家（阿部屋）で商売を始める。

一八〇四（文化元）年　　**十八歳**
この年家督相続。五代目勝之丞を襲名。父勝之丞は平兵衛を名乗る（当主時代は勝之丞、隠居すれば平兵衛を名乗る習慣あり）。
九月六日、ロシア使節レザノフが漂流民を護送して長崎に来航（レザノフ事件）。

一八〇五（文化二）年　　**十九歳**
三月七日、幕府は目付遠山景晋を長崎に派遣し、レザノフの通商要求を拒絶させる。
三月十九日、レザノフが長崎退去。

一八〇六（文化三）年　　**二十歳**
八月十日、夜半、石本屋敷の土蔵に盗賊入る。
十月五日、勝之丞が島原本多家の和歌（十七歳）と結婚。

一八〇七（文化四）年　　**二十一歳**
長男勝三郎（第六代石本勝之丞）出生

一八〇八（文化五）年　　**二十二歳**
長女エツ出生（のち御領村池田寅之助の妻）。
五月十三日、父平兵衛の後妻於延死去。
八月十五日、フェートン号事件。

一八〇九（文化六）年　　**二十三歳**
この年より文化十四（一八一七）年までナポレオン戦争のためオランダ船の長崎来航が八年間中断。

一八一〇（文化七）年　　**二十四歳**
次女ジツ出生（のち御領村山崎織助の妻）。
一月四日、兄平八郎の分家を決定。
父平兵衛が御領村大島小山礼左衛門の娘順と再婚。
この年伊能忠敬が天草を測量。

一八一二（文化九）年　　**二十六歳**
次男勘十郎出生（のち長崎森家養子、森郊之助、欽三郎と名乗る。長崎宿老役就任）。
八月、水野忠邦が家督を継ぐ。

一八一三（文化十）年　**二十七歳**

弟熊四郎が野口文平治の養子となる。

三男辰之進（兼次郎）出生（のち松坂屋長崎出店責任者、森欽三郎遺跡相続。長崎宿老役就任。長崎本家第九代石本壮五郎の次女を娶る）。

七月十八日、盗賊一件に関して、手鎖をかけられ郷宿に拘禁される。


一八一四（文化十一）年　**二十八歳**

一月、父平兵衛が疱瘡（天然痘）にかかり、口之津の南家にて死去。享年五十四。

三月、水野忠邦（二十一歳）唐津へ初入部。

五月八日、桜町の牢に収監される。

八月二十三日、佐伊津村に居村払を命じられる。

四男寛吾出生（のち柳川支店勤務）。

この秋、唐津藩勘定奉行吉村弥左衛門が長崎松坂屋を訪れ、唐津城にて水野忠邦と対面。


一八一五（文化十二）年　**二十九歳**

十一月十五日、水野忠邦（二十二歳）で幕府奏者番に任命される。

一八一六（文化十三）年　**三十歳**

大浦村、楠甫村地先干潟約六十町歩の開発工事に着手。

一八一七（文化十四）年　**三十一歳**

一月、家内諸事倹約の方針を定める。

七月、御領本家の権限縮小と佐伊津新宅の権限強化を図る。

九月、水野忠邦は寺社奉行を兼任。遠州浜松六万石に転封を命じられる。

一八一八（文政元）年　**三十二歳**

三女タヤ出生（のち嶋子村益田瑞右衛門の妻）。

二月、水野忠成老中となる。

三月、長崎支店開設のため、土蔵・建家を諸藤四郎左衛門より譲り受ける。

御領村大島の小山清四郎とともに隔年勤務掛屋役に就任。

一八一九（文政二）年　**三十三歳**

三月、人吉藩蔵米支配を命じられ、長崎松坂屋家屋舗と土蔵二カ所と屋敷を根証文として差し出す。

一八二〇（文政三）年 **三十四歳**

五男求麻八義明（のち第二代石本平八郎）出生。
八月十三日、兄平八郎死去。
十月、人吉藩に本格的な参入を果す。

一八二一（文政四）年 **三十五歳**

七月、長崎代官所が「諸色大問屋株制度」を公布。
十一月二十八日、江戸勘定役佐藤五郎左衛門一行が干拓事業見分のため来島。

一八二二（文政五）年 **三十六歳**

「諸色大問屋株制度」が施行され、長男勝三郎名で綿、芋、油株を引き受ける。
二月、銀百貫目を八代藩に融資。
二月二十六日、八代城主松井家と長崎代官高木家との婚儀の仲人を行う。
九月、「唐紅毛取引入札株」を取得。
十月、牛深で中国船が難破。

一八二三（文政六）年 **三十七歳**

二月、中国船引揚に成功。
八月二十八日、人吉藩主から紋服一具と帷子一枚を下賜され、五人扶持を賜る。
九月、天草掛屋役専任となる。
十二月、薩摩藩から球磨茶千俵、芋二万斤の取引が許可される。

一八二四（文政七）年 **三十八歳**

九月二十六日、唐船引き揚げなどの功により幕府から永代苗字を許される。
十一月、長崎奉行より紋服一具下賜される。

一八二五（文政八）年 **三十九歳**

二月十八日、幕府が異国船打払令を出す。
五月、水野忠邦が大坂城代に昇進。
島原藩主から五人扶持を下賜される。

一八二六（文政九）年 **四十歳**

三月、柳川藩御用商人となる。
十一月、水野忠邦が京都所司代となる。
十二月、越前守と改称。

一八二七（文政十）年　四十一歳

二月七日、柳川藩の永治開拓工事が承認される。

長崎奉行土方出雲守より袋物を下賜される。

久留村・楠甫村米ノ山干潟干拓工事竣工。

今泉村大潟・亀浦村浜古・早浦村路木浜田の新田汐溜干拓工事五反歩を請け負う。

十月、薩摩藩主より庭焼床置を下賜される。

十月、薩摩藩において調所広郷が藩の財政改革に着手。

一八二八（文政十一）年　四十二歳

人吉藩主より金子千疋を下賜される。

三月、今泉村庄屋株を銭二百貫目で購入し、求麻八が今泉村庄屋となる。

四月、佐賀藩主から金子三百疋を下賜される。

家内に経費節減を指示。

十月、水野忠邦が西丸老中に昇進。

一八二九（文政十二）年　四十三歳

一月二十五日、薩摩藩長崎屋敷の出入商人（館入）となる。

一八三〇（文政十三・天保元）年　四十四歳

四月、柳川藩より知行百石を下賜される。

五月二十八日、薩摩藩御唐物方御用聞となり、十五人扶持を賜る。

十月十五日、薩摩藩と覚書を締結。

こののち幸徳丸で琉球に渡る。

一八三一（天保二）年　四十五歳

一月十九日、薩摩藩島津重豪（八十七歳）が従三位に叙せられる。

四月十五日、長男勝之丞が薩摩藩産物方御用聞見習となり、五人扶持を下賜される。

五月、四男寛吾が柳川瀬高町支店の店長となる。

一八三二（天保三）年　四十六歳

佐賀藩および柳川藩の蔵元を命じられる。

二月十一日、薩摩藩の福寿亭建築のお祝いとして紅毛硝子の大鏡一面と紅毛切子舌付菓子鉢一組、御年賀の節大毛繻三枚、色綸子十巻を献上。

二月十六日、薩摩藩島津重豪米寿のお祝いとして染筆一禎と福禄寿盃一組を下賜される。

二月二十六日、柳川藩から知行五百石の内達。

四月、薩摩藩島津重豪より福寿亭落成記念として、尚信筆の三幅対掛軸、琉球細上布二端、一貫張硯蓋十枚を下賜される。

四月十三日、窮民救済のため籾五百石を毎年江戸に献米する旨を水野出羽守に願い出て、それを許可する旨土方出雲守より達しあり。

五月一日、薩摩藩島津重豪の米寿お祝いの返礼として染筆と寿盃下賜される。

五月二十五日、佐賀藩主より金子二百疋下賜される。

六月、柳川藩主より時服と肩衣を下賜される。

六月、薩摩藩から薩州製置物等を下賜される。

七月七日、薩摩藩から細上布二端を下賜される。

八月十五日、薩摩藩が銀二百貫目借り上げ、年三朱の利子分として米七十石を出水御蔵から支弁する旨の達しあり。

九月八日、病気見舞いとして、柳川藩より谷文晁筆富嶽図一幅を下賜される。

十一月十九日、柳川藩から勝之丞が時服上下ならびに羽織を下賜される。

十二月二十四日、平兵衛と勝之丞は生涯帯刀を許され、三人扶持を賜る旨、老中水野出羽守より通達。

一八三三（天保四）年　四十七歳

一月十一日、帯刀御免・三人扶持下賜について、長崎代官所において伝達。

一月十五日、薩摩藩の島津重豪死去（享年八十九）。

一月、平兵衛の五男求麻八（十四歳）が平八郎義明と改める（第二代石本平八郎）。

二月、踏み絵が免除される。

三月九日、薩摩藩から八十人扶持を下賜される旨の通達。

三月十三日、人吉藩主より塩鯛一折、樽料金子五百疋、島原藩主より鮮鯛一折、樽料金子三百疋、島原藩家老より鮮鯛一折、樽料金子二百疋、島原藩御勝手方奉行より鮮鯛一折、樽料金二百疋を賜る。

三月二十五日、薩摩藩主より八十人扶持について年末に玄米百四十石を出水御蔵より渡す旨の達しあり。

五月～十月、今泉村字久保新田五反歩、早浦村字路木浜出新田・亀浦村浜田の汐溜開発工事、一町田村下田・白木河内・久留前松五十町歩干潟開発が完了。

江戸へ二千石籾を船二艘で送る。

十二月一日、柳川藩より平兵衛に知行百石を加増して二百石、辰之進に新知行百石を賜る旨達しあり。

十二月、柳川永治干拓工事費三千五百両を融資。

十二月二十六日、幕府から出府命令が発せられる。

一八三四（天保五）年　四十八歳

一月十五日、江戸へ出発。二月十五日江戸の樋口屋に到着。

二月二十四日、幕府御勘定所御用達仰せ付けられ、三人扶持、永帯刀御免、居屋敷七石余の年貢・諸役免除仰せ付けられる。

三月一日、水野忠邦が本丸老中に就任。

五月二十一日、上籾のため小菅御納屋の専用を許される。

五月二十六日、年始お目見えを許される。

五月二十六日、幕府に籾一万五千石毎年千五百石を献上することを申し出て許可され、四年分六千石を一括して納める。

七月十六日、歳暮、月並み、五節句・八朔お目見えを許される。月次お目見えの際の御紋と菓子台を下賜される。

七月ごろ、四男寛吾が大坂から江戸へ到着。

八月八日、薩摩藩主より金千疋下賜される。

八月二十七日、中国・四国筋の古金銀引替え御用を仰せ付けられる。

十月、将軍より亥の子餅を拝領。

十月、尾張藩主より金千疋下賜される。

十二月人吉藩家老より金三百疋賜る。

一八三五（天保六）年　四十九歳

一月、白書院にてお目見えし、年始の御礼を言上し、西丸・本丸同様献上物差し上げ御礼言上を済ませる。

一月二十三日、古金銀引替え元銀のうち銀百貫目を大坂金蔵より下げ渡す旨の達しあり。

二月五日、御用達給付三人扶持ならびに奇特筋として永々頂戴する三人扶持とも願い出のとおり、一カ年分まとめて毎年十二月に一回で支給する旨の達しあり。

五月四日、薩摩藩主より蒔絵文箆硯箱ならびに銀百枚下賜される。

五月七日、日光参詣の許可が下りる。

五月十一日、江戸を出立し、途中大坂を中心に古金銀引替え御用を勤める。

十一月、薩摩藩の調所広郷が三都の商人に二百五十年賦・無利子の藩債償還法を申し渡す。

一八三六（天保七）年　五十歳

三月、古金引替えの手当て十九両一分をもらう。

四月二十日、長崎帰着。

十二月、古金銀引替え御用のため肥後に赴く。

一八三七（天保八）年　　**五十一歳**

一月二十四日、次男勘十郎（長崎森郊之助・欽三郎、長崎宿老役）死去。享年二十六。

二月十九日、大坂で大塩平八郎の乱。

肥後熊本藩において蔵元を勤めるよう命ぜられる。

古金銀引替え御用のため肥後から柳川に赴く。

十月、御勘定所御用達の勝之丞への譲渡を幕府に陳情。

一八三八（天保九）年　　**五十二歳**

勘定所御用達の辞退を認められ、名を静馬と改める。勝之丞が御勘定所御用達を命じられる。

三月、江戸城西丸炎上により水野忠邦が普請総奉行を命じられる。

四月、長崎小川町から出火し、長崎出店が類焼。

五月、西丸再建のため五万両を賦課され、金策に苦しむ。

八月、徳川斉昭が外交意見書を提出。渡辺崋山が『慎機論』を高野長英が『戊戌夢物語』を著す。

九月～十月、上納籾積船を江戸へ送る。

一八三九（天保十）年　　**五十三歳**

三月十一日、江戸城西丸の再建が完了。

五月十四日、「蛮社の獄」はじまる。渡辺崋山、高野長英らが逮捕される。

十一月、上納籾積船を江戸へ送る。

十二月六日、水野忠邦が老中首座となる。

十二月、渡辺崋山が永蟄居、高野長英が永牢に処せられる。

一八四〇（天保十一）年　　**五十四歳**

二月、アヘン戦争起こる。

七月、オランダ船がアヘン戦争の情報を伝える。

九月、高島四郎太夫が西洋砲術の採用を幕府に建議。

十月～十一月、上納籾積船を江戸へ送る。

十二月、鳥居耀蔵が高島秋帆の砲術意見書に反対する意見書を幕府に提出。

一八四一（天保十二）年　　**五十五歳**

居村払い赦免の申し渡しがあり、岡田順助が代理出頭して戸川播磨守の申し渡しを受ける。

二月九日、人吉藩で「茸山騒動」起こる。

四月、上納籾積船を江戸へ送る。

五月九日、高島秋帆が徳丸ヶ原で西洋砲術・銃隊の訓練をおこなう。

五月十五日、老中水野忠邦が天保改革令を発布する。勝之丞が御勘定所御用達を免じられ、扶持米と帯刀を差し止められる。

十月、渡辺崋山自刃。

十二月、南町奉行矢部定謙が罷免され、目付鳥居耀蔵が町奉行となる。

一八四二（天保十三）年　五十六歳

一月十四日、勝之丞の長男出生（幼名周吉、庸晴。のち第七代・第九代勝之丞襲名。生母は京都府二条通堀町従六位原田右衛門尉の娘ウノ）。

四月、長崎奉行所から出頭するよう通達があり、出頭すると入牢を命じられる。

七月十三日、江戸送りとなり、平兵衛、勝之丞、順助のほか従者五人、代官所より元締牛島東一郎、手代井原慎吾、足軽二名付き添い、八月二十二日江戸に到着。本銀町三丁目樋口屋金蔵方へ投宿。

八月二十三日、奉行所より呼び出しがあり、入牢を命じられる。

十月二日、高島秋帆が長崎で投獄される。子浅五郎は町年寄薬師寺宇右衛門預かりとなる。

十月八日、勝之丞が死去。享年三十六。

一八四三（天保十四）年　五十七歳

一月十九日、高島秋帆が江戸へ護送され、三月小伝馬町の獄屋に入れられる。

三月十三日、平兵衛の容態が悪化。揚座入りを命じられる。

三月二十八日、平兵衛が死去。

六月、水野忠邦は五大名に印旛沼開墾の助役を命じ、大坂十里四方を幕府直轄領とする上知令を発布する。

閏九月、上知令が撤回される。阿部正弘老中となる。

閏九月十三日、水野忠邦が老中を罷免される。役宅引き払いに際し、市民多数の投石を受ける。

十二月十一日、平兵衛への最終判決申し渡し。

一八四四（天保十五・弘化元）年

六月二十一日、水野忠邦が老中首座に再任される。

六月二十九日、高野長英が小伝馬町の牢獄を脱獄。

八月、老中土井利位辞職。南町奉行鳥居耀蔵ら免職される。

一八四五（弘化二）年

一月二十二日、老中阿部正弘らは「長崎事件」について寺社奉行久世出雲守（広周）、大目付深谷遠江守（盛房）、町奉行鍋島内匠（直孝）、勘定奉行久須美佐渡守（祐明）、目付平賀三五郎（のち戸田能登守と交替）の五名に対し、「吟味し直し」を命じる。

二月二十二日、水野忠邦が老中を罷免される。

九月二日、水野忠邦は長崎事件に関し、監督不行き届きを理由に減封・蟄居を申し付けられる。

十月三日、後藤三右衛門が死罪に処せられ、鳥居耀蔵は讃岐丸亀藩京極家、渋川六蔵は豊後臼杵藩稲葉家預かりとなる。

十月、御領組大庄屋長岡五郎左衛門が十八名の農民とともに天草を出奔。

十二月、長岡五郎左衛門が老中阿部正弘に直訴をおこなう。

一八四六（弘化三）年

一月二十五日、寛吾死去。享年三十三。

四月、長岡五郎左衛門が唐丸駕籠で長崎へ護送され、五月十二日長崎に到着。

七月二十五日、「長崎事件」の再吟味の判決申し渡し。高島秋帆、河間八兵衛、本庄、神代徳次郎、西村俊三郎、山田蘇作、金子の七名が罪一等を減ぜられる。

一八四七（弘化四）年

一月二十八日、天草郡の幕府領農民一万五千人が蜂起し、宮田村銀主形右衛門宅などの打ちこわしをおこなう（弘化の大一揆・天草徳政一揆・弘化のうちこわし）。以後二月三日まで打ちこわしは天草全土にまで拡大。

一八四八（嘉永元）年

十二月、薩摩藩の調所広郷が死去。

一八四九（嘉永二）年

二月二日、弘化の大一揆の処分がおこなわれ、長岡五郎左衛門は「押込」となる。

一八五一（嘉永四）年

水野忠邦が死去（五十八歳）。

一八五三（嘉永六）年

六月三日、ペリーの黒船艦隊が浦賀に来航。

長崎石本家（阿部屋）家系図

- **始祖** 石本庄左衛門（一五四四―九八）　生国壱岐から平戸を経て長崎大村町に移住　後平戸町に移住
  - ＝妻（―一六〇三）
- **長崎初代** 石本新兵衛（一五六三―一六四四）　父と共に十四歳時生国壱岐より長崎へ　一六二五平戸町乙名拝命　ころびきりしたん
  - ＝妻（一五六九―一六四八）　ころびきりしたん
- **二代** 石本庄左衛門（一五八七?―一六五一?）　一六三八平戸町乙名拝命
  - ＝妻（―一六〇四）
  - 石本九郎右衛門（一五八八―）　ころびきりしたん
  - しも（一五九三―）　ころびきりしたん
  - せん（一五六九―）　ころびきりしたん

（↑八代・石本幸四郎興長へ）

- **八代** 石本幸四郎興長（一七五五―一八二〇）　一七六八平戸町乙名拝命
  - ＝妻　会所吟味役江上熊之丞娘
  - 石本為次郎
  - 女　東中町乙名田中勝三郎妻
  - 女　堀氏に嫁ぐ
  - 女
- **九代** 石本荘五郎興道（一七八〇―一八三四）　一八一六平戸町乙名拝命
  - ＝妻　乙名頭取徳岡元三郎娘
  - 安平治（辰之進）　別家する
  - 勝三郎　今博多町乙名田中七三郎養子
  - 武平　桜町乙名境格之進養子
  - 女　会所請払役大津山利藤太妻
- **十代** 石本幸八郎興昌（―一八三八）　一八二九平戸町乙名拝命
  - ＝妻　唐人屋敷乙名今井善左衛門娘
  - 次八郎　今博多町乙名高石彦兵衛養子
  - 熊助　会所吟味役江上門十郎養子
  - 猪八郎　十一代（養子）
  - 卯之助興成　石本幸八郎の嫡子となる　称幸平
  - 女　会所請払役大津山善八郎妻
  - 女　オランダ小通詞西与一郎（善右衛門）妻
  - 女・いと　天草石本辰之進（後森兼次郎）妻
  - 女　八幡町乙名木下勇之助妻
  - 女
  - 養女・姻族中村氏女　勝山町乙名馬田猪十郎妻
  - 養女・ソノ　久留米藩士族杉山八左衛門娘　天草石本家六代勝之丞妻

三代
石本安兵衛
一六七二平戸町乙名拝命
＝妻

- 石本善右衛門
  （一六二〇―）
  ころびきりしたん
- 石本庄左衛門
  （―一六八九）
  一六三七天草移住
- 天草初代
  石本治兵衛
  （―一七一一）
  一六三七兄と共に天草移住

四代
石本庄次右衛門
今博多町乙名嶋田諸兵衛倅
一六九三平戸町名拝命
＝妻
糸割符宿老宇野十郎左衛門娘

五代
石本新兵衛
（一七〇〇―七五）
一七一九平戸町乙名拝命
＝妻

- 石本平八
- 女
- 七代
  石本安兵衛興為
  （一七〇八―八二）
  一七四七平戸町乙名拝命
  ＝妻
  船番触役武井清左衛門娘
- 六代
  石本安右衛門
  一七三四平戸町乙名拝命
- 女
  銀座町中村九左衛門妻

（↑八代・石本幸四郎興長へ）

十一代
石本幸平興詩
（一八二五―七五）
一八三八乙名拝命
＝妻・ノフ
（―一九一三）
会所吟味役若杉涛七郎娘

- 石本啓三郎興行
  （一八四八―六六）
- 十二代
  石本新太郎
  （一八五四―一九三〇）
  ＝妻・コウ
  （―一九二九）

十三代
石本謹一
（一八八二―一九三八）
＝妻・知恵子
（―一九八九）

天草石本家（松坂屋）家系図

始祖 石本庄左衛門

二代（長崎初代） 石本新兵衛

三代（長崎二代） 石本庄左衛門（長崎石本家・石本安兵衛へ）

石本九郎右衛門（→四代・石本勝之丞兼誧へ）

女・シュン（一七五九—） 御領村井上文治衛門室

四代 石本勝之丞兼誧（一七六一—一八一四） 幼名兼次郎・平兵衛 隠居名治兵衛

＝室（—一七八三） 御領村金子庄兵衛長女

＝後室・勢以（一七七二—九四） 御領村長岡天錫長女

＝後室・於延（—一八〇八） 島原城下村屋善作女

＝後室・順（—一八三七） 御領村小山礼左衛門女

女・クラ（一七六三—） 御領村池田永蔵室

女・フジ（一七六四—） 御領村野口実平室

女・スエ（一七六五—） 御領村池田富助室

女・テイ（一七六七—） 城河原村松山本蔵室

女・シュン 御領村山崎幾之丞室

五代 石本勝之丞義行（静馬）（一七八七—一八四三） 幼名胤治 隠居名平兵衛

＝室・和歌（一七九〇—一八八〇） 島原有家村本多重亜次女

女・郁恵（一七八九—一八六五） 御領村金子光之丞室後離縁復籍

平八郎栄政（一七八五—一八二〇） 一八一〇分家

熊四郎（一七八八—一八七〇） 一八一三野口家八代文平治の養子

ソノ（一八一八—） 久留米藩士杉山八左衛門女 離縁復籍

六代 石本勝之丞栄慶（一八〇七—四三） 幼名勝三郎

＝室・ウノ 京都二条通堀町従六位原田右兵衛尉女　夫没後生家復籍

勘十郎（一八一二—三七） 一八二五長崎森郊之介養子 欽三郎宿老役勤務

女・エツ（一八〇八—） 御領村池田寅之助室

女・ジツ（一八一〇—） 御領村山崎織助室

辰之進（一八一三—六一） 兼次郎　長崎出店松坂屋経営 森欽三郎跡相続宿老役勤務

寛吾（一八一四—四六） 柳川支店移居

女・タヤ（一八一八—） 嶋子村益田端右衛門室

求麻八（平八郎）（一八二〇—八七） 今泉村庄屋勤役後分家相続 石本平八郎家第二代

七・九代 石本勝之丞庸晴（一八四一—一九一三）幼名周吉 八代没後家督相続
＝室・屋志（—一八六八）御領村山崎織助次女
＝後室・田鶴（—一九三三）島原藩士石河光輝長女

八代 石本庸男（一八七五—一九一三）生母田鶴

十代 石本勝之丞三雄（—一九六七）
＝室・すみえ（—一九三五）
＝後室・モト（—一九七七）

石本康人（一八九〇—一九四三）

石本勝彦（一九二一—二〇〇四）

石本利彦（一九二四—）

石本（山田）光彦（一九二九—）

十一代 石本譲（一九二三—六七）
＝室・啓子（ひろこ）（一九二三—二〇〇六）

十二代 石本勝之亟貴質（一九四六—）

寛之助 生母ソノ 森兼次郎養子 後廃家復籍 分家 称雅一郎・廣作

石本善右衛門（一六二〇—）一五九〇ころ ぎりしたん

石本庄左衛門（一六八九—）一六三七天草移住

天草初代 石本治兵衛（一七一一—）一六三七天草移住
＝室（一七二八—）

（→四代・石本勝之丞兼誦へ）

天草二代 石本治兵衛（一七七一—）
＝室 幼名平八郎 御領村野口平左衛門長男
＝室 下田村庄屋野田談右衛門次女（一七二九—）
後室 右同野田談右衛門長女（一七六六—）

三代 石本勝之丞護治（一七三一—一八一四）幼名治三郎 隠居名平兵衛、治兵衛
＝室 生母野田談右衛門次女
＝後室・ジツ（一八一〇—）御領村金子四郎兵衛女

女・ミナ 御領村山崎新右衛門室

女 大嶋子村宮崎清之丞室

女 佐伊津村伴七母

女・シュン 御領村池田庄吉妻

柳川
有明海
三池
西海
長崎県
大村
熊本
諫早
雲仙岳
普賢岳
島原
長崎
小浜
橘湾
島原湾
口之津
野母崎
御領
佐伊津
八代
上島
本渡
天草灘
下島
天草諸島
八代海
人吉
牛深
長島
出水
阿久根
川内

天草周辺地図

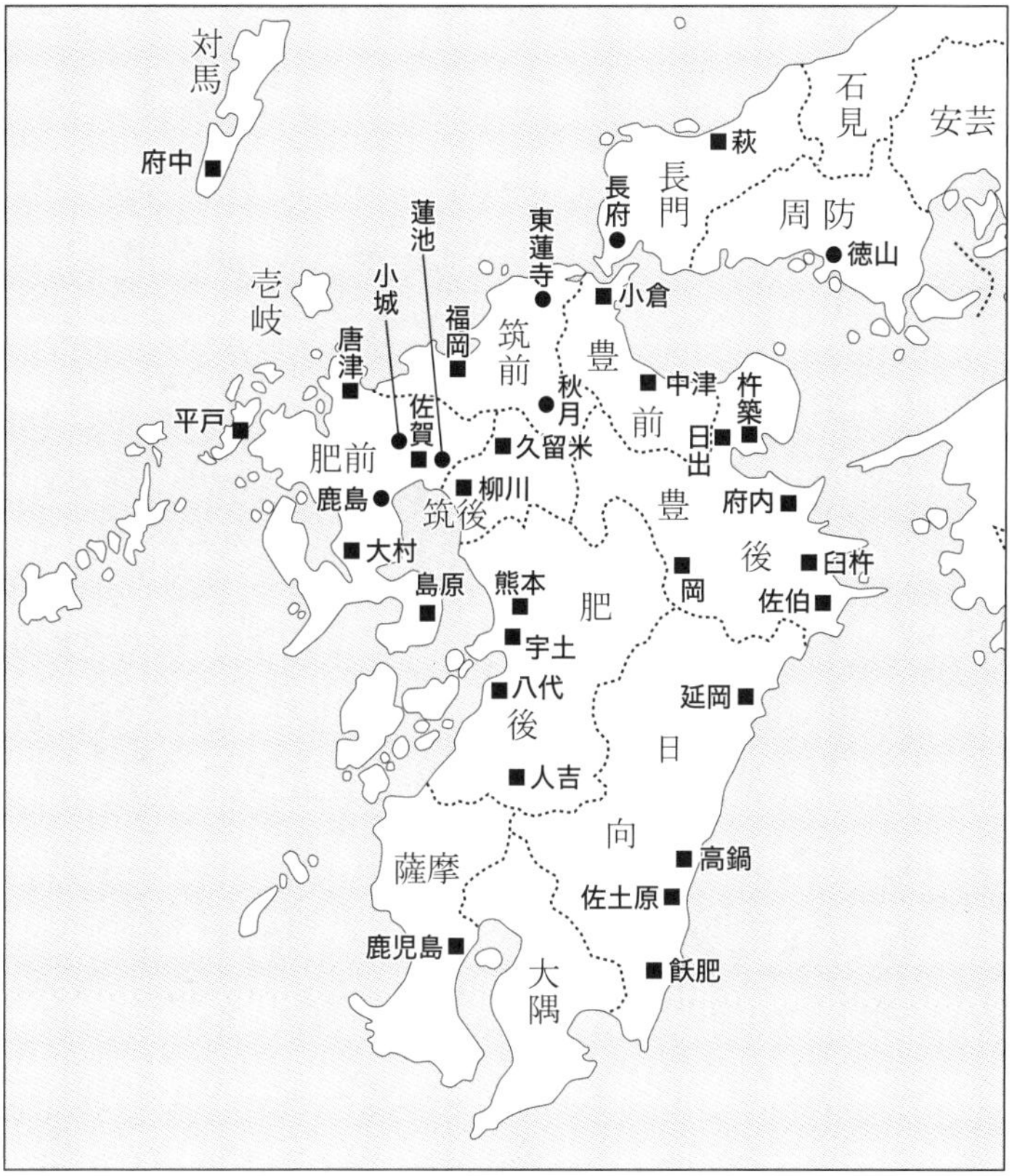
対馬
府中
壱岐
石見
安芸
長門
萩
周防
徳山
長府
東蓮寺
小倉
蓮池
小城
福岡
筑前
唐津
豊前
中津
杵築
秋月
平戸
佐賀
久留米
日出
肥前
鹿島
柳川
筑後
府内
豊後
大村
臼杵
島原
熊本
肥
岡
佐伯
宇土
八代
後
延岡
日
人吉
向
高鍋
薩摩
佐土原
鹿児島
大隅
飫肥

九州諸藩

ら　行

わ　行

ま 行

や 行

は　行

な 行

た　行

さ 行

か　行

主要人名索引

主要人名を本文から採り，姓名の五〇音順で配列した。

あ 行

著者紹介

河村哲夫（かわむら・てつお）

1947（昭和22）年福岡県柳川市生まれ。福岡県筑紫野市在住。九州大学法学部卒。立花壱岐研究会会員、日本ペンクラブ会員、福岡県文化団体連合会参与、九州産業大学講師。

著書に『志は、天下――柳川藩最後の家老・立花壱岐（全5巻）』（海鳥社、1995年）、『横井小楠のすべて』（共著、新人物往来社、1998年）、『立花宗茂』（西日本新聞社、1999年）、『柳川城炎上――立花壱岐・もうひとつの維新史』（角川書店、1999年）、『西日本古代紀行――神功皇后風土記』（西日本新聞社、2001年）、『筑後争乱記――蒲池一族の興亡』（海鳥社、2003年）、『九州を制覇した大王――景行天皇巡幸記』（海鳥社、2006年）、『天を翔けた男――西海の豪商・石本平兵衛』（梓書院、2007年）、『別冊 環 横井小楠』（共著、藤原書店、2009年）、『龍王の海――国姓爺・鄭成功』（海鳥社、2010年）、『小楠の後継者、立花壱岐』（『環』藤原書店、2011年）。

天草の豪商・石本平兵衛（あまくさのごうしょう・いしもとへいべえ） 1787–1843

2012年8月30日　初版第1刷発行 ©

著　者　河村哲夫

発行者　藤原良雄

発行所　株式会社　藤原書店

〒162-0041　東京都新宿区早稲田鶴巻町523

電　話　03（5272）0301

FAX　03（5272）0450

振　替　00160-4-17013

info@fujiwara-shoten.co.jp

印刷・製本　中央精版印刷

落丁本・乱丁本はお取替えいたします
定価はカバーに表示してあります

Printed in Japan
ISBN978-4-89434-872-1

シベリア出兵は後藤の失敗か？

後藤新平と日露関係史
（ロシア側新資料に基づく新見解）

V・モロジャコフ
木村汎訳

ロシアの俊英が、ロシア側の新資料を駆使して描く初の日露関係史。一貫してロシア／ソ連との関係を重視した後藤新平が日露関係に果たした役割を初めて明かす。

第21回「アジア・太平洋賞」大賞受賞

四六上製　二八八頁　**三八〇〇円**
（二〇〇九年五月刊）
◇978-4-89434-684-0

知られざる後藤新平の姿

無償の愛
（後藤新平、晩年の伴侶きみ）

河﨑充代

「一生に一人の人にめぐり逢えれば、残りは生きていけるものですよ。」後藤新平の晩年を支えた女性の生涯を、丹念な聞き取りで描く。初めて明らかになる後藤のもうひとつの歴史と、明治・大正・昭和を生き抜いたひとりの女性の記録。

四六上製　二五六頁　**一九〇〇円**
（二〇〇九年一二月刊）
◇978-4-89434-708-3

総理にも動じなかった日本一の豪傑知事

安場保和伝 1835–99
（豪傑・無私の政治家）

安場保吉編

「横井小楠の唯一の弟子」（勝海舟）として、鉄道・治水・産業育成など、近代国家としての国内基盤の整備に尽力、後藤新平の才能を見出した安場保和。気鋭の近代史研究者たちが各地の資料から、明治国家を足元から支えた知られざる傑物の全体像に初めて迫る画期作！

四六上製　四六四頁　**五六〇〇円**
（二〇〇六年四月刊）
◇978-4-89434-510-2

名著の誉れ高い長英評伝の決定版

評伝 高野長英 1804–50

鶴見俊輔

江戸後期、シーボルトに医学・蘭学を学ぶも、幕府の弾圧を受け身を隠していた高野長英。彼は、鎖国に安住する日本において、開国の世界史的必然性を看破した先覚者であった。文書、聞き書き、現地調査を駆使し、実証と伝承の境界線上に新しい高野長英像を描いた、第一級の評伝。

口絵四頁

四六上製　四二四頁　**三三〇〇円**
（二〇〇七年一一月刊）
◇978-4-89434-600-0

❼❽ 爛熟する女と男——近世 福田光子編

⑦ 288頁 **2000円**（2000年11月刊）◇978-4-89434-206-4
⑧ 328頁 **2000円**（2000年11月刊）◇978-4-89434-207-1
〔解説エッセイ〕⑦**吉原健一郎** ⑧**山本博文**

身分制度の江戸時代。従来の歴史が見落とした女性の顔を女と男の関係の中に発見。（執筆者）**浅野美和子／白戸満喜子／門玲子／高橋昌彦／寿岳章子／福田光子／中野節子／金津日出美／島津良子／柳美代子／立浪澄子／荻迫喜代子／海保洋子**

❾❿ 閲（せめ）ぎ合う女と男——近代 奥田暁子編

⑨ 342頁 **2000円**（2000年12月刊）◇978-4-89434-212-5
⑩ 320頁 **2000円**（2000年12月刊）◇978-4-89434-213-2
〔解説エッセイ〕⑨**若桑みどり** ⑩**佐佐木幸綱**

女が束縛された明治期から敗戦まで。だがそこにも、抵抗し自ら生きようとした女の姿がある。（執筆者）**比嘉道子／川崎賢子／能澤壽彦／森崎和江／佐久間りか／松原新一／永井紀代子／ウルリケ・ヴェール／亀山美知子／奥田暁子／奥武則／秋枝蕭子／近藤和子／深江誠子**

⓫⓬⓭ 溶解する女と男・21世紀の時代へ向けて——現代 山下悦子編

⑪ 278頁 **2000円**（2001年1月刊）◇978-4-89434-216-3
⑫ 294頁 **2000円**（2001年1月刊）◇978-4-89434-217-0
⑬ 240頁 **2000円**（2001年1月刊）◇978-4-89434-218-7
〔解説エッセイ〕⑪**宮迫千鶴** ⑫**樋口覚** ⑬**岡部伊都子**

戦後50年の「関係史」。（執筆者）**森岡正博／小林亜子／山下悦子／中村桂子／小玉美意子／平野恭子・池田恵美子／明石福子／島津友美子／高橋公子／中村恭子／宮坂靖子／中野知律／菊地京子／赤塚朋子／河野信子**

〈ハードカバー〉版　女と男の時空　（全六巻・別巻一）

A5上製　各平均600頁　図版各約100点

Ⅰ ヒメとヒコの時代——原始・古代　**河野信子編**　520頁　**6200円**　◇974-89434-022-0
Ⅱ おんなとおとこの誕生——古代から中世へ　**伊東聖子・河野信子編**　560頁　**6800円**　◇978-4-89434-038-1
Ⅲ 女と男の乱——中世　**岡野治子編**　544頁　**6800円**　◇978-4-89434-034-3
Ⅳ 爛熟する女と男——近世　**福田光子編（品切）**576頁　**6602円**　◇978-4-89434-026-8
Ⅴ 閲ぎ合う女と男——近代　**奥田暁子編（品切）**608頁　**6602円**　◇978-4-89434-024-4
Ⅵ 溶解する女と男・21世紀の時代へ向けて——現代　**山下悦子編**　752頁　**8600円**　◇978-4-89434-043-5

女と男の関係からみた初の日本史年表

別巻　**年表・女と男の日本史**　**『女と男の時空』編纂委員会編**

品切　A5上製　448頁　**4800円**（1998年10月刊）◇978-4-89434-111-1

網野善彦氏評「女と男の関係を考える"壮観"な年表」

原始・古代から1998年夏まで、「女と男の関係」に関わる事項を徹底的にピックアップ、重要な事項はコラムと図版により補足説明を加え、日本史における男女関係の変容の総体を明かすことを試みた初の年表。

「江戸論」の決定版

歴史のなかの江戸時代

速水 融編

「江戸時代＝封建社会」という従来の江戸時代像を塗り替えた三〇年前の画期的座談集に、新たに磯田道史氏らとの座談を大幅に増補した決定版。「本書は、江戸時代を見つめ直すことにより、日本の経験や、日本社会が持っていたものは何だったのかを今一度問うてみようとする試みである。」（速水融氏）

四六上製　四三二頁　**三六〇〇円**　（二〇一一年三月刊）◇978-4-89434-790-8

細川幽斎歿四百年記念

細川三代（幽斎・三斎・忠利）

春名徹

織田信長、豊臣秀吉、そして徳川時代に至る激動の戦乱期に、抜群の政治感覚にしたがって、来るべき権力者を見定めて主君とし、遂には徳川政権において五十四万石の地位を手中にした細川家。権威と価値観が激変する約百年をしなやかに生き抜いた、細川幽斎、三斎、忠利の草創期三代の軌跡を描く、圧倒的な歴史絵巻。

四六上製　五三六頁　**三六〇〇円**　（二〇一〇年一〇月刊）◇978-4-89434-764-9

欧州の視点で描く島原の乱前夜

黒い十字架

松原久子

全欧州を荒廃に陥れた「宗教戦争」は、十七世紀日本に何をもたらしたか？　新旧キリスト教の日本への覇権争いが、人々の純粋な魂を翻弄した江戸初期の島原。鎖国迫る中、キリシタン大名の娘の真実を求める行動力が、原城の天守閣を焼き払う。欧米で大論争を巻き起こしてきた作家が送る、息もつかせぬ歴史小説。

四六上製　二九六頁　**二四〇〇円**　（二〇〇八年一一月刊）◇978-4-89434-665-9

〈品切書籍〉

歴史とは何か（井上幸治／桑田禮彰・浜田道夫編）
四六上製　344頁　**3107円**（1991年9月刊）◇978-4-938661-33-5

祭りと叛乱（Y-M・ベルセ／井上幸治監訳・松平誠・斎藤玄・小井高志訳）
四六上製　320頁　**2718円**（1992年6月刊）◇978-4-938661-52-6

完本　**秩父事件**（井上幸治）
A5上製貼函装　480頁　**8544円**（1994年9月刊）◇978-4-938661-98-4

学生よ――一八四八年革命前夜の講義録（J・ミシュレ／大野一道訳）
四六上製　304頁　**2330円**（1995年5月刊）◇978-4-89434-014-5